Dr. Mathias Osann

Freiwillige Berichterstattung über immaterielle Ressourcen

Ein deskriptiv-explikatives Mehrebenenmodell

Mit einem Geleitwort von Prof. Dr. Rolf Brühl,
ESCP Europe Wirtschaftshochschule Berlin

Bibliografische Information der Deutschen Nationalbibliothek

Die Deutsche Nationalbibliothek verzeichnet diese Publikation in der Deutschen Nationalbibliografie; detaillierte bibliografische Daten sind im Internet über <http://dnb.d-nb.de> abrufbar.

Dissertation, ESCP Europe Wirtschaftshochschule Berlin, 2010, unter dem Titel: Freiwillige Berichterstattung über immaterielle Ressourcen − Ein deskriptiv, explikatives Mehrebenenmodell der Lageberichterstattung

ISBN 978-3-89936-976-2
1. Auflage Oktober 2010

© JOSEF EUL VERLAG GmbH, Lohmar − Köln, 2010
Alle Rechte vorbehalten

JOSEF EUL VERLAG GmbH
Brandsberg 6
53797 Lohmar
Tel.: 0 22 05 / 90 10 6-6
Fax: 0 22 05 / 90 10 6-88
E-Mail: info@eul-verlag.de
http://www.eul-verlag.de

Bei der Herstellung unserer Bücher möchten wir die Umwelt schonen. Dieses Buch ist daher auf säurefreiem, 100% chlorfrei gebleichtem, alterungsbeständigem Papier nach DIN 6738 gedruckt.

Geleitwort

Die freiwillige Berichterstattung von Unternehmen gegenüber ihren Stakeholdern hat in den letzten Jahren stetig zugenommen. Auch wenn es hierfür sehr verschiedene Medien wie z. B. den Corporate-Social-Responsibility-Bericht gibt, bleiben der Geschäftsbericht und insbesondere der Lagebericht das zentrale Kommunikationsmedium von Unternehmen. Ein besonderes Augenmerk verdient in diesem Zusammenhang die Berichterstattung über immaterielle Ressourcen, weil sie für eine umfassende Beurteilung von Unternehmen benötigt wird. Da Vorschriften zur Berichterstattung über immaterielle Ressourcen den Unternehmen große Spielräume lassen, ist es nicht verwunderlich, dass empirische Studien über die Veröffentlichungspraxis dieser Ressourcen eine hohe Variation in der Berichterstattung zeigen. Eine schlüssige Erklärung dieses Phänomens hat die Rechnungswesenforschung bisher allerdings noch nicht geben können.

Herr Osann trägt mit seiner vorgelegten Dissertation zur theoretischen Klärung dieses Phänomens bei und entwickelt erste Ansätze für eine Theorie freiwilliger Berichterstattung. Mithilfe einer umfassenden Studie, die auf einer qualitativen Erhebung beruht, welche methodisch durch die Grounded Theory (Strauss/Corbin) geleitet ist, entwickelt er ein prozessorientiertes Modell der Lageberichterstellung und zeigt Ursache-Wirkungsbeziehungen zwischen wesentlichen Einflussgrößen der Berichterstattung auf. Einige zentrale Aspekte dieser Arbeit sollen die Spannweite dieses Vorhabens beleuchten.

Unternehmen setzen die Berichterstattung gezielt ein, um dem Legitimitätsdruck der relevanten Stakeholder zu begegnen und deren antizipierte Informationsbedürfnisse zu befriedigen (Makro-Perspektive). Mit der gezielten Instrumentalisierung ist die Unternehmensebene angesprochen (Meso-Perspektive), die in einem weiteren Schritt aufgelöst wird, um die Mikroprozesse im Unternehmen und damit die Individualebene zu analysieren. Somit entwickelt Herr Osann zur Beschreibung der Prozesse der Lageberichterstattung ein Drei-Ebenen-Modell, in dem innerhalb des Unternehmens soziale Akteure im Wesentlichen drei organisationale Rollen einnehmen: die Promotor-Rolle, die Moderator-Rolle und die Gatekeeper-Rolle.

Promotoren sind soziale Akteure, die das Ziel haben, bestimmte Themen im Lagebericht zu platzieren. Mit der Rolle des Moderators wird derjenige im Unternehmen beschrieben, der federführend den Prozess der Lageberichterstattung innehat und der häufig Informationen für alle Beteiligte am Prozess liefert und den Prozess koordiniert. Als dritte Rolle wird der Gatekeeper eingeführt, der über die Macht verfügt, Inhalte in den Lagebericht aufzunehmen oder sie wegzulassen. Herr Osann bleibt jedoch nicht bei der Deskription von Rollen stehen, denn die unterschiedlichen Abläufe der Lageberichterstattung werden durch verschiedene Faktoren beeinflusst. In seiner Untersuchung identifiziert er verschiedene Konstrukte wie den Legitimitätsdruck durch die Stakeholder, die gezielte Instrumentalisierung der Berichterstattung, die Komplexität des Geschäftsmodells oder das Ziel, die zentrale Perspektive des Vorstands durchzusetzen. Je nach Ausprägung dieser Variablen verändern sich die Prozessabläufe im Unternehmen und durch die Anzahl der Akteure auch der Inhalt der Berichterstattung. Insbesondere mit der Identifikation dieser Einflussgrößen gelingt es Herrn Osann, plausibel zu machen, warum die freiwillige Berichterstattung von Unternehmen so heterogen ist. Über diesen Erklärungsbeitrag hinaus bietet die ausführliche Analyse des entwickelten Modells eine Fülle von Gestaltungshinweisen und liefert daher auch der Praxis für die Prozessgestaltung eine umfassende Orientierung.

Das Besondere seiner Arbeit besteht im konsequenten Einsatz von sozial- und verhaltenswissenschaftlichen Theorien, die im Hinblick auf ihre Eignung für eine Theorie der freiwilligen Berichterstattung geprüft werden. Aufgrund der Betrachtung der verschiedenen Theorie-Ebenen (Mikro-, Meso- und Makroperspektive) werden neben der Stakeholdertheorie und dem Neo-Institutionalismus weitere Theorien wie z.B. mikropolitische Ansätze und kognitive Theorien analysiert, um sie für das Prozessmodell nutzbar zu machen. Zudem geht Herr Osann auch ausführlich auf die Verknüpfung der Theorie-Ebenen ein und zeigt Möglichkeiten auf, wie sich Aussagen der verschiedenen Theorie-Ebenen ergänzen können.

Sein entwickeltes Modell der Berichterstattung und die damit verbundenen Hypothesen können als ein wesentlicher Entwicklungsschritt und innovativer Entwurf für eine Theorie der freiwilligen Berichterstattung angesehen werden. Die klare Struktur der Arbeit und ihre stringente Argumentation liefern ein überzeugendes Fundament für die abgeleiteten Ergebnisse, welche die Forschung in diesem Gebiet erheblich bereichern. Ich bin davon überzeugt, dass diese Schrift auf breites Interesse in Theorie und Praxis stößt und wünsche ihr eine weite Verbreitung.

Prof. Dr. Rolf Brühl, Berlin

Vorwort

Im Fokus meiner Arbeit steht der Prozess der Lageberichtserstellung und damit das Verhalten sozialer Akteure im Unternehmen. Wesentliches Fazit der Studie ist, dass an diesem Prozess eine Vielzahl sozialer Akteure beteiligt ist, die jeweils ihre eigene Perspektive in die Berichtserstellung einbringen und damit den Prozessoutput prägen.

Dieses Fazit ziehe ich auch für den Prozess meiner Dissertationserstellung. Für die Arbeit haben unterschiedliche Personen einen Beitrag geliefert. Von moralischem Beistand bis zu inhaltlichem Input und Inspiration habe ich in vielerlei Formen Unterstützung erfahren. All denjenigen, die mich im privaten und wissenschaftlichen Umfeld im Rahmen meiner Dissertationszeit begleitet haben, sei an dieser Stelle herzlichst gedankt.

Besonders hervorheben möchte ich meinen Doktorvater Herrn Prof. Dr. Rolf Brühl. Ihm danke ich für eine großartige Zeit an seinem Lehrstuhl. Ich habe weniger für Ihn, sondern viel mehr mit Ihm gearbeitet: Führung wurde stets auf Augenhöhe gelebt. Die Arbeit im Team stand mit Herrn Brühl immer im Vordergrund. Gerade auch deshalb steckt in dieser Arbeit wohl viel Brühlsches Gedankengut. Neben einer fachlichen, durch großes Vertrauen und Flexibilität geprägten Arbeitsweise, habe ich auch die persönliche Ebene genossen, die Herr Brühl mit seinen Doktoranden pflegt. Der Spaß kam nicht zu kurz. In Erinnerung bleibt mir eine schöne und gleichermaßen für mich prägende Zeit. Mit der Erstellung des Zweitgutachtens durch Herrn Prof. Dr. Ulrich Krystek schließt sich für mich ein Kreis. An der TU Berlin weckte er mein Interesse für strategische Fragestellungen des Controllings und betreute meine Diplomarbeit zur Steuerung immaterieller Ressourcen. Letztlich hat er mich ermutigt, zu promovieren. Ich hoffe, dass sich unsere Wege auch in Zukunft kreuzen werden.

Die empirische Basis dieser Arbeit haben meine Interviewpartner gelegt. Ihnen sei an dieser Stelle für die offenen Gespräche und ihre Bereitschaft, an meiner Studie teilzunehmen, gedankt. Input für meine Arbeit habe ich auch auf Konferenzen und Kolloquien, auf denen ich meine Ergebnisse präsentiert habe, bekommen. Besonderer Dank gilt den Teilnehmern des Forschungskolloquium der ESCP Europe und denen des Doktorandenkolloquiums der European Accounting Associaten 2008 in Rotterdam.

Dank gilt auch meinen Doktorandenkollegen. An der ESCP Europe schloß ich besondere Freundschaften unter Kollegen, die mich sowohl fachlich als auch persönlich auf dem Weg zur Promotion unterstützten. Hervorheben möchte ich Herrn Dr. Nils Horch, Herrn Dipl.- Kfm. Sebastian Wappel und Herrn Dipl.-Kfm. Tyge Kummer. Dank gilt auch meinen Kollegen an der TU Berlin, die mich in der Entscheidung zu promovieren und auch während meiner Dissertationszeit unterstützten. Besonders danken möchte ich Herrn Dipl.-Ing. Marko Reimer und Herrn Dipl.-Kfm. Georg Kolat. Auch für die tatkräftige Unterstützung der studentischen Hilfskräfte des Lehrstuhls sei an dieser Stelle gedankt. Durch zahlreiche Bibliotheksgänge und Recherchen haben sie an dem Literaturfundament dieser Arbeit mitgewirkt.

Der erfolgreiche Abschluss dieser Arbeit ist wesentlich meiner Familie zu verdanken. Meine Eltern und meine Schwester haben mich auf meinem Weg stets begleitet und diesen in vielerlei Hinsicht geprägt. Durch die Vermittlung von Werten, der Förderung meiner Ausbildung, aber auch durch eine grenzenlose Hilfsbereitschaft waren Sie stets mein Rückhalt. Einem neuen Mitglied meiner Familie möchte ich diese Arbeit widmen. Meine Frau Isabell hat mich persönlich unterstützt und diese Arbeit auch fachlich durch eine Vielzahl von Diskussionen mitgestaltet. Ohne Sie hätte ich mich sicherlich nicht zu der Person entwickelt, die ich heute bin und auch meine Dissertation wäre bestimmt eine andere geworden.

Wie gesagt, die Einflussvariablen des Erstellungsprozess erklären in vielerlei Hinsicht dessen Ergebnis.

Mathias Osann, Berlin

Verzeichnisse IX

Inhaltsverzeichnis

Inhaltsverzeichnis IX

Abbildungsverzeichnis XIII

Tabellenverzeichnis XV

1 Einleitung 1
1.1 Problemstellung 1
1.2 Zielsetzung und Methode 4
1.3 Aufbau der Arbeit 8

2 Zur Lageberichterstattung über immaterielle Ressourcen 11
2.1 Konstrukt immaterielle Ressourcen 11
2.1.1 Begriff und Definition 11
2.1.2 Kategorisierung 17
2.1.3 Ökonomische Charakteristika 21
2.1.4 Relevanz 25

2.2 Externe Rechnungslegung 30
2.2.1 Informationsbedarf 30
2.2.2 Jahresabschluss 33
2.2.2.1 Ansatzkriterien 33
2.2.2.2 Bewertungskriterien 37
2.2.3 Lageberichterstattung 40
2.2.3.1 Informationsfunktion 40
2.2.3.2 Grundsätze 43
2.2.3.3 Berichtsgegenstände 45
2.2.3.4 Status quo der Berichterstattung 47

2.3 Freiwillige Berichterstattung 50
2.3.1 Theorieebenen 50
2.3.2 Makro-/Mesoebene (Umwelt und Organisation) 52
2.3.2.1 Ökonomische Theorien 52

2.3.2.2	Sozialwissenschaftliche Theorien	54
2.3.2.3	Studienüberblick Makro- Mesoebene	56
2.3.3	Mikroebene (Individuum)	58
2.3.3.1	Verhaltenswissenschaftliche Erklärung	58
2.3.3.2	Studienüberblick Mikroebene	61

3 Methodische Vorgehensweise: Grounded Theory 67

3.1	Charakteristika qualitativer Forschung	67
3.2	Methodenindikation	71
3.3	Forschungsprozess	76
3.4	Gütekriterien	79
3.5	Datenerhebung	82
3.5.1	Experteninterviews und Dokumentenanalyse	82
3.5.2	Interviewdesign	86
3.6	Fallauswahl und -beschreibung	89
3.7	Datentranskription	93
3.8	Dateninterpretation	94
3.8.1	Kodierprozesse	94
3.8.2	Kodierung der Konstrukte der Modellebenen	97

4 Zur Entwicklung eines Modells einer freiwilligen Berichterstattung über immaterielle Ressourcen 105

4.1	Übersicht des Prozessmodells	105
4.2	Interessengruppen der Berichterstattung	115
4.2.1	Stakeholderorientierung	115
4.2.2	Ressourcenabhängigkeit und Macht	118
4.3	Legitimitätsdruck	123
4.3.1	Wahrnehmung des Unternehmenshandelns	123
4.3.2	Neoinstitutionalismus	128

4.3.3	Legitimierungsstrategien	132
4.3.4	Legitimierungsinstrument Lagebericht	136
4.4	**Gezielte Instrumentalisierung**	**142**
4.4.1	Auswirkungen Legitimitätsdruck	142
4.4.2	Priorisierung von Interessengruppen	146
4.4.2.1	Informationssender und -empfänger	146
4.4.2.2	Adressaten	151
4.4.2.3	Rationalitätsmythen	156
4.5	**Promotor**	**161**
4.5.1	Rollenabgrenzung	161
4.5.2	Soziale Identität und mentale Modelle	163
4.5.3	Promotor einer dezentralen Perspektive	168
4.5.3.1	Fachbereiche	168
4.5.3.2	Politisches Handeln	174
4.5.3.2.1	Mikropolitik	174
4.5.3.2.2	Agendabildung	179
4.5.4	Promotor einer zentralen Perspektive	186
4.5.4.1	Reportingeinheit und Topmanagement	186
4.5.4.2	Informationsquellen	191
4.5.4.3	Controlling als Informationslieferant	198
4.6	**Moderator**	**202**
4.6.1	Rollenabgrenzung	202
4.6.2	Fallbeschreibung	208
4.6.3	Fallkontrastierung	214
4.6.3.1	Themenvorschläge der Fachbereiche	214
4.6.3.2	Vorgabe einer inhaltlichen Ausrichtung	219
4.6.3.3	Kommunikationsart	221
4.7	**Gatekeeper**	**224**
4.7.1	Rollenabgrenzung	224
4.7.2	Akteure	226
4.7.3	Holistische und zentrale Entscheidungsfindung	231
4.7.3.1	Einbindung des Topmanagements	231

4.7.3.2	Einbindung der Fachbereiche	233
4.7.4	Einfluss mentaler Modelle	236
5	**Zum Theoriebeitrag des entwickelten Modells**	**239**
5.1	**Verknüpfung der Modellebenen**	**239**
5.2	**Hypothesen**	**245**
6	**Schlussbetrachtung**	**253**
6.1	**Zusammenfassung und Diskussion**	**253**
6.1.1	Verknüpfung der Modellebenen	253
6.1.2	Beschreibung und Erklärung der Mikroprozesse	256
6.2	**Limitation und Implikation für weitere Forschung**	**261**

Anhang: Interviewleitfaden **265**

Literaturverzeichnis **269**

Abbildungsverzeichnis

Abbildung 1: Forschungsperspektive der Arbeit 5
Abbildung 2: Markt-, Marken- und Buchwerte Coca-Cola 14
Abbildung 3: Kategorisierung immaterieller Ressourcen 19
Abbildung 4: Wirkungskette des Resource-based View 28
Abbildung 5: Abschnitte des Geschäftsberichts 33
Abbildung 6: Immaterielle Ressourcen in den Abschnitten des Geschäftsberichts 41
Abbildung 7: Normative Implikation des Management Approach 44
Abbildung 8: Prozessmodelle empirischer Forschung 68
Abbildung 9: Forschungsprozess der Grounded Theory 77
Abbildung 10: Interviewstruktur 88
Abbildung 11: Vorgehensweise theoretische Fallauswahl 90
Abbildung 12: Kodierprozesse 95
Abbildung 13: Kodierschema der Mikroebene: Prozessrollen 100
Abbildung 14: Kodierschema der Meso- und Makroentitäten 101
Abbildung 15: Lageberichtserstellung: Rollen im Prozess 105
Abbildung 16: Kommunikationsinstrument Lagebericht 108
Abbildung 17: Gesamtmodell 110
Abbildung 18: Ressourcenabhängigkeit und Macht 122
Abbildung 19: Verhaltenssteuerung durch Wahrnehmung/Einstellungsbildung 128
Abbildung 20: Entstehung von Legitimitätsdruck 131
Abbildung 21: Instrumentalisierung der Lageberichterstattung 137
Abbildung 22: Feldschema Massenkommunikation 148
Abbildung 23: Interpretation publizierter Aussagen 149
Abbildung 24: Gezielte Instrumentalisierung der Lageberichterstattung 160
Abbildung 25: Mentale Modelle im Prozess der Lageberichtserstellung 167
Abbildung 26: Verhalten des dezentralen Promotors 170
Abbildung 27: Agendabildungsmodell nach DUTTON 181
Abbildung 28: Interne und externe Informationsquellen 192
Abbildung 29: Institutionalisierung Moderatorrolle 205
Abbildung 30: Integration der Fachbereichsperspektiven 213
Abbildung 31: Integration der Fachbereiche in die Lageberichtserstellung 218
Abbildung 32: Kommunikation zwischen Fachbereichen und Moderator 222

Abbildung 33: Als Gatekeeper handelnde Akteure 228
Abbildung 34: (Modifiziertes) moderat holistisches Mehrebenenmodell 242

Tabellenverzeichnis

Tabelle 1: M/B-Differenzen deutscher Unternehmen (Geschäftsjahr 2002) 15

Tabelle 2: Berichtsgegenstände 46

Tabelle 3: Empfohlene Indikatoren immaterieller Ressourcen 47

Tabelle 4: Gütekriterien qualitativer Sozialforschung 81

Tabelle 5: Fallübersicht 92

Tabelle 6: Wertbeitrag verschiedener Stakeholdergruppen 120

Abkürzungsverzeichnis

AKSG	–	Arbeitskreis „Immaterielle Werte im Rechnungswesen" der Schmalenbach-Gesellschaft für Betriebswirtschaft e.V.
ATX	–	Austrian Traded Index
BilMoG	–	Bilanzrechtsmodernisierungsgesetz
CEO	–	Chief Executive Officer
CFO	–	Chief Financial Officer
CSR	–	Corporate Social Responsibility
DAX	–	Deutscher Aktienindex
DRS	–	Deutscher Rechnungslegungsstandard
EBIT	–	Earnings Before Interest and Tax
EG	–	Europäische Gemeinschaft
F	–	Framework
FN	–	Fußnote
F&E	–	Forschung und Entwicklung
GuV	–	Gewinn- und Verlustrechnung
HGB	–	Handelsgesetzbuch
HR	–	Human Resources
IAS	–	International Accounting Standards
IASB	–	International Accounting Standards Board
IFRS	–	International Financial Reporting Standards
Jg.	–	Jahrgang
M/B-Differenz	–	Marktwert-Buchwert-Differenz
MDAX	–	Mid-Cap Deutscher Aktienindex
PR	–	Public Relations
RBV	–	Resource-based View
SDAX	–	Small-Cap Deutscher Aktienindex
SEC	–	U.S. Securities and Exchange Commission
SIC	–	Standing Interpretations Committee
Sp.	–	Spalte
TecDAX	–	Technologie-Werte Deutscher Aktienindex
Tz.	–	Teilziffer

US-GAAP — United States Generally Accepted Accounting Standards
WpHG — Gesetz über den Wertpapierhandel

1 Einleitung

1.1 Problemstellung

Immaterielle Ressourcen wie der Markenname, Kundenbeziehungen oder das Mitarbeiter-Know-how stellen keine neuen betriebswirtschaftlichen Phänomene dar. Seit jeher verfügen Unternehmen über diese nicht greifbaren, unsichtbaren Ressourcen, die den Erfolg eines Unternehmens wesentlich beeinflussen. Veränderungen des Marktumfelds bewirken, dass ihre Bedeutung für den Unternehmenserfolg stetig zunimmt. In der sogenannten Wissensgesellschaft sind immaterielle Ressourcen wesentliche Treibergrößen des Unternehmenswerts (z. B. Quinn, 1992, S. 241; Drucker, 1993, S. 7; Stewart, 1997, S. 18 ff.): „With the move from the industrial into the knowledge economy, with rare exceptions, the economic and producing power lies more in its intellectual and service capabilities than in its hard assets – land, plant and equipment" (Quinn, 1992, S. 241). Dies gilt sowohl für Industrien der New Economy, also für Unternehmen, die eher in dienstleistungsnahen Bereichen operieren, als auch für anlagenintensive Industrieunternehmen, die heute ebenfalls vernetzte, global agierende Wissensorganisationen darstellen (grundlegend Gupta/Govindarajan, 2000). Theoretisch lässt sich die Relevanz immaterieller Ressourcen mit dem ressourcenorientierten Ansatz (Resource-based View) begründen (insbesondere Michalisin/Smith/Kline, 1997; Brühl/Horch/Orth, 2008a, S. 17 ff.). Empirisch, wenn auch abstrakt und zudem nicht unumstritten, anhand von Marktwert-Buchwert-Differenzen, die verdeutlichen, dass das nicht-bilanzierte immaterielle Kapital einen Großteil des Wertschöpfungspotenzials der Unternehmen umfasst (z. B. Lev, 2001, S. 8 f.; Mouritsen/Larsen/Bukh, 2001, S. 735 f.).

Für die Darstellung der Unternehmenssituation im Allgemeinen und speziell bei der Ermittlung des Unternehmenswerts besteht folglich ein Bedarf an Informationen über immaterielle Ressourcen. Der Informationsbedarf ist auf unterschiedliche Interessen zurückzuführen: Für das Management besteht die Notwendigkeit, immaterielle Ressourcen aktiv zu entwickeln und auszuschöpfen (z. B. Kaplan/Norton, 2004a; b). Als wesentliche Voraussetzung leitet sich hieraus die Herausforderung ab, immaterielle Ressourcen zu identifizieren und abzubilden, um sie systematisch in die internen Steuerungssysteme integrieren zu können.

1.1 Problemstellung

Neben dem Steuerungszweck der Management-Perspektive besteht ein Informationsbedarf über immaterielle Ressourcen auch aus der Sicht weiterer Akteure und Gruppen, die unterschiedlichste Interessen mit einem Unternehmen verbinden: zum Beispiel Mitarbeiter, Medien, Kunden, Lieferanten oder Politik. Ein zentrales Medium, mit dem Unternehmen über ihre Aktivitäten und ihre Entwicklung informieren, ist der Geschäftsbericht. Für gesetzlich definierte Unternehmenstypen (vgl. Coenenberg/ Haller/Schultze, 2009, S. 32 ff.) umfasst dieser Bericht Pflichtbestandteile, deren Inhalte sich an den normativen Rechnungslegungsstandards orientieren. Folgt man zum Beispiel dem Rahmenkonzept (F. 9 f.) der International Financial Reporting Standards (IFRS), sind zentrale Adressaten der in diesem Rahmen publizierten Informationen die aktuellen und potenziellen Investoren eines Unternehmens (vgl. Hinz, 2005, S. 53; Maul, 2007, S. 609). Insbesondere aufgrund der strategischen Relevanz immaterieller Ressourcen – in Hinblick auf die Wertentwicklung von Unternehmen – besteht aus der Sicht dieser Adressatengruppe ein entsprechender Informationsbedarf (vgl. Hepers, 2005, S. 22 ff., 41 ff.).

Damit ergibt sich wiederum für die Institution, welche die Funktion der Pflichtberichterstattung im Unternehmen erfüllt, die Aufgabe, entscheidungsrelevante Informationen über immaterielle Ressourcen sowohl in den externen Berichtssystemen allgemein als auch speziell im Geschäftsbericht zu berücksichtigen (zum Stichwort „Value Reporting" Ruhwedel/Schultze, 2002; Eccles/Herz/Keegan/Phillips, 2001; Labhardt/ Vokart, 2001).

Insbesondere für die externe Rechnungslegung besteht dabei jedoch die Hürde, dass eine monetäre Einzelbewertung immaterieller Ressourcen außerhalb des Zusammenhangs, in dem sie bestehen, nur bedingt möglich ist. Ursache hierfür ist, dass sie Teil komplexer soziotechnischer Systeme sind (vgl. Sydow, 1985), ihren wirtschaftlichen Beitrag in Kombination mit anderen Ressourcen erbringen und daher nur schwer aus ihrem Entstehungskontext herausgelöst sowie zwischen Unternehmen transferiert werden können (ausführlich Black/Boal, 1994, S. 134 ff.). Aus diesen Gründen ist die externe Berichterstattung über immaterielle Ressourcen – auch mit der Adaptierung der IFRS – weiterhin sehr restriktiv (z. B. Haaker, 2007; AKSG, 2004, S. 223 f.). Eine nähere Betrachtung der Rechnungslegungsvorschriften zeigt, dass nur wenige Informationen über diese erfolgskritischen Positionen ihren Weg in

1.1 Problemstellung

die Finanzberichte finden. Die von JOHNSON/KAPLAN (1987) als rhetorische Frage formulierte Kritik, ob das Rechnungswesen seine Relevanz verloren habe, scheint vor dem Hintergrund dieser Situation auch auf die externe Berichterstattung übertragbar.

Da die für deutsche Unternehmen relevanten Rechnungslegungsstandards eine Publikation von Informationen über immaterielle Ressourcen nur bedingt fordern, ist die Unternehmensbewertung aus der Sicht externer Informationsnachfrager oftmals von der freiwilligen Berichterstattung abhängig (vgl. Riegler, 2006). Auch und gerade deshalb zeigt wohl der Status quo der Veröffentlichungspraxis über immaterielle Ressourcen ein eher heterogenes Bild und ist daher Gegenstand von Kritik (z. B. Ruhwedel/Schultze, 2002, S. 615 ff.; Fischer/Becker, 2006, S. 34 ff.; Johanson/ Martensson/Skoog, 2001). Inhaltsanalysen von Geschäftsberichten attestieren eine unsystematische, von Unternehmen zu Unternehmen divergierende Praxis der Berichterstattung (für einen Überblick Guthrie/Petty/Yongvanich/Ricceri, 2004; Striukova/Unerman/Guthrie, 2008). Durch die sehr allgemein formulierten Berichtspflichten eröffnet sich Unternehmen ein hoher Veröffentlichungsspielraum. Untersuchungen zeigen, dass sogar den gesetzlichen Vorgaben bisweilen nur bedingt gefolgt wird (z. B. Day/Woodward, 2004). Erhebliche Unterschiede finden sich auch innerhalb einzelner Branchen, obwohl aufgrund ähnlicher Umweltbedingungen und Geschäftsmodelle hier noch die höchste Übereinstimmung zu vermuten wäre (siehe van der Meer-Kooistra/Zijlstra, 2001, S. 466). Während einige Unternehmen ausführlich über ihre immateriellen Ressourcen berichten, entscheiden sich andere für eine eher restriktive Informationsbereitstellung (vgl. Noll/Weygandt, 1997, S. 61). Es ist der Forschung bisher nicht überzeugend gelungen, diese empirischen Befunde zu erklären: „Despite widespread academic and business interest in the issue, a comprehensive theoretical framework of the underlying determinants of corporate [voluntary] disclosure is still elusive. In fact, empirical attempts have relied on different theoretical and methodological constructs within various national contexts, thus impeding the emergence of an overall coherence in literature" (Cormier/Magnan/Van Velthoven, 2005, S. 6, wobei in dieser Studie die Publikation von Aktivitäten zum Schutz der Umwelt betrachtet wird).

1.2 Zielsetzung und Methode

Die vorliegende Arbeit untersucht das skizzierte Problem einer heterogenen Berichterstattung über immaterielle Ressourcen und fokussiert den Lagebericht als Veröffentlichungsmedium. Dieser wird in der Literatur als Rahmen für eine Berichterstattung über immaterielle Ressourcen vorgeschlagen (z. B. AKSG, 2005; Haller/ Dietrich, 2001).

Eine Betrachtung von Mikrotheorien lässt die Vermutung zu, dass Variablen der Akteursebene, z. B. Machtbeziehungen oder individuelle mentale Modelle, einen Einfluss auf die Berichtserstellung haben. Es ist daher nicht unplausibel, dass diese Phänomene auch erklären können, warum der Status quo der Berichterstattung über immaterielle Ressourcen ein uneinheitliches Bild zeigt. In dem Forschungsprojekt, das dieser Arbeit zugrunde liegt, wurde dieser Mikroansatz verfolgt. Genähert wird sich der freiwilligen Berichterstattung über immaterielle Ressourcen durch eine Betrachtung der sozialen Interaktionsprozesse der Lageberichtserstellung. Diese Interaktionsprozesse sind Untersuchungsgegenstand der vorliegenden Arbeit, die vor dem Hintergrund eines deskriptiven und eines explikativen Erkenntnisziels hinterfragt werden. Betrachtet wird einerseits, wie der Prozess der freiwilligen Berichterstattung in der Unternehmenspraxis gestaltet ist und anderseits wie die damit identifizierten Variablen eine heterogene freiwillige Berichterstattung über immaterielle Ressourcen erklären. Diese übergeordneten Fragen lassen sich wie folgt konkretisieren:

- **Akteure:** Wer ist in den Prozess der Lageberichtserstellung und die Publikation von Informationen über immaterielle Ressourcen im Unternehmen involviert?
- **(Inter-)Aktionen:** Wie ist der Prozess durch Handlungen und Interaktionen der beteiligten Akteure strukturiert?
- **Motive:** Und schließlich, warum werden freiwillig Informationen über immaterielle Ressourcen im Lagebericht publiziert, das heißt, welche Motive leiten die Handlungen der Akteure im Unternehmen?

Mit diesen Fragen ist eine Positionierung der Arbeit in die verhaltensorientierte Management- und Controllingforschung (vgl. Birnberg/Luft/Shields, 2007) verbunden. Der Fokus wird von einer isolierten Betrachtung des Outputs, in Form publizierter Informationen, und Makrofaktoren wie zum Beispiel Branchenzugehörigkeit zu den

1.2 Zielsetzung und Methode

vorgelagerten Entscheidungsprozessen verschoben. Mit Letzteren verbundene Phänomene werden in dem betrachteten Forschungsbereich durch die bisher dominierenden quantitativen empirischen Analysen von Geschäftsberichten sowie durch normative und konzeptionelle Arbeiten ignoriert (siehe die Feststellung bei Boesso/ Kumar, 2008). Die von NORD/FOX (1999, S. 148) festgestellte Abwendung der Organisationsforschung vom Individuum, „the individual in organizational studies: the great disappearing act", scheint auch für das hier betrachtete Forschungsfeld zuzutreffen.

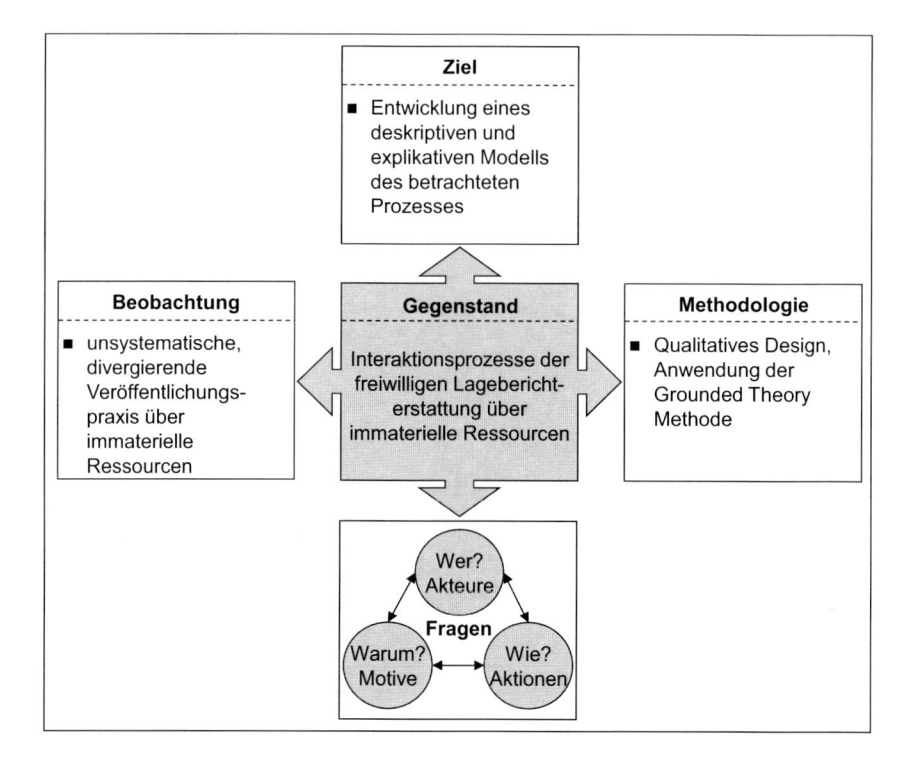

Abbildung 1: Forschungsperspektive der Arbeit

Problemstellung, Untersuchungsgegenstand und Zielsetzung der Arbeit indizieren ein induktives Forschungsdesign. Dieses basiert auf halbstrukturierten Interviews, die in verschiedenen Unternehmen unterschiedlicher Branchen mit Prozessbeteiligten geführt wurden. Methodologisch orientiert sich das Vorgehen an dem Grounded Theory-Ansatz von CORBIN/STRAUSS (2008). Dieser umfasst verschiedene Techniken der Datenerhebung und -analyse, welche die Gestaltung eines qualitativen Forschungsprozesses unterstützen.

Die gewonnen Erkenntnisse sind in einem Modell zusammengefasst. Die einzelnen Elemente des Modells einer freiwilligen Berichterstattung über immaterielle Ressourcen sind in empirischen Beobachtungen verankert und insofern induktiv entwickelt. Die Arbeit ist daher im Forschungsprozess in den Entdeckungszusammenhang einzuordnen (zur Einteilung Reichenbach, 1938, S. 382 ff.; Poser, 2001, S. 122 f.). Folgt man ZELEWSKI (2008, S. 43) sind Modelle „alle problempräsentierenden Artefakte, die in der Absicht erschaffen wurden, ein problemkonstituierendes Diskrepanzempfinden zu beseitigen." Die Präsentation der Interaktionsprozesse der freiwilligen Lageberichterstattung in einer abstrahierenden Modelldarstellung (als problempräsentierendes Artefakt) dient dazu, das genannte deskriptive und explikative Erkenntnisziel für den Untersuchungsgegenstand zu erreichen. Die Verknüpfung dieser beiden Ziele in dem entwickelten Modell wird im Folgenden kurz begründet; in Abbildung 1 sind die diskutierten zentralen Merkmale der vorliegenden Forschungsarbeit zusammengefasst.

Die betrachteten Fälle zeigen eine hohe Variation der Prozessabläufe in Unternehmen. Die Forschungsergebnisse dieser Arbeit beinhalten daher auf einer deskriptiven Ebene Aussagen über unterschiedliche Prozessabläufe. Bezogen auf die Geschäfts- bzw. Lageberichterstattung ist in der Literatur völlig unbeleuchtet wie der Erstellungsprozess von Finanzberichten abläuft. So konstatiert beispielsweise ADAMS (2002, S. 228): „There has been little prior research work into the internal processes of [...] reporting or attitudes which influence decision making. [...] academic research has been lagging behind developments in practice in this respect."

Deskriptive Elemente des entwickelten Modells sind die Handlungen sozialer Akteure in dem Prozess der Lageberichtserstellung. Beschrieben wird u. a. welche Akteure den Prozessablauf wie koordinieren, von wem Informationen als Inhalte für den Lagebericht vorgeschlagen werden, wie diese Informationen an die Entscheidungsträger im Prozess weitergeleitet werden und wer diese sind. Die beobachteten Handlungen sind gemäß einem interaktionalen Rollenverständnis verschiedenen Prozess-

1.2 Zielsetzung und Methode

rollen zugeordnet, welche die beteiligten Akteure einnehmen. Erreicht wird dadurch ein Verständnis über den Prozessablauf. Mit Hilfe der definierten Rollen wird eine Möglichkeit zur Strukturierung des Prozesses zukünftigen Forschungsarbeiten angeboten. Warum ist die Beobachtung variierender Prozessansätze für das Ausgangsproblem einer heterogenen Lageberichterstattung über immaterielle Ressourcen von Relevanz?

Die Deskription der Prozessabläufe als Erkenntnisziel bildet ein Fundament für eine weitergehende Theoriebildung (vgl. Zelewski, 2008, 24 f., 44). Ein Ziel des Forschungsprojektes ist es, erste Ansätze für eine Theorie freiwilliger Berichterstattung zu entwickeln, das heißt Ursache-Wirkungsbeziehungen aufzuzeigen. Hierfür wird eine hermeneutische Perspektive auf den Untersuchungsgegenstand eingenommen. Im Gegensatz zur deduktiv-nomologischen Forschungstradition (vgl. Hempel, 1977, S. 5 ff.) werden dabei ex ante keine Hypothesen formuliert, vielmehr sollen diese über den Prozess des Verstehens, das heißt über eine qualitative, systematisch miteinander verknüpfte Analyse einzelner Phänomene, erst entwickelt werden (vgl. Zelewski, 2008, S. 25 f.). Verstehen zielt darauf ab, die Bedeutung beobachteter Aspekte des Untersuchungsgegenstandes zu erfassen. Das Erreichen eines besseren Verständnisses über ein reales Phänomen ermöglicht die Identifizierung von Einflussgrößen für die Ausprägung eines Phänomens, womit Kausalzusammenhänge aufgedeckt werden (vgl. Strube, 1985, S. 332 f., der in diesem Zusammenhang die Komplementarität der Verstehens- und Erklärensprozesse hervorhebt). Damit ist das entwickelte Modell auch als Interpretationsmodell zu klassifizieren, das erste Ansätze einer Theorieentwicklung beinhaltet (vgl. Zelewski, 2008, S. 44 f.).

Die von den Interviewten beschriebenen Prozessvariablen zeigen, dass die Art und Weise wie die Akteursrollen ausgefüllt werden, einen Einfluss auf die Berichtsinhalte hat. Damit lassen sich auf der Mikroebene kausale Verbindungen identifizieren. Deutlich wird jedoch auch, dass das Prozessverhalten der Akteure nicht losgelöst von Faktoren der Mesoebene der Organisation und Makroumwelt ist. Die Interviewpartner erklärten, dass Unternehmen die Lageberichterstattung zur Kommunikation mit relevanten Interessengruppen instrumentalisieren. Ausgangspunkt dieses instrumentellen Motivs ist ein umweltorientiertes Unternehmensverständnis. Diese Beobachtung ist analog zu umweltorientierten Organisationstheorien, wie dem Neoinstitutionalismus, in welche die gewonnenen Erkenntnisse über den Prozess der Lageberichterstattung eingeordnet werden. Aufgezeigt werden aber auch die Grenzen dieser Theorie, die lediglich Phänomene der Meso- und Makroebene betrachtet. Dargestellt wird, wie Faktoren der Mikroebene, zum Beispiel die mentalen Modelle beteiligter Prozessakteure, die Art und Weise, wie Unternehmen freiwillig über ihre immateriellen Ressourcen berichten, beeinflussen. Diese und weitere Zusammenhänge auf sowie zwischen der Mikro-, Meso- und der Makroebene werden in den beobachteten Fällen aufgedeckt und in das Modell integriert. Ergebnis der Arbeit sind damit auch Hypothesen, welche einen Erklärungsbeitrag für die Ausgangsbeobachtung einer freiwilligen Berichterstattung über immaterielle Ressourcen leisten.

Zusammenfassend wird in dieser Arbeit der Prozess der Lageberichterstellung in einem Modell beschrieben und dabei Einflussgrößen auf der Mikro-, Meso- und Makroebene für eine freiwillige Berichterstattung über immaterielle Ressourcen identifiziert. Die gewonnenen Erkenntnisse werden durch eine Reflexion verschiedener Theorien validiert und damit in die bestehende Forschung eingeordnet. Aufgezeigt werden damit u. a. Möglichkeiten wie sich Aussagen verschiedener Theorieebenen miteinander zur Erforschung freiwilliger Berichterstattung ergänzen. Eine entsprechende Verknüpfung wird als Plädoyer dieser Arbeit formuliert und der zukünftigen Forschung das entwickelte Modell einer freiwilligen Berichterstattung über immaterielle Ressourcen als eine Art Framework vorgeschlagen. Eine wesentliche Erkenntnis dieser explorativen Studie liegt in der hohen Komplexität, durch die sich der Prozess der Lageberichterstellung auszeichnet. Es wurde versucht, diese Komplexität über die Betrachtung von Phänomenen verschiedener Aussagenebenen abzubilden. Aufgrund der Komplexität gilt jedoch auch für die präsentierten deskriptiven und explikativen Ergebnisse die Einschränkung, dass sie letztlich nur einen Ausschnitt des Untersuchungsgegenstandes wiedergeben.

1.3 Aufbau der Arbeit

Im folgenden Kapitel 1 (S. 11 ff.) wird zunächst das Konstrukt immaterielle Ressourcen als Berichtsgegenstand eingeführt. Aus den spezifischen Charakteristika immaterieller Ressourcen, die in Abschnitt 2.1 (S. 11 ff.) dargestellt sind, ergeben sich einerseits ihre Relevanz für die externe Berichterstattung, andererseits Probleme, wie

1.3 Aufbau der Arbeit

korrespondierende Informationen als verbindliche Inhalte durch die Standardsetzer gefordert werden können. Die Diskussion relevanter Standards in Abschnitt 2.2 (S. 30 ff.) zeigt, dass immaterielle Ressourcen primär im Lagebericht abgebildet werden. Bestehende Wahlrechte und sehr allgemeine Formulierungen der Rechnungslegungsstandards führen jedoch dazu, dass Unternehmen in diesem Zusammenhang große Entscheidungsspielräume besitzen. Die Berichterstattung über immaterielle Ressourcen ist daher als weitgehend freiwillig einzustufen und insofern verwundert es nicht, dass der in Abschnitt 2.2.3.4 (S. 47 ff.) dargestellte Status quo der Berichterstattung über immaterielle Ressourcen ein eher heterogenes Bild widerspiegelt. Mit Hilfe verschiedener Theorien wird daher in Abschnitt 2.3 (S. 50 ff.) hinterfragt, wie eine freiwillige Berichterstattung zu erklären ist. Dabei werden zunächst Theorien der Meso- und Makroebene herangezogen und dann gezeigt, wie verhaltenswissenschaftliche Theorien auf der Mikroebene sich den Prozessen der Lageberichtserstellung und damit Entscheidungen über die Publikation von Informationen über immaterielle Ressourcen nähern.

Die Prozesse der Lageberichtserstellung – als Untersuchungsgegenstand dieser Arbeit – sind wenig erforscht, wie ein Studienüberblick zeigt. Untersuchungsgegenstand, -ziel sowie der Stand der Forschung indizieren ein qualitatives Forschungsdesign. In Kapitel 3 (S. 67 ff.) wird die Methode der Grounded Theory vorgestellt, die zur induktiven Entwicklung eines Modells einer freiwilligen Berichterstattung über immaterielle Ressourcen angewendet wird. Damit wird eine systematische iterativ, rekursive Vorgehensweise der Konstrukt- und Theoriebildung sichergestellt.

In Kapitel 4 (S. 105 ff.) ist das entwickelte Modell beschrieben. Hierfür wird zunächst ein Überblick der verschiedenen Modellelemente gegeben, die dann sukzessive im Rahmen von Unterkapiteln eingeführt und vor dem Hintergrund verschiedener Theorien reflektiert werden. Dabei widmet sich die Modellbeschreibung in einem ersten Schritt der Meso- und Makroebene der freiwilligen Berichterstattung; in einem zweiten Schritt wird das Verhalten der Akteure im Prozess der Lageberichtserstellung mit Hilfe von Rollen beschrieben. Im Fokus stehen dabei die gefundenen Variationen in den Fällen und ihre Einflussfaktoren. Aus diesen Wirkungsbeziehungen werden Hypothesen für den Untersuchungsgegenstand in Kapitel 4 identifiziert. Diese werden in Kapitel 5 (S. 239 ff.) aufgegriffen und als Teil einer Theorie für die freiwillige Berichterstattung über immaterielle Ressourcen verdichtet.[1] Damit werden kausale Zusammenhänge diskutiert, die Erklärungskraft für die eingangs gestellte Frage haben, warum Unternehmen unterschiedlich über ihre immateriellen Ressourcen berichten.

Eingeleitet wird dieses Kapitel mit einer ontologischen Sichtweise auf die Verbindung zwischen verschiedenen Aussagenebenen, das heißt wie Phänomene der Mikroebene des Individuums, der Mesoebene der Organisation und der Makroebene der Unternehmensumwelt interagieren.

Die Arbeit schließt in Kapitel 6 (S. 253 ff.) mit einer Zusammenfassung der gewonnenen Erkenntnisse, zeigt deren Limitationen auf und skizziert Implikationen für zukünftige Forschungsarbeiten.

---

[1] Die Beschreibung der Modellelemente in Kapitel 4, die daraus abgeleiteten zentralen Hypothesen, die in Kapitel 5 als Teile einer Theorie zusammengefasst werden bauen aufeinander auf und sind daher nicht isoliert zu betrachten. Daher ist auch mit dem Seitenumfang der Kapitel keine Gewichtung der deskriptiven und explikativen Zielsetzung der Arbeit gegeben.

2 Zur Lageberichterstattung über immaterielle Ressourcen

2.1 Konstrukt immaterielle Ressourcen

2.1.1 Begriff und Definition

Die Wurzeln der Forschung zur Berichterstattung über immaterielle Ressourcen gehen zurück bis in die Mitte der 80er Jahre des letzten Jahrhunderts (zur Historie Bukh/Larsen/Mouritsen, 2001, S. 89). Die sogenannte Konrad Group, ein Zusammenschluss von Praktikern aus der Dienstleistungsindustrie, die sich um SVEIBY formierte, entwickelte zu dieser Zeit ein Berichtssystem für immaterielle Ressourcen, das später unter dem Namen „The invisible balance sheet" veröffentlicht wurde (siehe Konrad Group, 1990)[2]. Neben SVEIBYS (z. B. 1997) Konzept prägen insbesondere die Arbeiten EDVINSSONS (z. B. 1997) beim Finanzdienstleistungs- und Versicherungskonzern Skandia und anderen, vor allem schwedischen Beratungsunternehmen die heutige Forschung. Im US-amerikanischen Raum wurden entsprechende Forschungsthemen aufgegriffen; bekannt sind vor allem die ersten Arbeiten von STEWART (z. B. 1997) und LEV (z. B. 2001). In den Folgejahren entwickelte sich ein breites Forschungsprogramm, in dem Fragen zur Messung und zur Berichterstattung immaterieller Ressourcen diskutiert wurden (vgl. Andriessen, 2004; Canibano/Garcia-Ayuso/Sánchez, 2000; Striukova et al., 2008; Guthrie/Petty/Johanson, 2001; Kirchner-Khairy, 2006).

In der betriebswirtschaftlichen Literatur wird eine Vielzahl an Begriffen zur Beschreibung des Untersuchungsgegenstandes verwendet.[3] Die Begriffsvielfalt verweist zum einen auf allgemeine Merkmale, zum Beispiel mit den Termini „intellektuell" und „immateriell" und zum anderen auf das mit dem Untersuchungsgegenstand verbundene Erkenntnisinteresse.

---

[2] Eine englische Fassung des Buches wurde lediglich im Internet publiziert (siehe http://www.sveiby.com).

[3] In der Literatur lassen sich – ohne dabei den Anspruch auf Vollständigkeit zu erheben – u. a. folgende Begriffe identifizieren: „immaterielle Vermögensgegenstände", „Wissen", „Fähigkeiten", „Kompetenzen", „intellektuelles Eigentum", „Immaterialgüter", „immaterielle Güter", „immaterielle Anlagewerte", „immaterielle Vermögenswerte", „immaterielle Investitionen", „immaterielle Werte", „intellektuelles Kapital", „versteckte Werte", „intellektuelle Vermögenswerte" und „immaterielle Ressourcen" (vgl. die Aufzählungen bei Kirchner-Khairy, 2006, S. 4; Kaufmann/Schneider, 2004, S. 369 ff.; Marr/Gray, 2004, S. 102).

2.1 Konstrukt immaterielle Ressourcen

In Bezug auf Letzteres werden

- aus einer bilanzorientierten Perspektive u. a. die Begriffe „Kapital" und „Vermögenswerte" gebraucht,
- aus einer strategischen Perspektive finden u. a. die Begriffe „Fähigkeiten", „Kompetenzen" und „Ressourcen" Anwendung
- und aus der Perspektive des Wissensmanagements wird der Begriff „Wissen" für den Untersuchungsgegenstand eingeführt.

Die drei genannten Perspektiven – bilanzorientiert, strategisch und wissensorientiert – verwendet KIRCHNER-KHAIRY (vgl. 2006, S. 24 ff.; ähnlich Deking, 2003, S. 20 f.) zur Kategorisierung verschiedener Literaturstränge im Rahmen des Forschungsprogramms. Sie weist jedoch darauf hin, dass eine trennscharfe Zuordnung der Begriffe zu den Perspektiven nicht möglich ist. Die Begriffe werden zum Teil synonym gebraucht, teilweise wird aber auch zwischen ihnen differenziert (vgl. auch Marr/Gray, 2004, S. 101 f.; AKSG, 2003, S. 1223).

Im Rahmen dieser Arbeit wird der Untersuchungsgegenstand mit dem Begriffspaar „immaterielle Ressourcen" bezeichnet.[4] Damit wird ein weites Verständnis des Untersuchungsgegenstandes eingenommen. Zum Beispiel definiert WERNERFELT (1984, S. 172) den Ressourcenbegriff als „[...] anything that could be termed a strength or weakness of a given firm [...] those (tangible and intangible) assets which are tied semipermanently to the firm."[5] Des Weiteren unterscheidet beispielsweise GRANT (vgl. 2005, S. 172) zwischen materiellen und immateriellen Ressourcen; letztere unterteilt er in Humanressourcen, technologische und reputationsbezogene Ressourcen. Mit der Eigenschaft immateriell werden in der Regel nicht-greifbare, vage Phänomene beschrieben (vgl. Helm/Meiler, 2004, S. 390).

---

[4] Die folgende Diskussion stützt sich zum Teil auf direkte Zitate. In deren Wortlaut wird in einigen Fällen eine andere Terminologie verwendet. Die verwendeten Bezeichnungen, zum Beispiel „Intellectual Capital" oder „immaterielle Werte" sind sodann als Synonyme für das gewählte Begriffspaar „immaterielle Ressourcen" zu verstehen.

[5] Die bestehenden Definitionsversuche fordern in der Regel lediglich abstrakt, dass Ressourcen die Effektivität und Effizienz eines Unternehmens und damit dessen Erfolgsposition positiv beeinflussen (einen Überblick gibt Freiling, 1999, S. 11 ff.).

2.1 Konstrukt immaterielle Ressourcen

Neben den doch sehr abstrakten Kategorisierungsversuchen konnte sich keine einheitliche Definition für das Konstrukt „immaterielle Ressourcen" durchsetzen: „[...] a large amount of competing terminology exists. Despite researchers' high level of interest in this topic, no consensus on one set of terms and definitions – or even a tendency towards one stream – is obvious" (Kaufmann/Schneider, 2004, S. 371). Bezüglich der Definitionsfindung ist zunächst festzustellen, dass das Begriffspaar „immaterielle Ressourcen" ein Konstrukt kennzeichnet, das übergeordnet für eine Vielzahl unterschiedlicher theoretischer Begriffe steht. Als Oberbegriff umfasst es zum Beispiel das Wissen der Mitarbeiter, organisationale Fähigkeiten oder auch den Markennamen eines Unternehmens. In der betriebswirtschaftlichen Literatur scheint man sich einig zu sein, dass diese Konstrukte dem Oberbegriff immaterielle Ressourcen zuzuordnen sind; es fehlen jedoch Eigenschaften, welche diese über eine eindeutige taxonomische Klassifikation miteinander verbinden. WITTGENSTEIN (vgl. 1953, S. 65 ff.) führt hierfür den Begriff der „Familienähnlichkeit" ein und illustriert anhand mehrerer Beispiele die Grenzen der hierarchischen Semantik (vgl. auch Teuwsen, 1988, S. 48 ff.; Wennerberg, 1998). Für den Untersuchungsgegenstand bedeutet dies, dass die Vielzahl immaterieller Ressourcen zwar nur unscharf taxonomisch klassifiziert, aber über die Familienähnlichkeit der Konstrukte zusammengefasst werden kann. Eine abschließende Definition für den Begriff immaterielle Ressourcen ist also nicht möglich. Dennoch existieren verschiedene Ansätze, die (oft sehr abstrakt) das Verständnis immaterieller Ressourcen in der Literatur prägen.

Die meisten Definitionsansätze beschreiben immaterielle Ressourcen negativ, in Abgrenzung zu materiellen Ressourcen (vgl. Schäfer/Lindenmayer, 2004, S. 11; AKSG, 2003, S. 1233; einen Überblick verschiedener Definitionsansätze geben Kaufmann/Schneider, 2004, S. 372 ff.). Ein großer Nachteil von Negativdefinitionen ist, dass diese keine charakterisierenden Eigenschaften nennen, sondern lediglich das Fehlen von Eigenschaften zur Abgrenzung festlegen.

Dieser Nachteil besteht auch für eine in der Literatur oft zu findende Aussage, dass immaterielle Ressourcen durch die Differenz zwischen dem Markt- und dem Buchwert (abgekürzt M/B) eines Unternehmens abgebildet werden (z. B. Brooking, 1997, S. 364; Stoi, 2004, S. 189 f.; Edvinsson, 1997, S. 367). Die M/B-Differenz wird auch häufig zur Betonung der Wertrelevanz immaterieller Ressourcen und damit zur kritischen Auseinandersetzung mit den Kennzahlen der externen Rechnungslegung herangezogen (z. B. Lev, 2001, S. 8 f.; Mouritsen et al., 2001, S. 735 f.). In Abbildung 2 sind für das Unternehmen Coca Cola Markt-, Buchwert, deren Differenz sowie der Markenwert über einen Zeitraum von sechs Jahren angegeben.[6] Eine wichtige immaterielle Ressource ist der Markenname des Unternehmens (zur Bedeutung des Markenwerts und den zur Verfügung stehenden Bewertungsmethoden vgl. einführend Hommel/Buhleier/Pauly, 2007). Dieser wird durch das Beratungsunternehmen Interbrand im Rahmen eines Rankings jährlich ermittelt und als weltweit wertvollste Marke eingeschätzt.

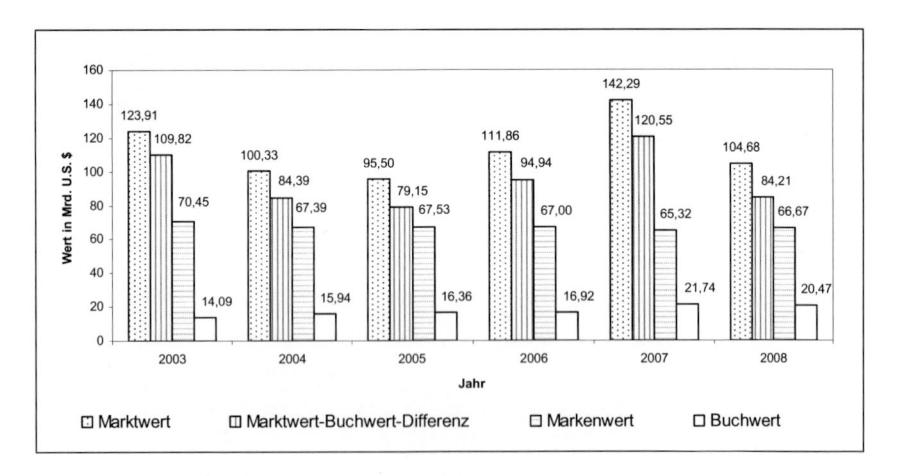

Jahr	Marktwert	Marktwert-Buchwert-Differenz	Markenwert	Buchwert
2003	123,91	109,82	70,45	14,09
2004	100,33	84,39	67,39	15,94
2005	95,50	79,15	67,53	16,36
2006	111,86	94,94	67,00	16,92
2007	142,29	120,55	65,32	21,74
2008	104,68	84,21	66,67	20,47

Abbildung 2: Markt-, Marken- und Buchwerte Coca-Cola

Problematisch ist, dass die Definition immaterieller Ressourcen als M/B-Differenz weder die Möglichkeit der Bildung stiller Reserven noch aktivierbare immaterielle Ressourcen wie zum Beispiel Lizenzen berücksichtigt (vgl. KPMG, 2009, S. 6 ff.). Der Wert immaterieller Unternehmensressourcen orientiert sich in diesem Fall an einer

---

[6] Die Daten wurden dem Geschäftsbericht des Coca-Cola Konzerns entnommen (siehe http://www.thecoca-colacompany.com/investors/). Das Beratungsunternehmen Interbrand veröffentlicht die Marktwerte der weltweit 100 wertvollsten Marken in ihrer jährlich erscheinenden Studie „Best Global Brands" (siehe http://www.interbrand.com).

2.1 Konstrukt immaterielle Ressourcen

Funktion der externen Rechnungslegungsstandards (Stolowy/Jeny, 2000, S. 17 ff. zeigen diesbezüglich in einem Überblick die Heterogenität nationaler und internationaler Standards), das heißt eine Veränderung der Standards kann zu einer Wertsteigerung oder -minderung immaterieller Ressourcen führen (vgl. Bukh et al., 2001, S. 88).

Auch die Aussagekraft des Marktwertes als zukunftsbezogene Größe ist für eine Definition immaterieller Ressourcen fragwürdig. Die Wirkungsweise von Investitionen in immaterielle Ressourcen ist sehr komplex und langfristig orientiert, was eine exakte monetäre Bewertung erschwert. Darüber hinaus wird der Marktwert auch von spekulativen Interessen der Investoren beeinflusst (vgl. Speckbacher/ Güldenberg/Ruthner, 2004, S. 438): „[…] this is problematic, as the market value often fluctuates for reasons that have little to do with the company's operations – such as changes in overall market sentiment" (Striukova et al., 2008, S. 298). Eine Betrachtung der in Tabelle 1 dargestellten M/B-Differenzen deutscher Unternehmen für das Jahr 2002 unterstützt diese Kritik (Daten entnommen aus Speckbacher et al., 2004, S. 438). Wenn der Definition über gebildete M/B-Differenzen strikt gefolgt wird, würde dies das Problem negativ bewerteter immaterieller Ressourcen aufwerfen. Zu fragen ist, ob immaterielle Ressourcen in den betrachteten Fällen den Unternehmenswert mindern.

Unternehmen	Marktwert*	Buchwert*	M/B-Relation	M/B-Differenz*
ThyssenKrupp	5.973	9.149	0,65	-3.176
DaimlerChrysler	38.199	39.421	0,97	-1.222
Deutsche Telekom	41.028	66.019	0,62	-24.991
Commerzbank	3.998	13.104	0,31	-9.106
Allianz	24.328	49.013	0,50	-24.685
Bayer	14.380	17.020	0,84	-2.640
* in Mio. €				

Tabelle 1: M/B-Differenzen deutscher Unternehmen (Geschäftsjahr 2002)

Es ist zu konstatieren, dass gebildete M/B-Differenzen sicherlich eine Berechtigung als Indikatoren für den in der Bilanz nicht abgebildeten Wert immaterieller Ressourcen besitzen. Eine Definition auf Basis einer errechneten M/B-Differenz erscheint jedoch aufgrund der skizzierten Kritik nicht sinnvoll (vgl. Habersam/Piber, 2003, S.

186 f.). Darüber hinaus ist der Erkenntniswert einer derart globalen, monetären Größe eingeschränkt (vgl. Kasperzak/Krag/Wiedenhofer, 2001, S. 1496).

LEV (2001, S. 5) definiert eine immaterielle Ressource als „[...] a claim to future benefit that does not have a physical or financial (a stock or a bond) embodiment". Bezüglich der fehlenden physischen Substanz und des nicht-monetären Charakters immaterieller Ressourcen besteht Einigkeit in der Literatur (vgl. Kaufmann/Schneider, 2004, S. 372 ff.). Immaterielle Ressourcen stellen wie bereits erwähnt theoretische Konstrukte dar und entziehen sich daher einer direkten Beobachtung. Wird zum Beispiel das Ziel verfolgt die „Mitarbeiterzufriedenheit" zu messen, ist das Konstrukt zunächst durch die Zuordnung empirischer Begriffe zu operationalisieren (vgl. Brühl, 2008, S. 366). Ressourcen, die sowohl aus materiellen als auch aus immateriellen Komponenten bestehen, sind als immateriell einzuordnen, wenn die jeweilige physische Komponente nur eine untergeordnete Bedeutung besitzt, indem sie u. a. Transport-, Dokumentations-, Speicherungs- oder Lagerungszwecken dient. Dementsprechend ist zum Beispiel eine selbst erstellte Softwarelösung als immateriell zu klassifizieren, auch wenn diese auf einem physisch greifbaren Datenträger gespeichert ist (vgl. AKSG, 2001, S. 990).

Neben der Erscheinungsform spricht LEV (2001) einen zukünftigen wirtschaftlichen Nutzen als weiteres charakterisierendes Merkmal immaterieller Ressourcen an. Auch dieses Merkmal wird in den meisten Definitionsansätzen bestätigt (vgl. Kaufmann/Schneider, 2004, S. 372 ff.). Beispielsweise beschreibt MOURITSEN (2003) immaterielle Ressourcen als die wichtigsten Werttreiber in einer Wissensgesellschaft. Immaterielle Ressourcen sind „[...] the intangibles stuff, out of which ‚value' in a knowledge society and therefore knowledge organisations are created" (Mouritsen, 2003, S. 18).

TEECE (vgl. 2000, S. 3) verzichtet auf eine explizite Definition und nennt Beispiele für besonders wichtige immaterielle Ressourcen wie Wissen, Kompetenz, Marken und Kundenbeziehungen. Die Möglichkeit einer abschließenden Aufzählung der Positionen, die unter dem Begriff immaterielle Ressourcen zusammengefasst werden könnten, besteht jedoch aufgrund der Vielzahl und Heterogenität immaterieller Ressourcen nicht (vgl. Haller/Dietrich, 2001, S. 1045). Aus diesem Grund konstatiert SVEIBY (1997, S. 150): „The measurement system that I propose does not present a full and

2.1 Konstrukt immaterielle Ressourcen

comprehensive picture of a company's intangible assets; such a system is not possible".

Für die vorliegende Arbeit wird auf den Definitionsansatz von LEV (2001) und die dort genannten Merkmale – fehlende physische Substanz, nicht-monetärer Charakter und ein erwarteter wirtschaftlicher Nutzen – immaterieller Ressourcen zurückgegriffen. Aber auch die Definition von LEV (2001) ermöglicht nur ein sehr abstraktes Verständnis immaterieller Ressourcen. „Although we have defined the concept of intellectual capital, the alternative definitions are still too general to be of any help in strategy-making process" (Roos/Roos/Dragonetti/Edvinsson, 1997, S. 28 f.). Daher wird in der Literatur oft so verfahren, dass zusätzlich Kategorien für immaterielle Ressourcen vorgegeben werden, welchen die einzelnen Komponenten zugeordnet werden können (vgl. Bukh et al., 2001, S. 91 f.). Diese Vorgehensweise ist flexibler als der Versuch einer doch nicht abschließend möglichen Aufzählung. Die Verwendung offener Kategorien erlaubt eine unternehmensindividuelle Ergänzung der spezifisch für die Branche oder auch einzig für das betrachtete Unternehmen existierenden immateriellen Ressourcen. Eine solche übergeordnete Kategorisierung ermöglicht auf diesem Weg ein Verständnis, welche Positionen unter dem Oberbegriff immaterielle Ressourcen zusammengefasst sind und damit eine Konkretisierung des Begriffs (vgl. Schäfer/Lindenmayer, 2004, S. 11).

2.1.2 Kategorisierung

Der Kategorisierungsansatz von SVEIBY (zuerst veröffentlicht in Konrad Group, 1990; vgl. auch im Folgenden Sveiby, 2001, S. 8 ff.; 1997, S. 346) ist eine der ältesten und wahrscheinlich am weitesten verbreiteten Einteilungen immaterieller Ressourcen in der Literatur (vgl. Deking, 2003, S. 24). SVEIBY nennt folgende drei Kategorien:

- Immaterielle Ressourcen, die der „externen Struktur" zugeordnet werden, haben ihren Ursprung an der Schnittstelle eines Unternehmens zu seinen Kunden und Zulieferern. Hierzu zählen insbesondere Kundenbeziehungen, das Unternehmensimage und Marken.

- Die „interne Struktur" umfasst sämtliche Unternehmensprozesse, -kultur sowie gesetzlich geschützte Rechte, wie zum Beispiel Patente oder Lizenzen. Die interne Struktur bleibt erhalten, wenn Mitarbeiter das Unternehmen verlassen. Sie ist nicht an einzelne Personen gebunden, sondern das Ergebnis kollektiver Arbeitsleistung.

- Als dritte Kategorie stellt die „individuelle Kompetenz der Mitarbeiter" die Grundlage für die Entwicklung und Nutzung der internen und der externen Struktur dar. Das Kompetenzkapital ist dabei nicht direkt Eigentum eines Unternehmens, sondern wird dem Unternehmen von seinen Mitarbeitern zur Verfügung gestellt.

Der Ansatz von SVEIBY wurde bei dem schwedischen Versicherungskonzern Skandia weiterentwickelt. Unter der Leitung des damaligen „Corporate Director of Intellectual Capital" EDVINSSON war Skandia weltweit eines der ersten Unternehmen, das einen Bericht über immaterielle Ressourcen veröffentlichte (vgl. Deking, 2003, S. 26). Der erste Bericht wurde als Beilage zum Jahresabschluss für das Jahr 1994 unter dem Titel „Visualising Intellectual Capital" veröffentlicht (vgl. Skandia, 1994);[7] die Berichterstattung wurde jedoch 1998 wieder eingestellt (vgl. Schindler/Jaitner, 2003, S. 163). Mit dem Bericht verfolgte Skandia das Ziel, eine strukturierte Übersicht über die aktuelle Situation der immateriellen Ressourcen im Konzern zu geben. Die angegebenen Informationen sollten zum einen den immateriellen Wert des Unternehmens nach außen kommunizieren und zum anderen die Grundlage für ein verbessertes Management bilden (vgl. Edvinsson, 1997, S. 369 f.).

Auf einer übergeordneten Ebene teilt Skandia immaterielle Ressourcen in „Human-" und „Strukturkapital" ein. Als „Strukturkapital" werden vereinfachend diejenigen immateriellen Ressourcen beschrieben, die übrig bleiben, wenn Mitarbeiter das Unternehmen verlassen. Die Mitarbeiter stellen ihre Fähigkeiten dem Unternehmen nur leihweise zur Verfügung, während das „Strukturkapital" Eigentum des Unternehmens ist. Dementsprechend wird als Hauptziel der Unternehmensführung die Umwandlung von „Human-" in „Strukturkapital" genannt. Das „Strukturkapital" wird zusätzlich in die Kategorien „Kunden-", „Prozess-" und „Innovationskapital" untergliedert (vgl. Edvinsson, 1997, S. 369 f.). Im Gegensatz zum Ansatz von SVEIBY werden die Be-

---

[7] Die Berichte sind auf der Internetseite der Investor Relations des Konzerns veröffentlicht (siehe http://skandia.com/financials/).

2.1 Konstrukt immaterielle Ressourcen

ziehungen zu Kunden als Eigentum des Unternehmens ausgewiesen. Beziehungen zu anderen Marktteilnehmern werden nicht dezidiert berücksichtigt.

Die Grundstruktur der Pionierarbeiten von EDVINSSON und SVEIBY findet sich in vielen jüngeren Publikationen wieder (z. B. Daum, 2002, S. 32 ff.; Kivikas, 2004, S. 474; für Überblicke vgl. Kirchner-Khairy, 2006, S. 58 ff.; Arvidsson, 2003, S. 37 ff.). In diesen wird jedoch teilweise auch problematisiert, dass die von EDVINSSON und SVEIBY vorgeschlagenen Einteilungen nicht umfassend genug und teilweise zu grob seien, was eine besseres Verständnis des Begriffs „immaterieller Ressourcen" erschweren würde (vgl. AKSG, 2004, S. 226).

Aus dieser Kritik heraus entwickelte der Arbeitskreis „Immaterielle Werte im Rechnungswesen" der Schmalenbach-Gesellschaft für Betriebswirtschaft e.V. (abgekürzt AKSG, vgl. 2004, S. 225 ff.; 2001, S. 990 f.) einen Ansatz, der immaterielle Ressourcen anhand von sieben Kategorien detaillierter beschreiben soll. Im Gegensatz zu anderen Ansätzen wird auf eine mehrstufige Einteilung verzichtet. Die vorgeschlagenen Kategorien „Human-", „Kunden-", „Innovations-", „Zulieferer-", „Investoren-", „Prozess-" und „Standortkapital" befinden sich, wie in Abbildung 3 dargestellt, auf der gleichen Ebene (entnommen aus AKSG, 2004, S. 226 und ins Deutsche übersetzt).

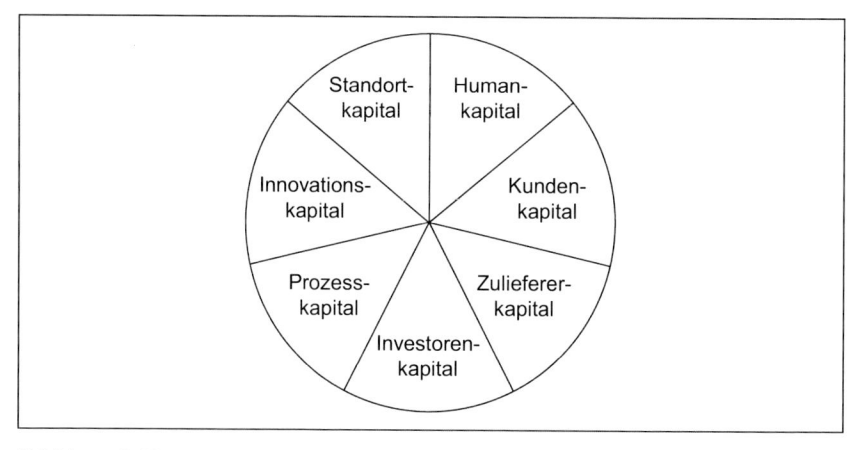

Abbildung 3: Kategorisierung immaterieller Ressourcen

Die Einordnung immaterieller Ressourcen in die Kategorien orientiert sich an den klassischen Funktionen bzw. Bereichen im Unternehmen. Beispielsweise werden dem „Humankapital" typische immaterielle Ressourcen im Personalbereich zugeordnet, zum Beispiel das Wissen und die Kompetenz der Mitarbeiter sowie das Betriebsklima. Die Autoren dieses Ansatzes erheben den Anspruch, dass sämtliche existierende immaterielle Ressourcen mindestens einer Kategorie zugeordnet werden können, wobei es auch Überschneidungen geben kann (vgl. AKSG, 2001, S. 991). Beispielsweise ist ein leistungsfähiges Beschaffungssystem sowohl dem „Prozess-" als auch dem „Zuliefererkapital" zuzuordnen (vgl. Möller, 2004, S. 488).

Zusammenfassend lässt sich sagen, dass trotz einer ähnlichen Grundstruktur erhebliche Unterschiede zwischen den Ansätzen bestehen. Diese sind vor allem auf abweichende Bezeichnungen und Abgrenzungen der Kategorien und den gewählten Detaillierungsgrad zurückzuführen (vgl. Heidemann/Hofmann, 2009, S. 71 ff.; Möller, 2004, S. 488). In der Literatur wird jedoch anerkannt, dass die vorgestellten Ansätze helfen, ein genaueres Begriffsverständnis zu entwickeln (vgl. Schäfer/Lindenmayer, 2004, S. 11). Dies unterstützt zum Beispiel eine systematische Aufbereitung und Darstellung immaterieller Ressourcen in der externen Berichterstattung. Im Rahmen dieser Arbeit wird daher auch auf einen Kategorisierungsansatz zur Analyse der bestehenden Berichterstattungspraxis zurückgegriffen. Verwendet wird der vorgestellte Ansatz des AKSG. Dieser gibt, im Vergleich zu anderen Ansätzen, einen differenzierteren Überblick der immateriellen Ressourcen eines Unternehmens.

Problematisch ist jedoch auch hier, dass die Zuordnung einzelner Komponenten teilweise unklar oder nicht möglich ist; ein theoretisches Fundament lässt sich für alle Kategorisierungsansätze nicht finden (für eine methodische Diskussion der Kategorienbildung vgl. Doty/Glick, 1994, S. 232 f.): „Indeed, they all have open-ended definitions and are explained in examples rather than by mathematical logic" (Bukh et al., 2001, S. 92). Prinzipiell ist fraglich, ob eine trennscharfe Abgrenzung immaterieller Ressourcen überhaupt möglich ist – oder ob es in der Natur immaterieller Ressourcen liegt, dass sich ihr Wertschöpfungspotenzial nur im Verbund mit anderen Ressourcen ergibt und sie deshalb auch nicht isoliert darstellbar sind (vgl. Völckner/Pirchegger, 2006, S. 221). Darüber hinaus weisen immaterielle Ressourcen weitere Charakteristika auf, die bewirken, dass diese teilweise einer anderen be-

2.1 Konstrukt immaterielle Ressourcen

triebswirtschaftlichen Logik folgen als materielle Ressourcen (vgl. Lev, 2001, S. 21 ff.; Hepers, 2005, S. 32 ff.).

2.1.3 Ökonomische Charakteristika

Dies hat wiederum zur Folge, dass bestehende betriebswirtschaftliche Konzepte nur eingeschränkt für immaterielle Ressourcen anwendbar sind (vgl. Stoi, 2004, S. 189), was wiederum Auswirkungen auf die externe Berichterstattung haben kann. Die spezifischen ökonomischen Charakteristika immaterieller Ressourcen – die in ihrer Vernetzung, einem erhöhten Investitionsrisiko sowie in ihrer Kostenstruktur und Wertschöpfung bestehen – werden daher im Folgenden vorgestellt:

Kostenstruktur und Wertschöpfung: Materielle Ressourcen stellen in der Regel knappe Ressourcen dar, weshalb ihre Verwendung das Abwägen von Opportunitätskosten erfordert. Im Gegensatz dazu zeichnen sich immaterielle Ressourcen durch eine Nicht-Rivalität in der Nutzung aus. Die Verwendung immaterieller Ressourcen mindert im Allgemeinen nicht ihren Wert für weitere Nutzungen. Beispielsweise kann eine selbst entwickelte Softwarelösung zur Verwaltung von Kundendaten beliebig oft kopiert und in den einzelnen Vertriebseinheiten eingesetzt werden, ohne dass hieraus wesentliche zusätzliche Kosten für das Unternehmen entstehen (vgl. Lev, 2001, S. 21).

Im Gegensatz zur Entwicklung immaterieller Ressourcen verursachen ihre Verwendung und ihre Vervielfältigung in der Regel nur geringe Kosten. Die daraus resultierende Kostenstruktur zeichnet sich durch einen hohen Fixkostenanteil bei geringen variablen Kosten aus. Für die Amortisation produktbezogener immaterieller Ressourcen steht daher die Erreichung eines hohen Marktanteils im Vordergrund (vgl. Stoi, 2004, S. 191 f.). Beispielsweise resultiert aus den hohen Entwicklungskosten in der Pharmabranche einerseits ein erhöhtes Investitionsrisiko für Unternehmen.[8] Andererseits ergibt sich eine Chance, wenn den Entwicklungskosten die tendenziell geringen Herstellungskosten für Medikamente gegenübergestellt werden (vgl. Lev, 2001, S. 23).

---

[8] Die Entwicklung eines neuen Medikaments dauert durchschnittlich 10 bis 12 Jahre und kostet etwa 800 Mio. US-Dollar (vgl. Verband Forschender Arzneimittelhersteller, 2005, S. 1).

Während materielle Ressourcen durch ihren Gebrauch, zum Beispiel Maschinen im Produktionsprozess, an Wert verlieren, kann sich der Wert immaterieller Ressourcen durch ihre Nutzung sogar zum Teil steigern (vgl. Bouncken, 2000, S. 867). Die Qualifikation eines Mitarbeiters wird beispielsweise durch die Teilnahme an Projekten nicht verbraucht, sondern erhöht sich möglicherweise durch die gesammelten Erfahrungen (vgl. Deking, 2003, S. 222). In diesem Zusammenhang wird daher auch von einer Art „Gesetz des wachsenden Grenznutzens" (Maul/Menninger, 2000, S. 530) für immaterielle Ressourcen gesprochen.

Darüber hinaus können Nutzer immaterieller Ressourcen in vielen Fällen von Netzwerkeffekten profitieren. Netzwerke basieren auf dem Prinzip, dass mit steigender Netzwerkgröße der Nutzen für die Teilnehmer des Netzwerks steigt (vgl. Lev, 2001, S. 26). Zum Beispiel ist die Nachfrage nach einer Technologie von ihrer Etablierung als Standard abhängig. Dies illustriert zum Beispiel die Etablierung von Video Home System (VHS) als Video-Standard. Nicht die technische Innovation, sondern ein gezieltes Marketing bewirkte, dass sich VHS gegenüber dem konkurrierenden Betamax-System als Standard durchsetzen konnte (vgl. Roos et al., 1997, S. 11). Auch für Software lässt sich vermuten, dass sich der Nutzen der Anwender mit ihrer zunehmenden Verbreitung erhöht, da hiermit die Wahrscheinlichkeit sinkt, dass Kompatibilitätsprobleme bei der Integration verschiedener Systeme auftreten (vgl. Lev, 2001, S. 26 ff.).

Investitionsrisiko: Charakteristisch für immaterielle Ressourcen ist der geringe Grad an Ausschlussmöglichkeiten („Property Rights"), den Unternehmen für sie besitzen können. Der Nutzen materieller Ressourcen, zum Beispiel von Maschinen oder Gebäuden, lässt sich im Gegensatz dazu in der Regel vollständig durch den Investor sichern. Beispielsweise können Konkurrenten durch das Abwerben von Mitarbeitern von den Weiterbildungsprogrammen eines Unternehmens profitieren (partielle Exkludierbarkeit). Diese als „Spillovers" bezeichneten Effekte erhöhen das Risiko einer Investition in immaterielle Ressourcen (vgl. Lev, 2001, S. 33 ff.).

Der Zusammenhang zwischen Investitionen in immaterielle Ressourcen und deren Auswirkungen auf finanzielle Erfolgsgrößen ist häufig nicht transparent. Zwischen dem Investitionsvorgang, dem Aufbau immaterieller Ressourcen und den daraus re-

2.1 Konstrukt immaterielle Ressourcen

sultierenden Einzahlungsüberschüssen treten Zeitverzögerungen auf. STOI (vgl. 2004, S. 193) unterscheidet zwei Arten von Zeitverzögerungen:

- den „Investment effectiveness lag", der den Zeitraum zwischen einer Investition und dem daraus resultierenden Aufbau immaterieller Ressourcen beschreibt;
- und den „Intangible effectiveness lag", der die Verzögerung umfasst, bis die aufgebauten immateriellen Ressourcen den Unternehmenserfolg positiv beeinflussen.

Die Zeitverzögerungen stehen in engem Zusammenhang mit einem in der Literatur speziell für immaterielle Ressourcen konstatierten Risiko. Dieses Risiko wird vor allem auf die Bedeutung immaterieller Ressourcen für die Innovationsfähigkeit einer Organisation zurückgeführt. Investitionen in immaterielle Ressourcen, zum Beispiel für Mitarbeiter oder Organisationsstrukturen, bilden zumeist die Grundlage für die im Unternehmen ablaufenden Innovations- und Produktentwicklungsprozesse. Das Investitionsrisiko nimmt tendenziell im Verlauf des Produktlebenszyklus ab, da Auswirkungen auf den Unternehmenserfolg in frühen Phasen, zum Beispiel bei Forschungsprojekten, nur sehr schwer vorauszusehen sind. Daher stellt LEV (vgl. 2001, S. 37 ff.) fest, dass das Risikolevel von Investitionen in immaterielle Ressourcen vergleichsweise hoch ist.

Aufgrund fehlender Transaktionsmöglichkeiten existieren in der Regel keine organisierten Märkte für immaterielle Ressourcen. Dies erhöht auch das mit Investitionen verbundene Risiko, da die Möglichkeit eines Verkaufs eingeschränkt ist. Auch Wachstumsmöglichkeiten auf Basis eines Erwerbs sind damit nur eingeschränkt gegeben (vgl. Daum, 2002, S. 247).

Vernetzung: Immaterielle Ressourcen sind Teil eines komplexen soziotechnischen Systems im Unternehmen (vgl. Sydow, 1985). Sie entstehen und entfalten ihre Wirkung durch Kombination mit anderen (materiellen und immateriellen) Ressourcen (vgl. Servatius, 2004, S. 87). „Anders als bei materiellen Gütern erfolgt die Wertschöpfung immaterieller Werte fast nie isoliert durch diese selbst, sondern resultiert erst aus der Kombination mit anderen Werten" (Kaplan/Norton, 2004a, S. 20). Die aus der Vernetzung resultierende Komplexität unterscheidet immaterielle von materiellen Ressourcen. BLACK/BOAL (vgl. 1994, S. 134 ff.) differenzieren diesbezüglich zwischen sogenannten „Contained Resources" und „System Resources". Charaktersiered für „Contained Resources" ist, dass sie aus einem System einzeln identifizierbarer und monetär bewertbarer Faktoren bestehen. Materielle Ressourcen stellen in der Regel „Contained Resources" dar. Bei der Herstellung eines Pkws werden beispielsweise verschiedene Materialien, wie etwa Schrauben, Blech, Reifen usw., miteinander nach einem bestimmten Bauplan zusammengesetzt. Als Ganzes können materielle Ressourcen, wie in diesem Fall ein Pkw, natürlich hoch komplexe Gebilde darstellen. Dennoch sind die Komponenten dieses Systems und ihre Verbindungen eindeutig anhand des Bauplans identifizierbar und in ihrer Gesamtheit gegenüber der Umwelt klar abgegrenzt. Diese Eigenschaften ermöglichen in der Regel ihre monetäre Bewertung und einen Transfer zwischen Unternehmen.

Die Komplexität sogenannter „System Resources" ist eine andere. Sie bestehen aus nicht eindeutig identifizierbaren Komponenten, die durch eine Vielzahl direkter und indirekter Verbindungen miteinander verknüpft sind: „Oft sind diese Wirkungspfade verschlungen, häufig wirken dabei gleich eine ganze Reihe immaterieller Werte zusammen" (Walter, 2008, S. M16). Die Kultur eines Unternehmens ist beispielsweise in das gesellschaftliche Umfeld eingebunden. Darüber hinaus bezieht sich die Komplexität auf die Grenzen dieser Ressourcen, die nicht eindeutig ihrer Umwelt gegenüber abgegrenzt sind. Tendenziell sind immaterielle Ressourcen als System Resources zu klassifizieren. Sie sind daher im Gegensatz zu Contained Resources schwieriger monetär zu bewerten und zwischen Unternehmen zu transferieren. Bei einem Erwerb immaterieller Ressourcen stellt sich daher auch die Frage, wie diese in das eigene Unternehmenssystem zu integrieren sind und welchen Wert sie dort erzeugen.

Festzuhalten ist, dass Unternehmen in der Regel über eine Vielzahl immaterieller Ressourcen verfügen, die den Unternehmenswert wesentlich beeinflussen. In Hinblick auf die Wertrelevanz immaterieller Ressourcen ist zu vermuten, dass diese auch für die externe Berichterstattung von Bedeutung sind. Einführend wurde postuliert, dass ein Informationsbedarf für immaterielle Ressourcen sowohl für die interne Steuerung als auch für die in dieser Arbeit fokussierte externe Berichterstattung besteht. In Abbildung 2 (S. 14) wird beispielsweise die Frage, warum das Unternehmen Coca Cola über immaterielle Ressourcen berichten sollte, anhand der errechneten

2.1 Konstrukt immaterielle Ressourcen

Marktwert-Buchwert-Differenzen empirisch beantwortet. Wie im Folgenden gezeigt wird, lässt sich die Relevanz immaterieller Ressourcen auch theoretisch auf Basis der Argumentation des sogenannten „Resource-based View" (einführend Barney/Arikan, 2005) aufzeigen. Dieser betont insbesondere die strategische Bedeutung immaterieller Ressourcen zur Erreichung nachhaltiger Wettbewerbsvorteile.

2.1.4 Relevanz

Das Erreichen nachhaltiger Wettbewerbsvorteile bildet das übergeordnete Ziel des Strategischen Managements. In diesem Forschungsbereich stand, unter dem Einfluss der industrieökonomischen Theorie, mit Beginn der 1960er- bis in die 1980er-Jahre des letzten Jahrhunderts hinein ein eher marktorientiertes Denken im Vordergrund (vgl. Hoskisson/Hitt/Wan/Yiu, 1999, S. 111 f.).[9] Vertreter der industrieökonomischen Theorie thematisieren die Ressourcenausstattung von Unternehmen in der Regel erst in der Phase der Strategieimplementierung, daher bleibt das Potenzial interner Ressourcen zur Strategieentwicklung weitgehend unbetrachtet (vgl. Fearns, 2004, S. 2).

Die Konzentration auf unternehmensexterne Faktoren wurde mit Beginn der 1990er Jahre zunehmend kritisiert. Die steigende Dynamik des Wettbewerbs, die sich vor allem in einer zunehmenden Volatilität der Märkte ausdrückte, schränkte die Anwendbarkeit bisheriger strategischer Planungsinstrumente ein. Eine Neuorientierung im Strategischen Management zeichnete sich in dieser Zeit auch im Erfolg von primär auf die interne Ressourcensituation fokussierenden Konzepten wie Total Quality Management (z. B. Deming, 1986), Business Process Reengineering (z. B. Hammer/Champy, 1993) und organisationales Lernen (z. B. Argyris/Schön, 1996) ab (vgl. Collis/Montgomery, 1995, S. 118; Foss, 1998, S. 137). Empirisch konnte nachgewie-

---

[9] Da von einer homogenen Ressourcenausstattung aufgrund einer hohen Mobilität der Unternehmensressourcen ausgegangen wurde, sind diese nur als untergeordnete Kontextfaktoren betrachtet worden (vgl. Hitt/Ireland/Hoskisson, 2005, S. 16; Barney, 1991, S. 100). PORTER (1985), einer der bedeutendsten Vertreter der Industrieökonomie, beschreibt wie sich Unternehmen in einem Spannungsfeld aus mehreren Wettbewerbskräften („Five Forces") bewegen. Dieses Spannungsfeld determiniert die Attraktivität einer Branche für ein Unternehmen und bildet zugleich den Ausgangspunkt für das Strategische Management.

sen werden, dass Unternehmen mit ähnlichen Strategien in der gleichen Branche unterschiedlich erfolgreich sind. Obwohl die empirischen Ergebnisse bezüglich der Ursachen von Wettbewerbsvorteilen nicht eindeutig sind, sah man sich darin bestätigt, dass Branchenmerkmale nicht als alleinige Erklärungsgrößen des Unternehmenserfolgs gelten können (vgl. zu Knyphausen, 1993, S. 772 ff.; Barney/Arikan, 2005, S. 146 ff.).

Aus diesem Grund wird der extern orientierten Industrieökonomie mit dem Resource-based View eine primär intern orientierte Perspektive im Strategischen Management gegenübergestellt. Der Terminus „Resource-based View" (kurz RBV) umfasst dabei sämtliche Ansätze und Modelle, welche die Individualität und die Erfolgsposition als Reflexion des jeweiligen Ressourcenbestands eines Unternehmens zu erklären suchen (vgl. Rasche/Wolfrum, 1994, S. 502).[10] Der Grundgedanke des RBV geht auf PENROSE (1959) zurück, die Unternehmen als einzigartige Bündel materieller und immaterieller Ressourcen charakterisiert. Analyseeinheit zur Erklärung der Leistungsfähigkeit und damit der Einzigartigkeit von Unternehmen sind die Unternehmensressourcen und der durch sie begründete Nutzen. Der RBV basiert dabei auf zwei grundlegenden Annahmen (vgl. Barney, 1991, S. 101; Foss, 1998, S. 135): Zum einen, dass sich Unternehmen hinsichtlich ihrer Ressourcen bzw. der Fähigkeit, diese nutzen zu können, als Folge ihrer individuellen historischen Entwicklung unterscheiden. Zum anderen, dass die Mobilität der Ressourcen eingeschränkt ist, so dass die spezifische Ressourcensituation der Unternehmen über einen längeren Zeitraum konstant bleibt.

WERNERFELT (1984) war einer der ersten Autoren, der die Argumentation PENROSES (1959) aufgriff und diese in einen strategischen Kontext stellte. In der Folge wurde der RBV zu einem Ansatz entwickelt, der erklärt, wie und insbesondere wodurch sich nachhaltige Wettbewerbsvorteile für Unternehmen erschließen. Der durch den Wettbewerbsvorteil begründete unternehmerische Erfolg wird dabei in Anlehnung an das

---

[10] Anzumerken ist jedoch, dass eine Innenorientierung zu diesem Zeitpunkt für die strategische Managementforschung durchaus nicht neu war (vgl. Hoskisson/Hitt/Wan/Yiu, 1999, S. 418 ff.). Bereits in früheren Arbeiten, insbesondere von ANDREWS (1987), ANSOFF (1966) und HOFER/ SCHENDEL (1978), wurden die unternehmensinternen Stärken und Schwächen zur Erklärung von Wettbewerbsvorteilen herausgestellt.

2.1 Konstrukt immaterielle Ressourcen

Konstrukt der ökonomischen Renten interpretiert (vorwiegend greifen die Vertreter des RBV auf das Konzept der Ricardorenten zurück, vgl. Ricardo, 1994, S. 57 ff.).

Ein Forschungsschwerpunkt im RBV ist die Beschreibung der Eigenschaften erfolgsgenerierender Ressourcen, insbesondere jener Eigenschaften, die für einen nachhaltigen Wettbewerbsvorteil vorausgesetzt werden (vgl. Cool/Costa/Dierickx, 2002, S. 57; zur Definition eines Wettbewerbsvorteils vgl. Day/Wensley, 1988, S. 2 ff.; ähnlich Hunt, 2000, S. 138 ff.). Von einem nachhaltigen Wettbewerbsvorteil wird gesprochen, wenn dieser auf lange Sicht nicht nivelliert werden kann. Für Ressourcen, die einen nachhaltigen Wettbewerbsvorteil begründen, werden folgende vier Eigenschaften im RBV vorausgesetzt:

- „Wertvoll": Ressourcen können nur dann strategisch relevant sein, wenn sie einen Wert für ein Unternehmen begründen, indem sie dessen Effektivität und Effizienz steigern (zu dem damit verbundenen Tautologievorwurf vgl. Brühl et al., 2008a, S. 10 ff.). Letztlich muss der Wert einer Ressource in einem vom Kunden wahrgenommen Nutzen oder einer verbesserten Kostenposition reflektiert werden (vgl. Barney, 2001, S. 42 ff.).

- „Knapp": Ressourcen, die einen Wettbewerbsvorteil begründen, müssen knapp, das heißt entweder einzigartig oder zumindest nur eingeschränkt für Wettbewerber zugänglich sein. Es wird von einem nicht-perfekten Wettbewerb auf sogenannten „strategischen Faktormärkten" aufgrund asymmetrischer Gewinnerwartungen der Unternehmen ausgegangen (vgl. Barney/Arikan, 2005, S. 359). Vertreter des RBV betonen die Spezifität von Ressourcen. Beispielsweise sind die Kultur oder das Image eines Unternehmens das Resultat eines unternehmensindividuellen Akkumulationsprozesses. Für diese Ressourcen, und hier im Besonderen die immateriellen Ressourcen eines Unternehmens, gilt, dass keine strategischen Faktormärkte existieren (vgl. Dierickx/Cool, 1989).

- „Nicht-imitierbar": Aus strategischer Sicht muss darüber hinaus sichergestellt werden, dass der begründete Wettbewerbsvorteil dauerhaft ist. Strategisch relevante Ressourcen dürfen daher nicht oder zumindest nur eingeschränkt imitierbar sein. Die Ressourcen müssen hierfür Eigenschaften aufweisen, die verhindern, dass Wettbewerber zukünftig auf gleiche Ressourcen zurückgreifen können. In der Literatur werden mehrere Mechanismen diskutiert, die eine eingeschränkte Imitation von Ressourcen bewirken: 1) Die Ressourcenbasis eines Unternehmens ist Ausdruck der Vergangenheitsentwicklung, als historische, idiosynkratische Entwicklung eines Unternehmens (vgl. Dierickx/Cool, 1989); 2) Das Ausmaß der Interdependenzen zwischen Ressourcen und insbesondere auch deren soziale Komplexität (vgl. Barney, 1991, S. 110); 3) Die Unklarheit („Kausale Ambiguität") über das komplexe Zusammenspiel zwischen den Unternehmensressourcen und den daraus resultierenden Wettbewerbsvorteilen (vgl. Reed/DeFilippi, 1990); 4), sogenannte „time compression diseconomies", die bewirken, dass Zeitverzögerungen in der Ressourcenakkumulation nicht durch einen höheren Aufwand ausgeglichen werden können (vgl. Dierickx/Cool, 1989, S. 1507).

- „Nicht-substituierbar": Neben der Nicht-Imitierbarkeit beinhaltet das Fehlen funktionaler Äquivalente eine weitere ex-post Beschränkung des Wettbewerbs. Substitute können den durch eine Ressource begründeten Wettbewerbsvorteil nivellieren. Dies ist vor allem durch Innovationsprozesse bedingt, durch die neu konfigurierte Ressourcen entstehen, welche die gleiche Funktionalität erfüllen oder diese noch übertreffen (vgl. Barney, 1991, S. 111 f.).

Die zentralen Hypothesen des RBV lauten daher folgendermaßen (vgl. Barney, 1991, S. 107): Wenn ein Unternehmen über Ressourcen verfügt, die knapp und wertvoll sind, dann erreicht es einen Wettbewerbsvorteil, und wenn ein Unternehmen über Ressourcen verfügt, die knapp, wertvoll, nicht-imitierbar und nicht-substituierbar sind, dann erreicht es einen nachhaltigen Wettbewerbsvorteil bzw. eine Überrendite.

Ressourcen	Wettbewerbsvorteil	Finanzielle Performance
Eigenschaften: - wertvoll - knapp - nicht-imitierbar - nicht-substituierbar	- überlegener Kundenwert - überlegene relative Kostenposition	- Gewinn - Return on Investment
Unternehmenssicht	Marktsicht	

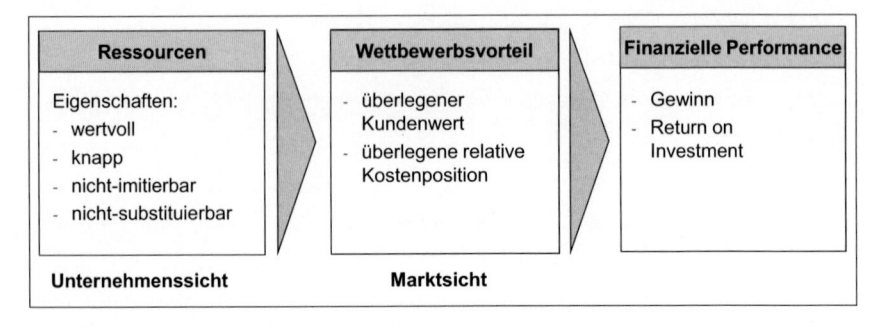

Abbildung 4: Wirkungskette des Resource-based View

2.1 Konstrukt immaterielle Ressourcen

Die Argumentation des RBV lässt sich vereinfacht in Abbildung 4 (in Anlehnung an Barney, 1991, S. 112; Hunt, 2000, S. 136) zusammenfassen. Sowohl in empirischen als auch in konzeptionellen Arbeiten zum RBV wird die Bedeutung immaterieller Ressourcen betont. Eine nähere Betrachtung der genannten Kriterien „wertvoll", „knapp", nicht-imitierbar" und „nicht-substituierbar" zeigt deutlich, dass diese insbesondere durch immaterielle Ressourcen erfüllt werden können. Gerade auch die im vorherigen Abschnitt 2.1.3 beschriebenen spezifischen ökonomischen Charakteristika immaterieller Ressourcen begründen ihre strategische Relevanz. Zum Beispiel erschwert ihre Vernetzung und ihre Investitionsstruktur eine Imitation oder Substitution durch Wettbewerber. Dementsprechend stellen GODFREY/HILL (1995, S. 523) fest, dass „[the] more unobservable a value resource, the higher are the barriers to imitation, and the more sustainable will be a competitive advantage based upon that resource".

In einer Literaturanalyse zeigen auch BRÜHL ET AL. (vgl. 2008a, S. 17 ff.), dass, im Rahmen empirischer Überprüfungen der genannten Hypothesen des RBV, in der Regel immaterielle Ressourcen zur Begründung eines nachhaltigen Wettbewerbsvorteils betrachtet werden. Nur vergleichsweise selten wird in den analysierten Studien der Einfluss finanzieller und physischer Ressourcen auf den Wettbewerbsvorteil betrachtet. Schwerpunktmäßig werden immaterielle Ressourcen und hier vor allem die Fähigkeiten von Mitarbeitern und von Organisationen analysiert (zu ähnlichen Ergebnissen kommt auch Newbert, 2007, S. 129 ff.). Exemplarisch kann in diesem Zusammenhang auf die Studie von HALL (1993) verwiesen werden. Die von HALL (vgl. 1993, S. 610 f.) befragten Manager bestätigen, dass immaterielle Ressourcen einen höheren Einfluss auf den Unternehmenserfolg haben als die materiellen Ressourcen.

Die Bedeutung immaterieller Ressourcen wird auch in konzeptionellen Arbeiten zum RBV betont. Beispielsweise argumentieren MICHALISIN ET AL. (1997), dass ausschließlich immaterielle Ressourcen aufgrund ihrer spezifischen Eigenschaften die Basis für einen nachhaltigen Wettbewerbsvorteil bilden können: „According to RBV logic and the definition of strategic assets, strategic assets are intangible" (Michalisin et al., 1997, S. 365). Es ist auch intuitiv einsichtig, dass sich die beschriebenen Eigenschaften soziale Komplexität und Ambiguität eher auf immaterielle Ressourcen beziehen. Sie sind tief in der Evolution von Unternehmen verwurzelt, Reputation oder spezielle Fähigkeiten müssen über lange Zeiträume erarbeitet werden („Pfadabhängigkeit") und lassen sich nicht auf Faktormärkten beschaffen. Obwohl die Definition des Ressourcenbegriffs immaterielle und materielle Unternehmensressourcen umfasst, deutet sich folglich eine Fokussierung im RBV auf die immateriellen Unternehmensressourcen an.

Die Theorie des RBV begründet damit, dass Interessengruppen, für welche die wirtschaftliche Entwicklung eines Unternehmens von Bedeutung ist, einen Bedarf an Informationen über immaterielle Ressourcen besitzen (eine ähnliche Argumentation findet sich bei Hepers, 2005, S. 22 ff., 41 ff., der mit Hilfe des RBV die Fokussierung einer entscheidungsnützlichen Kapitalmarktkommunikation auf immaterielle Ressourcen begründet).

2.2 Externe Rechnungslegung

2.2.1 Informationsbedarf

In Hinblick auf den Informationsbedarf zeigt die Literatur ein ambivalentes Bild. Studien ergeben, dass berichtete Informationen über immaterielle Ressourcen durch Investoren – als primäre Adressatengruppe der externen Rechnungslegungsstandards (vgl. Hinz, 2005, S. 53; Maul, 2007, S. 609) – nur bedingt zur Entscheidungsfindung herangezogen werden. Ursache hierfür ist dabei weniger eine fehlende Relevanz entsprechender Informationen, sondern vielmehr ein instrumentelles Problem. Die zur Verfügung stehenden Berichterstattungs- und Bewertungsinstrumente für immaterielle Ressource würden eine systematische Entscheidungsfindung der Investoren nur bedingt unterstützen (vgl. Bukh, 2003; Garcia-Ayuso, 2003; Johanson, 2003): „[…] the paradox that the financial markets, or more precisely the financial analysts and investors, in surveys say that they need more information on various kinds of intangibles, and yet they appear "nonplussed" with the actual specific propositions made by firms' intellectual capital statements" (Mouritsen, 2003, S. 19).

Ein Informationsbedarf des Kapitalmarktes wird jedoch grundsätzlich nicht bestritten und lässt sich auch empirisch belegen (für eine ausführliche Diskussion und einen Studienüberblick vgl. Andriessen, 2004, S. 76 ff.). Seit Anfang der 1990er Jahre hat sich die Diskussion der Schwächen der externen Berichterstattung über immaterielle

2.2 Externe Rechnungslegung

Ressourcen intensiviert. Exemplarisch kann in diesem Zusammenhang auf die frühe Studie „Improving business reporting - a customer focus" („Jenkins-Report") des American Institute of Certified Public Accountants (1994) verwiesen werden. Ziel dieser Studie war es, Unzulänglichkeiten der Berichterstattungspraxis aufzudecken und Vorschläge für ein leistungsfähigeres „Business Reporting" zu geben (zum Konzept des „Business Reporting" vgl. Ruhwedel/Schultze, 2002). Dieses Vorhaben sollte sich an den Informationsbedürfnissen der Kunden der Berichterstattung – womit in der Studie insbesondere Kapitalmarktteilnehmer angesprochen sind – orientieren. Unzulänglichkeiten werden insbesondere in der Vergangenheitsorientierung der Berichtsinhalte identifiziert. Die Studienergebnisse beinhalten die Forderung, dass mehr Informationen über das Entwicklungspotenzial eines Unternehmens zu berichten sind (vgl. Noll/Weygandt, 1997, S. 59); in diesem Zusammenhang wird explizit die Bedeutung immaterieller Ressourcen hervorgehoben (vgl. American Institute of Certified Public Accountants, 1994, S. 5 und Kapitel 6). Das zunächst als Ergebnis dieser Studie entwickelte Berichterstattungsmodell wurde deshalb später, im Rahmen des vom Financial Accounting Standard Board (vgl. 2001, S. 5) durchgeführten „Business Reporting Research Project", um eine weitere Berichtskategorie speziell für immaterielle Ressourcen erweitert.

In weiteren Studien wurde der Informationsbedarf der Kapitalmarktteilnehmer über immaterielle Ressourcen bestätigt. LOW/SIESFELD (vgl. 1998, S. 27) befragen 275 US-amerikanische Portfoliomanager nach ihren Informationsbedürfnissen im Rahmen ihrer Arbeit. In ihren Antworten betonen diese die Relevanz nicht-monetärer Kennzahlen für die externe Berichterstattung und Unternehmensbewertung. Insbesondere immaterielle Ressourcen wie die Kompetenz des Managements und die Innovationsfähigkeit eines Unternehmens würden bei Investitionsentscheidungen analysiert werden. Auch VATER ET AL. (2008) kommen in einer Befragung von Finanzanalysten zu dem Ergebnis, dass gerade die subjektive Einschätzung „weicher Faktoren", die oft immaterielle Ressourcen darstellen, Prognoseentscheidungen beeinflussen. BARTH ET AL. (2001) zeigen, dass mit einer zunehmenden Bedeutung immaterieller Ressourcen für Geschäftsmodelle der Umfang der von Finanzanalysten bereitgestellten Berichte für Unternehmen („Analyst Coverage") steigt (vgl. auch García-Meca/Martínez, 2007, S. 75 f.). Ursache hierfür sei einerseits die Relevanz immaterieller Ressourcen und andererseits eine mangelnde Abbildung in der Rechnungslegung der Unternehmen. KANODIA ET AL. (vgl. 2002, S. 116) weisen empirisch nach, dass ein positiver Zusammenhang zwischen dem Unternehmenserfolg und der Angabe von Messwerten für immaterielle Ressourcen in der Berichterstattung besteht. Je größer die M/B-Differenz ist, desto positiver ist die Wirkung von Informationen über immaterielle Ressourcen, die diese erklärt: „[...] the lack of information on intangibles may increase uncertainty and lead to the undervaluation of companies and the existence of greater errors in analysts' earnings forecasts [...] Research has identified high volatilities, costs of capital and interest rates associated with the lack of information on intangibles" (García-Ayuso, 2003, S. 598). Auch die in Abschnitt 2.1.1 (S. 11 ff.) dargestellten M/B-Differenzen für das Unternehmen Coca-Cola indizieren, dass immaterielle Ressourcen am Kapitalmarkt beurteilt werden und somit einen bestehenden Informationsbedarf.

Zentrales Instrument und Medium der Unternehmenspublizität ist der Geschäftsbericht (vgl. Hooks/Coy/Davey, 2002, S. 502; Neu/Warsame/Pedwell, 1998, S. 269; Hutchins, 1994; O'Donovan, 2002, S. 351 f.; Guthrie/Petty/Ferriert/Wells, 1999, S. 23; Kötzle/Grüning, 2009, S. 33). Der Geschäftsbericht dient Unternehmen dazu, ihre Situation und Entwicklung darzustellen und damit den Informationsbedarf des Kapitalmarkts und weiterer Stakeholdergruppen zu befriedigen:

> „The annual report is the most commonly accepted and recognized corporate communication vehicle" (Buhr, 1998, S. 164).

> „[...] the annual report is arguably one of the main vehicles a large organisation has for promoting various aspects of its performance to a large and diverse cross-section of the community" (Brown/Deegan, 1998, S. 28).

> „Der Geschäftsbericht hat viele Facetten: Visitenkarte des Unternehmens, Buch der Bücher [...]. In keiner anderen Unternehmenspublikation erfährt der Leser mehr über Unternehmensphilosophie, Geschäftsergebnisse, Strategien, Management, Mitarbeiter, Zukunftspläne und gesellschaftliche Verantwortung. [...] Mit einem Bekanntheitsgrad von 86 Prozent zählt der Geschäftsbericht zu den effizientesten Kommunikationsinstrumenten der Investor Relations. Für die verschiedenen Stakeholder-Gruppen ist er die wichtigste unpersönliche Informationsquelle. [...] Die hohe Aufmerksamkeit, die der Geschäftsbericht bei einem breiten Adressatenkreis findet, weist ihm eine bedeutende vertrauens- und imagebildende Kommunikationsaufgabe zu" (Nix, 2004, S. 97).

> „Information is disclosed by companies in a number of ways. The main disclosure vehicle is the annual report and accounts" (Marston/Shrives, 1991, S. 196).

2.2 Externe Rechnungslegung 33

Juristisch ist der Geschäftsbericht nicht definiert (vgl. Ruhnke, 2008, S. 98). Er wird jedoch zur Erfüllung der gesetzlich vorgegebenen Offenlegungsvorschriften instrumentalisiert und umfasst sowohl freiwillig als auch pflichtmäßig zu publizierende Informationen. Unternehmen besitzen einen hohen Ermessensspielraum bei der Geschäftsberichtsgestaltung; typischerweise wird er in die in Abbildung 5 (entnommen aus Ruhnke, 2008, S. 98) dargestellten Abschnitte strukturiert (vgl. Klein/Voss, 2002, Sp. 899 ff.).[11] Wesentlicher Bestandteil des Geschäftsberichts ist der Jahresabschluss bestehend aus Bilanz, Gewinn- und Verlustrechnung (GuV) und gegebenenfalls Kapitalflussrechnung, Anhang, Eigenkapitalspiegel sowie Segmentberichterstattung (vgl. Maul, 2007, S. 604 ff.).

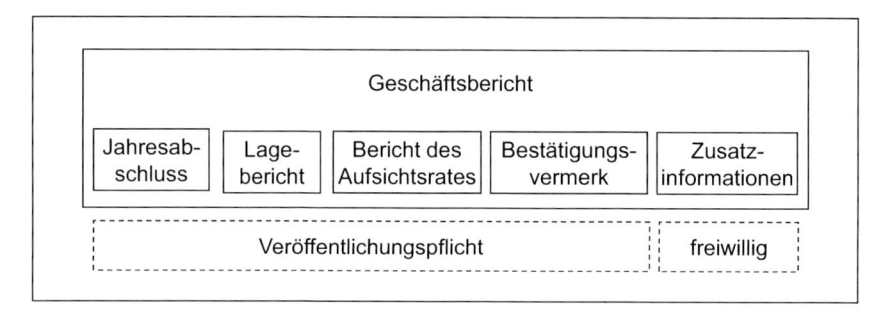

Geschäftsbericht				
Jahresabschluss	Lagebericht	Bericht des Aufsichtsrates	Bestätigungsvermerk	Zusatzinformationen
Veröffentlichungspflicht				freiwillig

Abbildung 5: Abschnitte des Geschäftsberichts

2.2.2 Jahresabschluss

2.2.2.1 Ansatzkriterien

Vor dem Hintergrund einer fortschreitenden Harmonisierung internationaler Rechnungslegungssysteme ist für deutsche Unternehmen insbesondere die Behandlung immaterieller Ressourcen nach IFRS relevant. Seit Anfang 2005 sind deutsche kapi-

---

[11] Die Publizitätspflichten von Unternehmen sind gesetzlich fixiert und sind u. a. abhängig von der Rechtsform, Kapitalmarktorientierung sowie Charakteristika der Unternehmensgröße (ausführlich Feldhoff/Feldhoff, 2002, Sp. 1644 ff.).

talmarktorientierte Unternehmen[12] gemäß der EG-Verordnung 1606/2002 vom 19.07.2002 dazu verpflichtet, ihren Konzernabschluss nach IFRS aufzustellen (zum Adaptionsprozess ausführlich Haller/Eierle, 2004).[13] Auch wenn die HGB-Regelungen für die Aufstellung von Einzelabschlüssen in Hinblick auf gesellschaftsrechtliche und ausschüttungsbedingte Fragestellungen relevant bleiben,[14] werden im Folgenden die an der Informationsfunktion orientierten IFRS-Regelungen fokussiert.[15]

Vor dem Hintergrund der in Abschnitt 2.1.4 (S. 25 ff.) diskutierten Bedeutung immaterieller Ressourcen zur Begründung nachhaltiger Wettbewerbsvorteile werden hierbei die Regelungen zum Anlagevermögen vorgestellt. Das heißt, dass immaterielle Ressourcen betrachtet werden, die dem Geschäftsbetrieb voraussichtlich langfristig, in der Regel länger als 12 Monate, zur Verfügung stehen (vgl. Bieg et al., 2009, S. 126).

Für immaterielle Ressourcen des Anlagevermögens ist gemäß der anzuwendenden Standards zu prüfen, ob diese jeweils konkret und abstrakt bilanzierungsfähig sind (einführend Wehrheim, 2000, S. 86 ff.). Zur Prüfung der abstrakten Bilanzierungsfähigkeit ist zu hinterfragen, ob eine immaterielle Ressource die Kriterien für einen Vermögensgegenstand erfüllt, das heißt einen immateriellen Vermögenswert darstellt. Immaterielle Vermögenswerte sind zu aktivieren, wenn nicht spezifische Vorschriften dieses verbieten („konkrete Bilanzierungsfähigkeit"). Sowohl die konkrete

---

[12] Kapitalmarktorientierte Unternehmen sind Gesellschaften, deren Wertpapiere zum Handel in einem organisierten Markt im Sinne von § 2 Abs. 5 WpHG zugelassen sind (vgl. Bieg/Hossfeld/Kußmaul/Waschbusch, 2009, FN 2).

[13] Für Unternehmen, die aufgrund der im weggefallenen § 292a HGB enthaltenen Wahlmöglichkeit ihren Abschluss zuvor nach US-GAAP aufgestellt hatten, bestand eine Übergangsfrist bis zum Jahr 2007 (vgl. Lutz-Ingold, 2005, S. 2).

[14] Für Abschlüsse nicht kapitalmarktorientierter Konzerne besteht gemäß § 315a Abs. 3 Satz 1 HGB ein Wahlrecht. Die Anwendung der IFRS in den Einzelabschlüssen sieht das HGB nicht zwingend vor. Sie wird jedoch sowohl für kapitalmarktorientierte als auch für nicht kapitalmarktorientierte Unternehmen erlaubt, befreit jedoch nicht von der Aufstellung eines HGB-Abschlusses (vgl. Bieg et al., 2009, S. 2 f.).

[15] Mit dem am 29.05.2009 in Kraft getretenen Bilanzrechtsmodernisierungsgesetz (BilMoG) wurde die HGB-Bilanzierung weiter an die IFRS-Regelungen angenähert (vgl. Göllert, 2009, S. 1773). Unter anderem ist hierbei das Aktivierungsverbot für selbst erstellte immaterielle Vermögenswerte aufgehoben (vgl. Hennrichs, 2008; Petersen/Zwirner/Künkele, 2009, S. 7). In der deutschen Gesetzgebung war bis dato aufgrund der Objektivierungsschwierigkeiten bei der Identifizierung und der Bewertung ein Aktivierungsverbot für selbst erstellte immaterielle Vermögenswerte in § 248 Abs. 2 HGB fixiert (vgl. Bruns/Thuy/Zeimes, 2003, S. 138). Dieses, im Jahr 1965 kodifizierte pauschale Aktivierungsverbot, war Ausdruck des im deutschen Bilanzrecht zugrunde liegenden Vorsichtsprinzips (vgl. AKSG, 2004, S. 223). Mit der Neuregelung zeigt die HGB-Bilanzierung eine stärkere Betonung der Informationsfunktion des Jahresabschlusses (vgl. Bieg et al., 2009, S. 5 ff.).

2.2 Externe Rechnungslegung

als auch die abstrakte Bilanzierungsfähigkeit müssen zur Aktivierung einer immateriellen Ressource, respektive eines immateriellen Vermögenswertes, erfüllt sein. Zentraler Standard in diesem Zusammenhang ist IAS 38 („Immaterielle Vermögenswerte"). In IAS 38.8 ist folgende Definition kodifiziert: „Ein immaterieller Vermögenswert ist ein identifizierbarer, nicht monetärer Vermögenswert ohne physische Substanz." Für die abstrakte Bilanzierungsfähigkeit immaterieller Vermögenswerte nach IFRS sind die folgenden drei Kriterien konstituierend: Identifizierbarkeit, Kontrollierbarkeit und die Existenz eines zukünftigen wirtschaftlichen Nutzens für das bilanzierende Unternehmen (vgl. KPMG, 2004b, S. 55).[16]

Mit dem Kriterium der Identifizierbarkeit soll eine eindeutige Abgrenzung zum Goodwill („derivativer" oder „originärer Geschäftswert") gewährleistet werden. Notwendige, aber nicht hinreichende Bedingung hierfür ist entweder eine eigenständige Verwertbarkeit oder die Bindung an vertragliche oder gesetzliche Rechte. Das Kriterium der Kontrollierbarkeit ist erfüllt, wenn das Unternehmen das Verfügungsrecht über den zukünftigen wirtschaftlichen Nutzen, der aus der betrachteten immateriellen Ressource zufließt, besitzt. Ein klarer Beweis hierfür wäre, wenn die Ressource auf einem verbrieften Recht beruht. Der zukünftige wirtschaftliche Nutzen ist über prognostizierte Mehreinnahmen oder Möglichkeiten zur Rationalisierung zu konkretisieren. Die abstrakte Bilanzierungsfähigkeit und damit die Definition immaterieller Vermögenswerte nach IFRS setzt voraus, dass die drei genannten Kriterien kumulativ vorliegen (vgl. Coenenberg et al., 2009, S. 184 ff.).

Die konkrete Bilanzierungsfähigkeit erfordert zusätzlich, dass es zumindest wahrscheinlich ist, dass der mit einem immateriellen Vermögenswert verbundene zukünftige wirtschaftliche Nutzen dem Unternehmen zufließen wird (IAS 38.21a), und dass sich Anschaffungs- oder Herstellungskosten zuverlässig ermitteln lassen (IAS 38.21b). Zur Beurteilung der Wahrscheinlichkeit des zukünftigen wirtschaftlichen

---

[16] Während die Identifizierbarkeit in der zitierten Definition immaterieller Vermögenswerte in IAS 38.8 explizit genannt wird, resultieren die anderen beiden Kriterien aus der Vermögenswertdefinition im Framework (F 49a) der IFRS (vgl. Pellens/Fülbier/Gassen, 2004, S. 254; Lüdenbach/Freiberg, 2009, S. 131 ff.).

Nutzens sind vernünftige und belegbare Annahmen zu treffen (vgl. Coenenberg et al., 2009, S. 185).

IFRS 3 („Unternehmenszusammenschlüsse") regelt die Bilanzierung eines derivativen Goodwills (ausführlich Kunath, 2005). Bei Unternehmenszusammenschlüssen sind alle immateriellen Vermögenswerte separat auszuweisen („Einzelbewertungsgrundsatz"), sofern sie die Ansatzkriterien nach IAS 38 erfüllen. Nur die verbleibende Differenz ist als derivativer Goodwill mit unbestimmter Nutzungsdauer zu bilanzieren (vgl. KPMG, 2004a, S. 73 f.; 2009, S. 20 ff.). Im Falle eines Unternehmenszusammenschlusses ist die Separierung einzelner immaterieller Vermögenswerte vom Goodwill zwar in der Regel möglich, jedoch ist die Abgrenzung untereinander aufgrund der in Abschnitt 2.1.3 (S. 21 ff.) diskutierten Vernetzung immaterieller Werte oft nicht möglich. Diesem Problem komplementärer Werte wird in IAS 38.36 ff. dadurch Rechnung getragen, dass zu prüfen ist, ob mehrere immaterielle und auch mehrere materielle Werte zu einer zahlungsmittelgenerierenden Einheit („cash-generating unit") zusammenfassbar sind, die gegebenenfalls aggregiert als eigenständiger immaterieller Vermögenswert zu behandeln ist. In der Praxis findet diese Möglichkeit jedoch nur relativ selten Anwendung (Einschätzung bei Castadello/Beyer, 2009, S. 154 f.). Oft werden lediglich ähnliche immaterielle Vermögenswerte wie zum Beispiel Patentfamilien zu einer Position zusammengefasst. Die Aktivierung eines originären Goodwills ist jedoch auch nach IFRS nicht möglich.

In IAS 38.63 wird die Bilanzierung von bestimmten selbst erstellten immateriellen Ressourcen wie Markennamen, Drucktitel, Kundenstammlisten und ähnlichen Posten grundsätzlich untersagt. Demgegenüber herrscht für Entwicklungskosten gemäß IAS 38.7 eine Aktivierungspflicht. Problematisch ist hier oftmals die Trennung zu entstandenen Forschungskosten. „Forschung ist die eigenständige und planmäßige Suche mit der Aussicht, zu neuen wissenschaftlichen oder technischen Erkenntnissen zu gelangen" (IAS 38.8). Die im Rahmen der Forschungsphase des Produktlebenszykluses entstandenen Kosten sind im Gegensatz zu Entwicklungskosten nach IAS 38.42 als Aufwand zu erfassen, da die hieraus resultierenden Zahlungsströme als unzureichend gesichert gelten.

Kosten für selbst erstellte Software sind nach IFRS aktivierungspflichtig. Sie erfüllen die Ansatzkriterien nach IAS 38, da sie in der Regel eindeutig identifizierbar sind,

2.2 Externe Rechnungslegung

aufgrund von Urheberrechten kontrolliert werden können und einen zukünftigen wirtschaftlichen Nutzen beinhalten (vgl. Pellens et al., 2004, S. 254). Ähnliche Argumente sprechen zum Beispiel für die Aktivierung angefallener Entwicklungskosten für den Internetauftritt eines Unternehmens. Das IASB sieht für die entsprechenden Kosten eine Aktivierungspflicht nach SIC-32 vor, sofern die Aktivierungsvoraussetzungen nach IAS 38 erfüllt sind (vgl. Bruns et al., 2003, S. 139 f.).

Nach IAS 1.54(c) ist für immaterielle Ressourcen ein eigener Posten in der Bilanz darzustellen. Dieser kann wiederum entweder in der Bilanz oder im Anhang weiter untergliedert werden; IAS 38.119 gibt hierfür eine beispielhafte Aufzählung.[17] Für die aktivierten immateriellen Vermögenswerte werden im Anhang detaillierte Angaben gefordert. Hierzu gehören u. a. Angaben zur Nutzungsdauer, Abschreibungsmethode, kumulierte Abschreibungen und Neubewertungen (vgl. Bieg et al., 2009, S. 136 f.).

2.2.2.2 Bewertungskriterien

Abstrakt und konkret aktivierungsfähige immaterielle Ressourcen sind bei einer Erstbewertung mit Anschaffungs- oder Herstellungskosten anzusetzen. Die Anschaffungskosten umfassen neben dem Kaufpreis auch möglicherweise einbehaltene Verbrauchssteuern sowie direkt zurechenbare Kosten zur Vorbereitung der Nutzung (IAS 38.27); Preisnachlässe wie Boni, Rabatte oder Skonti sind demgegenüber von den Anschaffungskosten abzuziehen. Herstellungskosten eines selbst erstellten immateriellen Vermögenswertes umfassen alle direkt zurechenbaren Einzel- und Gemeinkosten (IAS 38.66). Dies gilt nach IAS 38.67 nicht für Verwaltungs- und Vertriebskosten; auch sind Aufwendungen zur Mitarbeiterschulung im Zusammenhang mit dem immateriellen Vermögenswert gemäß dieses Standards nicht ansetzbar.

---

[17] IAS 38.119 nennt folgende Positionen, die entsprechend ihrer Art und ihres Verwendungszwecks zu Gruppen zusammenzufassen sind: Markennamen; Drucktitel und Verlagsrechte; Computersoftware; Lizenzen und Franchiseverträge; Urheberrechte, Patente und sonstige gewerbliche Schutzrechte, Nutzungs- und Betriebskonzessionen; Rezepte, Geheimverfahren, Modelle, Entwürfe und Prototypen sowie immaterielle Vermögenswerte in Entwicklung.

2.2 Externe Rechnungslegung

Im Falle eines Unternehmenserwerbs werden immaterielle Ressourcen gemäß IAS 38.8 mit ihrem beizulegenden Zeitwert, dem sogenannten Fair Value, erfasst. Der Fair Value stellt die bestmögliche Schätzung des Preises dar, den ein Unternehmen bei Verkauf eines Vermögenswertes an einen Dritten erzielt hätte (einführend Heyd, 2003, S. 209; Wagenhofer, 2006a). Mit der Fair Value-Bilanzierung wird vor allem das Ziel verfolgt, Marktwerte der Vermögenspositionen auszuweisen (vgl. auch im Folgenden Castadello/Beyer, 2009, S. 155 ff.). Aus diesem Grund beinhalten die IFRS eine Priorisierung möglicher Bewertungsverfahren. Hiernach ist eine marktpreisorientierte Bewertung zu favorisieren. Nachfolgend ist das kapitalwertorientierte sowie nachrangig das kostenorientierte Verfahren anzuwenden.

Die Schwierigkeit bei der Verfahrenswahl besteht jedoch darin, dass für immaterielle Vermögenswerte, wie in Abschnitt 2.1.3 (S. 21 ff.) ausgeführt, regelmäßig kein aktiver Markt im Sinne des IAS 38.8 und 38.78 existiert. Aus diesem Grund erfolgt die Zugangsbewertung bei Unternehmenszusammenschlüssen überwiegend mit Hilfe kapitalwertorientierter Verfahren, das heißt auf Basis prognostizierter, diskontierter Zahlungsüberschüsse. Problematisch ist auch hier, dass eine direkte Zuordnung eines Zahlungsstroms zu einem immateriellen Wert in der Regel nicht möglich ist, da dieser – wie beschrieben – oft nur im Verbund mit anderen materiellen und immateriellen Werten Einzahlungen generiert. Dementsprechend wird oft auf indirekte Verfahren, im Sinne logisch abgeleiteter Ursache-Wirkungsbeziehungen zurückgegriffen. Zum Beispiel wird mit Hilfe einer Lizenzpreisanalogie („relief from royalty method") ein Zusammenhang zwischen den erzielten Umsätzen, die durch die Nutzung einer Ressource generiert werden, und einem Preis, der die ersparten Lizenzentgelte für die betrachtete Ressource repräsentiert, angenommen (ausführlich Hepers, 2005, S. 291 ff.). Nach diesem Verfahren wird der zu aktivierende Wert also indirekt auch über einen Markt abgeleitet, indem erwartete Lizenzraten geschätzt werden.

Zulässige Verfahren der Folgebewertung sind zum einen die Anschaffungskosten- („cost model") und zum anderen die Neubewertungsmethode („revaluation model"). Nach der Anschaffungskostenmethode werden immaterielle Ressourcen abzüglich kumulierter planmäßiger Abschreibungen bilanziert. Gegebenenfalls sind die fortgeführten Anschaffungskosten um außerplanmäßige Wertminderungen („impairment") zu korrigieren (IAS 38.74); dabei sind planmäßige und außerplanmäßige Abschrei-

2.2 Externe Rechnungslegung

bungen erfolgswirksam in der GuV anzusetzen. Bei der Neubewertungsmethode werden immaterielle Ressourcen gemäß IAS 38.75 zum Fair Value angesetzt. Wenn der Fair Value den Buchwert übertrifft, ist dieser Unterschiedsbetrag erfolgsneutral im Eigenkapital zu verbuchen. Falls jedoch eine zuvor erfolgswirksame Wertminderung des betroffenen Vermögensgegenstands rückgängig gemacht wird, erfolgt der Ansatz der Wertaufholung in der GuV, denn Fair Value-Minderungen sind erfolgswirksam abzuschreiben (vgl. KPMG, 2004b, S. 59 f.).

Zusammenfassend ist festzustellen, dass die Aktivierungsmöglichkeiten immaterieller Ressourcen, auch mit der Adaptierung der IFRS, weiterhin als strikt zu beurteilen sind. Den Interessengruppen wird im Jahresabschluss nur ein unvollständiges Bild des Wertschöpfungspotenzials eines Unternehmens vermittelt. Diese Einschätzung wird von mehreren Autoren bestätigt (z. B. Haaker, 2007; AKSG, 2004, S. 223 f.; eine empirische Untersuchung zur Auswirkung der Umstellung von HGB auf IFRS findet sich bei Haller/Ernstberger/Froschhammer, 2009, S. 275). Ursache hierfür ist die, in Abschnitt 2.1.3 (S. 21 ff.) diskutierte, Problematik einer objektiven monetären Bewertung immaterieller Ressourcen (vgl. Schreiber, 2005, S. 467). Ein organisierter Markt besteht für die meisten immateriellen Ressourcen nicht und eine isolierte Einzelbewertung, außerhalb des Zusammenhangs in dem sie bestehen, ist in der Regel nicht möglich: „[...] die Probleme der verlässlichen Bewertung, gepaart mit der Problematik der verursachungsgerechten Zuordnung ihrer Wirkungen, [lassen] eine Aktivierung höchst unwahrscheinlich" (Wehrheim, 2000, S. 88) werden. Darüber hinaus wird festgestellt, dass bei der Aktivierung immaterieller Ressourcen weiterhin große Ermessensspielräume bestehen. Diese sind zwar nicht wie im HGB explizit fixiert, sie ergeben sich aber faktisch durch Auslegungsmöglichkeiten der Kriterien der konkreten und abstrakten Bilanzierungsfähigkeit der IFRS (vgl. Schreiber, 2005, S. 460 ff.; Bieg et al., 2009, S. 130). Die Bilanzierung immaterieller Ressourcen ist daher oftmals von der verfolgten Bilanzpolitik (vgl. Tanski, 2006, S. 3 ff.) der Unternehmen abhängig.

Die Bilanzierung immaterieller Ressourcen „war und ist [daher] ein Problemfall für die externe Rechnungslegung" (Lutz-Ingold, 2005, S. 2). Auch die Aussage MOXTERs (1979, S. 1102), dass immaterielle Ressourcen die „ewigen Sorgenkinder des Bilanzrechts" seien, scheint demnach nicht an Aktualität verloren zu haben. Die restriktiven

2.2 Externe Rechnungslegung

Aktivierungsvorschriften erhöhen zwar einerseits die Vergleichbarkeit und verringern Fehlinterpretationsmöglichkeiten, andererseits besteht die Gefahr, dass die veröffentlichten Zahlen durch die Nichterfassung immaterieller Ressourcen an Aussagekraft verlieren: „These regulations improve comparability and reduce fraud and misrepresentation, but they do not necessarily lead to the type of information that would be most useful" (vgl. Günther/Kirchner-Khairy/Zurwehme, 2004, S. 161). Daraus resultiert, dass entscheidungsrelevante Informationen den Adressaten des Jahresabschlusses vorenthalten werden (vgl. Kasperzak et al., 2001, S. 1495).

2.2.3 Lageberichterstattung

2.2.3.1 Informationsfunktion

Aufgrund der restriktiven Aktivierung immaterieller Ressourcen in der Bilanz wird der Lagebericht als Berichtsmedium von mehreren Autoren vorgeschlagen (z. B. AKSG, 2005; Haller/Dietrich, 2001). Der Lagebericht ist nicht Bestandteil des Jahresabschlusses, vielmehr soll er diesen als zweite, eigenständige Säule der Rechnungslegung ergänzen und erläutern.[18] Durch die Entkopplung von den Grundsätzen ordnungsgemäßer Buchführung ist der Lagebericht ausschließlich für die Informationsvermittlung konzipiert (vgl. Scheele, 2007, S. 160) und kann daher in stärkerem Maße als der Jahresabschluss auf zukünftige Sachverhalte und subjektive Einschätzungen der Unternehmensleitung eingehen (vgl. Kajüter, 2004, S. 197). „Damit ist die Lagedarstellung im Lagebericht von all' jenen Verzerrungen befreit, die über die Grundsätze ordnungsgemäßer Buchführung ihre Wurzel vor allem im Vorsichtsprinzip und seinen konkretisierenden Auffächerungen haben" (Hommelhoff, 2002, Rn. 26).

---

[18] Gemäß § 264 Abs. 1. Satz 1 HGB sind die gesetzlichen Vertreter von Kapitalgesellschaften verpflichtet, einen Lagebericht zu erstellen, nach § 264a HGB gilt dies auch für bestimmte haftungsbeschränkte Personengesellschaften (Kapitalgesellschaft im weiteren Sinne). § 290 HGB verpflichtet Muttergesellschaften von Konzernen dazu, einen Konzernlagebericht aufzustellen, soweit nicht die §§ 291, 293 HGB greifen. Von der Aufstellungspflicht befreit sind kleine Kapitalgesellschaften gemäß § 264 Abs. 1. Satz 3 in Verbindung mit § 267 Abs. 1 HGB (zu den Publizitätspflichten ausführlich Feldhoff/Feldhoff, 2002, Sp. 1644 ff.). Zur Vereinfachung beziehen sich die folgenden Aussagen auf die Konzernberichterstattung.

2.2 Externe Rechnungslegung 41

Die Informationsfunktion des Lageberichts ergibt sich also gerade auch aus der begrenzten Aussagekraft der im Jahresabschluss zur Verfügung gestellten Angaben. Der Lagebericht soll die Jahresabschluss-Angaben verdichten sowie insbesondere die wirtschaftliche Situation und Entwicklung des Unternehmens aus Sicht der Unternehmensleitung darstellen (vgl. zur historischen Entwicklung der Lageberichterstattung in Deutschland Scheele, 2007, S. 150 ff.). Wie in Abschnitt 2.1 (S. 11 ff.) gezeigt, sind diesbezüglich insbesondere Informationen über immaterielle Ressourcen relevant, die nur bedingt quantifizierbar sind. Insofern verwundern Studienergebnisse nicht, dass Informationen über immaterielle Ressourcen primär außerhalb des Jahresabschlusses platziert werden (vgl. Striukova et al., 2008, S. 301.).

In einer Inhaltsanalyse der ATX 20 und DAX 30-Geschäftsberichte zeigen beispielsweise SPECKBACHER ET AL. (vgl. 2004, S. 442 f.), dass Informationen über immaterielle Ressourcen insbesondere im Lagebericht publiziert werden. Wie die folgende Abbildung 6 (entnommen und angepasst aus Speckbacher et al., 2004, S. 443) zeigt, nimmt der Lagebericht sowohl in Hinblick auf qualitative als auch auf quantitative Informationen über immaterielle Ressource eine besondere Stellung ein.

Qualitative & quantitative Informationen über immaterielle Ressourcen

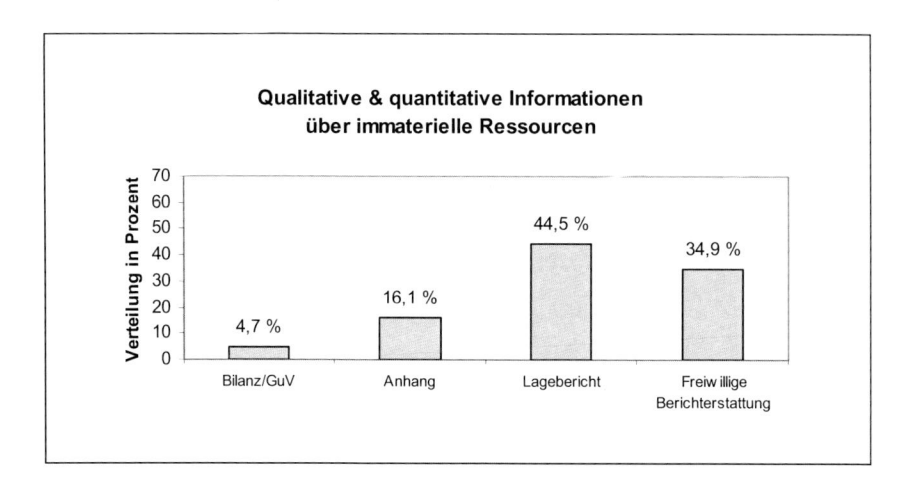

Bilanz/GuV	Anhang	Lagebericht	Freiwillige Berichterstattung
4,7 %	16,1 %	44,5 %	34,9 %

(Verteilung in Prozent)

Abbildung 6: Immaterielle Ressourcen in den Abschnitten des Geschäftsberichts

Aus diesem Grund wird im Rahmen dieser Arbeit der Lagebericht als Informationsmedium über immaterielle Ressourcen fokussiert. Zwar müssten die Ergebnisse von SPECKBACHER ET AL. (2004) in Hinblick auf Gesetzesänderungen überprüft werden. Jedoch bestätigt sich auch in einer aktuellen Untersuchung von HEIDEMANN/HOFMANN (vgl. 2009, S. 81 f.) zur wertorientierten Berichterstattung zum Kundenkapital der DAX 30 Unternehmen, dass entsprechende Informationen primär im Lagebericht platziert sind. Des Weiteren ist zu vermuten, dass sich die dargestellten Verhältnisse in Abbildung 6 eher verstärkt haben, das heißt prozentual mehr Informationen über immaterielle Ressourcen im Lagebericht platziert sind. Denn die Informationsfunktion des Lageberichts wurde durch mehrere Gesetzesänderungen sukzessive, in Hinblick auf eine stärkere zukunfts- und wertorientierte Ausrichtung der Berichterstattung, konkretisiert (vgl. Fink, 2006, S. 152; Kajüter, 2004, S. 197; Kirsch/Scheele, 2003, S. 2733). Damit wurde das Ziel verfolgt, Problemen einer oft als uneinheitlich und qualitativ mangelhaft bewerteten Darstellung im Lagebericht entgegenzuwirken (zur Kritik z. B. Krumbholz, 1994, S. 267; Kajüter/Winkler, 2004, S. 258 ff.).

Der Lagebericht ist nicht in den in IAS 1.7 definierten Bestandteilen eines IFRS-Abschlusses genannt. Lediglich gefordert wird in IAS 1.8 ein separat zum Abschluss zu publizierender „Financial Review by Management". Das International Accounting Standards Board (IASB) beabsichtigt jedoch, diese Lücke mit dem am 23.06.2009 vorgelegten Entwurf für eine Leitlinie („Exposure Draft Management Commentary") zu schließen. Der Vorschlag einer Leitlinie ist ein Novum für Verlautbarungen des IASB und führt dazu, dass es den nationalen Börsenaufsichten und Gesetzgebern überlassen bleibt, die Leitlinie für IFRS-Anwendergruppen verbindlich zu machen (zur Entwicklung ausführlich Buchheim, 2009; Kasperzak/Beiersdorf, 2007; Beiersdorf/Buchheim, 2006).

Die inhaltliche Ausgestaltung des Konzern-Lageberichts wird daher nach deutscher Rechtsprechung weiterhin wesentlich durch § 315 HGB determiniert und bleibt daher nach § 290 HGB verpflichtend (vgl. auch im Folgenden Baetge/Prigge, 2006, S. 401 f.). Der Wortlaut im § 315 Abs. 1 HGB beinhaltet, dass die in diesem Paragraphen kodifizierten Inhalte veröffentlicht werden müssen. Demgegenüber handelt es sich bei den in Abs. 2 geforderten Inhalten um sogenannte „Soll-Vorschriften". Dies bedeutet, dass die Angaben nicht fakultativ zu erfolgen haben, sondern nur dann, wenn die entsprechenden Sachverhalte vorliegen und gegebenenfalls keine anderen Vorschriften eine Abweichung rechtfertigen oder nahe legen. § 315 HGB definiert zwar Pflichtangaben, jedoch sind im Wortlaut zahlreiche unbestimmte Rechtsbegriffe enthalten, so dass die Lageberichtsinhalte letztlich nur grob umrissen und nicht abschließend im HGB normiert sind (vgl. Kajüter, 2004, S. 197). Eine Konkretisierung der in § 315 HGB enthaltenen Vorschriften erfolgt durch die Regelungen des Deutschen Standardisierungsrates, insbesondere dem Deutschen Rechnungslegungsstandard (DRS) 15.[19] Die Bekanntmachung des DRS 15 durch das Bundesministerium der Justiz beinhaltet aufgrund § 342 Abs. 2 HGB die Vermutung, dass die Inhalte des Standards Grundsätze einer ordnungsgemäßen Konzernlageberichterstattung definieren (vgl. Kasperzak/Beiersdorf, 2007, S. 122; Schmidt/Wulbrand, 2007, S. 417; Bieg et al., 2009, S. 15 f.).

2.2.3.2 Grundsätze

Die in § 315 Abs. 1 HGB definierten Grundsätze der Lageberichterstattung „Vollständigkeit", „Richtigkeit/Verlässlichkeit" sowie „Klarheit/Übersichtlichkeit" sind in DRS 15.9-35 aufgegriffen. Darüber hinaus beinhaltet DRS 15.28-35 zwei weitere Grundsätze der Lageberichterstattung, zum einen die „Vermittlung der Sicht der Unternehmensleitung" und zum anderen die „Konzentration auf die nachhaltige Wertschaffung". Diese Grundsätze sind insbesondere für die Berichterstattung über immaterielle Ressourcen von Bedeutung.

Erstgenannter implementiert den sogenannten „Management Approach" in die Lageberichterstattung. Kern des Management Approach in der externen Berichterstattung ist, dass die Unternehmenssituation aus der Sicht der Unternehmensleitung darzustellen ist (grundlegend Weißenberger/Maier, 2006; Velte, 2008; Wagenhofer, 2006c, S. 4 ff.). Theoretisch begründet wird diese Forderung in der neuen Institutionenökonomie mit der Annahme ungleich verteilter Informationen (Informationsasymmetrie), die von den ökonomischen Akteuren zu ihrem Vorteil genutzt werden können

---

[19] Für die Ausgestaltung der Risikoberichterstattung im Lagebericht gilt weiterhin DRS 5 (zur Kommentierung des Standards siehe Weber, 2001).

(vgl. Fama, 1980). Dieser Informationsnachteil des Investors soll durch Informationsbereitstellung aus der internen Sicht (der Unternehmensleitung) ausgeglichen werden. Verwendet werden kann der Management Approach, um normativ zu begründen, dass das Controlling in die Prozesse der externen Berichterstattung integriert ist (vgl. Wagenhofer, 2006c). Da eine Unternehmensdarstellung aus Sicht der Unternehmensleitung gefordert wird, ist in Abbildung 7 dargestellt, dass hierfür Informationen aus dem internen Berichtssystem den externen Investoren zur Verfügung zu stellen sind (vgl. Freidank/Steinmeyer, 2009; für die Schnittstelle zwischen Controlling und Investor Relations-Bereich vgl. Hirsch/Sorg, 2006). In diesem Zusammenhang wird auch von der Konvergenz des Rechnungswesens gesprochen (ausführlich Jonen/Lingnau, 2006; Franz/Winkler, 2006; Haring/Prantner, 2005; Weißenberger/Stahl/Vorstius, 2004; Jones/Luther, 2005).

```
┌─────────────────────────────────────────────────────────────────────┐
│                                                                     │
│   ┌─────────────┐    ┌──────────────────┐    ┌──────────────┐       │
│   │   Interne   │───▶│Management Approach│───▶│ Lagebericht  │       │
│   │Berichtssysteme│    │als Grundsatz (DRS 15)│    │              │       │
│   └─────────────┘    └──────────────────┘    └──────────────┘       │
│                                                                     │
└─────────────────────────────────────────────────────────────────────┘
```

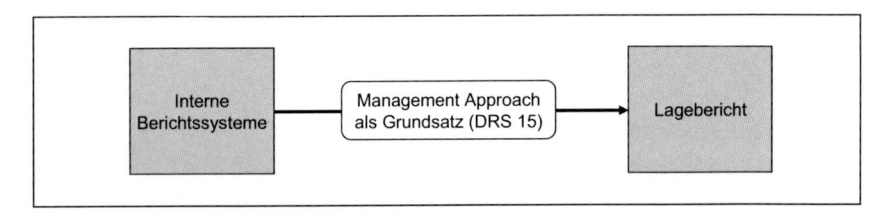

Abbildung 7: Normative Implikation des Management Approach

Demnach ist zu hinterfragen, inwieweit Informationen über immaterielle Ressourcen in den internen Berichtssystemen abgebildet werden. Wenn entsprechende Informationen für die Unternehmensleitung relevant sind, so müssten diese auch gegenüber den Adressaten der Lageberichterstattung kommuniziert werden. Auch wird in DRS 15.29 grundlegend gefordert: „Die wesentlichen Rahmenbedingungen der Geschäftstätigkeit sind darzustellen. Dabei sind die Stärken und Schwächen des Konzerns auch im Hinblick auf Chancen und Risiken des Umfelds darzustellen". In Abschnitt 2.1.4 (S. 25 ff.) dieser Arbeit wird dargestellt, dass insbesondere immaterielle Ressourcen für die nachhaltige Wertentwicklung relevant sind. Insofern impliziert der Management Approach, dass immaterielle Ressourcen als wesentliche Determinanten des Wettbewerbserfolgs auch in der externen Berichterstattung abzubilden sind (vgl. Ruhwedel/Schultze, 2002, S. 615 ff.; Fischer/Becker/Wenzel, 2002, S. 17 ff.).

2.2 Externe Rechnungslegung

Deutlich wird diese Implikation auch in dem weiterhin genannten Grundsatz „Konzentration auf die nachhaltige Wertschaffung", der vor dem Hintergrund einer zunehmenden Bedeutung wertorientierter Unternehmenssteuerung in DRS 15.30-35 kodifiziert ist. Gefordert wird, alle „Faktoren anzugeben und zu erläutern, die aus der Sicht der Unternehmensleitung einen wesentlichen Einfluss auf die weitere Wertentwicklung des Unternehmens haben können" (DRS 15.30). Explizit wird dabei in DRS 15.31 auch die Angabe nicht-finanzieller Leistungsindikatoren verlangt und als Beispiele die Entwicklung des Kundenstammes sowie Informationen über Umwelt- und Arbeitnehmerbelange genannt.

2.2.3.3 Berichtsgegenstände

DRS 15 fordert und empfiehlt weitere Berichtsinhalte, die u. a. Informationen über immaterielle Ressourcen umfassen. Der Standard ist in den Teilziffern 36 bis 92 in folgende Schwerpunkte untergliedert, für die im Lagebericht jeweils entsprechende Berichtsteile gefordert werden: Geschäfts- und Rahmenbedingungen, Ertrags-, Finanz- und Vermögenslage, Nachtragsbericht, Risikobericht, Prognosebericht. Im Rahmen einer Untersuchung zur Relevanz der Lageberichtsangaben ordnen BAETGE/PRIGGE (2006) den genannten Berichtsteilen bestimmte Berichtsgegenstände zu. Die Berichtsgegenstände umfassen die in den relevanten Standards geforderten Inhalte, die BAETGE/PRIGGE (vgl. 2006, S. 405 ff.) zusätzlich in Hinblick auf den Verbindlichkeitsgrad ihrer Angabe im Lagebericht differenzieren. In folgender Tabelle 2 ist ein Auszug dieser Einteilung abgebildet. Übernommen wurden Berichtsgegenstände, die Informationen über immaterielle Ressourcen beinhalten.

Beispielsweise sollte nach Tz. 40 sowie Tz. 100 f. über Leistungen der Forschung und Entwicklung berichtet werden. DRS 15.115 empfiehlt allgemein die Angabe von Informationen über die immateriellen Ressourcen des Konzerns. Hierfür wird eine Differenzierung zwischen den Kategorien Humankapital, Kundenbeziehungen, Lieferantenbeziehungen, Investor- und Kapitalmarktbeziehungen, Organisations- und Verfahrensvorteile sowie Standortfaktoren vorgeschlagen. In Tz. 117 wird festgestellt, dass die immateriellen Ressourcen innerhalb dieser Kategorien nur bedingt quantitativ darstellbar sind, wenn möglich sollte dies aber durch die Angabe von Indikatoren erfolgen.

Teilberichte und Berichtsgegenstände des Konzernlageberichts	Normen	Pflichtangabe	Empfohlene Angabe
Geschäft- und Rahmenbedingungen			
Wichtige Produkte, Dienstleistungen, und Geschäftsprozesse	DRS 15.37 c)	X	
Rechtliche und wirtschaftliche Einflussfaktoren	DRS 15.37 e)	X	
Verwendete Steuerungskennzahlen	DRS 15.38 (für kapitalmarktorientierte Unternehmen)	X	
Ausrichtung der F&E-Aktivitäten	DRS 15.40, DRS 15.100	X	
Kauf von F&E-Know-how	DRS 15.40	X	
F&E-Kennzahlen	DRS 15.100, DRS 15.102		X
F&E-Mitarbeiter	DRS 15.101		X
F&E-Ergebnisse	DRS 15.101		X
Mehrperiodenübersicht zum Bereich F&E	DRS 15.101		X
Ertrags-, Finanz- und Vermögenslage			
Humankapital	DRS 15.115-119		X
Investor- und Kapitalmarktbeziehungen	DRS 15.116		X
Lieferantenbeziehungen	DRS 15.116		X
Organisations- und Verfahrensvorteile	DRS 15.116		X
Standortvorteile	DRS 15.116		X
Risikobericht			
Einzelrisiken	DRS 5.10 ff. wenn wesentlich	X	
Rating des Unternehmens	DRS 15.108		X
Prognosebericht			
Künftige Produkte und Dienstleistungen	DRS 15.84	X	
Chancen	§ 315 Abs. 1 HGB wenn wesentlich	X	

Tabelle 2: Berichtsgegenstände

Zur Operationalisierung wird die in Tabelle 3 dargestellte Indikatorenliste der drei Kategorien Humankapital, Kundenbeziehungen sowie Organisations- und Verfahrensvorteile in Tz. 119 angegeben. Die dargestellte Indikatorenliste bleibt jedoch beispielhaft, weshalb weiterhin unklar bleibt, was der „Gesetzgeber unter den ‚nichtfinanziellen' Leistungsindikatoren verstanden wissen will" (Maul, 2007, S. 606).

2.2 Externe Rechnungslegung

Humankapital	Kundenbeziehungen	Organisations- und Verfahrensvorteile
- Fluktuation - Mitarbeiterqualifikation - Weiterbildungsaufwendungen pro Mitarbeiter - Entlohnungssysteme und Vergütungsregelungen - Änderungen der tariflichen und betrieblichen Vereinbarungen	- Kundenzufriedenheit - Kundenbindungsdauer - Anteilsquoten wesentlicher Produkte - Wertschöpfung pro Kunde	- Durchlaufzeit der Auftragsabwicklung - Rückweisquoten pro Produkt - Gewährleistungsaufwendungen

Tabelle 3: Empfohlene Indikatoren immaterieller Ressourcen

2.2.3.4 Status quo der Berichterstattung

Als Zwischenfazit ist festzustellen, dass ein Informationsbedarf über immaterielle Ressourcen besteht und für die Bereitstellung entsprechender Informationen sich insbesondere der Lagebericht anbietet. Dieser ist nicht Bestandteil des Jahresabschlusses und muss insofern nicht konsistent mit den Grundsätzen ordnungsgemäßer Buchführung und hier insbesondere dem Vorsichtsprinzip sein. Die Diskussion der Normen in den Abschnitten 2.2.3.1 bis 2.2.3.3 (S. 40 ff.) zeigt, dass die Informationsfunktion der Lageberichterstattung durch eine Weiterentwicklung der Standards, u. a. mit der Implementierung des Management Approach und einer stärkeren Wertorientierung, hervorgehoben wurde. In diesem Zusammenhang wird gerade auch die Bedeutung von Informationen über immaterielle Ressourcen in der externen Berichterstattung betont.

Zu konstatieren bleibt jedoch, dass die Berichterstattungspraxis über immaterielle Ressourcen weitgehend auf freiwilligen Unternehmensinitiativen basiert. Viele der in DRS 15 genannten Inhalte sind empfohlene Angaben. Auch die verpflichtend zu berichtenden Inhalte sind nur abstrakt kodifiziert, so dass sich für Unternehmen Spielräume ergeben, in welcher Breite und in welchem Detaillierungsgrad immaterielle Ressourcen im Lagebericht abgebildet werden: „However, despite recent changes in the focus of financial accounting regulations towards a greater use of future financial benefits when valuing present assets and liabilities […], many intellectual resources are not captured within mandatory financial accounting metrics […]. This has resulted in large areas of the accounting and reporting of intellectual resources being voluntary rather than mandatory" (Striukova et al., 2008, S. 297).

Die Ermessensspielräume scheinen erheblich. DAY/WOODWARD (2004) untersuchen beispielsweise den Status quo der Berichterstattung der 100 größten Unternehmen der London Stock Exchange. Sie vergleichen die Lageberichtsinhalte in Hinblick auf die Publikation von Informationen über Mitarbeiter mit den gesetzlichen Vorgaben. Fast durchgehend beobachten sie, dass diese nicht eingehalten und zu wenige Informationen publiziert werden. Zwar betreffen die Beobachtungen von DAY/ WOODWARD (2004) einen anderen Rechnungslegungskontext, jedoch deutet die Diskussion in den Abschnitten 2.2.3.1 bis 2.2.3.3 (vgl. S. 40 ff.) an, dass es Parallelen zur deutschen Rechnungslegung gibt.

Wird jedoch davon ausgegangen, dass Unternehmen ein Motiv besitzen, die Informationsbedürfnisse ihrer Interessengruppen zu befriedigen, ist festzustellen, dass der Lagebericht Möglichkeiten zur freiwilligen Berichterstattung eröffnet. „Vor allem für kapitalmarktorientierte Konzerne wird [der Lagebericht daher] zunehmend als ein wichtiges Instrument für freiwillige Zusatzinformationen im Rahmen des Value Reporting angesehen" (Kajüter, 2004, S. 197). Die Bedeutung einer wertorientierten externen Berichterstattung und damit auch einer Publikation von Informationen über immaterielle Ressourcen wird in der Literatur hervorgehoben (vgl. Heumann, 2006; Baetge/Heumann, 2006; Ruhwedel/Schultze, 2004).

Allerdings zeigt diesbezüglich der Status quo der Lageberichterstattung ein heterogenes Bild. In der bereits in Abschnitt 2.2.3.1 (S. 40 ff.) genannten Studie von HEIDEMANN/HOFMANN (vgl. 2009, S. 77 ff.) zur wertorientierten Berichterstattung über Aspekte des Kundenkapitals zeigt sich, dass die Platzierung entsprechender Informationen, zum Beispiel zu Kundenbindungsprogrammen, Kundenzufriedenheit sowie Zusammensetzung und Entwicklung des Kundenstamms, zum Teil nur sehr rudimentär erfolgt und darüber hinaus erheblich streut. Ein ähnliches Bild spiegelt auch die Untersuchung von RUHWEDEL/SCHULTZE (vgl. 2002, S. 615 ff.) zur wertorientierten Berichterstattung der DAX 100-Unternehmen wider. Die Autoren identifizieren Informationen über immaterielle Ressourcen in den jeweiligen Geschäftsberichten und ordnen diese mit Hilfe des in Abschnitt 2.1.2 (S. 17 ff.) vorgestellten Kategoriensystems des AKSG. In einer Überprüfung dieser Ergebnisse zeigen SCHULTZE ET AL. (vgl.

2.2 Externe Rechnungslegung

2009, S. 15 ff.) eine deutliche Tendenz auf. Die freiwillige Berichterstattung über immaterielle Ressourcen in den Geschäftsberichten nimmt insgesamt zu; sie unterliegt jedoch auch im Zeitablauf starken Schwankungen. Weitere Untersuchungen attestieren aufgrund der durch die Standardsetzer der Rechnungslegung gewährten Spielräume einen heterogenen Status quo der Berichterstattung:

> „Jedes Unternehmen macht, was es will. Es gibt keine intellektuellen Standards" (Will, 2008, S. 22).

> „[...] the number of indicators used in the individual intellectual capital statements range from 5-6 to more than 50" (Mouritsen et al., 2001, S. 745).

> „Since its content is not strictly regulated, the quality of environmental disclosure varies widely across firms" (Cormier et al., 2005, S. 6).

> „[...] disclosures thereof vary from company to company, resulting in inconsistent representation across companies. Additionally, enterprises use different labels and definitions for their disclosures of extra-financial aspects, hampering comparability" (Bassen/Kovács, 2008, S. 183).

Dieser Status stößt in der Literatur auf Kritik (für einen Überblick Boesso/Kumar, 2007, S. 269 f.). Indem die Berichterstattung über immaterielle Ressourcen weitgehend auf freiwilligen Initiativen von Unternehmen beruht, scheint ein Unternehmensvergleich in Hinblick auf die Existenz und die Bedeutung immaterieller Ressourcen, zumindest auf Basis des Geschäfts- inklusive Lageberichts, nicht unproblematisch.

Den Begriff „freiwillige Berichterstattung" (im Englischen „Voluntary Disclosure" oder „Discretionary Disclosure") definiert die Arbeitsgruppe Business Reporting Research Project des Financial Accounting Standards Boards (2001, S. V) folgendermaßen: „The term voluntary disclosure [...] describes disclosures, primarily outside the financial statements, that are not explicitly required by GAAP or an SEC rule. However, the Steering Committee recognizes that many of these 'voluntary disclosures' are made to comply with the SEC's requirements concerning description of a business and management's discussion and analysis of financial condition and results of operations". Diese Definition spiegelt ein grundsätzliches Bewusstsein wider, dass entsprechende Informationen zwar nicht explizit gefordert werden, sie jedoch notwendig sind, um die Adressaten der Berichterstattung über die wirtschaftliche Entwicklung eines Unternehmens zu informieren. Auch hier zeigen sich Probleme, die eine Berichterstattung über immaterielle Ressourcen beinhaltet: Einerseits ist sie zwingend notwendig, um dem Rechnungslegungszweck, entscheidungsrelevante Informationen zur Verfügung zu stellen, gerecht zu werden. Andererseits lässt sich dies nur schwer, durch zu fordernde Kennzahlen oder ähnliche Angaben, im Rahmen von Rechnungslegungsstandards kodifizieren (für eine ähnliche Argumentation vgl. Schreiber, 2005, S. 451).

Aus der Analyse der relevanten Rechnungslegungsstandards (Abschnitte 2.2.2 bis 2.2.3.3, S. 33 ff.) und des Status quo der Lageberichterstattung über immaterielle Ressourcen leitet sich für die Forschung das Problem ab, wie eine unsystematische, divergierende Berichterstattung entsprechender Informationen zu erklären ist. Theorien erklären Sachverhalte anhand eines Systems von Ursache-Wirkungsbeziehungen, die Phänome miteinander in Verbindung setzen."[20]

2.3 Freiwillige Berichterstattung

2.3.1 Theorieebenen

Bei der Anwendung und Bildung von Theorien ist die Aussagenebene der betrachteten Phänomene zu berücksichtigen (zu den verschiedenen Aussageebenen von Theorien und der Notwendigkeit, Konstrukte in diese Ebenen einzuordnen, vgl. ausführlich Klein/Dansereau/Hall, 1994). Erklärungen ergeben sich oft nicht nur auf einer, sondern über die Einbeziehung von Phänomenen verschiedener Aussagenebenen (vgl. hierzu ausführlich Abschnitt 5.1, S. 239 ff.). „Vor jeder inhaltlichen Beantwortung der Erklärungsfrage ist deshalb von der formalen Struktur her klar, dass eine adäquate Antwort mehrere Ebenen (vom Individuum bis zum Gesellschaftssystem) umfassen muss. Dies ist, ganz abstrakt gesprochen, in der sozialwissenschaftlichen Metatheorie und Methodologie [...] manifest geworden" (Groeben, 2004, S. 145, vgl. auch im Folgenden S. 145 ff.). Über eine Betrachtung verschiedener Ebenen lässt sich beispielsweise das Verhältnis zwischen Individuum und Organisation untersuchen. Zu hinterfragen ist beispielsweise wie Individuen das Handeln einer Organisation, deren Mitglieder sie sind, beeinflussen. Gleichermaßen ist zu analysieren, wie die Organisation das Individuum beeinflusst und letztlich wie das Individuum und die

---

[20] Theorien umfassen ein System von Begriffen, die über Aussagen in Verbindung stehen (vgl. hierzu ausführlich Abschnitt 5.1, S. 244 ff.).

2.3 Freiwillige Berichterstattung

Organisation als Phänomene unterschiedlicher Ebenen miteinander interagieren (vgl. Bartölke/Grieger, 2004, Sp. 466).[21]

Üblich ist es, die in eine Erklärung einbezogenen Phänomene einer übergeordneten Makroebene (überindividueller Art) und einer untergeordneten Mikroebene (Verhalten von Individuen) zuzuordnen. Darüber hinaus können zwischen den Einheiten der Makro- und Mikroebene weitere Zwischenebenen definiert werden. Diese werden als sogenannte Mesoebenen in eine Erklärungsstruktur integriert (vgl. Rousseau/House, 1994). Im Rahmen dieser Arbeit wird zwischen Aussagen über Einheiten auf drei Ebenen unterschieden:

- **Mikroebene:** Auf der Mikroebene wird das Verhalten von Individuen im Rahmen des Prozesses der Lageberichterstellung betrachtet (zum Begriff Individuum vgl. Bartölke/Grieger, 2004, Sp. 465).

- **Mesoebene:** Die Mesoebene beinhaltet Phänomene auf der Organisationsebene, wobei im Rahmen dieser Studie Unternehmen als spezielle, zielgerichtete Organisationsform betrachtet werden (zum Begriff Organisation vgl. Bartölke/Grieger, 2004, Sp. 465; zur Einordnung der Unternehmung als spezielle Organisationsform vgl. Schneider, 2004). Ein Konstrukt der Mesoebene ist beispielsweise die Unternehmenskultur, die losgelöst von einzelnen Individuen besteht.

- **Makroebene:** Auf der Makroebene werden Phänomene betrachtet, die in der Unternehmensumwelt verortet sind, zum Beispiel die Kunden eines Unternehmens oder allgemein das gesellschaftliche Umfeld, in dem ein Unternehmen operiert.

Im Folgenden werden Theorien verschiedener Wissenschaftsprogramme vorgestellt, welche die beobachtete divergierende Berichterstattung über immaterielle Ressourcen auf unterschiedlichen Aussagenebenen erklären. Anschließend an die Diskussion der Theorieebenen wird hierfür zunächst in Abschnitt 2.3.2 (S. 52 ff.) hinterfragt, ob sich ein Motiv einer freiwilligen Berichterstattung auf der Mesoebene der Organi-

---

[21] Das Handeln von Organisation basiert immer auf den Handlungen der Organisationsteilnehmer, also dem Verhalten von Individuen. Vom Handeln oder Verhalten von Organisationen zu sprechen, ist zwar umgangssprachlich üblich (z. B. Hahn, 2005, S. 3), letztlich jedoch ungenau. Dennoch wird das Sprachspiel „Handeln oder Verhalten von Organisationen" auch in dieser Arbeit teilweise übernommen, um die Diskussion zu vereinfachen.

sation ableiten lässt. Ein entsprechendes Motiv einer Organisation leitet sich im Rahmen sozialwissenschaftlicher Theorien aus Faktoren der Makroumwelt, insbesondere den Interessengruppen einer Organisation, ab. Die Diskussion einer verhaltenswissenschaftlichen Erklärung freiwilliger Berichterstattung in Abschnitt 2.3.3 (S. 58 ff.) bewegt sich auf der Mikroebene. Hinterfragt wird hierbei das Verhalten von Individuen in einer Organisation. Jedoch sind die Grenzen der genannten Theorieebenen durchlässig. Beispielsweise wird gezeigt, dass auch eine ökonomische Erklärung auf einem vereinfachenden Menschenbild (Mikroebene) beruht, dieses jedoch nicht weiter hinterfragt.

2.3.2 Makro-/Mesoebene (Umwelt und Organisation)

2.3.2.1 Ökonomische Theorien

In der Forschung zur freiwilligen Berichterstattung von Unternehmen werden bei der Frage nach dem Publikationsmotiv auf der Meso- und Makroebene sowohl ökonomische als auch sozialwissenschaftliche Theorien herangezogen (für einen Überblick Deegan/Unerman, 2006, S. 121 ff.; für die Veröffentlichung sogenannter Nachhaltigkeitsberichte siehe auch Gray/Kouhy/Lavers, 1995), wobei zumindest in empirischen Arbeiten eine strikte Trennung dieser theoretischen Perspektiven vorgenommen wird (siehe hierzu die Problemstellung der Studie von Cormier et al., 2005).

Ökonomische Theorien, die zur Erklärung freiwilliger Berichterstattung verwendet werden, lassen sich grob in zwei Kategorien aufteilen: eine normative Variante, heute meist in der Form der neuen Institutionenökonomie (einführend Ebers/Gotsch, 2006; Erlei/Leschke/Sauerland, 2007), und eine empirische Variante, die unter dem Namen „Positive Accounting Theory" (zum Begriff Demski, 1988) bekannt wurde (vgl. Deegan/Unerman, 2006, S. 205 ff.). Ausgangspunkt freiwilliger Berichterstattung sind in diesem Zusammenhang Informationsasymmetrien, aus denen sich ein Informationsbedarf des Kapitalmarktes ergibt. Die freiwillige Veröffentlichung von Informationen wird – der ökonomischen Argumentation folgend – auf eine Nutzenerhöhung auf Seiten des Informationssenders zurückgeführt (ausführliche Literaturüberblicke zu empirischen Arbeiten in diesem Zusammenhang bei Healy/Palepu, 2001, S. 420 ff.; Verrecchia, 2001, S. 141 ff.). Für Unternehmen impliziert dies die Abwägung des

2.3 Freiwillige Berichterstattung

Kosten- und Nutzenverhältnisses einer Platzierung von Informationen, zum Beispiel über immaterielle Ressourcen, im Lagebericht.

Ein oft untersuchter Nutzen und damit ein ökonomisches Motiv freiwillig berichteter Informationen und dem Abbau von Informationsasymmetrien, liegt in der Möglichkeit, die Kapitalkosten des Unternehmens zu senken[22] und damit in der Regel verbunden, den Unternehmenswert zu steigern (u. a. Lev, 1992; Blacconiere/Patten, 1994; Botosan, 1997; Skinner, 1994; Cormier/Magnan, 1999). Dem Nutzen sind – der ökonomischen Theorie folgend – die Kosten einer freiwilligen Berichterstattung gegenüberzustellen. Neben den direkt anfallenden Kosten der Informationssammlung, -aufbereitung und -publikation werden auch indirekte Kosten betrachtet (vgl. die Argumentation bei Scott, 1994a): Diese können zum Beispiel darin bestehen, dass freiwillig publizierte Informationen möglicherweise von Anspruchsgruppen wie Gewerkschaften, Zulieferern, Kunden oder Kreditgebern im Rahmen von Verhandlungen zuungunsten des jeweiligen Unternehmens verwendet werden oder dass wettbewerbsrelevante Informationen Konkurrenten zufließen (siehe Darrough/Stoughten, 1990; Verrecchia, 1990).

Um das Wertschöpfungspotenzial eines Unternehmens erfassen zu können, wurden verschiedene normative Ansätze (Berichterstattungsinstrumente) einer strategisch wertorientierten Berichterstattung über immaterielle Ressourcen entwickelt (für Überblicke Kaufmann/Schneider, 2004; Andriessen, 2004; Günther et al., 2004; Kirchner-Khairy, 2006). Zum Beispiel werden die in Abschnitt 2.1.2 (S. 17 ff.) vorgestellten Kategoriensysteme für eine freiwillige Berichterstattung über immaterielle Ressourcen vorgeschlagen.

Jedoch kommt auch eine ökonomische Erklärung organisatorischen Verhaltens nicht ohne Annahmen über das Verhalten von Individuen aus. Ökonomische Theorien basieren auf dem Modell des methodologischen Individualismus (vgl. Schumpeter, 1908, S. 88 ff; Mises, 1940, S. 31 f.; Popper, 2003, S. 121 f.).[23] Nach dem ökonomi-

---

[22] KÖTZLE/GRÜNING (vgl. 2009, S. 36) weisen in diesem Zusammenhang darauf hin, dass freiwillig, als rationale Antwort publizierte Informationen wiederum nur bedingt einem freien Willen unterliegen, sondern vielmehr durch den Wettbewerbsdruck erzwungen sind.

[23] Eine Diskussion des methodologischen Individualismus findet sich in Abschnitt 5.1 (S. 244 ff.).

schen Kosten-Nutzen Kalkül wird für Individuen ein deterministisches Verhalten angenommen (vgl. Erlei et al., 2007, S. 4 f.). Dabei arbeiten ökonomische Erklärungsversuche mit dem Menschenbild des Homo oeconomicus, das rationales Verhalten und Nutzenmaximierung als Leitmotiv menschlichen Handelns unterstellt (zu den Annahmen ausführlich Becker, 1993).

Auf der Ebene des Individuums basiert dementsprechend eine ökonomische Erklärung des Publikationsverhaltens auf der Annahme einer Koppelung des Einkommens von Managern an die Wertentwicklung des jeweiligen Unternehmens. Eine Standardbegründung für jede freiwillige Berichterstattung lautet in diesem Fall: Wenn Manager ein Eigeninteresse an der Erhöhung des Unternehmenswerts haben, da ihr variables Einkommen hiervon abhängt, und sie über kursrelevante Informationen – wie zum Beispiel Informationen über immaterielle Ressourcen – verfügen, dann werden sie diese ceteris paribus extern kommunizieren und damit Informationsasymmetrien entgegenwirken (vgl. Lundholm/Van Winkle, 2006, S. 43 f.). Hingegen werden kursirrelevante Informationen nicht veröffentlicht, weil ein entsprechendes Motiv fehlt oder da dies zu ökonomischen Nachteilen für das Individuum führen kann.

2.3.2.2 Sozialwissenschaftliche Theorien

Ökonomische Theorien sind in ihrer Erklärungskraft jedoch beschränkt, wenn entsprechende Motive von Managern nicht erkennbar sind. Dies ist zum Beispiel der Fall, wenn freiwillig über soziale, ethische oder ökologische Aspekte des Unternehmensgeschehens berichtet wird, ohne dass ein Zusammenhang zu einer Nutzenmaximierung für das Management besteht. Entsprechendes Verhalten wird in der Literatur unter dem Stichwort „Nachhaltigkeitsberichterstattung" und „Corporate Social Reporting" diskutiert (für einen Überblick Mathews, 1997; Gray, 2000; Deegan, 2002; Gray, 2002). Betrachtet man in diesem Zusammenhang bestehende normative Ansätze und empirische Studien näher, so fällt auf, dass die hier thematisierten Inhalte, wie ökologisches Image oder Aspekte des Humankapitals eines Unternehmens, auch immaterielle Ressourcen darstellen. Ursprünge dieser Forschung sind vor allem die spektakulären Unternehmenspleiten und -skandale der vergangenen Jahre (siehe Cooper/Owen, 2007, S. 649 f.; zu den Folgen der EXXON Valdez-Ölkatastrophe für die Berichterstattung z. B. Patten, 1992; Walden/Schwartz, 1997) und ein in der Ge-

2.3 Freiwillige Berichterstattung

sellschaft vorherrschender, sich verändernder Wertekanon (vgl. Gray, 2002, S. 698 f.). Dies hat zum einen dazu geführt, die Nachhaltigkeit der Unternehmensaktivitäten stärker zu hinterfragen. Zum anderen, dass für Unternehmen ein Image, das auf sozialen, ethischen Werten basiert, eine wichtige immaterielle Ressource darstellt (z. B. Deephouse, 2000).

Zur Erklärung entsprechender Berichterstattungsinitiativen wird in der Literatur auf sozialwissenschaftliche Theorien zurückgegriffen (z. B. Deegan/Unerman, 2006, S. 267 ff.; Guthrie et al., 2004, S. 283 ff.; zur Anwendung im Controlling allgemein Miller, 2007), insbesondere die Stakeholdertheorie oder den Neoinstitutionalismus (aufgegriffen und ausführlich vorgestellt werden die Theorien in den Abschnitten 4.2 bis 4.3, S. 115 ff.). Diese Theorien erklären, warum Unternehmen auch andere, nicht ökonomische Ziele verfolgen, zum Beispiel ethische Motive oder Nachhaltigkeit (vgl. Ulrich, 1999).

Der Erforschung freiwilliger Berichterstattung über immaterielle Ressourcen ermöglicht dies, soziale Kontextfaktoren, mit denen Manager inner- und außerhalb der Unternehmensgrenzen konfrontiert sind, in Erklärungsansätze einzubeziehen (einen Überblick der untersuchten Einflussfaktoren im Rahmen von Nachhaltigkeitsberichten gibt Adams, 2002, S. 225 ff.). Die Stakeholdertheorie (grundlegend Freeman, 1984; Mitchell/Agle/Wood, 1997; Freeman/Harrison/Wicks, 2007; Laplume/Sonpar/ Litz, 2008) zeigt beispielsweise auf, welche weiteren Anspruchsgruppen Informationen über das Handeln von Unternehmen einfordern: „The demand for enhanced disclosures has […] resulted in a widespread realization that the interactions of a company are not limited to just shareholders. There are other stakeholder groups as well, who also have a right to be provided with information about how the activities of the company impact them. Thus, the dissatisfaction with mandatory disclosures and the demand for increased stakeholder reporting have […] encouraged companies to improve stakeholder reporting" (Boesso/Kumar, 2008, S. 6).

Im Neoinstitutionalismus (grundlegend Meyer/Rowan, 1977; Zucker, 1977; DiMaggio/Powell, 1983) wird davon ausgegangen, dass Unternehmen bestrebt sind, sich gegenüber einem in der Gesellschaft vorherrschenden Wertekanon konform zu verhalten und damit in den Augen der jeweils relevanten Anspruchsgruppen als legitim wahrgenommen zu werden. Ein Verstoß würde das Ansehen des Unternehmens schädigen – oder mit anderen Worten einen Legitimitätsverlust bewirken – und damit den Zugang des Unternehmens zu den Absatz- und Faktormärkten erschweren. Die externe Berichterstattung wird daher als Instrument verstanden, unternehmerisches Handeln zu legitimieren.

Die Argumentation der genannten sozialwissenschaftlichen Theorien basiert demnach auch auf Ziele verfolgenden Individuen, wie in der ökonomischen Theorie wird von intendierten Handlungen ausgegangen. Zum Beispiel hat die Zusprechung von Legitimität im Sinne des Neoinstitutionalismus selbstverständlich einen Nutzen für Unternehmen und auch Einfluss auf ökonomische Ziele. Die Nutzenorientierung ist jedoch dabei nicht deckungsgleich mit dem ökonomischen Motiv einer rationalen Nutzenmaximierung. Der Nutzen der Handlungen entsteht aus den Beziehungen zu verschiedenen Interessengruppen der Unternehmensumwelt, wodurch häufig auch nur indirekt klassische ökonomische Ziele, wie eine Einkommensmaximierung, betroffen sind. Oft mündet die Verhaltenserklärung sozialwissenschaftlicher Theorien nicht zwingend in einem Maximierungskalkül wie zum Beispiel in Form der angestrebten Legitimität im Rahmen des Neoinstitutionalismus. Diesbezüglich merken beispielsweise KIESER/WALGENBACH (2007, S. 20) an: „Die Einrichtung der Stelle der Gleichstellungsbeauftragten oder der des Umweltschutzbeauftragten lässt sich allein mit den Argumenten der Effizienz […] nicht plausibel erklären. Die Einrichtung solcher Stellen lässt sich vielmehr darauf zurückführen, dass die formale Struktur der Organisation entsprechend der Erwartungen mächtiger Anspruchsgruppen in der Umwelt der Organisation ausgestaltet wird". Dennoch bleiben die Grenzen ökonomischer und sozialwissenschaftlicher Theorien durchlässig, auch und gerade wenn man nicht die Argumente normativer, an ethischen Prinzipien ausgerichteter sozialwissenschaftlicher Theorien übernimmt.

2.3.2.3 Studienüberblick Makro- Mesoebene

Die dargestellten Theorien erklären die freiwillige Berichterstattung von Unternehmen entweder über ökonomische oder über sozialwissenschaftliche Argumente. Eine Betrachtung der Berichterstattungspraxis lässt jedoch die Grenzen einer derart isolierten Reduktion der Motive freiwilliger Berichterstattung erkennen.

2.3 Freiwillige Berichterstattung

Diesbezüglich lässt sich zum Beispiel auf das Fazit einer Studie zum Status und zur Entwicklung der Geschäftsberichte verweisen, das folgendermaßen ausfällt: „Es konnte festgestellt werden, dass der Geschäftsbericht eine große Bandbreite an Erwartungen erfüllen muss – aus Sicht der publizierenden Unternehmen ebenso wie seiner bedeutendsten Zielgruppen. Je vielfältiger dabei die Zielgruppen des Berichts werden, desto divergenter werden auch die Ansprüche an dieses Kommunikationsinstrument" (Universität St. Gallen/Trimedia Communications, 2008, S. 51). Des weiteren spiegelt eine Untersuchung zur Bedeutung von Nachhaltigkeitsberichten wider, dass die Informationsbedürfnisse verschiedener Adressaten vor dem Hintergrund unterschiedlicher Unternehmensmotive bedient werden (vgl. KPMG, 2008). Als wesentliche Treiber der Berichtsaktivitäten in diesem Bereich werden ethische und ökonomische Gründe identifiziert; auch die Steigerung der Mitarbeitermotivation, das Unternehmensimage sowie Lern- und Innovationsaspekte sprechen gemäß der Ergebnisse dieser Studie für eine freiwillige Publikation entsprechender Inhalte.

Ähnlich argumentieren CORMIER ET AL. (2005) sowohl auf Basis ökonomischer als auch mit Hilfe sozialwissenschaftlicher Theorien, um das freiwillige Publikationsverhalten von Unternehmen zu erklären. Die abgeleitete Hypothese, dass die Berichterstattung einerseits an den Informationsbedürfnissen des Kapitalmarkts, andererseits aber auch an gesellschaftlichen Ansprüchen ausgerichtet ist, bestätigt sich in ihrer empirischen Untersuchung. Darüber hinaus zeigt sich die Existenz von Institutionalisierungsprozessen (konvergierende Berichtsinhalte verschiedener Unternehmen) sowie organisationaler Routinen (konvergierende Berichtsinhalte eines Unternehmens über mehrere Perioden hinweg). CORMIER ET AL. (2005) schließen daher ihre Studie mit einem Plädoyer für eine Verknüpfung mehrerer Theorien, indem sie aufzeigen, dass sozialwissenschaftliche und ökonomische Theorien jeweils Partialerklärungen für die freiwillige Berichterstattung von Unternehmen bieten.

Den dargestellten Studienergebnissen folgend, scheint zur Erklärung freiwilliger Berichterstattung eine integrierte Betrachtung sowohl ökonomischer als auch sozialwissenschaftlicher Motive notwendig. Auf der Organisations- und Umweltebene bieten entsprechende Theorien und die damit verbundenen Verhaltensannahmen Erklärungen für variierende Berichtsinhalte. Es stellt sich jedoch die Frage, wie diese Unterschiede im Unternehmen entstehen.

2.3.3 Mikroebene (Individuum)

2.3.3.1 Verhaltenswissenschaftliche Erklärung

„Wenn man genauer hinsieht, fällt auf, daß jedesmal bei der Frage nach der Entstehung, der Reproduktion und des Wandels nach einem Prozeß gefragt ist. Prozesse sind Sequenzen des Ablaufs und der Wirkungen des sozialen Handelns" (Esser, 1993, S. 87). Die auf der Mesoebene eines Unternehmens bestehende Zielsetzung der Lageberichterstattung lässt sich insofern als ein Produkt der Mikroebene verstehen. Denn erstellt wird der Lagebericht in einem Prozess in den – so könnte vermutet werden – verschiedene Akteure im Unternehmen involviert sind, die dabei möglicherweise auch individuelle (und damit wahrscheinlich auch unterschiedliche) Interessen verfolgen. Mit einer Hinterfragung der Lageberichtsentstehung wendet sich diese Arbeit dem Verhalten von Individuen zu. Menschliche Akteure sind „Träger aller sozialen Prozesse" (Esser, 1993, S. 245) und insofern sind soziale Phänomene auf der Unternehmensebene das Ergebnis von Handlungen einzelner Individuen.

Eine prozessorientierte Perspektive hilft, vereinfachende Annahmen über das menschliche Verhalten zu überwinden, indem gerade dieses zum Gegenstand der Forschung gemacht wird (ausführlich Burns, 2000, S. 567 ff.). Die Vorteile einer prozessorientierten Feldforschung werden daher in einer Vielzahl von Controlling-Studien genutzt und proklamiert, wenn es darum geht, Phänomene als Ergebnisse individueller Handlungen zu verstehen (siehe z. B. Covaleski/Dirsmith/Michelman, 1993; Scapens, 1994; Hopwood, 1987; Laughlin, 1991 die den Wandel der Controllingfunktion im Unternehmen, „Management accounting change", betrachten).

Gestützt wird diese Argumentation von verhaltenswissenschaftlichen Theorien, welche explizit die Ebene des Individuums fokussieren (für die folgende Diskussion vgl. die Einführung bei Brühl, 2004b, S. 3 f.). Zwar treffen auch die beschriebenen Makro- und Mesotheorien Aussagen über das Verhalten von Individuen, jedoch nur in Form von vom Einzelfall abstrahierenden Annahmen. Diese Annahmen, wie zum Beispiel die des Homo oeconomicus oder die des Homo sociologicus (siehe Dahrendorf, 1958), gilt es, im Rahmen einer verhaltenswissenschaftlichen Perspektive, durch weitaus realitätsnähere Menschenbilder zu ersetzen. „Die Realitätsferne klassischer ökonomischer Modelle kommt häufig dann zum Vorschein, wenn die *Prozesse* wie Individuen Urteile fällen und Entscheidungen treffen, in hohem Maße relevant für die

Erklärung des Verhaltens der Akteure sind" (Hirsch, 2005, S. 282). Die in dieser Aussage implizierte Erkenntnis, lässt sich auf eine Vielzahl empirischer Studien zurückführen, welche zeigen, dass die Annahme vollständig rationalen Handelns menschlicher Akteure mit der Realität kollidiert (z. B. Simon, 1979, S. 507; für einen Überblick Shafir/LeBoeuf, 2002). Aus diesem Grund sind ökonomische Theorien auch darauf beschränkt, Aussagen über Verhaltenstendenzen auf der Meso- und Makroebene zu treffen: „It can be argued that the neoclassical theory of the firm is not a theory of the firm at all, but rather a theory of markets in which the firm is treated as a black box [...]. It is useful only in predicting general trends in aggregate economic phenomena" (Ryan/Scapens/Theobald, 2002, S. 79). Für das Verhalten von Individuen fehlt es diesen Theorien daher an Erklärungskraft (vgl. Simon, 1986, S. 222 ff.).

Dies gilt auch für sozialwissenschaftliche Theorien, denn auch diese abstrahieren vom Individuum, indem sie Verhaltensaspekte auf einem aggregierten Level, zum Beispiel der Gruppen- oder Organisationsebene, erfassen: „They can predict general trends, but they cannot explain the process through which management accounting systems evolve in particular organizations" (Ryan et al., 2002, S. 84). Demgegenüber basiert eine verhaltensorientierte Modellierung in der Regel auf den Erkenntnissen der Psychologie, zum Beispiel der Kognitionsforschung. Ausgangspunkt ist die Annahme begrenzt rationalen Verhaltens von Individuen und damit einhergehend die Akzeptanz eingeschränkter kognitiver Fähigkeiten. Die Tatsache, dass Akteure in Organisationen nicht alle Handlungsalternativen und –konsequenzen überblicken, wurde zuerst von SIMON (1955) aufgeworfen, der dadurch wiederum die Bedeutung von Organisationen als rationalitätssichernde Strukturen hervorhebt (vgl. Becker/Küpper/Ortmann, 1988, S. 90 ff.).

Wobei dies nicht bedeutet, dass Individuen ziellos handeln. Das Gegenteil spiegelt die Realität wider: Verhalten wird durch die individuellen Motive von Menschen geleitet, was jedoch nicht mit der objektiven Nutzenmaximierung gleichgesetzt werden kann (vgl. Simon, 1986, S. 209). Die Berücksichtigung von Individualität resultiert in einer höheren Komplexität verhaltensorientierter Modellierungen: „Usually, there is only one way to be fully rational, but there are many different ways to be less rational" (Holland/Miller, 1991, S. 367). Wesentliche Aspekte begrenzter Rationalität sind folgende Annahmen über das menschliche Verhalten (vgl. Simon, 1990, S. 8 ff.; Jones, 1999, S. 301; Gigerenzer, 2002, S. 38 f.; Selten, 2002, S. 15 ff.):

- Individuen setzen und verfolgen mit ihren Handlungen Ziele.
- Ihre kognitiven Fähigkeiten sind dabei begrenzt.
- Unter der Prämisse ihrer begrenzten kognitiven Fähigkeiten, streben sie nach einer Ergebnisoptimierung.
- Heuristiken helfen Individuen – auch unter der Prämisse begrenzter kognitiver Fähigkeiten – Entscheidungen zu treffen.

In der Betriebswirtschaftslehre und damit auch in ihren Subdisziplinen, wie zum Beispiel dem Controlling, wird zunehmend Forschung auf Basis verhaltenswissenschaftlicher Theorien und der Akzeptanz begrenzter Rationalität betrieben (vgl. zum Programm einer verhaltensorientierten Betriebswirtschaftslehre Schanz, 2004, S. 145 ff.; einen Überblick zur Anwendung psychologischer Theorien in der Controlling forschung und dem Stichwort „Behavioral (Management) Accounting" bei Shields, 2002; Birnberg et al., 2007; Burgstahler/Sundem, 1989; Hirsch, 2005; 2007).

Eine verhaltensorientierte Sichtweise auf die Prozesse der Beschaffung, Aufbereitung und Zusammenstellung von Informationen über immaterielle Ressourcen impliziert, dass diese Aktivitäten nicht nur durch die betriebswirtschaftliche Technik zu charakterisieren sind. Vielmehr sind solche Prozesse, an denen (wahrscheinlich) viele Mitglieder der Organisation beteiligt sind (zur Notwendigkeit einer Arbeitsteilung vgl. Allewell, 2004) als Interaktionsprozesse aufzufassen, in denen Fragen der Motive der einzelnen Individuen und deren Macht eine zentrale Rolle spielen.

Da die Kommunikation von Informationen innerhalb einer Organisation und über deren Grenzen hinweg in der Regel eine kollektive Handlung ist, bleibt darauf hinzuweisen, dass die Abgrenzung zwischen verhaltens- und sozialwissenschaftlichen Erklärungen nur bedingt trennscharf ist. Zwischen diesen theoretischen Perspektiven besteht eine enge Verbindung, da das Verhalten von Individuen oft nicht isoliert erfolgt, sondern sich in der Interaktion entfaltet und insofern auch soziale Handlungen für eine verhaltenswissenschaftliche Diskussion relevant sind. Jedoch bewegt sich die folgende Diskussion nicht auf der Ebene der Organisation; im Vordergrund ste-

2.3 Freiwillige Berichterstattung

hen Individuen, ihre Motive, gemeinsame Ziele und Überzeugungen der Gruppe sowie kollektiv zur Erreichung dieser Ziele genutzte Ressourcen.

Im Rahmen der Rechnungslegung allgemein und speziell zur Erklärung freiwilliger Berichterstattung wird bisher nur vereinzelt auf entsprechende Ansätze zurückgegriffen. Empirische Studien basieren primär auf einer quantitativen Methodologie. Inhaltsanalytisch wird in der Regel versucht, Unterschiede im Publikationsverhalten zu identifizieren und auf Einflussgrößen der Organisationsebene zurückzuführen (vgl. Kötzle/Grüning, 2009, S. 34 f.). Dabei können Inhaltsanalysen immer nur ex post zeigen, was berichtet wurde. Sie spiegeln jedoch nicht den Entscheidungsprozess wider und können daher zum Beispiel auch keine Aussagen darüber treffen, warum bestimmte Informationen nicht berichtet werden (siehe O'Donovan, 2002, S. 352; Choudhury, 1988, S. 355 spricht in diesem Zusammenhang von einer „enquiry of absence" als notwendige Aufgabe der Forschung).

2.3.3.2 Studienüberblick Mikroebene

Nur wenige Studien existieren, welche die Mikroprozesse der Berichterstattung allgemein und insbesondere in Hinblick auf die Publikation von Informationen über immaterielle Ressourcen erfassen. Hierfür bieten sich insbesondere qualitative Forschungsdesigns an, wie LAPLUME ET AL. (2008, S. 1152) in einer Diskussion des Status quo der Stakeholderforschung feststellen: „The authors' recommendations include urging [...] more qualitative research to document cognitive aspects of how managers respond to stakeholder expectations".

In Hinblick auf die Erstellung von Nachhaltigkeitsberichten lassen sich in diesem Zusammenhang einige wenige Studien identifizieren. Durch die verwendete qualitative Methodologie rücken in diesen empirischen Arbeiten die Handlungen und Perspektiven der Individuen in den Fokus der Betrachtung:

- Zum Beispiel befragt O'DWYER (2002) im Rahmen halbstrukturierter Interviews Geschäftsführer irischer Unternehmen nach ihrer Einstellung gegenüber Nachhaltigkeitsberichten. Vor dem Hintergrund neoinstitutionalistischer Überlegungen werden die Antworten der Interviewten diskutiert. In den Vordergrund wird das Ziel gestellt, die Unternehmenshandlungen gegenüber wichtigen Interessengruppen zu legitimieren; wobei hierfür die Effektivität der Nachhaltigkeitsberichte von den Interviewten durchaus kritisch bewertet wird. Einer ähnlichen Fragestellung widmen sich BELAL/OWEN (2007): Sie befragen Führungskräfte aus Bangladesch in Hinblick auf die Ausrichtung und Bedeutung von Nachhaltigkeitsberichten für ihr Unternehmen. Die Ergebnisse sind weitgehend konsistent mit dem Fazit der zuvor genannten Arbeit von O'DWYER (2002). Entsprechende, freiwillig publizierte Informationen dienen dem Ziel, die Reputation und die Legitimität eines Unternehmens zu stärken; wobei sich die Unternehmen der befragten Führungskräfte oft in der Situation befinden, dass sie mit Hilfe ihrer Berichterstattung auf einen Legitimitätsverlust reagieren.

- Ein reaktives Verhalten steht auch im Fokus der Arbeit von CHO (2009). Dieser befragt verschiedene Interessengruppen, wie sie freiwillig publizierte Informationen – u. a. im Rahmen des Geschäftsberichtes – wahrnehmen und ob sich dadurch ihre Einstellung gegenüber dem Unternehmen ändert. Untersucht wird die Berichterstattung von zwei Unternehmen, deren Reputation aufgrund unterschiedlicher Ereignisse gelitten hat. Auf der Seite der Unternehmensakteure werden jedoch die Berichterstattungsmotive nicht erfasst; qualitativ wird lediglich gezeigt, dass sich die Berichtsinhalte geändert haben.

- In der bereits in Abschnitt 2.3.2.3 (S. 56 ff.) zitierten Studie des Instituts für Medien- und Kommunikationsmanagement der Universität St. Gallen werden die Interessen der Informationsempfänger ebenfalls hinterfragt (vgl. Universität St. Gallen/Trimedia Communications, 2008). Übergeordnetes Ziel dieser Studie – die in Kooperation mit einer Werbeagentur durchgeführt wurde – ist es, den Status quo sowie Entwicklungsmöglichkeiten der Geschäftsberichte von Unternehmen aus Deutschland und der Schweiz aufzuzeigen. Auf Basis eines Fragebogens wird zunächst die Unternehmensperspektive erfasst. Darauf aufbauend werden potenzielle, professionelle Adressaten – u. a. Medienvertreter und Analysten – interviewt, welche Bedeutung der Geschäftsbericht im Rahmen ihrer Arbeit hat. Ein Ergebnis dieser Untersuchung ist, dass der Geschäftsbericht aus der Sicht der Informationsempfänger verschiedene Zwecke unterstützt und insofern unterschiedlich relevant ist. Aus der Sicht der Autoren ist diese Erkenntnis wesentlich für zukünftige Entwicklungsmöglichkeiten der Geschäftsberichte.

2.3 Freiwillige Berichterstattung

- Auf Basis halbstrukturierter Interviews versucht O'DONOVAN (2002), Entscheidungen über die Ausrichtung von Berichtsinhalten zu erfassen. Hierfür werden Führungskräfte aus drei Unternehmen mit Szenarios verschiedener Geschäftssituationen konfrontiert: die Einführung einer umweltschädlichen Technologie; eine Verwendung von Plastikstoffen im Herstellungsprozess und damit den Verzicht auf wiederverwertbares Papier; eine Verschmutzung des Grundwassers durch Industrieanlagen und die Folgen einer Ölkatastrophe. Die Interviewpartner werden aufgefordert darzustellen, wie sie auf entsprechende Ereignisse im Rahmen der Berichterstattung ihres Unternehmens reagieren würden. Als Ergebnis zeigt die Studie Handlungsalternativen auf, wie kontextspezifisch die Berichterstattung instrumentalisiert wird.

Auch wenn die skizzierten Studien Aspekte der Berichtserstellung qualitativ untersuchen – und zum Teil auch individuelle Motive freiwilliger Berichterstattung aufdecken – wird der Publikationsprozess auf der Mikroebene nicht hinterfragt. Die folgenden Studien betrachten die freiwillige Berichterstattung von Unternehmen aus einer (eher) prozessorientierten Perspektive:

- Den Einfluss interner Faktoren auf freiwillig berichtete Informationen untersucht ADAMS (2002) in Fallstudien mit mehreren britischen und deutschen Unternehmen aus der Pharma- und Chemiebranche. Hinterfragt werden u. a., welche Institution die Erstellung des Berichts koordiniert, die verfolgten Ziele und relevanten Kosten, die Einbindung von Stakeholderinteressen sowie der Rückgriff auf Frameworks und Rankingkriterien. Gezeigt wird, wie die genannten Aspekte auf die Berichtserstellung wirken. An diese Ergebnisse anknüpfend, untersucht ADAMS zusammen mit MCNICHOLAS (2007) die Einführung eines Nachhaltigkeitsberichts bei einem australischen Wasserversorger. Im Fokus steht der mit der Berichtseinführung einhergehende organisatorische Wandel. Weniger die freiwillige Platzierung von Informationen in der Berichterstattung, sondern vielmehr die Auswirkungen auf die persönlichen Einstellungen und Handlungen der Akteure im Unternehmen werden hinterfragt. Methodisch wird die Untersuchung als teilnehmende Beobachtung („Action Research") eingeordnet. Dabei greifen die Forscherinnen in den Prozess der Berichtserstellung aktiv ein, indem sie die Teilnehmer des Projektteams beraten, wie sie Nachhaltigkeitsberichte erfolgreich für ihr Unternehmen nutzen können.

- GIBBINS ET AL. (1990) explorieren mit Hilfe von Interviews Kategorien (als Einflussgrößen), welche die Platzierung von Informationen in Finanzberichten erklären. Das Ergebnis bildet einen Bezugsrahmen, der verschiedene Ursache-Wirkungsbeziehungen umfasst. Erklärt wird, wie mehrere unabhängige Variablen über verschiedene Mediatoren auf die Variable „Berichtete Informationen" wirken. Im Mittelpunkt der auf diesem Wege abgeleiteten Theorie steht die Kategorie „Einstellung zur Berichterstattung", welche als Konstrukt die grundsätzliche Ausrichtung der Finanzberichterstattung eines Unternehmens beschreibt. Das Konstrukt umfasst mehrere Dimensionen, zum Beispiel inwieweit die Berichterstattungsprozesse standardisiert sind („Rituale") und welche Motive („Opportunismus") hierbei verfolgt werden. Die Ausprägung dieser Kategorie wird wiederum von verschiedenen internen Ursachen, zum Beispiel der Unternehmensstrategie, und externen Ursachen, u. a. die anzuwendenden Rechnungslegungsstandards, determiniert. Der Einfluss auf die abhängige Variable „Berichtete Informationen" ist geprägt durch verschiedene Mediatoren (z. B. Kompetenzen und zu erfüllende Aufgaben), die jeweils zu Kategorien zusammengefasst sind.

Die zuletzt genannte Arbeit von GIBBINS ET AL. (1990) und zum Teil auch ADAMS (2002) sowie ADAMS/MCNICHOLAS (2007) untersuchen Aspekte des Prozesses der Lageberichterstellung. An verschiedenen Stellen der folgenden Diskussion wird auf die Ergebnisse dieser Untersuchungen zurückgegriffen. Jedoch wird in diesen Arbeiten das Verhalten der Akteure, die in den Prozess der freiwilligen Berichterstattung involviert sind, nur bedingt erfasst; zum Beispiel werden keine Erkenntnisse über die Interaktionen der Akteure gewonnen. Dass entsprechende Fragestellungen jedoch wichtig sind, betont auch ADAMS (2002, S. 244) als Fazit ihrer Untersuchung: „It seems reasonable to assume for example, that differing internal processes such as differences in the involvement of the communication/PR department and in the extent and nature of stakeholder engagement would have an impact on the nature of reporting."

Demnach ist zu konstatieren, dass das Publikationsmotiv eines Unternehmens (Mesoebene) und der Prozess, der zur Erstellung entsprechender Berichte führt (Mi-

2.3 Freiwillige Berichterstattung

kroebene), miteinander zu verknüpfen sind. Diese Vorgehensweise ermöglicht Einblicke in die Black Box der Lageberichterstattung und bietet damit für die Forschung einen Ansatz zur Erklärung der beobachteten heterogenen Berichterstattung. Entsprechende Variationen werden durch eine einseitige Betrachtung der Meso- und Makroebene nicht erklärt.

Oder anders ausgedrückt: Die Art und Weise wie Unternehmen ihre Publikationsmotive verfolgen, hängt wesentlich davon ab, wie durch die Handlungen von Akteuren Informationen in verschiedenen Medien, zum Beispiel dem Lagebericht, platziert werden. Diese Erkenntnis liegt auch der vorliegenden Arbeit zugrunde. Untersuchungsgegenstand sind die Prozesse der freiwilligen Berichterstattung über immaterielle Ressourcen im Rahmen der Lageberichtserstellung. Wie in Abschnitt 1.2 (S. 4 ff.) ausgeführt, werden die Prozesse vor dem Hintergrund eines explikativen und eines deskriptiven Erkenntnisziels modelliert. Das Modell stellt dar, wie der Prozess unter Beteiligung welcher Akteure im Unternehmen abläuft und welche Motive die Handlungen der Akteure leiten. Durch die Beschreibung der Prozesselemente werden Ursache-Wirkungszusammenhänge identifiziert, die erklären, warum die Lageberichtserstellung unterschiedlich ausgestaltet ist und letztlich zu variierenden Ergebnissen in Form publizierter Informationen über immaterielle Ressourcen führt.

„Erst Erklärungen bringen Licht in die black box der Gesellschaft. Damit kann man die Menschen noch am ehesten von der Leistungsfähigkeit eines Faches überzeugen. Es fehlt dann nur noch eine Kleinigkeit: Wie fabriziert man solche fabelhaften Erklärungen sozialer Prozesse?" (Esser, 1993, S. 93). Diese Aussage leitet zur verwendeten Methodologie der Modellentwicklung über. Problemstellung, Untersuchungsgegenstand und Erkenntnisziel indizieren ein qualitatives Forschungsdesign zur Modellentwicklung. Das Vorgehen orientiert sich primär an der Methode der Grounded Theory, welche die induktive Entwicklung von Theorien unterstützt. Im Folgenden Kapitel 3 (S. 67 ff.) wird zunächst die Grounded Theory als qualitative Methode vorgestellt, die Anwendung der Methode begründet und darauf aufbauend das Design der empirischen Untersuchung im Rahmen dieser Arbeit erläutert.

3 Methodische Vorgehensweise: Grounded Theory

3.1 Charakteristika qualitativer Forschung

„An der Frage, wie es vor sich geht, daß jemandem etwas Neues einfällt [...] hat wohl die empirische Psychologie Interesse, nicht aber die Erkenntnislogik" (Popper, 2005, S. 7). Dieses Verdikt POPPERs hat zu einer jahrelangen Abstinenz der Wissenschaftstheorie von Fragen des sogenannten Entdeckungszusammenhangs („context of discovery") geführt. Im Vordergrund standen Fragen der Rechtfertigung („context of justification") und damit einhergehend eine Methodologie des Testens von Theorien (zur Einteilung Reichenbach, 1938, S. 382 ff.; Poser, 2001, S. 122 f.). Seit den 1980er Jahren gewinnt in den Sozialwissenschaften eine interpretative Methodologie (siehe Wilson, 1970) zunehmend an Prominenz (zur Geschichte vgl. Flick, 2007, S. 30 ff.), für die Fragen des Entdeckungszusammenhangs von hoher Relevanz sind (einführend Kelle, 1994; Rosenthal, 2005; Nickles, 1980). Die Bildung von Forschungshypothesen und die Theorieentwicklung allgemein bleiben dabei zwar immer auch ein kreatives Unterfangen (vgl. Peirce, 1960, S. 106 f.), jedoch ermöglicht eine interpretative Methodologie eine Systematisierung des hierfür notwendigen Prozesses. Dem eingangs zitierten Verdikt POPPERs lässt sich daher folgende Feststellung gegenüberstellen: „Verstehen und Auslegen von Sprache [...] ist ohne Wissenschaften fast blind, Wissenschaften ohne Verstehen und Auslegen von Sprache sind beinahe leer!" (Ineichen, 1991, S. 275).

Eine interpretative Methodologie begründet die Wahl qualitativer Forschungsmethoden. Entsprechende Ansätze wurden insbesondere in der Soziologie entwickelt und finden mittlerweile disziplinübergreifend Anwendung (vgl. Knoblauch, 2005, S. 623 ff.). Dabei ist das Spektrum qualitativer Methoden in sich heterogen; eine Vielzahl unterschiedlicher Methoden stehen zur Verfügung, die jedoch von abweichenden Prämissen ausgehen und jeweils spezielle Ziele unterstützten (vgl. Lüders/ Reichertz, 1986; Mruck, 2000, S. 16 ff.; Lamnek, 2005, S. 28 ff.). Ein gemeinsamer Kern besteht daher oft nur im ontologischen und epistemologischen Gerüst der Hermeneutik, „eine Wurzel qualitativen Denkens" (Mayring, 2002, S. 13); zu deren Erkenntnisziel des „Verstehens" Forschende nur über die Interpretation von Symbolen menschlichen Handelns und der Rekonstruktion subjektiven Sinns gelangen (vgl. Hitzler, 2006, S. 4 ff.; einführend zur Hermeneutik Kurt, 2004). Dies erfordert wiederum „eine [...] Sensibilität für empirisch untersuchte Gegenstände" (Flick, 2007, S. 22). Konfrontiert mit bisher unbekannten sozialen Kontexten und Perspektiven sind klassisch deduktive, in der Regel quantitative Methodologien nicht zielführend. Erkenntnisfortschritt wird im Rahmen qualitativer Forschungsstrategien vielmehr durch eine induktive Vorgehensweise (vgl. Rescher, 1987; einführend Brühl, 2006, S. 182 f.) und damit eine gehaltserweiternde Aussagenlogik erreicht (vgl. auch im Folgenden zu den Leitgedanken qualitativer Forschung Flick, 2007; Mayring, 2002, S. 24 ff.; Flick/von Kardorff/Steinke, 2007, S. 22 ff.; Wrona, 2006, S. 193 f.).

Ausgangspunkt sind daher in der qualitativen Forschung oft einzelne Fälle (vgl. Siggelkow, 2007; Eisenhardt/Graebner, 2007, S. 25), die ganzheitlich, durch die Berücksichtigung und Analyse unterschiedlicher Perspektiven der Beteiligten und ihrer Vielschichtigkeit, erfasst werden. Um das Ziel der Theoriebildung zu erreichen, wird darauf aufbauend versucht, die gesammelten Erkenntnisse in einem eher rekursivzirkulären als iterativ-linearen Prozess mit Hilfe weiterer beobachteter Fälle zu erhärten. Typisch für qualitativ Forschende ist daher, dass sie – wie in Abbildung 8 skizziert (entnommen aus Flick, 2007, S. 128) – die Schritte der Fallauswahl („Sampling"), Datenerhebung und -auswertung mehrfach durchlaufen. Ziel ist es, über diese Schritte allgemeine Aussagen in Form von Theorien oder Begriffe, Konstrukte und Hypothesen als erste wichtige Elemente der Theoriebildung zu formulieren.

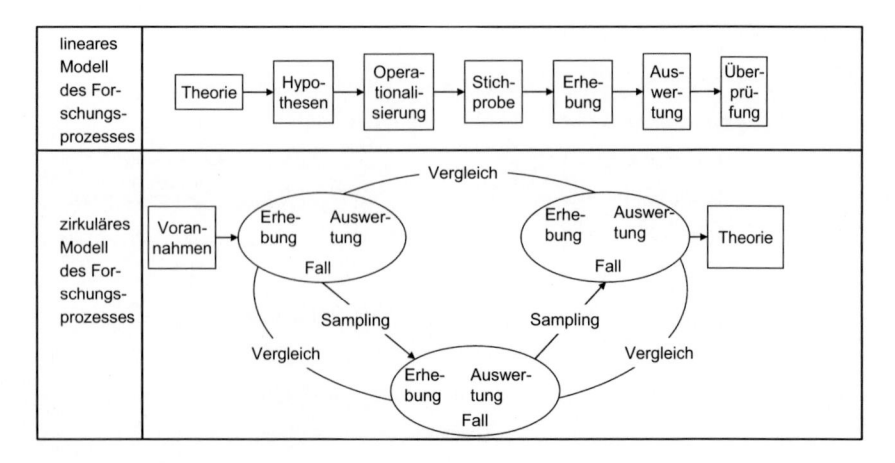

Abbildung 8: Prozessmodelle empirischer Forschung

3.1 Charakteristika qualitativer Forschung

Dem Subjekt des Forschers kommt dabei eine andere, im Vergleich zur quantitativen Forschung bedeutendere Rolle zu (vgl. auch im Folgenden Kleining, 1982, S. 231 f.). Denn die Realität wird nicht direkt erfahren, sondern der Forscher interpretiert sie: „Die Welt wird wahrgenommen, die Wahrnehmungen werden interpretiert und ihnen werden bestimmte Bedeutungen beigemessen. Damit wird darauf verwiesen, dass die Prozesse der Wahrnehmung und Interpretation der Realität abhängig von den kognitiven Strukturen des einzelnen Aktors sind" (Wrona, 2006, S. 192). Die Reflexion des Forschenden über die Forschung ist also Teil der Erkenntnis. Daher ist dem Vorverständnis des Forschenden gegenüber dem Untersuchungsgegenstand Aufmerksamkeit zu schenken. Dieses existiert – „[…] today we all know that objectivity in qualitative research is a myth" (Corbin/Strauss, 2008, S. 32) –, es ist insofern zu akzeptieren und vor allem ist es auch zu explizieren. Es gilt das Prinzip der Offenheit auf der theoretischen Ebene. Eine rein induktive Forschungsstrategie ist nicht möglich, da eine Forschungsleistung immer auch das Ergebnis von Interpretationen ist. Jedoch darf das Vorverständnis der Forschenden nicht dazu führen, dass es die Theoriebildung im Sinne einer Überprüfung ex ante formulierter Hypothesen leitet. Forschende müssen sich von bestehenden Theorien bewusst lösen, offen gegenüber neuen Aspekten des betrachteten Phänomens sein und das jeweilige Vorverständnis daran weiterentwickeln. Sie sollten offen „bleiben während des Forschungsprozesses, denn im Verlauf der Arbeit kann sich der Gegenstand verändern gegenüber der vorläufigen Annahme, und er wird, kann der Prozeß erfolgreich abgeschlossen werden, erst zum Ende seine wahre Gestalt zeigen" (Kleining, 1982, S. 233).

Auch in der Controllingforschung führten seit den 1980er Jahren die Entwicklungen in den Sozialwissenschaften (vgl. Hopper/Otley/Scapens, 2001, S. 272 ff.) zur vermehrten Diskussion qualitativer Methoden (insbesondere Kaplan, 1986; Tomkins/Groves, 1983; Otley, 1984; Covaleski/Dirsmith, 1990; Scapens, 1990). Während es eine Reihe internationaler Überblicksartikel zur qualitativen Controllingforschung gibt (u. a. Otley/Berry, 1994; Berry/Otley, 2004; Merchant/Van der Stede, 2006),[24] steht eine Analyse zur qualitativen deutschsprachigen Forschung aus.

---

[24] Einen kurzen Überblick zur deutschen Fallstudienforschung geben SCHÄFFER/BRETTEL (2005). Sie identifizieren 16 Fallstudien (5%) von 334 Artikeln zum Controlling; empirische Studien belaufen

Aus dem Methodenspektrum qualitativer Forschung wird zur Modellentwicklung im Rahmen dieser Arbeit auf die Methode der Grounded Theory zurückgegriffen. Mit ihrem Buch „The Discovery of Grounded Theory" präsentierten GLASER/STRAUSS (1967) erstmals die Grundzüge des „[...] most widely used qualitative interpretive framework in the social sciences" (Denzin, 1994, S. 508; vgl. aktuell Mruck, 2000, Sp. 29). Die Grounded Theory richtet sich dezidiert gegen die deduktiv, meist quantitativ vorgehende Forschung in der Soziologie. Als induktive Methode ist ihr explizites Ziel die Theoriebildung (vgl. Länsisalmi/Pieró/Kivimäki, 2004, S. 242). Um dieses Ziel zu erreichen, werden Hinweise zur systematischen Vorgehensweise im Rahmen der Datenerhebung und -analyse für empirisch Forschende gegeben (vgl. Charmaz, 2006, S. 9 ff.). Dabei werden Techniken beschrieben, die bei der Ableitung von Konstrukten, also theoretischen Begriffen, und Hypothesen aus dem Datenmaterial unterstützen. „The oxymoron contained in the label 'grounded theory' is a clue that this method is a way of wrestling with that which joins the visible ground with the invisible abstraction. That the 'glue' is work appears in various ways throughout the discussion" (Star, 1991, S. 270). Die Grounded Theory ist somit eine an qualitativen Daten orientierte Erhebungs- und Auswertungsmethode, mit dem Ziel, Theorien aus vorhandenem Datenmaterial zu konstruieren.[25]

In einer Literaturanalyse untersuchen BRÜHL ET AL. (2008b) die Anwendung der Grounded Theory-Methode in der internationalen (englischsprachigen) und deutschen Controlling- und Rechnungswesenforschung (vgl. auch die Literaturanalyse von Gurd, 2008). Für den deutschen Sprachraum können in den betrachteten Fachzeitschriften keine Studien identifiziert werden, die auf diese Methode zurückgreifen. Im Vergleich zur allgemeinen Managementforschung scheint allerdings auch die internationale Controlling- und Rechnungswesenforschung einen gewissen Nachhol-

---

sich insgesamt auf 22%. In der empirischen Controllingforschung scheint in Deutschland noch die quantitativ orientierte Forschung zu überwiegen, so konstatieren zum Beispiel SCHÄFFER/BRETTEL (2005, S. 43): „Unsere Bestandsaufnahme zeigt, dass empirische Beiträge und insbesondere Fallstudien-Beiträge in der deutschen Controllingforschung bisher eher eine untergeordnete Rolle spielen." Dies spiegelt sich auch in den von WEBER/KUNZ (2003) und von GÜNTHER (2007) herausgegebenen Sammelwerken zur empirischen Controllingforschung wider, in denen quantitative Forschungsdesigns deutlich dominieren.

[25] Im deutschen Sprachraum werden daher auch die Bezeichnungen „gegenstandsverankerte" (z. B. in Eckert, 2004), „gegenstandsbezogene" (z. B. in Mayring, 2002, S. 103 ff.) oder „datenbasierte Theorie" (z. B. in Lamnek, 2005, S. 100 ff.) verwendet.

bedarf zu haben, wie die Auswertung der wenigen, insgesamt 16 identifizierten Studien zeigt. Während GOULDING (2007, S. 155) konstatiert: „Grounded theory now has an established place in management research", klingt wohl auch deshalb die Aussage von LYE ET AL. (2006, S. 148) eher bescheiden: „In the accounting literature, over the past three decades there has been a small but growing stream of studies." Für eine Erklärung dieses Status quo und gleichzeitig für einen Ausblick auf die mögliche zukünftige Entwicklung verweisen BRÜHL ET AL. (vgl. 2008b, S. 317) auf die allgemeine Verbreitung soziologischer Ansätze in der Controlling- und Rechnungswesenforschung. Die Methode der Grounded Theory wurde in der Soziologie entwickelt und findet zunehmend in anderen sozialwissenschaftlichen Disziplinen Anwendung. Studien zeigen, dass in internationalen Fachzeitschriften soziologische Ansätze fast ein Drittel der Literatur im Bereich Controlling- und Rechnungswesenforschung ausmachen (z. B. Hesford/Lee/Van der Stede/Young, 2007, S. 9). Demgegenüber spielen sie in der deutschen Controlling- und Rechnungswesenforschung bisher kaum eine Rolle (vgl. Wagenhofer, 2006b, S. 11). Wenn sich insbesondere auch die deutschsprachige Controlling- und Rechnungs-wesenforschung den Sozialwissenschaften, wie zum Beispiel der Soziologie, weiter öffnet, dann ist zu vermuten, dass der qualitativen Forschung ein größerer Stellenwert eingeräumt und die Methode der Grounded Theory häufiger eingesetzt wird. Mit der Wahl einer qualitativen Methodologie im Allgemeinen und speziell der Methode der Grounded Theory zur Modellentwicklung leistet die vorliegende Arbeit einen Beitrag zu dieser Entwicklung.

3.2 Methodenindikation

Im Rahmen der Methodenauswahl wird auch von der „Indikation qualitativer Forschung" gesprochen, für die vor allem die zu beantwortende Forschungsfrage entscheidend ist (hierzu Yin, 2003, S. 3 ff.; Haase, 2007, S. 38; Wrona, 2005, S. 16 ff.). Diese beinhaltet die Spezifizierung des Forschungsgegenstands und die Art der Fragestellung. Die Methodenindikation wird entlang folgender Merkmale diskutiert:

- Design und Gegenstand: qualitativ empirische Untersuchung menschlichen Verhaltens,

- Stand der Forschung und Aussagenebene: explorativ und hypothesenentdeckend,
- Ziel: Theoriebildung,
- Inhalt: Prozesse in Unternehmen.

Design und Gegenstand: Das Merkmal „qualitativ empirisch" kennzeichnet die Grounded Theory dahingehend, dass mit ihr Erkenntnisse auf Basis von Datenmaterial aus der sozialen Welt der Akteure entwickelt werden. Die Methode entspricht damit der Forderung, dass Akteure in ihrem natürlichen Umfeld studiert werden sollten (z. B. Tomkins/Groves, 1983, S. 364). Mit diesem Ansatz komplementiert sie zum einen die normative Forschung, die sich auf die Entwicklung von Modellen der rationalen Wahlhandlung konzentriert (z. B. Tiessen/Waterhouse, 1983, S. 251). Zum anderen ergänzt sie quantitative empirische Ansätze, welche durch die Wahl der Erhebungsmethode (zumeist Fragebogentechnik) und die Anwendung statistischer Verfahren zur Auswertung stark vom Untersuchungsgegenstand und dessen sozialen Kontext abstrahieren (z. B. Jick, 1979, S. 603 f.). Mithilfe qualitativer empirischer Methoden wird untersucht, wie Phänomene durch die beteiligten Akteure wahrgenommen werden und wie diese miteinander interagieren.

Das heißt, dass Phänomene in ihrem ökonomischen, sozialen und organisatorischen Kontext studiert werden (vgl. Ryan et al., 2002, S. 87): „[...] trying to study accounting in the contexts in which it operates" (Hopwood, 1983, S. 287). Auch ermöglichen qualitative Erhebungen, in denen primär Interviews als Erhebungstechnik angewendet werden (vgl. Rubin/Rubin, 2005), einen anderen und zum Teil überhaupt erst einen Zugang zu Daten. Forschende erhalten durch diese Techniken tiefere Einblicke in sensible Daten, da sie hierbei mit den Probanden in direkter Interaktion stehen (vgl. Ragin, 1994, S. 81 ff.). Dies umfasst auch Untersuchungen, in denen persönliche Einschätzungen von Probanden interessieren.[26]

Ziel der vorliegenden Forschungsarbeit ist es, gerade die Lageberichterstellung auf der Mikroebene, das heißt auf der Handlungsebene einzelner Individuen zu erfassen;

---

[26] WEBER (2007) zeigt beispielsweise in durchgeführten Tiefeninterviews, dass Top-Controller sehr unterschiedliche mentale Modelle über Profil, Anforderung und Entwicklung ihrer Tätigkeit haben.

3.2 Methodenindikation

im Zentrum stehen das tatsächliche Verhalten der Akteure in ihrem sozialen Kontext und der daraus resultierende Prozess, der zur Veröffentlichung von Informationen über immaterielle Ressourcen führt. Hierfür ist es notwendig einen tieferen Einblick und darauf aufbauend ein Verständnis für das Verhalten, die Motive einzelner Akteure und ihre Interaktionen zu gewinnen.

Das folgende Merkmal qualitativer Forschung hängt eng mit dem Design und dem Gegenstand der Untersuchung zusammen. Da im Rahmen qualitativer Forschung der Untersuchungsgegenstand im Entdeckungszusammenhang betrachtet wird, ist insbesondere das Vorwissen, respektive der Stand der Forschung über diesen, von Relevanz.

Stand der Forschung/Aussagenebene: Bei unerforschten Phänomenen ist es sinnvoll, mit einem qualitativen Verfahren (zuerst) das Untersuchungsfeld zu explorieren. Aufbauend auf einer Literaturanalyse ist die Entscheidung zu fällen, ob es sich um eine hypothesenentdeckende oder um eine hypothesenprüfende Untersuchung handelt.[27] Eine wichtige Indikation qualitativer Forschung ist die mangelnde Kenntnis über ein Phänomen und der Faktoren, die auf das Phänomen wirken.

In Abschnitt 2.3.3.2 (S. 61 ff.) wird ein Literaturüberblick verschiedener Studien gegeben, die Aspekte des Prozesses der Lageberichtserstellung erfassen. Die Studien von GIBBINS ET AL. (1990), zum Teil auch ADAMS (2002) sowie ADAMS/MCNICHOLAS (2007) untersuchen den Prozess der Lageberichtserstellung. Jedoch wird das Verhalten der involvierten Akteure, zum Beispiel in Hinblick auf Interaktionen zwischen ihnen, in diesen Studien nur bedingt erfasst. Ein kohärentes (Erklärungs-)Modell, das auf die freiwillige Berichterstattung von Informationen über immaterielle Ressourcen übertragen werden kann, bieten sie nicht.

Zielsetzung: Aus diesem Grund ist zu konstatieren, dass das Vorwissen nur bedingt erschöpfend ist und insofern der Untersuchungsgegenstand zunächst im Rahmen

---

[27] MERCHANT/VAN DER STEDE (vgl. 2006, S. 122 f.) zeigen beispielsweise in einem Literaturüberblick, dass viele Innovationen im Controlling zuerst in der Unternehmenspraxis implementiert bzw. durch Beratungsunternehmen forciert worden sind. Da das Wissen über diese Phänomene in der Wissenschaft erst entwickelt werden musste, boten sich qualitative Untersuchungen mit ihren dichten Detailbeschreibungen als ein erster Schritt der Forschung an (hierzu Barton/Lazarsfeld, 1984, S. 82).

qualitativer Forschung zu erfassen ist. Die Methode der Grounded Theory unterstützt gerade diesen Schritt der Theoriebildung (vgl. Elharidy/Nicholson/Scapens, 2008, S. 152); das Forschungsergebnis in Form einer Grounded Theory kann zur Ableitung von quantitativ zu überprüfenden Hypothesen dienen. In Bezug auf die Art der Fragestellung ist folglich das Ziel, „Wie"- und „Warum"-Fragen zu beantworten, indem Ursache-Wirkungszusammenhänge aufgedeckt werden. Da Theorien im Wesentlichen aus Begriffen und ihren Relationen bestehen (vgl. Strauss/Corbin, 1998, S. 22), liefert die Grounded Theory hierfür elementare Bausteine in der Regel in der Form von Konstrukten[28] und Hypothesen.

Auf einer deskriptiven Ebene ist das Forschungsziel dieser Arbeit, das Akteurverhalten mit Hilfe verschiedener, induktiv entwickelter Rollen in einem Modell zu beschreiben und zu strukturieren. Darauf aufbauend werden auf einer explikativen Ebene Einflussgrößen in das Modell eingeführt, die erklären, warum die beobachteten Rollenausprägungen variieren. Im Fokus der Untersuchung steht der gesamte Prozess, der zur Lageberichtserstellung und damit verbunden zur freiwilligen Publikation von Informationen über immaterielle Ressourcen führt. Dies entspricht einem weiteren Merkmal der Grounded Theory, der Bedeutung von Prozessen als Untersuchungsobjekt.

Inhalt: Vor allem dann, wenn sich die Forschungsfragen als Prozessfragen stellen lassen, kann die Grounded Theory eingesetzt werden (vgl. Hood, 2007, S. 155 f.; Charmaz, 2006, S. 9 f.; Locke, 2001, S. 41 ff.). Das vorwiegende Forschungsinteresse sollte nicht in den Prozessergebnissen liegen, sondern vielmehr in der Analyse, wie diese zustande gekommen sind – also den Handlungen der Akteure (vgl. Maxwell, 1996, S. 19 f.). Untersuchungsgegenstand dieser Arbeit sind die Prozesse der freiwilligen Berichterstattung über immaterielle Ressourcen, also das aktuelle menschliche Verhalten in dem jeweiligen sozialen Kontext. Die Grounded Theory unterliegt der Annahme, dass menschliche Handlungen in soziale Interaktionspro-

---

[28] In der Terminologie der Grounded Theory werden die aus dem Datenmaterial entwickelten Konstrukte als Kategorien bezeichnet (vgl. Corbin/Strauss, 1990, S. 5). Diese terminologische Besonderheit wird nicht übernommen. Zur Vereinheitlichung der Termini mit weiteren verarbeiteten Literatursträngen wird in dieser Arbeit stattdessen der Begriff Konstrukt verwendet.

3.2 Methodenindikation

zesse eingebettet sind (vgl. Strauss, 1993, S. 24 f.). Inhalte von Grounded Theory-Studien sind daher Interaktionsprozesse im jeweilig betrachteten Untersuchungsfeld.

Die dargestellten Merkmale liegen kumuliert vor und zeigen damit die Indikation für eine Anwendung der Grounded Theory-Methode im Rahmen dieser Arbeit an. Problematisch bei der Auswahl dieser Methode ist, dass die aktuelle Methodenliteratur zur Grounded Theory kein einheitliches Bild wiedergibt (vgl. auch im Folgenden Strübing, 2004, S. 8 f.; ein Kanon der verschiedenen Strömungen findet sich im Überblicksband von Charmaz/Bryant, 2007). Die Tatsache, dass GLASER und STRAUSS zwei unterschiedliche Ausbildungshintergründe hatten,[29] führte dazu, dass ihre Erstveröffentlichung eine Positionierung „auf den kleinsten gemeinsamen Nenner" (Strübing, 2004, S. 65) verkörperte. Ausgehend davon entwickelten sich, jeweils geprägt durch die beiden Autoren, unterschiedliche Ausprägungsarten und Grundströmungen der Grounded Theory. Spätestens seit GLASERs Werk „Theoretical sensivity" (1978) erschienen ist, lassen sich daher zwei Stränge der Methodenliteratur zur Grounded Theory aufzeigen: eine empirische Variante von GLASER (insbesondere 1978; 1992; 1998) und eine eher pragmatisch inspirierte Alternative von STRAUSS, die er zum Teil in Zusammenarbeit mit CORBIN ausgearbeitet hat (insbesondere Corbin/Strauss, 2008; Corbin/Strauss, 1990; 1998).

GLASER vertritt in seiner Ausrichtung konsequent eine induktive Vorgehensweise ohne jegliche Bezugnahme auf theoretisches Vorwissen und fordert ein „unbelastetes Forschen", bei dem die Generierung von Theorien aus reinen Daten und ohne jegliche Intention geschehen soll. Dieses wird mit dem Begriff „Emergence", im Sinne eines freien Emergieren von Theorien aus Daten, charakterisiert. Das Gegenteil, in Form eines „Forcing" von Daten in vorgefertigte Theorien unterstellt GLASER (vgl. insbesondere die Einleitung in Glaser, 1992) STRAUSS/CORBIN. Diese schlagen eine pragmatische(re) Vorgehensweise vor. Sie verstehen die Theoriegenerierung als geleiteten Prozess, bei dem die Forschungsobjekte und Relationen anhand von Regeln

---

[29] STRAUSS entstammt der Schule des pragmatischen, reformierten Interaktionismus. Er wurde dabei von der Chicago School von BLUMER und HUGHES sowie bei seiner Theorieorientierung von Thomas und Park geprägt. GLASER wurde hingegen durch die Arbeiten LAZARSFELDs an der Columbia School beeinflusst, die eine kritisch-rationalistische Orientierung und überwiegend quantifizierende Forschungsmethodik vertritt (vgl. Selden, 2005, S. 115; Parker/Roffey, 1997, S. 214).

und unter Berücksichtigung des Vorwissens des Forschers konstruiert werden (z. B. Corbin/Strauss, 2008, S. 32 ff.). Für die empirische Praxis erscheint die Variante von STRAUSS/CORBIN vorteilhaft, da hier eine präzise Beschreibung der einzelnen Schritte und Abläufe zur Auswertung qualitativen Materials gegeben wird, was letztlich dem Forscher die Arbeit mit der Grounded Theory erleichtert (vgl. Douglas, 2003, S. 45).

Aus diesen Gründen wird auch für die Modellentwicklung im Rahmen dieser Arbeit insbesondere auf die Methodenvariante von STRAUSS/CORBIN zurückgegriffen.[30] Die einzelnen Schritte der Fallauswahl, der Datenerhebung und -analyse werden im Folgenden erläutert. Auch wenn dieses Vorgehen linear dargestellt wird, ist zu betonen, dass die einzelnen Schritte der Modellentwicklung in einem rekursiven Prozess mehrfach durchlaufen wurden. Um dieses Vorgehen zu verdeutlichen, wird daher zunächst der Forschungsprozess der Grounded Theory mit seinen wesentlichen Elementen idealtypisch vorgestellt.

3.3 Forschungsprozess

Der Forschungsprozess der Grounded Theory wird als kreatives Konstruieren von Theorien aufgefasst, die in empirisch gewonnenen Daten begründet sind. Im Rahmen dieses Prozesses findet eine kontinuierliche Überprüfung der gewonnenen Erkenntnisse an den gesammelten Daten statt. Zu beachten ist dabei, „[…] dass grounded theory sich weniger als präskriptives ‚Verfahren' versteht, dem haargenau zu folgen wäre. Vielmehr ist grounded theory eher gedacht als eine konzeptuell verdichtete, methodologisch begründete und in sich konsistente Sammlung von Vorschlägen, die sich für die Erzeugung gehaltvoller Theorien über sozialwissenschaftliche Gegenstandsbereiche als nützlich erwiesen haben" (Strübing, 2004, S. 7). Ein idealtypischer Prozess für die Entwicklung gegenstandsbezogener Theorien wird in Abbildung 9 vorgestellt (vgl. hierzu das Prozessmodell von Wiedemann, 1995, S.

---

[30] Dies entspricht auch dem Fazit STRÜBINGS (siehe 2004, S. 9) der die Variante von STRAUSS/CORBIN als weiterführender bewertet, da diese im Vergleich zum Ansatz von GLASER wissenschafts- und methodentheoretisch gehaltvoller sei.

3.3 Forschungsprozess

442, das jedoch durch die gewählte Darstellung fälschlicherweise ein lineares Vorgehen suggeriert).

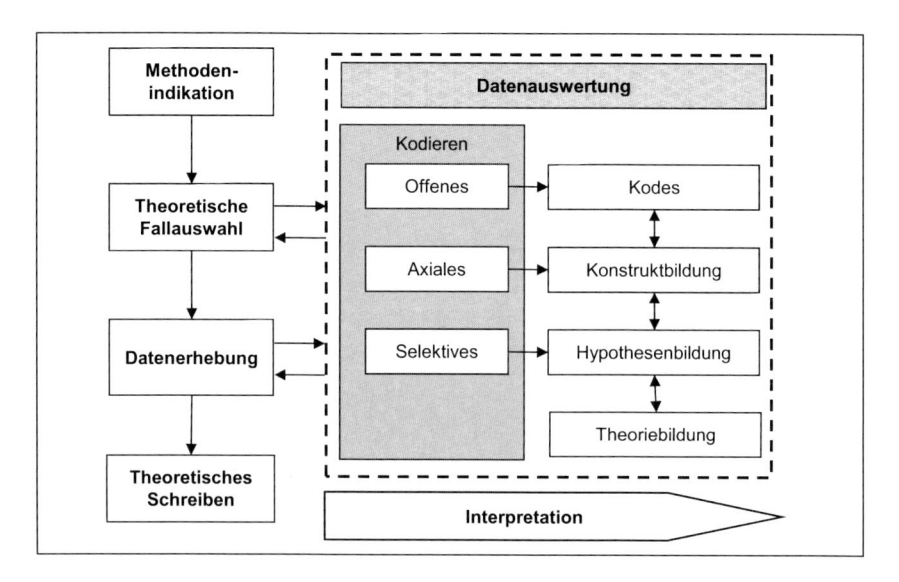

Abbildung 9: Forschungsprozess der Grounded Theory

Ausgangspunkt des Forschungsprozesses ist die in Abschnitt 3.2 (S. 71 ff.) beschriebene Methodenindikation, welche die Wahl der Grounded Theory als Methode für den Untersuchungsgegenstand und das Forschungsziel anzeigt. In der Regel beinhaltet dies allgemeine, offene Fragen an den Untersuchungsgegenstand und eine Reihe sensibilisierender Konzepte (vgl. Corbin/Strauss, 2008, S. 21 ff.). Wie bereits als Leitgedanke qualitativer Forschung in Abschnitt 3.1 (S. 67 ff.) skizziert, sind Fallauswahl, Datengewinnung, Datenauswertung/Kodieren und theoretisches Schreiben in einem rekursiven Prozess miteinander verzweigt und finden parallel in iterativen Schritten statt (vgl. Strübing, 2004, S. 14). Das Wechselspiel zwischen den einzelnen Schritten ähnelt einer hermeneutischen Spirale (vgl. Danner, 1979, S. 56; Haussmann, 1991, S. 152), in deren Verlauf Theorien immer dichter und präziser durch die Einbeziehung und durch den Vergleich weiterer Fälle beschrieben werden, so dass schließlich allgemeinere Aussagen getroffen werden können.

Die theoretische Fallauswahl ist daher nur in der grafischen Darstellung der erste Schritt nach der Auswahl der Methode; zu diesem wird im Forschungsprozess auf der Basis neuer Erkenntnisse zurückgekehrt. Die Fallauswahl kombiniert also eine induktive mit einer deduktiven Vorgehensweise und lässt den Umfang zu betrachtender Fälle prinzipiell offen. Um eine breite Abdeckung des Untersuchungsbereichs zu garantieren, werden zu Anfang unterschiedliche Personen, Situationen und Datenquellen gewählt (vgl. Böhm, 2005, S. 476). Anders als im Rahmen quantitativer Arbeiten findet insofern eine bewusste, im Gegensatz zu einer randomisierten, Fallauswahl statt (vgl. Corbin/Strauss, 2008, S. 143 ff.; Gobo, 2004).

Das erhobene Datenmaterial kann unterschiedlichste Textformen umfassen (vgl. Corbin/Strauss, 2008, S. 27). Die Datenauswertung beinhaltet eine Interpretation der erhobenen Daten. Im Prozess des Kodierens werden die erhobenen Daten erst einzelnen Bedeutungseinheiten zugeordnet und dann zu Konstrukten zusammengefasst. Über verschiedene Kodierschritte – „offenes", „axiales" und „selektives Kodieren" – werden die entwickelten Konstrukte auf diesem Weg zu einer schlüssigen Theorie verdichtet. Dafür werden die Ausprägungen der identifizierten Konstrukte identifiziert und die Zusammenhänge zwischen diesen erfasst. Das theoretische Schreiben bildet den Abschluss des Prozesses, bei dem die entwickelte Theorie als Ganzes darzustellen ist (vgl. Wiedemann, 1995, S. 442 ff.). Eine Beschreibung der einzelnen Prozessschritte dient dem Leser dazu, den Forschungsprozess nachzuvollziehen.

Ein grundlegendes Prinzip der Grounded Theory ist der Ansatz des komparativen Vergleichs (vgl. Glaser/Strauss, 1967, S. 101 ff.; Corbin/Strauss, 2008, S. 73 ff.). In Abbildung 9 ist dieser insbesondere durch die rekursiven Verknüpfungen zwischen den Prozessschritten angedeutet. Die Daten und später die entwickelten Begriffe und Konstrukte sollen durch permanentes Vergleichen kontinuierlich aufgebrochen und hinsichtlich ihrer Merkmale analysiert werden, so dass die Theoriebildung erfolgen kann. Der komparative Vergleich wird im Forschungsprozess dreifach angewendet: 1.) im Kodierungsprozess, 2.) bei der Auswahl relevanter Fälle sowie 3.) bei der Konstruktion von Theorien. Die generierten Daten, Kodes, Begriffe, Konstrukte und deren Verbindungen werden durch ständiges Vergleichen hinsichtlich existierender Differenzen und Zusammenhänge überprüft. Der Prozess unterliegt also einer Falsifikationslogik mit dem Ziel einer Verallgemeinerung des Beobachteten (siehe Strübing, 2004, S. 7).

Es sollte versucht werden, Konstrukte vollständig auszufüllen, das heißt die Eigenschaften und Dimensionen abschließend zu beschreiben. Dieses kann bei unterentwickelten Konstrukten zunächst über ein erneutes Betrachten und Überarbeiten der Memos und Kodierungen erreicht werden, oder, wenn dies nicht weiterführt, über eine erneute Datenerhebung mittels theoretischer Fallauswahl. Ziel ist es, die Konstrukte zu präzisieren und bis zur theoretischen Sättigung zu füllen (vgl. Strauss/Corbin, 1998, S. 212 f.). Der Zustand „theoretische Sättigung" lässt sich folgendermaßen beschreiben:

- Es tauchen keine neuen Erkenntnisse für bestehende Konstrukte auf.
- Eine verdichtete Konstruktentwicklung mit Variationen, Interaktionen und Prozessen ist erstellt worden.
- Eine Ausarbeitung und Validierung der Beziehungen ist erfolgt.
- Als Ergebnis soll ein vollständiger kausaler Erklärungszusammenhang für den Untersuchungsgegenstand vorliegen (vgl. Kelle, 1994; Dey, 1993; Böhm, 2005).

3.4 Gütekriterien

Gütekriterien ermöglichen die Beurteilung wissenschaftlicher Leistungen. Sie stellen eine Legitimationsbasis für Argumentationen im wissenschaftlichen Diskurs dar. LINCOLN/GUBA (1985) postulieren, dass die Glaubwürdigkeit von Forschungsergebnissen steigt, wenn zum Beispiel erkennbar ist, wie Forscher versuchen, Validität sicherzustellen. Zwar existiert keine systematische, einheitliche Vorgehensweise bei der Darstellung von Gütekriterien im Rahmen qualitativer Forschung, es gibt jedoch hierzu verschiedene Vorschläge, beispielsweise von STEINKE (1999), SEALE (1999) oder LINCOLN/GUBA (1985). In Hinblick auf Entwicklung und Anwendung von Gütekriterien im Rahmen qualitativer Forschung werden drei unterschiedliche Positionen in der Literatur vertreten (vgl. im Folgenden Brühl/Buch, 2006, S. 7 ff.; Wrona, 2006, S. 203 ff.; Steinke, 2007, S. 319 ff.):

- Die Verwendung von Gütekriterien ist generell abzulehnen (z. B. Smith/Hodkinson, 2005).

- Die Gütekriterien quantitativer Forschung sind anzuwenden und an die Spezifika qualitativer Forschung anzupassen (z. B. Miles/Huberman, 1994).
- Alternative (eigene) Gütekriterien sind zu entwickeln (z. B. Lincoln/Guba, 1985).

CORBIN/STRAUSS (vgl. 2008, S. 301 f.) plädieren für die zuletzt genannte Position, die aus ihrer Sicht positivistischen Gütekriterien quantitativer Forschung nicht zu übernehmen. Qualitative Forschung muss ihrer Meinung folgend eigene Standards und Bewertungskriterien entwickeln. Abweichend von der üblichen Terminologie in der quantitativen Forschung haben sie mehrere Kriterien entwickelt, die sie als Fragen formulieren und die sich zum Einen auf den Forschungsprozess und zum Anderen auf die empirische Verankerung der Ergebnisse beziehen (vgl. Corbin/Strauss, 1990, S. 16 ff.). Sie erkennen jedoch die Nähe ihrer Fragen zu den etablierten Kriterien quantitativer Forschung durchaus an (siehe Corbin/Strauss, 2008, S. 301 f. für das folgende Zitat S. 16): „[…] the grounded theory approach accepts the usual scientific canons, but redefines them carefully to fit its specific procedures". Eine Reihe ihrer Fragen zielt direkt auf die aus der quantitativen Forschung bekannten Kriterien ab (vgl. Parker/Roffey, 1997, S. 234).

BRÜHL/BUCH (vgl. 2006, S. 20 ff.) und auch WRONA (vgl. 2006, S. 204 ff.) zeigen, dass die in der quantitativen Forschung etablierten Gütekriterien, nutzbringend auf die qualitative Forschung übertragbar sind und vertreten damit die zweite genannte Position. Hierfür setzen sie an den epistemologischen Kernaussagen der bekannten Kriterien Objektivität, Reliabilität und Validität an, interpretieren ihre Bedeutung für die qualitative Forschung und schlagen darauf aufbauend Techniken vor, um diese im Rahmen qualitativer Forschungsdesigns zu prüfen.

Ein Vorteil der Verwendung einheitlicher Kriterien gegenüber der zum Beispiel von STRAUSS/CORBIN vertretenen Position einer Neuentwicklung ist, dass dies die Kommunikation zwischen Forschern verschiedener Paradigmen fördert und eine Methodentriangulation unterstützt, zum Beispiel die Integration quantitativer und qualitativer Methoden (ausführlich Tashakkori/Teddlie, 2003). Die zuerst genannte Position einer grundsätzlichen Gütekriterien-Ablehnung scheint nicht weiterführend, da diese eine Evaluation von Forschungsleistung unmöglich macht und qualitative Forschung dem Vorwurf der Willkürlichkeit aussetzt (siehe hierzu auch Steinke, 2007, S. 321 f.). In der vorliegenden Arbeit werden daher auch verschiedene Techniken zur Sicherung

3.4 Gütekriterien

der Forschungsqualität im Sinne der etablierten Gütekriterien quantitativer Forschung angewendet.

Kriterium	Kernaussage	Verwendete Techniken
Interne Validität	Gültigkeit der Operationalisierung identifizierter Konstrukte und Kausalitäten	• Empirische Verankerung der Forschungsergebnisse durch Textbelege nachweisen (TS) • Anonymisierung zur Vermeidung von Falschaussagen und Förderung der Offenheit der Interviewten (DE, DT) • Computereinsatz unterstützt Komplexitätshandhabung bei der Datenauswertung (DI) Vermeidung von Fehlinterpretationen durch: • Forschertriangulation (GP) und Datentriangulation (DI) • Falsifizierungslogik, Suche nach Gegenevidenzen im Datenmaterial (DI) • Äußere Stimmigkeit: Abgleich der Ergebnisse mit bereits vorliegendem Wissen über den Untersuchungsgegenstand (DI)
Externe Validität	Generalisierungsmöglichkeit von Forschungsergebnissen	Kontextbezug wird aufgegeben durch: • Theoretische Fallauswahl (FA) • Maximale Kontrastierung der Fälle (DI)
Reliabilität	Zuverlässigkeit und Grad der Genauigkeit einer Messung	• Mehrfaches Kodieren der Daten (DI) • Diskurs: Gemeinsame Interpretation der Daten durch Forscher und Befragte (DE) • Intercoder-Reliabilität (DI)
Objektivität	Unabhängigkeit der Forschungsergebnisse von der Person des Forschenden	• Dokumentation des Forschungsprozesses: Offenlegung der Subjektivität (GP) • Empirische Verankerung der Forschungsergebnisse durch Textbelege nachweisen (TS)
Anwendung der Techniken im Rahmen dieser Arbeit: gesamter Prozess (GP), Fallauswahl (FA), Dateninterpretation (DI), Datenerhebung (DE), Datentranskription (DT).		

Tabelle 4: Gütekriterien qualitativer Sozialforschung

In Tabelle 4 (in Anlehnung an Wrona, 2006, S. 208; Brühl/Buch, 2006, S. 37 ff.) sind die Kriterien und ihre Kernaussagen zusammengefasst;[31] in der dritten Spalte ist je-

---

[31] Für eine ausführliche Diskussion der einzelnen Kriterien wird auf die bereits genannten Aufsätze von BRÜHL/BUCH (2006) und WRONA (2006) sowie auf Standardwerke empirischer Sozialfor-

weils angegeben, mit welchen Techniken im Rahmen der Modellentwicklung gearbeitet wurde.

Zur Sicherung der Objektivität, also der geforderten Intersubjektivität der Forschungsergebnisse, wird zum Beispiel empfohlen, den Forschungsprozess zu dokumentieren. Die Schaffung von Transparenz ermöglicht eine Beurteilung, inwieweit die Modellentwicklung durch die Subjektivität des Forschers beeinträchtigt wird. Auch die Forschung im Team (Forschertriangulation) ermöglicht es, den Einfluss von Subjektivität zu reflektieren und die Offenheit gegenüber dem Untersuchungsgegenstand zu gewährleisten. Dies fördert die interne Validität der Forschungsergebnisse, also die Gültigkeit der Operationalisierung identifizierter Konstrukte und Kausalitäten. Die Schritte der Modellentwicklung wurden kontinuierlich mit dem Betreuer dieses Dissertationsprojekts diskutiert und teilweise, zum Beispiel bei der Datenanalyse parallel durchgeführt. Dass diese beiden Techniken während des gesamten Prozesses angewendet wurden, ist in der Tabelle 4 durch das Kürzel „GP" vermerkt. Die anderen Techniken fanden in einer oder in mehreren Phasen der Modellentwicklung Anwendung, dies ist jeweils durch folgende Abkürzungen angegeben: Datenerhebung (DE), Fallauswahl (FA), Datentranskription (DT), Dateninterpretation (DI). Das entwickelte Forschungsmodell als Produkt der letzten Phase des Forschungsprozesses, dem sogenannten „Theoretischen Schreiben (TS)", wird in Kapitel 4 (S. 105 ff.) ausführlich vorgestellt. Im Rahmen der folgenden Vorstellung des Studiendesigns werden die verwendeten Techniken zur Sicherung der Forschungsqualität erläutert.

3.5 Datenerhebung

3.5.1 Experteninterviews und Dokumentenanalyse

In der Methodenliteratur zur Grounded Theory wird keine Erhebungstechnik vorgegeben (z. B. Corbin/Strauss, 2008, S. 27 ff.). Forschende können auf eine oder verschiedene Methoden im Rahmen der Datenerhebung zurückgreifen. Beispielsweise nennt YIN (vgl. 2003, S. 86 ff.) folgende, oft genutzte Datenquellen: Verschiedene

---

schung, zum Beispiel Lamnek (vgl. 2005, S. 138 ff.), BORTZ/DÖRING (vgl. 2006, S. 326 ff.) oder SCHNELL ET AL. (vgl. 2005, S. 149 ff.), verwiesen.

3.5 Datenerhebung

Arten an Dokumenten und Aufzeichnungen, Interviews, direkte und indirekte Beobachtungen sowie Analysen physischer Artefakte, wie zum Beispiel eine technische Ausstattung. Vorrangig wird auf Interviewverfahren, insbesondere das narrativ-biografische und das problemzentrierte Interview, zurückgegriffen (siehe Mruck, 2000, Sp. 20 ff.; Atkinson, 2005, Sp. 8 ff.; Yin, 2003, S. 89). Diese ermöglichen es Forschenden „Situationsdeutungen oder Handlungsmotive in offener Form zu erfragen, Alltagstheorien und Selbstinterpretationen differenziert und offen zu erheben, und durch die Möglichkeit der diskursiven Verständigung über Interpretationen sind mit offenen und teilstandardisierten Interviews wichtige Chancen einer empirischen Umsetzung handlungstheoretischer Konzeptionen [...] gegeben" (Hopf, 2007, S. 350). Möglicherweise zeigen auch deshalb Literaturanalysen, dass in der Betriebswirtschafts- und Managementlehre Interviews als Erhebungsform im Rahmen qualitativer Studien dominieren; nur teilweise wird auf nicht-reaktive Verfahren zurückgegriffen (z. B. Hanson/Grimmer, 2005, S. 65; Marschan-Piekkari/Welch, 2004, S. 13; Shah/Corley, 2006, S. 1828). Da vor allem Interviews Anwendung finden, erfolgt die Datenerfassung in der Regel mit Hilfe von Audioaufzeichnungen, die im Anschluss transkribiert werden (vgl. Mruck, 2000, Sp. 20 ff.).

Dabei stehen empirisch Forschenden verschiedene Interviewtechniken zur Verfügung (umfassend Gubrium/Holstein, 2001; Rubin/Rubin, 2005; Kvale, 1996; 2007; für einen Überblick verschiedener Methoden Lamnek, 2002; Hopf, 2007; Mey/Mruck, 2007). Wesentliche Unterschiede zwischen diesen bestehen insbesondere in der Interviewsteuerung, die sich in dem Grad der Standardisierung ausdrückt (vgl. auch im Folgenden Mey/Mruck, 2007, S. 249; Gläser/Laudel, 2004, S. 38 ff.). Standardisierte Interviews folgen in der Regel einer strikt einzuhaltenden Struktur im Erhebungsprozess, während teil- und nicht-standardisierte Varianten Interviewern bei der Fragenformulierung und Interviewten bei der Erzähl- und Darstellungsform größere Spielräume einräumen. Die letzten beiden Varianten finden in qualitativen Studien Anwendung. Sind Interviews deutlich standardisiert, sollte auf die Bezeichnung „qualitativ" verzichtet werden, da hier Grundprinzipien qualitativer Forschung nicht beachtet werden können.

Auch in der vorliegenden Arbeit erfolgte die Datenerhebung auf Basis teilstandardisierter Interviews. Der Untersuchungsgegenstand sollte hierbei durch die wiedergegebenen Erfahrungen, von in den Prozess der Lageberichtserstellung involvierten Akteuren, erfasst werden. Da insbesondere auch nicht formalisierte Aspekte, zum Beispiel die Interaktionen zwischen beteiligten Akteuren, betrachtet werden sollten, konnte die Datenerhebung nicht auf Basis von Prozessdokumentationen und -aufzeichnungen erfolgen. Möglich wäre eine (teilnehmende) Beobachtung gewesen. Dies hätte jedoch aufgrund höherer Belastungen für die Unternehmen und größerem Zeitaufwand für die Datenerhebung Fallauswahl und -anzahl stark eingeschränkt. Ziel der Untersuchung ist es jedoch gerade, anhand mehrerer Fälle die Prozessgestaltung zu untersuchen und dabei mit Hilfe der Grounded Theory das Verhalten der Prozessakteure, zu einem Modell zu verdichten. Aus diesem Grund wurde eine (teilnehmende) Beobachtung als Erhebungstechnik nicht genutzt.

Für die Datenerhebung wurde ein Interviewleitfaden verwendet, der im Forschungsprozess in Hinblick auf den Stand der Konstrukt- und Theoriebildung schrittweise weiterentwickelt wurde. Die Verwendung eines Leitfadens ermöglichte eine Fokussierung auf bestimmte Konstrukte sowie eine Vergleichbarkeit zwischen den geführten Interviews. Der Leitfaden gab jedoch nur den groben Rahmen für die Interviews vor; er umfasste lediglich die Themen, die angesprochen werden sollten. Von der Fragenformulierung und der -reihenfolge wurde regelmäßig abgewichen (vgl. zur Verwendung eines Interviewleitfadens im Rahmen der Grounded Theory auch Corbin/Strauss, 2008, S. 152 f.). Die Gesprächspartner bestimmten wesentlich den Fokus der Diskussion und hatten die Möglichkeit, Aspekte auszuführen, wenn sie aus ihrer Sicht für ein Verständnis des Prozesses in ihrem Unternehmen notwendig sind. Aufgrund der beschriebenen Anwendung eines Leitfadens sind die geführten Interviews als teilstandardisiert zu klassifizieren (vgl. Hopf, 2007, S. 352; Gläser/Laudel, 2004, S. 39 f.).

Eine spezielle Variante des Leitfadeninterviews stellt das Experteninterview von MEUSER/NAGEL (1991; 2002) dar (für einen Überblick Bogner/Littig/Menz, 2002, S. 101 ff.; kritisch Flick, 2007, S. 219; Kassner/Wassermann, 2002). Befragte interessieren bei dieser Interviewform weniger als Personen, wie zum Beispiel beim biografischen Interview, sondern vielmehr in ihrer Eigenschaft als Experten (einführend Flick, 2007, S. 214 ff.). Sie verfügen über ein bestimmtes Wissen über ihr Handlungsumfeld. Dieses besteht oft nicht aus reflexiv zugänglichem Fachwissen, sondern weist

3.5 Datenerhebung

den Charakter von Praxiserfahrungen auf und ist daher nur über den Expertenstatus zugänglich. Darüber hinaus besitzen Experten die Möglichkeit ihre Orientierungen zumindest partiell in ihrem Handlungsumfeld durchzusetzen, also dieses auch aktiv zu gestalten (für eine Definition des Expertenstatus vgl. Bogner/Menz, 2002, S. 46).

Interessant ist in diesem Zusammenhang insbesondere die Unterscheidung von MEUSER/NAGEL zwischen einem Betriebs- und einem Kontextwissen (vgl. 2002, S. 75 ff.). In Bezug auf Ersteres können Experten ausführlich über den Ablauf betrachteter Prozesse in ihrem Handlungsfeld Auskunft geben, zum Beispiel wie Informationen für die Berichterstellung im Unternehmen zusammengetragen werden. Kontextwissen bezieht sich wiederum auf die Möglichkeit, Eigenschaften und Strukturen ablaufender Prozesse zu bewerten und zu erklären. Zum Beispiel sind berichtete Informationen, möglicherweise auf die unternehmensindividuelle Historie und bestimmte Faktoren der Unternehmensumwelt zurückzuführen. Betriebs- und Kontextwissen von Experten sind daher von besonderer Bedeutung für die Theoriebildung wie MEUSER/NAGEL (2002, S. 76) argumentieren: „Mit der Perspektive auf Betriebswissen verbunden ist im Allgemeinen ein objekttheoretischer Fragen- und Aussagenkomplex, innerhalb dessen die Untersuchung angesiedelt ist. Hier wird ein kategoriales Gerüst als Bezugsrahmen für die empirische Analyse vorausgesetzt. Die Forschungsresultate sind von daher nicht nur Hypothesen über den untersuchten bereichsspezifischen Gegenstand, sondern zugleich auch Prüfinstanz für die Reichweite der Geltung des zugrunde gelegten theoretischen Erklärungsansatzes. Demgegenüber resultiert die Perspektive auf Kontextwissen von ExpertInnen aus der Betrachtung eines Sachverhaltes, an dessen Zustandekommen nicht nur, sondern auch die ExpertInnen maßgeblich beteiligt sind".

Zur Vorbereitung der Expertengespräche wurde darüber hinaus eine Dokumentenanalyse durchgeführt (einführend Mayring, 2002, S. 46 ff.). Da Diskussionsgegenstand der geführten Interviews die freiwillige Berichterstattung war, wurden die Lageberichte als fokussierter Bestandteil des Geschäftsberichtes des jeweils betrachteten Unternehmens sowie die Berichte relevanter Wettbewerber nach einem bestimmten Kategorienschema inhaltsanalytisch ausgewertet (vgl. Lamnek, 2005, S. 208). Aus den ausgewerteten Berichten wurden darüber hinaus Informationen über das Geschäftsmodell und die Unternehmenssituation gewonnen. Eher unsystematisch wurde zusätzlich in weiteren Medien – vor allem im Internet und in Tageszeitungen – nach entsprechenden Daten gesucht. Auf diesem Weg gesammelte Informationen flossen in die Diskussion mit den Interviewten ein und halfen darüber hinaus den Kontext der gegebenen Antworten zu interpretieren. Die damit zum Teil gewährleiste Datentriangulation unterstützte wiederum die interne Validität der Forschungsergebnisse.

3.5.2 Interviewdesign

Die Erfassung der Prozesselemente der Lageberichtserstellung basierte auf den Beschreibungen der interviewten Experten. Im Folgenden wird das Design der geführten Interviews im Detail vorgestellt:

Interviewanfrage: Potenzielle Interviewpartner wurden angesprochen und ihre Bereitschaft für die Teilnahme an der Studie erfragt. Die erste Kontaktaufnahme erfolgte entweder telefonisch oder schriftlich (postalisch oder per Email). Soweit ein grundsätzliches Interesse signalisiert wurde, als Interviewpartner zur Verfügung zu stehen, wurden auch den telefonisch kontaktierten Personen folgende Unterlagen per Email zugeschickt:

- Ein kurzes Anschreiben mit der Bitte zur Teilnahme an der Studie. Weiterhin angegeben wurden in diesem das Thema der Studie, die Funktionen potenziell interessanter Gesprächspartner sowie Informationen zum organisatorischen Ablauf der Interviews.

- Diese genannten Punkte wurden noch einmal auf einer beigelegten einseitigen Projektskizze kurz ausgeführt. Als Kernthemen wurden folgende drei Fragen formuliert: a) „Wie ist der Prozess der Berichterstattung über immaterielle Ressourcen in der Organisation implementiert?"; b) „Welche Akteure, mit welchen Motiven, sind an dem Prozess beteiligt?" und c) „Welche Rolle spielt das Controlling als Informationslieferant für das externe Reporting?". Als Richtwert für die einzuplanende Gesprächsdauer wurde eine dreiviertel Stunde angegeben. Weiterhin wurde darum gebeten, die Gespräche mit einem Diktiergerät aufzeichnen zu dürfen. Ausdrücklich hingewiesen wurde auf die streng vertrauliche Behandlung der gegebenen Information und dass die Veröffentlichung von Daten nur anonymisiert erfolgt.

3.5 Datenerhebung

- Dies wurde noch einmal in einer beigefügten Datenschutzvereinbarung hervorgehoben.

In Folgegesprächen oder schriftlich wurden darüber hinaus Fragen zum Interviewablauf geklärt. Es wurde dabei bewusst vermieden, weitere Informationen zur Studie und zu dem jeweiligen Erkenntnisstand der Datenauswertung zu geben, um die Antworten in den zu führenden Interviews nicht zu beeinflussen.

Gesprächsablauf: Wenn möglich, erfolgten die Interviews als persönliche Gespräche vor Ort in den jeweils betrachteten Unternehmen. In einigen wenigen Fällen waren die Interviewpartner jedoch lediglich bereit, an einem Telefoninterview teilzunehmen. In der Regel wurde dies damit begründet, dass es möglich wäre, dass der Interviewtermin kurzfristig verschoben werden müsste (zu Telefoninterviews einführend Busse, 2003). Die Vorteilhaftigkeit persönlicher Gespräche zeigte sich jedoch in der Gesprächsdauer und der Diskussionsintensität. Darüber hinaus wurde auch deutlich, dass ein Teil der menschlichen Kommunikation, wie Körpersprache und Mimik, im telefonischen Gespräch verloren gehen. Auf die damit verbundenen Probleme einer mangelnden Vergleichbarkeit wird an dieser Stelle hingewiesen; sie wurden jedoch im Rahmen der Untersuchung akzeptiert, um die Akquirierung von Interviewpartnern nicht weiter einzuschränken.

Zu Beginn der Gespräche nannte der Interviewer kurz das Thema der Untersuchung und erklärte den Ablauf. Darüber hinaus wurde ein weiteres Mal die streng vertrauliche Verwendung der Daten hervorgehoben und die Datenschutzvereinbarung wurde sowohl vom Interviewer als auch vom Interviewten unterzeichnet. Im nächsten Schritt erfolgte das Gespräch, dessen grober Rahmen durch den verwendeten Interviewleitfaden vorgegeben war. Die Fragen des Interviewleitfadens können dem Anhang entnommen werden.

Leitfaden: Der verwendete Leitfaden gliederte die Interviews in drei Abschnitte, wie die folgende Abbildung 10 skizziert: Zu Beginn wurden die Interviewpartner gebeten, die Organisation der Lageberichterstattung in ihrem Unternehmen zu beschreiben. Die Fragen wurden bewusst allgemein gestellt, zum Beispiel „Bitte skizzieren Sie wesentliche Prozessschritte der Erstellung des Geschäftsberichts.", so dass die Interviews hier durch einen sehr hohen narrativen Anteil der Gesprächspartner geprägt waren. Die im Leitfaden formulierten Fragen wurden ohne Unterbrechungen (des Interviewers) vom Interviewten beantwortetet.

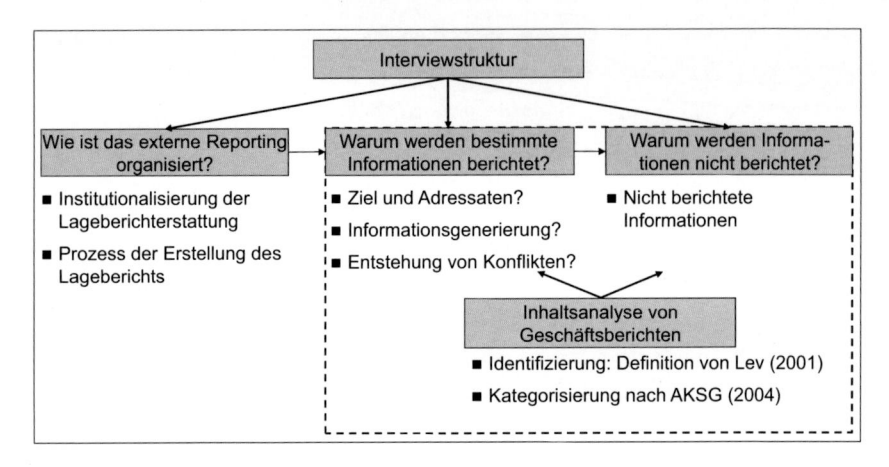

```
                          Interviewstruktur

  Wie ist das externe Reporting    Warum werden bestimmte       Warum werden Informa-
         organisiert?               Informationen berichtet?      tionen nicht berichtet?

  ■ Institutionalisierung der      ■ Ziel und Adressaten?       ■ Nicht berichtete
    Lageberichterstattung          ■ Informationsgenerierung?     Informationen
  ■ Prozess der Erstellung des     ■ Entstehung von Konflikten?
    Lageberichts
                                            Inhaltsanalyse von
                                            Geschäftsberichten

                                   ■ Identifizierung: Definition von Lev (2001)
                                   ■ Kategorisierung nach AKSG (2004)
```

Abbildung 10: Interviewstruktur

Der zweite Abschnitt des Interviews basierte auf der in Kapitel 3.5.1 beschriebenen Inhaltsanalyse des letztjährigen Geschäftsberichts der betrachteten Unternehmen. In den Lageberichten wurde nach veröffentlichten Informationen über immaterielle Ressourcen gesucht. Hierbei wurde auf den Ansatz von LEV (2001) zurückgegriffen. Dieser definiert, wie in Abschnitt 2.1.1 (S. 11 ff.) beschrieben, immaterielle Ressourcen als ein „claim to future benefit that does not have a physical or financial (a stock or a bond) embodiment" (Lev, 2001, S. 5). Entsprechende Textstellen wurden herausgeschrieben und mit Hilfe des Kategoriensystems des AKSG (2004) geordnet. Die Interviewpartner wurden mit der auf diesem Weg generierten Liste konfrontiert und u. a. gefragt, „Wer diese Informationen für eine Veröffentlichung vorgeschlagen hat?", „Wer sie im Unternehmen erhebt?" und „An wen diese Informationen adressiert sind?". Mit der letzten Frage sollten insbesondere auch die politischen Implikationen der Berichterstattung erfasst werden.

Im Fokus des dritten Abschnitts des Interviews standen Motive, die Unternehmen bewegen, bestimmte Informationen über immaterielle Ressourcen nicht zu veröffentlichen. Hierfür wurde das dargestellte inhaltsanalytische Vorgehen auch für Geschäftsberichte von Wettbewerbern angewendet. Gesucht wurden Inhalte, die in dem Bericht des betrachteten Unternehmens nicht publiziert wurden. Soweit hierbei Inhalte identifiziert werden konnten, wurden die Interviewpartner nach Gründen gefragt, weshalb entsprechende Informationen nicht berichtet werden. Von Interesse war dabei insbesondere, ob eine Publikation dieser Informationen diskutiert wurde und gegebenenfalls warum, sich welche Akteure, vor dem Hintergrund welcher Argumente gegen eine Publikation entschieden haben.

Abschließend wurden die Ausführungen des Befragten durch den Interviewpartner zusammengefasst und in den aktuellen Stand der Modellentwicklung mit Hilfe einer grafischen Darstellung der Prozessrollen eingeordnet. Die Zuordnung der einzelnen Aktivitäten zu den identifizierten Prozessrollen wurde mit dem Interviewten diskutiert. Auf diesem Weg konnten die gewonnenen Erkenntnisse des Forschers durch die interviewten Experten validiert werden.

3.6 Fallauswahl und -beschreibung

Die Fallauswahl in der qualitativen Forschung und damit auch bei einer Anwendung der Grounded Theory-Methode unterscheidet sich grundsätzlich von der statistischen Fallauswahl quantitativer Forschungsstrategien. Denn Ziel ist nicht die Erreichung von Repräsentativität, sondern ein Erkenntnisgewinn im Entdeckungszusammenhang und letztlich Theoriebildung (vgl. Corbin/Strauss, 2008, S. 156). Aus diesem Grund wird die Fallauswahl als theoretisch klassifiziert. Bei der theoretischen Fallauswahl wird nicht auf eine vorab definierte Stichprobe zurückgegriffen, sondern die Entwicklung von Theorien und die Datenerhebung bewegen sich, wie in Abbildung 9 (S. 77) dargestellt, in zyklischen Kreisen (siehe Wiedemann, 1995, S. 441): „Unlike conventional methods of sampling, the researcher does not go out and collect the entire set of data before beginning the analysis. Analysis begins after the first day of data gathering. Data collection leads to analysis. Analysis leads to concepts. Concepts generate questions. Questions lead to more data collection so that the researcher might learn more about those concepts. This circular process continues until the research reaches the point of saturation; that is the point in the research when all the concepts are well defined and explained" (Corbin/Strauss, 2008, S. 144 f.). Ziel ist es, durch iterative, rekursive Abläufe zwischen Datenerhebung und -auswertung Konstrukte zu bilden und theoretische Sättigung zu erreichen. Die Kodierungsprozesse sind daher eng mit der Fallauswahl verknüpft. Der Forscher muss über die Auswahl zusätzlicher Fälle auf Basis des jeweils erreichten Theoriestandes entscheiden. CORBIN/STRAUSS (vgl. 2008, S. 143 ff.) appellieren an die Sensibilität des Forschers, die theoretische Relevanz der einzelnen erhobenen Daten zu hinterfragen. Dies bedeutet auch, dass Forschende im Rahmen des Kodierprozesses immer wieder zu alten Daten zurückkommen können, um diese unter gewonnenen Erkenntnissen erneut zu kodieren.

Die Fallauswahl spiegelt den Stand der Theorieentwicklung wider. Zunächst wird eine Offenheit gegenüber Personen, Plätzen und Situationen angestrebt (vgl. Strauss/Corbin, 1998, S. 206 f.). Um eine möglichst große Variation in den Fällen im Rahmen dieser Arbeit zu ermöglichen, wurden zu Beginn der Datenerhebung Unternehmen ausgewählt, die sowohl in Hinblick auf Größenmerkmale (hier speziell Anzahl Mitarbeiter und Umsatzvolumen), als auch bezüglich der Branchenzugehörigkeit, als heterogen zu charakterisieren sind. Die Fallauswahl erfolgte theoretisch, da diese Variablen typische empirisch bestätigte Kontingenzfaktoren freiwilliger Unternehmensberichterstattung darstellen (vgl. Striukova et al., 2008, S. 301; Schmidt/Wulbrand, 2007, S. 418). Es erschien daher zunächst plausibel, dass mit einer Variation dieser Variablen auch unterschiedliche Prozessansätze für die freiwillige Berichterstattung beobachtet werden können.

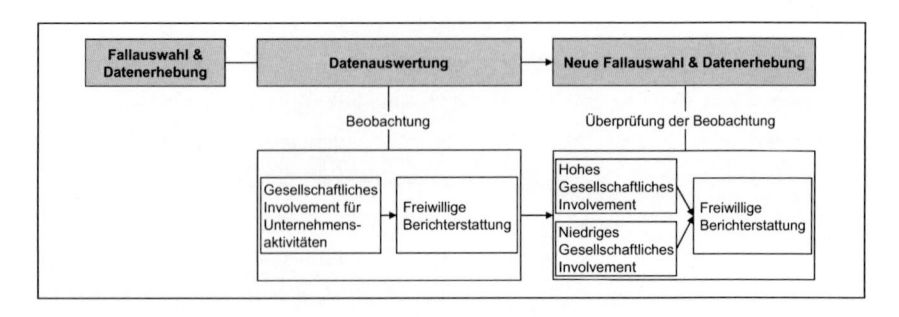

Abbildung 11: Vorgehensweise theoretische Fallauswahl

3.6 Fallauswahl und -beschreibung

Die folgenden Schritte der Fallauswahl orientierten sich sodann an den gewonnenen Erkenntnissen der Datenauswertung, also einem deduktiven Vorgehen. Die Daten wurden gezielt auf Basis der theoretisch entwickelten Begriffe gesammelt und analysiert (vgl. Strauss/Corbin, 1998, S. 209 f.). Der Fokus lag hierbei auf der Weiterentwicklung von Konstrukten und deren Beziehungen, die in den Daten identifiziert wurden sowie deren externe Validierung. Diese Vorgehensweise wird in folgender Abbildung 11 anhand eines Beispiels illustriert:

In einem der ersten untersuchten Fälle wurde zum Beispiel die Erkenntnis gewonnen, dass das Involvement der Gesellschaft für die Unternehmensaktivitäten einen entscheidenden Einfluss auf die freiwillige Berichterstattung hat. Insofern wurde nach weiteren Fällen, auch aus anderen Branchen, gesucht, die ebenfalls im Fokus der Gesellschaft stehen. Wenn sich das beobachtete Phänomen bestätigte, also eine zunehmende Sättigung der Modellelemente erreicht wurde, erfolgte in einem letzten Schritt der Fallauswahl die Identifizierung kontrastierender Fälle („Discriminate Sampling"). In diesem Schritt wird bewusst nach Fällen gesucht, für welche die beobachteten Einflussgrößen kontrastierend ausgeprägt sind. Ist, wie zum Beispiel in Abbildung 11 dargestellt, von einer ausführlicheren Berichterstattung mit einem zunehmenden Involvement der Gesellschaft auszugehen, so sollte ein Unternehmen über das in der Presse weniger berichtet wird, ein anderes Publikationsverhalten aufzeigen. Durch dieses Vorgehen werden die Beziehungen zwischen Konstrukten intensiviert und eventuell unvollständige Konstrukte ergänzt (siehe Kelle, 1994, S. 331 f.; Dey, 1999, S. 261). Mit zunehmender theoretischer Sättigung der Modellelemente wird die Vermutung plausibilisiert, dass induktiv identifizierte Phänomene und Kausalitäten auch über die betrachtete Stichprobe hinaus bestehen (vgl. Lukka/Kasanen, 1995). Unterstützt wird damit die externe Validität der getroffenen Aussagen.

In der folgenden Tabelle 5 wird ein Überblick der untersuchten Fälle und der geführten Interviews präsentiert. Die Interviewpartner sind Prozessbeteiligte und überwiegend in einer leitenden Funktion für den Prozess der Lageberichterstellung tätig. Ihnen obliegt in der Regel die Verantwortung für die Berichterstellung, weshalb sie einen guten Überblick über die in diesem Zusammenhang ablaufenden Prozesse haben. Aus diesem Grund qualifizieren sie sich als Experten für den Untersuchungsgegenstand entsprechend der Ausführungen in Abschnitt 3.5.1 (S. 82 ff.).

Die Akquirierung entsprechender Interviewpartner gestaltete sich aufgrund des oft beschriebenen Termindrucks und der Zeitknappheit der kontaktierten Führungskräfte als schwierig. Daher wurden Möglichkeiten für Interviews häufig über persönliche Kontakte hergestellt; ein Vorgehen, das als „convenient sampling" bezeichnet wird (vgl. Corbin/Strauss, 2008, S. 153 f.). Jedoch wurde auch hier versucht, die Ansprachen potenzieller Interviewpartner entsprechend der beschriebenen Schritte der Fallauswahl, das heißt theoretisch, vorzunehmen.

Name	Anzahl Mitarbeiter	Umsatz	Interviewpartner
A	≈ 20 Tsd.	< 3 Mrd. €	Leiter Konzernberichterstattung
B	≈ 1 Tsd.	< 100 Mio. €	Leiter Rechnungswesen und Leiter Investor Relation
C	≈ 10 Tsd.	< 3 Mrd. €	Leiter Rechnungswesen
D	≈ 60 Tsd.	< 30 Mrd. €	Manager Konzerncontrolling
E	≈ 20 Tsd.	< 5 Mrd. €	Assistent Leiter Rechnungswesen
F	≈ 50 Tsd.	< 10 Mrd. €	Manager Investor Relations
G	≈ 300	< 30 Mio. €	Aufsichtsratmitglied und Leiter Investor Relations
H	≈ 40 Tsd.	< 5 Mrd. €	Manager Finanzberichterstattung
I	≈ 300 Tsd.	< 100 Mrd. €	Leiter Investor Relations und Leiter Rechnungswesen
J	≈ 300 Tsd.	< 100 Mrd. €	Leiter Finanzberichterstattung und Leiter Kommunikation
K	≈ 200 Tsd.	< 50 Mrd. €	Leiter Finanz-Controlling
L	≈ 100 Tsd.	< 15 Mrd. €	Leiter Investor Relations
M	≈ 3 Tsd.	< 500 Mio. €	Leiter Presseabteilung

Tabelle 5: Fallübersicht

Da nur in wenigen Fällen die Möglichkeit gegeben war, mehrere Personen zu befragen, ist die Expertenqualifikation der Befragten von großer Bedeutung. Die Interviewpartner waren in der Lage auch über das Verhalten anderer, in den Prozess der Lageberichterstattung involvierte Akteure, Auskunft zu geben. Darüber hinaus kannten die Interviewten zum Teil die Prozessgestaltung aus anderen Unternehmen und konnten darauf aufbauend Gemeinsamkeiten und Unterschiede zum eigenen Ansatz aufzeigen. Natürlich ist mit der Auswahl von Experten als Interviewpartner, die über das Verhalten anderer Akteure innerhalb ihrer und in anderen Organisationen Auskunft geben, eine Verzerrung der Ergebnisse möglich. Auf diese Limitation ist ausdrücklich hinzuweisen; anzumerken ist jedoch, dass in den Fällen, in den mehrere Personen befragt wurden, eine weitgehende Übereinstimmung der Aussagen beobachtet werden konnte.

Neben den dargestellten 17 Interviews in 13 Unternehmen wurde ein Interview mit einem Wirtschaftsprüfer zur Validierung der gewonnenen Erkenntnisse zu einem späteren Zeitpunkt im Forschungsprozess geführt. Durch die Einbindung dieses Interviewpartners in die Lageberichtserstellung unterschiedlicher Unternehmen ist er ebenfalls als Experte zu klassifizieren.

Unter den 13 Fällen befinden sich Unternehmen unterschiedlicher Größe. Aufgrund der zugesagten Anonymisierung sind die Branchen nicht den einzelnen Fällen zugeordnet. Folgende Branchen wurden betrachtet, wobei die Anzahl der Fälle jeweils in den nachstehenden Klammern angegeben ist: Maschinenbau (2), Energie (2), Konsumgüter (2), Software (2), Automobil (2), Telekommunikation (1), Medien (1). In den folgenden Ausführungen werden die in der ersten Spalte in Tabelle 5 vermerkten Buchstaben als Abkürzungen für die Fälle verwendet.

3.7 Datentranskription

Die Interviews, sowohl die persönlichen als auch die telefonisch geführten, wurden mit einem Diktiergerät aufgezeichnet. Sie hatten eine durchschnittliche Länge von 44,5 Minuten und dauerten minimal 15 bis maximal 70 Minuten. Alle Interviewpartner stimmten einer Aufzeichnung der Gespräche zu. Die Audioaufnahmen wurden verschriftlicht, wobei in den Transkripten die geäußerten Wortfolgen der Gesprächspartner festgehalten wurden. Es wurden lediglich verbal kommunizierte Inhalte betrachtet (zur Technik der Transkription ausführlich Kowal/O'Connell, 2007; Kvale,

2007, S. 94 ff.; 1996, S. 160 ff.). Um die Auswertung zu erleichtern, wurde davon abgesehen, Konnotationen wie beispielsweise Sprechpausen, Lachen etc. festzuhalten, soweit diese auf keine interpretierbaren Sinnzusammenhänge hindeuteten (vgl. Oliver/Serovich/Mason, 2005, S. 1277 f., die dieses Vorgehen als „denaturalized transcription" bezeichnen).

Gemäß der abgeschlossenen Datenschutzvereinbarung hatten die Interviewpartner die Möglichkeit, die Transkripte einzusehen und gegebenenfalls ihre Aussagen zu ändern oder zurückzunehmen. Diese Möglichkeit wurde von keinem Interviewpartner eingefordert. In einem Fall wurden in einem zweiten Gespräch nach dem Interview Informationen ergänzt. Oft wurden nach Beendigung des Gesprächs und dem Ausschalten des Diktiergerätes weitere Informationen vom Interviewten gegeben. Auch CORBIN/STRAUSS (vgl. 2008, S. 28 f.) beschreiben dieses Verhalten als Erfahrungen ihrer Studien. Sie erklären, dass Interviewte möglicherweise nicht möchten, dass vertrauliche Informationen oder deutliche Formulierungen der persönlichen Meinungen aufgezeichnet werden. Vorgeschlagen wird, diese Aussagen schriftlich festzuhalten und nachträglich zum Transkript zu ergänzen. Diesem Vorgehen wurde auch im Rahmen der vorliegenden Arbeit gefolgt.

3.8 Dateninterpretation

3.8.1 Kodierprozesse

Die Interviews wurden mit Hilfe von MAXQDA, einer Software zur Unterstützung von Textanalysen, ausgewertet. Unabhängig voneinander kodierten zwei Personen die angefertigten Transkripte. CORBIN/STRAUSS (1990, S. 9) betonen, dass Kodierprozesse interpretative Handlungen sind, die nicht allein durch einen Forscher durchgeführt werden sollten, sondern immer im Team mit mehreren unabhängigen Kodierern. Die Diskussion der Ergebnisse ermöglichte es, die Subjektivität der Forschenden zu reflektieren, und eine größere Offenheit gegenüber dem Untersuchungsgegenstand zu gewährleisten. Dies unterstützt wiederum die interne Validität der Forschungsergebnisse. Das Kodieren beinhaltet eine intensive Analyse des empirischen Datenmaterials mit dem Ziel der Konstrukt- und Theorieentwicklung (vgl. Strübing, 2004, S. 19). Als Konstrukte werden Phänomene bezeichnet, die sich einer

3.8 Dateninterpretation

direkten Beobachtung entziehen und die ihre empirische Bedeutung durch die Zuordnung von Indikatoren erhalten (vgl. allgemein Opp, 2002). Sie zeichnen sich durch ihre Offenheit aus, was bedeutet, dass sie auf unterschiedliche Art und Weise operationalisiert werden können (vgl. Hage, 2007, S. 142).

STRAUSS/CORBIN (vgl. 1998, S. 101 ff.) entwickeln für die Dateninterpretation einen mehrstufigen Kodierprozess, „dessen einzelne Etappen weder als gegeneinander distinkt, noch als in einer festen Sequenzialität aufeinander folgend zu verstehen sind" (Strübing, 2004, S. 19). Die Modellentwicklung im Rahmen dieser Arbeit lehnt sich an diese iterativ rekursive Vorgehensweise an. Die in Abbildung 12 (in Anlehnung an Wrona, 2005, S. 33) dargestellten beiden Stufen, das „offene" und das „axiale Kodieren", unterstützen eine systematische Vorgehensweise zur Entwicklung gegenstandsbegründeter Theorien.[32]

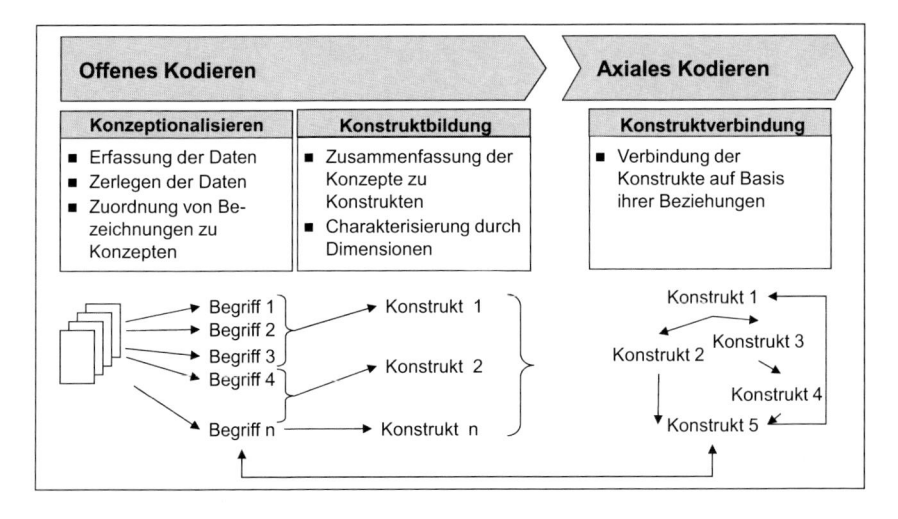

Offenes Kodieren		Axiales Kodieren
Konzeptionalisieren	**Konstruktbildung**	**Konstruktverbindung**
▪ Erfassung der Daten ▪ Zerlegen der Daten ▪ Zuordnung von Bezeichnungen zu Konzepten	▪ Zusammenfassung der Konzepte zu Konstrukten ▪ Charakterisierung durch Dimensionen	▪ Verbindung der Konstrukte auf Basis ihrer Beziehungen

Abbildung 12: Kodierprozesse

---

[32] Nicht angewendet wurde das selektive Kodieren, ein Kodierschritt zur Generierung sogenannter Kernkategorien. Eine Kernkategorie beinhaltet ein „theoretisches Modell begrenzter Reichweite über das typische Handeln typischer Akteure im Untersuchungsfeld" (Kelle, 1994, S. 331). Die in dem Modell entwickelten Begriffe und Kategorien ließen sich nicht zu Kernkategorien subsumieren.

3.8 Dateninterpretation

Das offene Kodieren stellt einen interpretativen Prozess dar, bei dem im Datenmaterial nach Phänomenen gesucht wird, die als Bestandteile des Untersuchungsgegenstandes erscheinen. Die Offenheit der Analyse drückt sich in diesem Interpretationsschritt dadurch aus, dass zunächst möglichst viele Phänomene betrachtet werden; eine Selektion wird erst in den nächsten Schritten fokussiert. Ähnliche Datenbestandteile können unter einem Begriff zusammengefasst und klassifiziert werden. Durch komparative Vergleiche werden Gemeinsamkeiten und Unterschiede zwischen Phänomenen festgestellt und schließlich Phänomene zu Konstrukten zusammengefasst. Die Phänomene werden dadurch zu Eigenschaften oder Dimensionen eines Konstruktes. Wenn zum Beispiel das Konstrukt „Adressaten der Berichterstattung" kategorisiert wird, könnten einzelne Gruppen wie Mitarbeiter, Lieferanten oder auch Investoren als Ausprägungen einer Konstruktdimension festgehalten werden. In diesem Zusammenhang sprechen CORBIN/STRAUSS (vgl. 1990, S. 12; 1998, S. 116 ff.) daher auch von der Dimensionalisierung entdeckter Konstrukte. Wobei die Dimensionen „Anordnungen von Eigenschaften auf einem Kontinuum" (Strauss/Corbin, 1996, S. 43) sind und Dimensionalisieren „der Prozeß des Aufbrechens einer Eigenschaft in ihre Dimensionen" darstellt (Strauss/Corbin, 1996, S. 43). „Im Arbeitsschritt des Dimensionalisierens wird also die Spezifik eines einzelnen Vorkommnisses in den Daten als Summe von ‚Merkmalsausprägungen' beschrieben, die im Wege systematischen Vergleichens gewonnen wurden" (Strübing, 2004, S. 26).

Im Schritt des offenen Kodierens (im Rahmen der Modellentwicklung dieser Arbeit) wurde in den gesammelten Daten nach relevanten Phänomenen für die freiwillige Berichterstattung über immaterielle Ressourcen gesucht. Dabei standen Handlungsaspekte der in den Prozess der Lageberichtserstellung involvierten Akteure im Fokus der Betrachtung. Die gewonnenen Erkenntnisse führten zum zweiten Schritt der Modellentwicklung, der durch das axiale Kodieren unterstützt wurde.[33] Beim axialen Kodieren werden empirische Zusammenhänge zwischen Konstrukten aufgezeigt, indem jeweils ein Konstrukt als Erklärungsachse in seinen Dimensionen analysiert wird. Als

---

[33] Das Kodierparadigma der Grounded Theory, das allgemeine Fragen in Hinblick auf „Ursachen", „Kontext", „intervenierende Bedingungen", „Strategien" und „Konsequenzen" an die identifizierten Kategorien beinhaltet, wurde wiederum nicht systematisch eingesetzt (vgl. Strübing, 2004, S. 26 ff.).

3.8 Dateninterpretation 97

Ergebnis soll ein vollständiger kausaler Erklärungszusammenhang für den Untersuchungsgegenstand vorliegen (vgl. Corbin/Strauss, 1990, S. 13 f.; 2008, S. 195 ff.; Strübing, 2004, S. 19 ff.). Das Stellen generischer Fragen unterstützte im diesen Analyseschritt: „Wer" handelt „wie", gegenüber „wem", „warum" und letztlich mit „welcher" Konsequenz für die freiwillige Berichterstattung von Unternehmen.

3.8.2 Kodierung der Konstrukte der Modellebenen

Für eine Strukturierung der Lageberichterstattung wurden die beobachteten Verhaltensweisen zu Rollenkonstrukten zusammengefasst. In der Sozialpsychologie wird mit dem Rollenbegriff ein umfassendes und konsistentes Bündel an Verhaltenserwartungen verbunden, die an Inhaber einer sozialen Position gerichtet sind (vgl. Fischer, 1992, S. 2224). Rollenkonzepte beinhalten Verallgemeinerungen über die Bedeutung und Organisation

- von Rollen in sozialen Systemen,
- von Interaktionen zwischen verschiedenen Rolleninhabern
- sowie über die Art und Weise, wie Individuen lernen, Rollen, unter Berücksichtigung des jeweiligen Kontexts, auszufüllen (vgl. auch im Folgenden einführend Turner, 2000, S. 112).

Wesentliche Annahme ist, dass sich Verhaltensweisen zusammenfassen lassen, und dass sich Individuen entsprechend der damit verbundenen Rollen und den erwarteten Rollen ihrer Interaktionspartner verhalten. Die verschiedenen Rollenkonzepte lassen sich entweder als funktional oder interaktional klassifizieren.

Funktionale (oder strukturell-funktionale) Konzepte gehen auf die Arbeiten des US-amerikanischen Kulturanthropologen LINTON (1967) zurück, der Rollen als Elemente von Kultur und Gesellschaft beschreibt (vgl. auch im Folgenden Fischer/Wiswede, 2002, S. 456 f.).[34] Das funktionale Konzept ist geprägt durch die Annahme einer Ar-

---

[34] Dabei verknüpft LINTON die Begriffe Rolle und Status folgendermaßen: „[...] die Rolle umfaßt das, was das Individuum tun muß, um seine Status-Inhaberschaft geltend zu machen" (Linton, 1967, S. 252). Der Status ordnet einer Person eine Position in einem System zu, beispielsweise Vater oder Vorgesetzter. Damit verbunden sind erwartete Einstellungen und Wertvorstellungen, die zu

beitsteilung. Systeme wie zum Beispiel die Gesellschaft existieren durch ein Netzwerk verschiedener Status.[35] „Roles are the major mechanisms linking persons to social structures, and persons are under heavy pressure both outside and inside themselves to conform to expectations" (Stryker/Statham, 1985, S. 333). Dementsprechend sind soziale Strukturen unabhängig von einzelnen Individuen.[36]

Das funktionale Rollenkonzept wird für dessen Menschenbild und der starken Formalisierung des Rollenbegriffs kritisiert (vgl. Turner, 1962, S. 21). Die Modellierung menschlichen Verhaltens im Sinne eines übersozialisierten Menschen (vgl. Stryker/Statham, 1985) oder eines Homo sociologicus (vgl. Dahrendorf, 1958) beinhaltet vorgegebene, unverrückbare Normen (vgl. Wilson, 1970, S. 698 f.) und setzt daher stark formalisierte Systeme voraus (siehe Fischer/Wiswede, 2002, S. 457; Peuckert, 2003, S. 290 f.). Ein offeneres Rollenverständnis bieten interaktionale Konzepte, die in der Methodologie des symbolischen Interaktionismus verankert sind (insbesondere Blumer, 1981; Mead, 1973). Der symbolische Interaktionismus beschreibt Rollen nicht als Produkt sozialer Erwartungen, sondern vielmehr versteht er deren Entstehung als Ergebnis eines Interaktionsprozesses.

---

[35] bestimmten aktivierten Verhaltensmustern – also Rollen – führen (zur Unterscheidung der Begriffe „Status" und „Rolle" bei Linton vgl. den Kommentar von Hartmann, 1967, S. 250).
Dabei wird von einem reziproken Verhältnis ausgegangen; zum Beispiel ergibt sich der Status eines Lehrers erst in der Beziehung zu seinen Schülern. Angenommen wird, dass sich Individuen entsprechend ihres Status und damit rollenkonform verhalten. Individuen üben oder füllen Rollen lediglich aus, sie gestalten sie aber nicht selber durch ihr Handeln.

[36] MERTONS (1957) Arbeiten zu Rollenkonflikten basieren auch auf dem funktionalen Konzept, sie beinhalten jedoch eine höhere Dynamik, indem sie das Verhältnis verschiedener Rollen einer Person hinterfragen: „Unlike LINTON I begin with the premise that each social status involves not a single associated role, but an array of roles. This basic feature of social structure can be registered by the distinctive but not formidable term, role-set. To repeat, then, by role-set I mean that complement of role-relationships in which persons are involved by virtue of occupying a particular social status" (Merton, 1957, S. 110). Mehrere Rollen, die mit einem Status verbunden sind, können miteinander kollidieren. Denn im funktionalen Verständnis sind Rollen immer verbunden mit zu erfüllenden Erwartungen sogenannter Rollensender. Beispielsweise könnten die zu erfüllenden Aufgaben (bzw. die Rolle) eines Controllers in einer Forschungs- und Entwicklungsabteilung ein Spannungsverhältnis zwischen den dezentralen Interessen des Bereichs und der zentralen Finanzperspektive beinhalten. Erstere verfolgen wahrscheinlich primär eine Budgetmaximierung, während die Sicht der zentralen Finanzperspektive, zum Beispiel die des CFOs, eine Kostenoptimierung fordert. Verschiedene Rollensender können also an eine Rolle kollidierende Erwartungen adressieren; diese Konstellation wird als ein Intra-Rollenkonflikt bezeichnet. Demgegenüber wird von Inter-Rollenkonflikten gesprochen, wenn ein Akteur mehrere Rollen ausfüllt, zum Beispiel die eines Betriebsratsvorsitzenden und die eines Aufsichtsratsmitgliedes.

3.8 Dateninterpretation

Hervorzuheben sind in diesem Zusammenhang die Arbeiten BLUMERS (zur Kritik 1956; 1954), der die Abstraktion vom Individuum in der funktionalen Perspektive kritisiert (siehe auch Wilson, 1970, S. 700 ff.). Konfrontiert mit Verhaltenserwartungen anderer, wird angenommen, dass Individuen ihre Rolle in Interaktionen selbst gestalten. In diesem Sinn wenden sich interaktionale Konzepte gegen eine reine Rollenkonformität und betonen die Bedeutung des Individuums und dessen soziale Aktionen (einführend Reiger, 2007, S. 145 f.). Das Individuum erbringt eine Eigenleistung indem es die an die eigene Person gerichteten Erwartungen aus der Sicht anderer interpretiert, also deren Rollen einnimmt, und darauf aufbauend das eigene Verhalten ausrichtet. MEAD (vgl. 1973, S. 114) beschreibt diesen Prozess als ein sogenanntes „role-taking" und entwickelt damit ein zentrales Konzept des symbolischen Interaktionismus (ausführlich Stryker, 1962). TURNER (vgl. 1962, S. 21 ff.) kritisiert dieses Rollenverständnis, da es zu sehr die Rollenerwartungen anderer und zu wenig die Gestaltungsmöglichkeiten des Individuums betont. Er führt daher den Begriff „role making" ein und akzentuiert damit die Möglichkeit eine angepeilte Rolle individuell auszugestalten: „[...] roles are typically learned by stages, beginning with a quite formal idea of the role, moving toward a fuller but still rigid understanding as the role is practiced, and eventually progressing toward the security to develop a personalized version of the role" (Turner, 2000, S. 113).

In Hinblick auf das dargestellte Ziel der Modellentwicklung, die Interaktionsprozesse der Akteure auf der Mikroebene zu beschreiben und zu erklären, ermöglicht das interaktionale Rollenverständnis eine offenere Perspektive. Verhaltensmuster werden nicht a priori zu Rollen zusammengefasst, sondern explorativ durch in der Realität erfasste Interaktionsmuster von Individuen definiert. TURNER (1962) sieht dies gerade als den Kern des interaktionalen Rollenverständnisses an: „The [...] approach has less interest in determining the exact roles in a group and the specific content of each role than in observing the basic tendency for actors to behave as if there were roles" (Turner, 1962, S. 22).

Im Rahmen der Modellentwicklung werden beobachtete Verhaltensweisen im Prozess der Lageberichtserstellung empirisch anhand von Rollenkonstrukten erfasst. Die Rollen werden also nicht a priori als ein Set von Verhaltenserwartungen definiert, sondern durch die Beobachtung der Verhaltensweisen der Rollenträger entwickelt.

3.8 Dateninterpretation

Mithilfe der definierten Rollenkonstrukte wird der Prozess strukturiert sowie Unterschiede und Gemeinsamkeiten zwischen den Fällen in den Ausprägungen der Rollenmerkmale, das heißt in den Dimensionen, identifiziert und diskutiert. Der Prozessablauf integriert dabei die Rollen zu einem Handlungsmodell. Beide in Abschnitt 3.8.1 (S. 94 ff.) beschriebenen Kodierschritte, sowohl das offene, als auch das axiale Kodieren wurden für die Entwicklung der Rollenkonstrukte mehrfach durchlaufen.

Zum Beispiel wurde die Rolle des sogenannten Moderators[37] erst bei der Spezifizierung der Interaktionen zwischen zwei weiteren identifizierten Rollen, also einem axialen Kodiervorgang, entdeckt. Ein erneutes offenes Kodieren der Daten half, die Merkmale der Moderatorrolle zu erfassen. In mehreren Auswertungsschleifen wurde eine detaillierte Beschreibung der Merkmale der Rollen generiert.

```
Kode: Promotor
  Vorschläge für
  Berichtsinhalte
                                    jeweils kodiert wird:
Kode: Moderator
                                    • Wer (?) handelt
  Koordination des                  • Wie (?)
  Erstellungsprozesses/             • und Warum (?) in der Rolle
  Sammlung der Inhalte
                                    im Prozess der freiwilligen
Kode: Gatekeeper                    Berichterstattung über
                                    immaterielle Ressourcen
  Festlegung der
  Berichtsinhalte
```

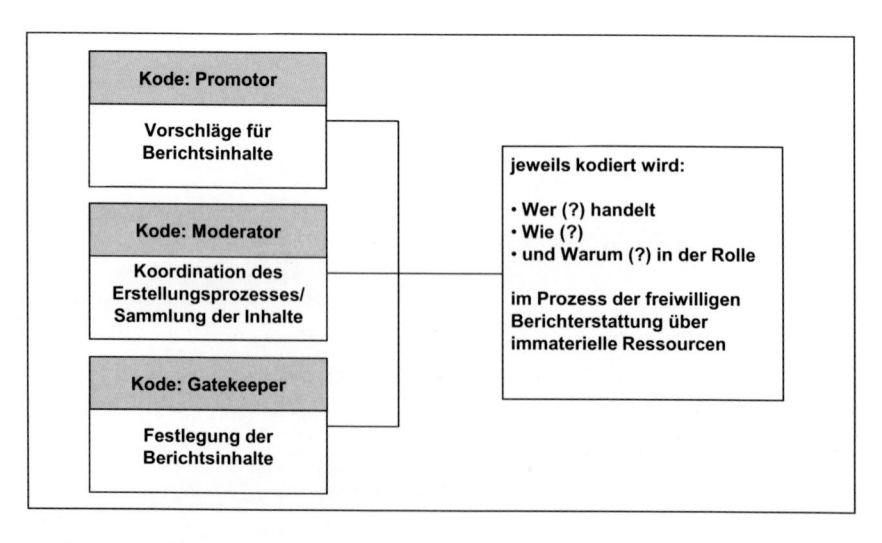

Abbildung 13: Kodierschema der Mikroebene: Prozessrollen

In Abbildung 13 ist das Kodierschema der Prozessrollen dargestellt. Die im Rahmen des offenen Kodierens identifizierten Prozessrollen wurden jeweils axial kodiert und

---

[37] Für eine ausführliche Darstellung der Rolle des Moderators siehe Abschnitt 4.6 (S. 206 ff.).

3.8 Dateninterpretation

dabei festgehalten, wer die Rolle, wie und warum in den betrachteten Fällen ausfüllt. Die Kodes beinhalten Phänomene, die eine freiwillige Berichterstattung über immaterielle Ressourcen beeinflussen. Dem Kode Promotor wurden beispielsweise Aussagen zugeordnet, die beinhalten welche Akteure, auf welche Art und Weise und vor dem Hintergrund welcher Motive Inhalte für den Bericht vorschlagen.

Im Rahmen der Kodierung zeigte sich, dass zur Erklärung von Unterschieden in der Lageberichterstattung über immaterielle Ressourcen eine isolierte Betrachtung der Mikroebene der Berichterstattungsprozesse nicht adäquat ist (vgl. die einführenden Kommentare zu der Verbindung mehrerer Aussagenebenen in Abschnitt 2.3.1, S. 50 ff). Das Modell wurde aus diesem Grund um Phänomene der Gesamtorganisation (Mesoebene) und der Unternehmensumwelt (Makroebene) erweitert. Zum Beispiel zeigte sich, dass Unternehmen ihre Lageberichterstattung zur Kommunikation mit Interessengruppen ihrer Umwelt instrumentalisieren, letztlich mit dem Ziel einer Verhaltensbeeinflussung. Auch ist die freiwillige Berichterstattung zum Teil abhängig von Brancheneinflüssen wie den Publikationsentscheidungen konkurrierender Unternehmen. Damit zeigen sich Verbindungen zwischen Phänomenen, die auf der übergeordneten Makro- und Mesoebene einzuordnen sind.

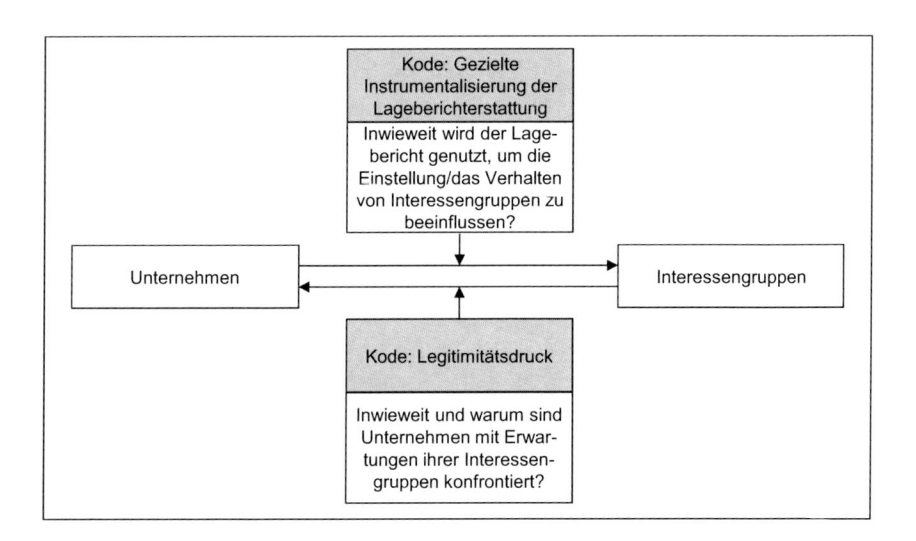

Abbildung 14: Kodierschema der Meso- und Makroentitäten

Diese Phänomene beeinflussen gleichermaßen das Verhalten der Akteure im Prozess der Lageberichtserstellung und vice versa. Die Konstrukte der verschiedenen Ebenen stehen also miteinander in Verbindung wie im Rahmen der Modellbeschreibung ausführlich beschrieben wird. Folgende Abbildung 14 zeigt die kodierten Konstrukte auf der Meso- und Makroebene. Diese wurden in mehreren Kodierschleifen spezifiziert, wobei hier der Fokus darauf lag, wie die Berichterstattung zur Kommunikation mit relevanten Interessengruppen instrumentalisiert wird, also dem Verhältnis zwischen Meso- und Makroebene. Dies beinhaltet das Konstrukt „gezielte Instrumentalisierung der Lageberichterstattung". Die Berichterstattung ist eine Reaktion oder eine proaktive Beeinflussung der Einstellung und Verhaltensweisen relevanter Interessengruppen (der Makroebene) gegenüber einem Unternehmen. Das Motiv einer freiwilligen Berichterstattung ergibt sich aus dem Konstrukt „Legitimitätsdruck", das anzeigt, inwieweit ein Unternehmen mit Erwartungen der Unternehmensumwelt konfrontiert ist.

Um die Modellelemente induktiv zu entwickeln wurde versucht, sich möglichst offen dem Untersuchungsgegenstand zu nähern. Ein erster Schritt lag jedoch darin, den Forschungsgegenstand aus der Sicht verschiedener theoretischer Perspektiven zu betrachten; die Ausführungen zu den Erklärungsansätzen in den Abschnitten 2.3.2 sowie 2.3.3 (S. 52 ff.) legen diese Literaturarbeit offen. Die verschiedenen präsentierten Theorien wurden als mögliche Perspektiven auf den Untersuchungsgegenstand betrachtet, jedoch nicht als Erklärungsansätze a priori übernommen (vgl. Wrona, 2006, S. 197 f.; 2005, S. 19 ff.). Auch und gerade deshalb wurden sehr unterschiedliche Ansätze aus der Literatur einbezogen, die sich zum Teil wesentlich in ihren Annahmen und Erklärungen widersprechen (dies empfiehlt auch Kleining, 1982, S. 232). Die betrachteten theoretischen Perspektiven unterstützten zum einen ein Grundverständnis für den Untersuchungsgegenstand zu gewinnen, zum anderen das Forschungsziel und -design festzulegen. Eine Technik zur Sicherstellung der Offenheit gegenüber den erhobenen Daten war das Vorgehen im Forschungsteam und die Diskussion der einzelnen Schritte der Theorieentwicklung mit anderen, nicht in die Literaturarbeit involvierten, Personen. Auf diesem Weg wurde versucht, das Vorwissen und dessen Einwirkung auf die Modellentwicklung kontinuierlich kritisch zu hinterfragen. Dies fördert die interne Validität der gewonnenen Forschungsergebnisse.

3.8 Dateninterpretation

Darüber hinaus wurden die Modellelemente vor dem Hintergrund verschiedener Theorien gespiegelt – „events in the field may best be explained with reference to multiple theories" (Ahrens/Chapman, 2007, S. 302) – um sie einerseits zu validieren und sie andererseits in die bestehende Literatur einzuordnen.[38] Auch wenn die Modellelemente auf Basis der beobachteten Phänomene induktiv entwickelt sind, lehnt sich die verwendete Terminologie teilweise an bestehende Theorien an. Zum Beispiel lassen sich die auf der Meso- und Makroebene des Modells identifizierten Beziehungen in das, in Abschnitt 2.3.2.2 (S. 54 ff.) vorgestellte, Aussagengerüst umweltorientierter Organisationstheorien wie dem Neoinstitutionalismus sowie der Stakeholdertheorie einordnen und deren mögliche Anwendung auf den Forschungsgegenstand aufzeigen. Das entwickelte Modell integriert also verschiedene Erklärungsansätze auf unterschiedlichen Ebenen, die auf Basis der empirischen Ergebnisse ausgewählt und mit diesen Inhalten für den Untersuchungsgegenstand ausgefüllt werden. Im Folgenden wird zunächst ein Überblick des entwickelten Modells gegeben. Mit der Vorstellung der einzelnen Modellelemente wird auch das finale Kodierschema der Dateninterpretation präsentiert.[39]

---

[38] Auch CORBIN/STRAUSS (vgl. 2008, S. 32) betonen die Bedeutung von Vorwissen und der Arbeit mit bestehenden Theorien im Rahmen der Entwicklung gegenstandsbegründeter Theorien und unterstreichen dies mit einem Zitat von DEY (1993, S. 63): „In short, there is a difference between an open mind and an empty head. To analyze data researchers draw upon accumulated knowledge. They don't dispense with it. The issue is not whether to use existing knowledge, but how". Grundsätzlich gilt, dass ein bereits umfassend erforschtes Phänomen, keine Indikation für eine qualitative Studie darstellt. Relevante, nicht bekannte Phänomene eines fokussierten Untersuchungsgegenstandes zeigen sich jedoch oft erst in der Analyse der Daten (zur Integration bestehender Theorien im Rahmen der Grounded Theory ausführlich in Corbin/Strauss, 2008, S. 35 ff.). „Bringing the literature into the writing not only demonstrates scholarship, but also allows for extending, validating, and refining knowledge in the field" (Corbin/Strauss, 2008, S. 32).

[39] Einen einführenden Überblick des Modells findet sich auch in BRÜHL/ORTH (2008). Dieser Aufsatz ist aus den hier präsentierten Ergebnissen der Projektarbeit entstanden, jedoch zu einem früheren Zeitpunkt im Forschungsprozess. Die Modellelemente wurden seitdem weiterentwickelt und ergänzt.

Kapitel 4 Modellentwicklung

4 Zur Entwicklung eines Modells einer freiwilligen Berichterstattung über immaterielle Ressourcen

4.1 Übersicht des Prozessmodells

Begonnen wird mit der Beschreibung eines Teilmodells für den Prozessablauf (Mikroebene), das in Abbildung 15 dargestellt ist. In diesem werden verschiedene Prozessrollen vorgestellt und gezeigt, wie diese miteinander in Verbindung stehen. Darauf aufbauend wird das Prozessmodell um die Meso- und Makroebene erweitert und schließlich das Gesamtmodell präsentiert.

In den Ausführungen der Interviewpartner konnten verschiedene Akteure identifiziert werden, die Informationen über immaterielle Ressourcen für eine Aufnahme in den Lagebericht vorschlagen: zum Beispiel der Leiter der Forschungs- und Entwicklungsabteilung, die Investor Relations-Abteilung oder auch die Mitglieder des Vorstandes. Diese Akteure füllen die Rolle des sogenannten Promotors in dem Modell aus. Die Handlungen des Promotors zielen darauf ab, bestimmte Themen im Lagebericht zu platzieren. Der Promotor versucht, die Aufmerksamkeit auf aus seiner Sicht relevante Inhalte für die Berichterstattung zu lenken.

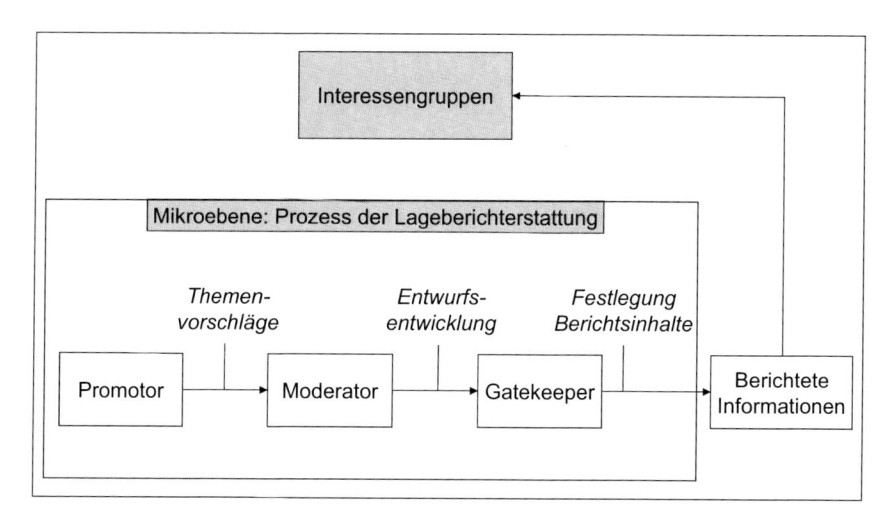

Abbildung 15: Lageberichtserstellung: Rollen im Prozess

Eine Themenselektion für den Lagebericht, und damit Entscheidungen, welche Inhalte im Lagebericht platziert werden, obliegt der Rolle des Gatekeepers. Die Institutionalisierung dieser Rolle orientiert sich einerseits an der Unternehmenshierarchie, andererseits ist sie auch mit fachspezifischen Kompetenzen verbunden. Abhängig von der Unternehmenskomplexität ist eine Vielzahl von Personen, oft mit unterschiedlichen funktionalen Hintergründen, an der Entscheidungsfindung beteiligt. Zumindest die finale Freigabe der Inhalte obliegt jedoch dem Vorstand und dem Aufsichtsrat, wobei der Aufsichtsrat in den betrachteten Fällen eine eher passive Rolle bei der Abstimmung des Lageberichts einnimmt und nur selten inhaltliche Änderungen fordert. Resultat der Gatekeeper-Entscheidung ist ein Angebot an Informationen über immaterielle Ressourcen im Lagebericht, das den Interessengruppen eines Unternehmens zur Verfügung gestellt wird.

Im Gegensatz zum Gatekeeper ist die Rolle des Moderators nicht restriktiv gegenüber der Platzierung von Themen im Lagebericht. Der Moderator koordiniert den Informationsfluss zwischen Gatekeeper und Promotor; seine Aufgabe ist es, die durch den Promotor vorgeschlagenen Informationen über immaterielle Ressourcen zu sammeln und für die Entscheidungsfindung des Gatekeepers über die Inhalte des Lageberichts aufzuarbeiten. Die beobachteten Prozessansätze zeigen, dass die Ablauforganisation des Projektes Lagebericht unterschiedlich gestaltet ist, u. a. in Hinblick auf die Art und Weise wie die Rollenträger miteinander kommunizieren. Auch die gewählte Aufbauorganisation variiert. In der Regel ist eine Einheit im Finanzbereich für das Projektmanagement zuständig, insbesondere das Rechnungswesen oder das Controlling. Oft übernehmen jedoch auch extern orientierte Abteilungen wie zum Beispiel Investor Relations, Unternehmenskommunikation, Presse oder Marketing diese Funktion. Die Frage der Institutionalisierung der Lageberichterstattung hat eine zentrale Bedeutung für den Prozessoutput in Form der publizierten Informationen auch und gerade vor dem Hintergrund der persönlichen und funktionalen mentalen Modelle der jeweils involvierten Akteure.

Die Funktion der Reportingeinheit im Prozess der Lageberichtserstellung zeigt, dass eine Institution in dem Modell verschiedene Rollen einnehmen kann: Einerseits füllt sie die Moderatorrolle aus, da sie die Erstellung des Lageberichts koordiniert und Vorschläge über zu publizierende Inhalte zusammenträgt. Andererseits handelt sie auch als Gatekeeper, indem sie entscheidet, welche vorgeschlagenen Themen in den Lageberichtsentwurf aufgenommen werden. Vor dem Hintergrund der Beobachtung, dass die Reportingeinheit unterschiedlich stark die von den Fachbereichen vorgeschlagenen Inhalte für den Lagebericht selektiert (teilweise fast gar nicht), ist eine Differenzierung zwischen beiden Rollen zwingend.

Festzuhalten ist, dass die in Abschnitt 2.2.3.4 (S. 47 ff.) beschriebene heterogene Berichterstattung über immaterielle Ressourcen, auf unterschiedliche Mikroprozesse der Lageberichterstattung zurückzuführen ist, also auf die Handlungen des Gatekeepers, Promotors und Moderators. Betrachtet wird also ein Einfluss der Mikroebene auf die Mesoebene der Organisation. Die durch die Beschreibung der Akteursrollen und Interaktionen geöffnete Prozess-Black Box, ermöglicht damit in einem ersten Schritt ein Verständnis für die Veröffentlichungspraxis von Unternehmen.

Jedoch hat auch die übergeordnete Mesoebene der freiwilligen Berichterstattung und auch Faktoren der Makroumwelt einen Einfluss auf die Mikroprozesse, weshalb das in Abbildung 15 dargestellte Prozessmodell um diese Ebenen zu erweitern ist. Die folgende Abbildung 16 beschreibt hierfür auf der die Kommunikationsbeziehung zwischen einem Unternehmen (Mesoebene) und seinen jeweiligen Interessengruppen (Makroebene).

Betrachtet man die Verbindung zwischen Meso- und Makroebene freiwilliger Berichterstattung, zeigen die Fälle, dass der Lagebericht von Unternehmen (Informationssender) als Kommunikationsinstrument und damit zur Verhaltensbeeinflussung genutzt wird. Aus diesem Grund liegt ein Untersuchungsfokus auf der Verbindung zwischen einem Unternehmen und seinen jeweiligen Interessengruppen (Informationsempfänger). Wie in Abbildung 16 dargestellt, werden den Interessengruppen im Lagebericht Informationen über immaterielle Ressourcen zur Verfügung gestellt. Durch die kognitive Verarbeitung der publizierten Informationen wird die Wahrnehmung des Unternehmenshandelns aus Sicht der Interessengruppen beeinflusst. Die sich daraus ergebende Kausalität wird zu einem Kreislauf geschlossen, indem (aus Unternehmenssicht) davon ausgegangen wird, dass die Wahrnehmung des Unternehmenshandelns und die hiermit verbundene Einstellung gegenüber dem Unternehmen, das Verhalten der Interessengruppen beeinflusst. Aus einer instrumentellen Perspektive ergibt sich damit (auf der Mesoebene) ein Motiv für Unternehmen, freiwillig über ihre immaterielle Ressourcen zu berichten. Im Sinne einer gezielten Kommunikation kann das Motiv verfolgt werden, durch berichtete Informationen das Verhalten relevanter Interessengruppen nutzbringend zu beeinflussen.

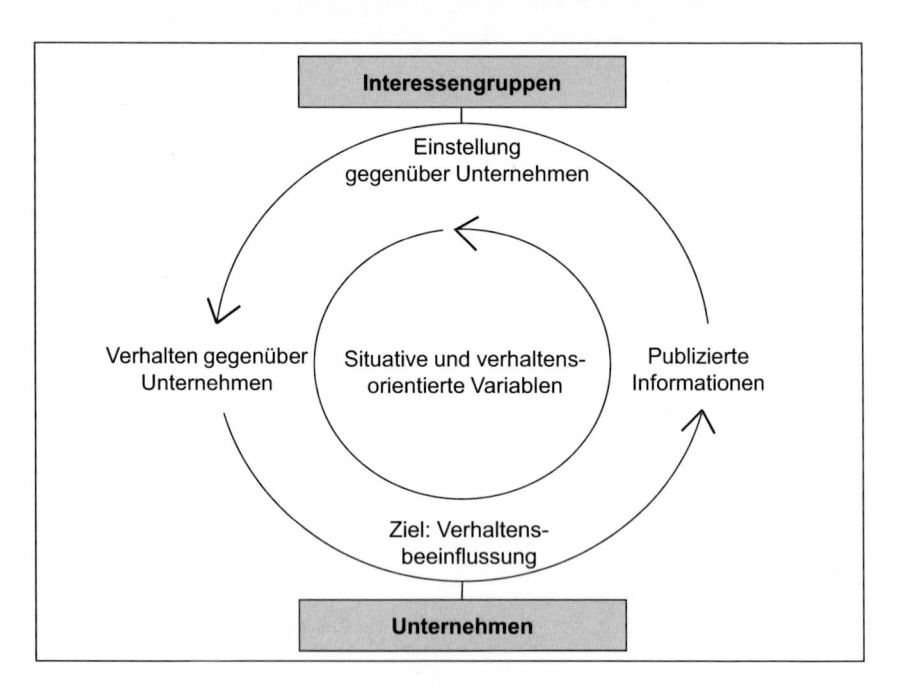

Abbildung 16: Kommunikationsinstrument Lagebericht

In dem dargestellten Kreislauf beeinflussen weitere situative und verhaltensorientierte Faktoren die Ausprägung der genannten Variablen. Die Lageberichtserstellung im Unternehmen sowie das Verhalten der Interessengruppen gegenüber dem jeweiligen Unternehmen basieren auf Handlungen von Individuen und sind auf diese zurückzuführen. Insofern wird die dargestellte Kommunikationsbeziehung zwischen Unternehmen und Interessengruppen durch verhaltensorientierte Faktoren wie zum Beispiel kognitive Fähigkeiten aber auch individuelle Motive und Erfahrungen – also Faktoren der Mikroebene – beeinflusst. Gleichermaßen stellt der situative Kontext, zum Beispiel Branche, Standort oder Unternehmensgröße, in dem diese Handlungen stattfinden, einen Einflussfaktor dar. Ziel der folgenden Diskussion ist es, den darge-

4.1 Übersicht des Prozessmodells

stellten Prozess der Lageberichtserstellung (auf der Mikroebene) aus einer instrumentellen Perspektive auf der Makroebene zu erweitern. Durch die Spezifizierung der Elemente des Kreislaufs gewinnt das Modell an Komplexität; um diese zu begrenzen, werden die angesprochenen situativen und verhaltensorientierten Faktoren zunächst zum Teil ausgeblendet. Ihre Relevanz ist dennoch zu betonen. In Abbildung 16 ist dies dadurch skizziert, dass sie den dargestellten Kreislauf kontinuierlich begleiten.

Die Spezifizierung des Zusammenhangs zwischen der Lageberichterstattung eines Unternehmens und der Einstellung der jeweiligen Interessengruppen erfolgt durch die Einführung weiterer Variablen im Modell. Zusammengefasst wird das Ergebnis der Modellerweiterung in Abbildung 17. Das Modell wird entlang der eingefügten Nummerierung erläutert:

Zentrales Konstrukt ist die sogenannte „gezielte Instrumentalisierung der Lageberichterstattung" (1). Diese beschreibt auf der Mesoebene die Instrumentalisierung der Lageberichterstattung durch ein Unternehmen. Damit ist das Konstrukt Ausdruck der Art und Weise, wie Unternehmen ihre Lageberichterstattung für eine Kommunikation mit relevanten Interessengruppen der Umwelt positionieren und entsteht damit aus der Verbindung zwischen Makro- und Mesoebene. Gleichermaßen interagiert das Konstrukt auch mit Phänomenen der Mikroebene. Das Konstrukt emergiert aus den sozialen Interaktionsprozessen der Individuen, die im Rahmen der Erstellung des Lageberichts die definierten Rollen auf der Mikroebene einnehmen. Andererseits zeigt sich in den Aussagen der Interviewten, dass sich die gezielte Instrumentalisierung der Lageberichterstattung durch entwickelte organisationale Routinen oder ein unternehmensweit festgelegtes Kommunikationskonzept auch auf das Verhalten der Individuen auswirkt. Das Konstrukt ist folglich auch wesentliche Einflussgröße für das Verhalten der Akteure im Rahmen der Erstellung des Lageberichts.

Wie dargestellt, wird der Lagebericht als ein Instrument der Unternehmenskommunikation interpretiert. Mit diesem werden verschiedenen Gruppen[40] innerhalb und au-

---

[40] Vereinfachend wird auf der Ebene von Interessengruppen argumentiert. Die gewählte Terminologie soll jedoch nicht ausschließen, dass die im Folgenden beschriebenen Zusammenhänge, gleichermaßen für Individuen gelten. Weiterhin ist zu betonen, dass die Interessengruppen auch Teil

ßerhalb des Unternehmens Informationen zur Verfügung gestellt. Diese Interessengruppen verbinden mit den Aktivitäten eines Unternehmens unterschiedliche Ziele (2). Die Einstellung gegenüber dem Unternehmen wird von den Zielen der Gruppen und deren Wahrnehmung der Unternehmensaktivitäten determiniert (3).

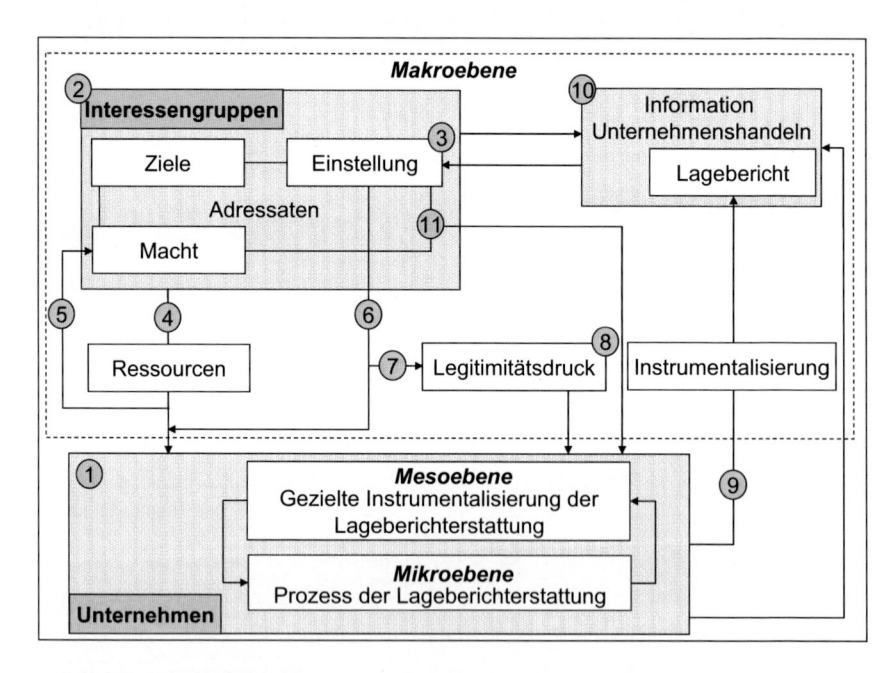

Abbildung 17: Gesamtmodell

Die Einstellung der Interessengruppen gegenüber einem Unternehmen ist für dieses relevant, da sein Erfolg, oder genauer sein langfristiges Überleben, auch und gerade von den Beziehungen zu bestimmten internen und externen Interessengruppen abhängt. Oder anders ausgedrückt: Verschiedene Interessengruppen bringen unter-

---

des Unternehmenshandelns sein können. Die Modellelemente sind dahingehend als Teile eines offenen Systems zu verstehen. Die in den Abbildungen vorgenommenen Umrandungen der Modellelemente dienen folglich nur der besseren Veranschaulichung und sind nicht als trennscharfe Grenzen zu verstehen.

4.1 Übersicht des Prozessmodells

schiedliche Ressourcen in den Wertschöpfungsprozess von Unternehmen ein und beeinflussen damit ihren (langfristigen) Erfolg (4). Dieses Abhängigkeitsverhältnis, das aufgrund einer Vielzahl von Ressourcenaustauschbeziehungen besteht, bewirkt die Entstehung von Macht auf Seiten unterschiedlicher Interessengruppen gegenüber dem jeweils betrachteten Unternehmen (5). Diese Machtposition bezieht sich auf den Ressourcenzufluss und umschließt damit nicht nur die direkte Bereitstellung (zum Beispiel durch Mitarbeiter, Lieferanten oder Kunden), sondern auch die indirekte Beeinflussung des Ressourcentransfers (zum Beispiel durch Medien oder politische Entscheidungsträger).

Da Wahrnehmung und Einstellung der Interessengruppen, die auf den Ressourcenzufluss Einfluss nehmen (können), ihr Handeln leiten (6), hat deren Machtposition Auswirkungen auf die Unternehmenskommunikation. Aus Unternehmenssicht besteht folglich die Notwendigkeit, dass die eigenen Aktivitäten von relevanten Interessengruppen positiv bewertet werden oder zumindest nicht zu einer negativen Einstellung führen, die ein unvorteilhaftes Verhalten gegenüber dem Unternehmen bewirkt (7). Zum Beispiel stehen Unternehmen der Energiebranche im Blickpunkt der Gesellschaft, teilweise aufgrund ökologischer Risiken des Geschäftmodells oder auch der Preisentwicklung am Markt. Diese Unternehmen sind dementsprechend von der Wahrnehmung ihrer Aktivitäten stark abhängig.

In dem Modell wird der damit verbundene Einfluss auf die Erstellung des Lageberichts mit dem Begriff „Legitimitätsdruck" (8) bezeichnet (Einfluss der Makro- auf die Mesoebene). Da die Wahrnehmung der Unternehmensaktivitäten wiederum durch die zur Verfügung stehenden Informationen beeinflusst wird (Einfluss der Meso- auf die Makroebene), lässt sich damit im Rückschluss ein Motiv für die freiwillige Kommunikation von Informationen auf Seiten des Unternehmens ableiten. Dieser Zusammenhang ist bereits in Abbildung 16 (S. 108) skizziert.

Der Legitimitätsdruck führt im Ergebnis zu einer Instrumentalisierung des Lageberichts, indem das Ziel verfolgt wird, durch die freiwillige Berichterstattung über immaterielle Ressourcen die Einstellung relevanter Interessengruppen gegenüber dem betrachteten Unternehmen zu beeinflussen (9). Der Lagebericht ist dabei jedoch lediglich ein Medium, in dem die immateriellen Ressourcen eines Unternehmens beschrieben werden. Das Unternehmenshandeln wird darüber hinaus durch weitere

4.1 Übersicht des Prozessmodells

Informationen, die sowohl vom Unternehmen (zum Beispiel Pressemitteilungen) als auch von verschiedenen anderen Interessengruppen (zum Beispiel Analystenreports) ausgehen, beschrieben (10).

Das Konstrukt „gezielte Instrumentalisierung der Lageberichterstattung" wird wesentlich durch die Beziehung eines Unternehmens zu seinen Interessengruppen beeinflusst. Von Bedeutung ist, wie Ziele, Einstellung, Macht und das damit verbundene Verhalten bzw. der Legitimitätsdruck der Interessengruppen gegenüber dem Unternehmen von den am Berichterstattungsprozess beteiligten Akteuren wahrgenommen werden. Dies führt zu einer weiteren Differenzierung in dem Modell. Für Interessengruppen, deren Verhalten durch die Platzierung von Informationen im Lagebericht beeinflusst werden soll, wird im Modell die Bezeichnung „Adressaten" verwendet (11). Diese Terminologie wurde gewählt, um Unterschiede im Kommunikationsverhalten und in der Wahrnehmung der beteiligten Akteure zu berücksichtigen.

In einigen Fällen werden beispielsweise die Mitarbeiter als Adressaten der Berichterstattung genannt, in anderen Fällen wird die Aussage getroffen, dass der Lagebericht ausschließlich als externes Kommunikationsmedium verstanden wird. Auch wenn extern kommunizierte Informationen durch eine Vielzahl von Interessengruppen aufgenommen werden, entscheiden die Wahrnehmungen der Akteure im Rahmen der Erstellung des Lageberichts über die Relevanz bestimmter Adressaten. Im Sinne einer zielorientierten Kommunikation hat dies einen entscheidenden Einfluss auf den Prozess-Output. Denn in Abhängigkeit davon, an welche Interessengruppen die Informationen adressiert werden, orientiert sich ein Unternehmen an unterschiedlichen Informationsbedürfnissen und wird dementsprechend die Berichtsinhalte anpassen. In diesem Zusammenhang ist noch einmal, wie auch die folgenden Beispiele zeigen, auf die Relevanz situativer und verhaltensorientierter Faktoren zu verweisen:

Eine Unternehmenskultur, welche die Bedeutung der Mitarbeiter betont, kann dazu führen, dass die Mitarbeiter zu wichtigen Adressaten der Berichterstattung werden. Einen ähnlichen Effekt könnte ein Rekrutierungsproblem, ausgehend von Branchen- oder Standortvariablen, bewirken. Potenzielle Mitarbeiter werden in diesem Fall durch einen externen Faktor der Unternehmenssituation zu relevanten Interessengruppen der Berichterstattung. Auch sind Persönlichkeitsmerkmale der an der Lageberichterstattung beteiligten Akteure entscheidend. Unter anderen wird in den Inter-

4.1 Übersicht des Prozessmodells

views beschrieben, dass der Karriereweg des Finanzvorstandes darüber bestimmt, inwieweit die Berichterstattung allgemein – und speziell die über immaterielle Ressourcen – als wichtig eingestuft wird. Ähnliche Aussagen finden sich in den Fallbeschreibungen auch im Zusammenhang mit der bestehenden Unternehmenskultur. In einem Fall wird beschrieben, dass das Unternehmen allgemein sehr konservativ positioniert ist und daher auch in Hinblick auf die Berichterstattung einen eher minimalistischen Weg geht.

Festzustellen ist, dass sich ein Verständnis für die Berichterstattung über immaterielle Ressourcen nur in einem erweiterten Kontext ergibt. Der Ansatz des Modells ist es, die beobachteten Unterschiede der Veröffentlichungspraxis in den Kontext der Lageberichtserstellung einzuordnen. Dieser wird wiederum als sozialer Interaktionsprozess verstanden, dessen Ausgestaltung durch verschiedene Faktoren geprägt wird.

In den folgenden Abschnitten werden die Modellelemente auf der Mikro-, Meso- und Makroebene spezifiziert, wobei die Beobachtungen aus den Fällen vor dem Hintergrund existierender Theorien präsentiert werden. Wie in qualitativen Studien üblich, basiert die Diskussion im Wesentlichen auf Zitaten der Interviewten (vgl. Locke, 2001, S. 116 ff.).[41] Durch die Angabe von Textbelegen wird die empirische Verankerung der Forschungsergebnisse nachgewiesen, die Interpretationsleistung offen gelegt und damit eine Bewertung der internen Validität der getroffenen Aussagen ermöglicht. Die Zitate sind folgendermaßen ausgewählt: Aufbauend auf die Kodierung der Konstrukte in den Interviewdaten, wurde nach Aussagen gesucht, welche die Konstrukte möglichst prägnant beschreiben. Teilweise ließen sich die Phänomene auch nur indirekt in den Antworten der Interviewten finden, so dass hier keine direkte Zitierung möglich war. Um die Konstruktausprägungen zu erfassen, werden darüber hinaus insbesondere kontrastierende Aussagen aus den Fällen präsentiert. Der Grounded Theory folgend wurde versucht, die Ausprägungen der Phänomene für jeden Fall zu deklarieren. Da der Interviewfokus mit dem gewonnenen Erkenntnis-

---

[41] Ergänzungen direkter Zitate durch den Autor und Kürzungen des ursprünglichen Wortlautes sind mit rechteckigen Klammern gekennzeichnet. Auch wurden sprachliche Fehler korrigiert, jedoch ohne dabei die Aussageninhalte zu verändern.

stand im Laufe der Datensammlung kontinuierlich angepasst wurde, ist dies vereinzelt nicht möglich gewesen. Aufgrund des Ziels dieser Studie, wesentliche Elemente und Einflussfaktoren des betrachteten Untersuchungsgegenstandes zu explorieren, wurden entsprechende Phänomene dennoch in die Modellentwicklung einbezogen.

Die Verbindung der empirischen Beobachtungen mit der theoretischen Reflexion unterstützte, wie in Abschnitt 3.8 (S. 94 ff) beschrieben, die Interpretation der Daten. Mithilfe einer regelmäßigen Diskussion der Ergebnisse im Forschungsteam und durch wiederholte Auswertungen der Transkripte wurde eine weitgehend induktive Exploration der Modellelemente sichergestellt. Die Einbeziehung bestehender Konzepte und Theorien ermöglichte es zudem, die erfassten Modellelemente zu validieren und für weiterführende Forschungsarbeiten in die Literatur einzuordnen.

Die folgende Diskussion orientiert sich aus didaktischen Gründen an der zuvor skizzierten Systematik des Gesamtmodells. Da das Verhalten der Akteure im Prozessmodell in Abhängigkeit verschiedener Einflussgrößen variiert, wird zunächst auf die Interessengruppen der Unternehmensberichterstattung eingegangen (Makroebene). Dafür werden die mit der Berichterstattung verfolgten Unternehmensziele betrachtet. Gezeigt wird, wie in den betrachteten Unternehmen die Publikation von Informationen über immaterielle Ressourcen instrumentalisiert wird (Mesoebene). Aus der Beschreibung der Modellelemente in Kapitel 4 ergeben sich zentrale Wirkungsbeziehungen für die freiwillige Berichterstattung über immaterielle Ressourcen. Diese werden in den Abschnitten 4.2 bis 4.7 (S. 115 ff.) an den jeweiligen Stellen der Diskussion als Hypothesen festgehalten und dann in Kapitel 5 (S. 239 ff.) als Teil einer Theorie einer freiwilligen Berichterstattung zusammengefasst.

Die Diskussion bewegt sich zunächst in den Abschnitten 4.2 bis 4.4 (S. 115 ff.) primär auf der Makroebene und der Mesoebene. Mit der Einführung der Prozessrollen in den Abschnitten 4.5 bis 4.7 (S. 161 ff.) wird auf die Mikroebene gewechselt und die Lageberichtserstellung als sozialer Interaktionsprozess beschrieben. Eine trennscharfe Abgrenzung der Mikro-, Meso- und Makroebene ist jedoch auch in der Struktur der folgenden Diskussion nicht möglich, denn die Phänomene auf den unterschiedlichen Modellebenen sind nicht unabhängig voneinander.

4.2 Interessengruppen der Berichterstattung

4.2.1 Stakeholderorientierung

Dem Framework der IFRS folgend, ist der Geschäftsbericht primär ein Instrument, um Informationen an die Investoren des Unternehmens zu transferieren (vgl. F. 9 f. sowie Hinz, 2005, S. 53; Maul, 2007, S. 609); die Informationsbedürfnisse anderer Anspruchsgruppen werden demgegenüber von den Standardsetzern der Rechnungslegung weitgehend ausgeblendet: „Als Instrument der Investor Relations wird der Geschäftsbericht börsennotierter Gesellschaften in erster Linie für die Aktionäre, Finanzanalysten und -journalisten erstellt" (Nix, 2004, S. 98). Diese Perspektive spiegelt sich auch in der Forschung zur externen Berichterstattung wider (vgl. Deegan, 2004, S. 89 f.; Hopwood, 1996).

Jedoch stößt eine isolierte Betrachtung der Kapitalgeber als Adressaten der externen Unternehmensberichterstattung in der Literatur auch auf Kritik: „The dominant concern with shareholder interest has limited the development of research about how accounting systems operate and for designing corporate reports" (Cooper/Sherer, 1984, S. 208). Denn argumentiert wird, dass Unternehmen ihre veröffentlichten Berichte an eine Vielzahl von (zum Teil heterogenen) Interessengruppen innerhalb und außerhalb des Unternehmens adressieren (z. B. Boesso/Kumar, 2007; Unerman/Bennett, 2004; Boesso/Kumar, 2008; O'Donovan, 2002; Cho, 2009): „The annual report has not only investors as its readers as it also conveys information to employees, potential employees, customers, the press and other stakeholders" (Bukh/Nielsen/Gormsen/Mouritsen, 2005, S. 716). Diese Einschätzung wird in den geführten Interviews geteilt:

„Ja, da haben wir ganz klar den Multi-Stakeholder-Ansatz" (Fall I).

„Da nehme ich 20 DIN A4-Blätter, tackere die zusammen und schreibe die Pflichtinfos darauf. So kann ich auch vorgehen. Und das machen wir bewusst nicht. Weil wir eben sagen: Es geht eben über den Investor, der fünf Zeilen lesen will, hinaus [...] eine größere Interessentengruppe" (Fall M).

„Zielgruppe neben den herkömmlichen Zielgruppen – Analysten, Investoren, Anleger, Kunden – sollten Journalisten sein. Das hatte auch Auswirkungen auf die Gestaltung" (Fall J).

Auch in normativen Ansätzen wie zum Beispiel dem Copenhagen Charter, einem von mehreren Unternehmensberatungen entwickelten Berichterstattungskonzept, wird daher gefordert (Ernst & Young/KPMG/PriceWaterhouseCoopers/House of Mandag Morgen, 1999, S. 6): „[...] management should identify not only the obvious 'significant interests/ high influence' stakeholders, but also [...] those who have high influence but low (apparent) interest, such as special interest groups, ideological organizations and the media." BURCHELL ET AL. (1980) argumentieren in diesem Zusammenhang, dass Unternehmensberichte in keinem Fall neutrale, objektive Dokumente sind (vgl. hierzu wiederum kritisch Solomons, 1991). Vielmehr werden sie durch Unternehmen verwendet, um mit der Gesellschaft zu interagieren: „As a result [...] accounting has gained its current organizational and social significance. No longer seen as a mere assembly of calculative routines, it now functions as a cohesive and influential mechanism for economic and social management" (Burchell et al., 1980, S. 6; ähnlich 1985; Cooper/Sherer, 1984; Richardson, 1987).

Als Folge sehen sich Unternehmen durch das Informationsangebot im Lagebericht über immaterielle Ressourcen mit einer Informationsnachfrage unterschiedlicher Interessengruppen konfrontiert (vgl. zum Stichwort „Informationsversorgung" Fank, 1996, S. 31 ff.). Der Interviewpartner aus dem Unternehmen I hebt die Heterogenität der Interessengruppen hervor und weist auf damit verbundene unterschiedliche Erwartungen an den Geschäfts- und damit auch an den Lagebericht hin.

> „[...] ich sage immer: Jemand der ein Buch liest, hat eine gewisse Vorstellung, was er darin findet, die unterscheidet sich nicht irrsinnig groß. Jemand der eine Zeitung liest – auch da. Jemand der einen Geschäftsbericht liest: Da gibt es die Freaks, die bei den gestalterischen Dingen unterwegs sind. Es gibt die Bilanzfreaks, die durchforsten hinten den Anhang. Es gibt Leute, die wollen es für eine Investitionsentscheidung, es gibt aber vielleicht auch Leute, die das auch für eine Produktentscheidung, für eine Kaufentscheidung heranziehen. [...] Also ein riesiger Kanon von unterschiedlichen Ansprüchen oder Erwartungen bei der Lektüre des Geschäftsberichts" (Fall I).

Dies entspricht der – gegenüber den ökonomischen Theorien – erweiterten Perspektive sozialwissenschaftlicher Theorien auf die Interessengruppen der Berichterstattung. An dieser Perspektive orientiert sich daher auch die Meso- und Makroebene des (im Rahmen dieser Arbeit) entwickelten Modells freiwilliger Berichterstattung. Die auf Basis der geführten Interviews identifizierten Elemente der Meso- und Makroebene werden dementsprechend vor dem Hintergrund sozialwissenschaftlicher Theorien beschrieben und validiert.

4.2 Interessengruppen

Sozialwissenschaftliche Theorien öffnen die Analyse der freiwilligen Berichterstattung über immaterielle Ressourcen für weitere Interessengruppen der Unternehmen (vgl. einleitend Abschnitt 2.3.2.2, S. 54 ff.). Sie begreifen Unternehmen als sozial eingebettete Akteure und als offene Systeme (siehe Scott, 1986, S. 149 ff.; für eine systemtheoretische Perspektive vgl. weiterhin Ulrich, 1970, S. 112 f.), die in mannigfaltigen Austauschbeziehungen mit ihrer Umwelt bestehen (vgl. Bamberger/Wrona, 2004, S. 11 ff.). Aus dieser Sicht werden Unternehmen nicht isoliert, sondern holistisch erfasst; als soziale Akteure wird ihre Struktur und ihr Verhalten im Kontext des jeweiligen Makroumfeldes gesehen und durch dieses erklärt. Der Kontext, in dem Unternehmen operieren, der in Form von Austauschbeziehungen interpretiert wird, beeinflusst folglich ihren Handlungsspielraum (vgl. auch für die folgende Argumentation Hahn, 2005, S. 1, 10). „Es gibt keine ‚privaten' Unternehmungen mehr, obwohl es privates Eigentum an Mitteln der Produktion und Distribution gibt. Die Unternehmung ist in der klassischen Formulierung von DYLLICK (1992) eine ‚öffentlich exponierte' bzw. quasi-öffentliche (gesellschaftliche) Organisation, die durch das Verhältnis rekursiver Konstitution (Dualität und Rekursivität) von Organisation und Gesellschaft geprägt ist" (Karmasin, 2007, S. 74; siehe hierzu auch Essing, 2001).

Theorien wie beispielsweise der Neoinstitutionalismus (grundlegend Meyer/Rowan, 1977; Zucker, 1977; DiMaggio/Powell, 1983), die Resource-Dependence- (grundlegend Pfeffer/Salancik, 1978) oder auch die Stakeholdertheorie (grundlegend Freeman, 1984; Mitchell et al., 1997; Freeman et al., 2007; Laplume et al., 2008) basieren auf diesem umfeldbezogenen Organisationsverständnis und positionieren sich damit explizit gegen eine isolierte Fokussierung einer Interessengruppe (für eine kritische Betrachtung Henderson, 2001), traditionell die Interessen der Kapitalgeber (vgl. grundlegend Jensen, 2001; Rappaport, 1999).[42] Entsprechend allgemein beschreiben diese Ansätze verschiedene Interessen- bzw. Anspruchsgruppen mit denen Unternehmen in Beziehung stehen. Beispielsweise wird der Begriff Stakeholder (im Deutschen „Anspruchssteller") in der gleichnamigen Theorie folgendermaßen abstrakt definiert: „Any group or individual who can affect or is affected by the

---

[42] Entsprechend wählen ORTMANN ET AL. (2000) den Titel „Theorien der Organisation. Rückkehr der Gesellschaft" für ihren Sammelband zur Organisationstheorie.

achievement of the firm's objectives. [...] Each of these groups plays a vital role in the success of the business enterprise in today's environment. Each of these groups has a stake in the modern corporation" (Freeman, 1984, S. 25).

Die Stakeholdertheorie umfasst also per Definition sowohl Ansprüche einzelner Individuen als auch Forderungen von Gruppen gegenüber Unternehmen; gleichermaßen kann der Ursprung für die Beziehung, den „stake" (im Deutschen „Anspruch"), zwischen Unternehmen und Stakeholder(n) sowohl in einem instrumentellen Motiv bestehen, da das Unternehmen beeinflusst wird oder eben auch in einem sozialen, ethischen, da das Unternehmen selbst Stakeholder beeinflusst (für eine kritische Auseinandersetzung mit dieser Definition siehe Mitchell et al., 1997, S. 856 f.; Ulrich, 1999, S. 40 ff.).

4.2.2 Ressourcenabhängigkeit und Macht

Im Rahmen der Stakeholderforschung ist diesbezüglich zwischen zwei Literatursträngen zu unterscheiden, die sich beide im Sinne der beschriebenen Umweltorientierung als Alternative zu einer isolierten Shareholderfokussierung positionieren, diese jedoch unterschiedlich begründen (vgl. Donaldson/Preston, 1995, S. 69 ff.; Ulrich, 1999, S. 37 ff.): Auf der einen Seite (managementorientierter Strang) wird ökonomisch, rational argumentiert, dass Unternehmen von unterschiedlichen Stakeholdern Ressourcen beziehen und insofern das Management dieser Ressourcenbeziehungen entscheidend für das langfristige Überleben der Unternehmen ist.

Auf der anderen Seite basiert ein sozial, ethisch orientierter Forschungsstrang auf der Forderung, gesellschaftliche Interessen zu berücksichtigen, ohne dass die Machtposition einzelner Stakeholdergruppen hierfür von Bedeutung ist (vgl. auch für die folgende Argumentation Hahn, 2005, S. 38 ff.). Aufgrund der sozialen Verantwortung von Unternehmen sind die jeweiligen Handlungen mit den Interessen aller Stakeholdergruppen in Einklang zu bringen (vgl. Waldkirch, 2002, S. 66 f.). Für die im Rahmen dieser Arbeit fokussierte Lageberichterstattung würde damit eine Vielzahl unterschiedlichster Stakeholdergruppen Relevanz besitzen (vgl. Hasnas, 1998, S. 25 ff.); eine nur bedingt erfüllbare Forderung unter der Voraussetzung beschränkter Ressourcen (siehe Boesso/Kumar, 2008). Auch wird mit dieser Forderung überse-

4.2 Interessengruppen

hen, dass Interessengruppen unterschiedliche Erwartungen mit dem Unternehmen verbinden (vgl. Unerman/Bennett, 2004, S. 686) und insofern der ethisch, normative Ansatz aufgrund von Zielkonflikten an pragmatische Grenzen stößt.

Kritisiert wird weiterhin, dass der ökonomische Kontext von Unternehmensentscheidungen übersehen wird. Für erfolgsorientierte Unternehmen – so die Kritik – würden gesellschaftliche Anliegen nur dann entscheidungsrelevant, wenn sie entsprechende ökonomische Anreize für das geforderte Verhalten beinhalten (z. B. Freeman, 1999). Entsprechend wird in einer Vielzahl von Publikationen versucht, gesellschaftliche Anliegen und ökonomische Anreize in verschiedene Unternehmensfunktionen zu integrieren (Überblicke der kausalen Erklärungsstränge geben Reinhardt, 1999; Ambec/Lanoie, 2008): Zu den funktional orientierten Erklärungsansätzen zählen zum Beispiel Instrumente einer Umweltkostenrechnung (z. B. Bartolomeo et al., 2000), Ansätze eines wertorientierten, betrieblichen Umwelt- und Nachhaltigkeitsmanagements (z. B. Epstein/Young, 1998) sowie Konzepte einer Vermarktung umweltfreundlicher Produkte (z. B. Belz, 2001). Zu diesen Erklärungsansätzen merkt ULRICH (1999, S. 36) an: „Es kann unter Umständen klug sein, ethischen Gesichtspunkten „Rechnung" (!) zu tragen. Was aber, wenn es sich nicht rechnet?" und deutet damit auf einen inhärenten Konflikt sowie eine Verletzung des ethischen Grundprinzips dieser Ansätze hin.

Verbunden mit den genannten funktionalen Erklärungsansätzen ist eine stärker instrumentelle Sicht auf das Unternehmensverhalten gegenüber den jeweiligen Stakeholdern, wodurch die Diskussion zu einem managementorientierten Ansatz der Stakeholderforschung übergeleitet wird. Dies entspricht der grundlegenden Arbeit von FREEMAN (1984), dessen Ausgangspunkt eine umweltorientierte Perspektive des strategischen Managements ist. Angestrebt wird eine Übereinstimmung zwischen Unternehmens- und Stakeholderinteressen – also eine durchaus instrumentelle Sicht auf das Verhältnis zwischen Unternehmen und Stakeholdern (vgl. zur Entwicklung Freeman, 2004).

Dass eine freiwillige Berichterstattung auf sozialen, ethischen Motiven basiert, ist damit zwar nicht ausgeschlossen (vgl. Palazzo/Scherer, 2006), jedoch ist auch in den betrachteten Fällen eine Priorisierung der Stakeholdergruppen zu erkennen. Eine stakeholderorientierte Berichterstattung unterliegt daher einem instrumentellen Motiv, das sich aus der Sicherung der Ressourcenaustauschbeziehungen ableiten lässt. Absatz- oder Beschaffungsmärkte, das gesellschaftliche Umfeld oder auch Unternehmensnetzwerke beinhalten wesentliche Beziehungen, in die Unternehmen eingebunden sind. Diese Beziehungen determinieren den Handlungsspielraum von Unternehmen, da sie Teile des Wertschöpfungsprozesses sind und auf diesen in unterschiedlichen Formen wirken.

Anspruchsgruppe	Potenzielle Wertbeiträge
Eigen- und Fremdkapitalgeber	Reduzierte Kapitalkosten; günstige Finanzmarktwahrnehmung (Vermeidung von Risikoabschlägen)
Mitarbeiter	Reduzierte Kosten für Human-Kapital; erhöhte Produktivität: durch vorhandenes Vertrauen der Mitarbeiter untereinander und zur Unternehmensführung, positive Kooperationseffekte in Arbeitsprozessen
Gewerkschaften	Stabilität und Bereitschaft zur friedlichen Konfliktlösung in den Tarifbeziehungen
Kunden	Loyalität zu den Produkten des Unternehmens; hohe Reputation; Bereitschaft zur Zusammenarbeit zum Beispiel im Rahmen von kundenintegrierten Produktentwicklungen
Vor- und nachgelagerte Unternehmen der eigenen Wertschöpfungskette	Positive Netzwerkeffekte; Kostenreduktion durch Zusammenarbeit in der Prozessoptimierung und Technologieentwicklung
Joint Venture Partner und Allianzen	Zur Verfügungsstellung strategischer Ressourcen und Fähigkeiten; Optionen künftiger Entwicklungen auf den Feldern Forschung & Entwicklung sowie Technologien
Lokale Anwohner und gesellschaftliches Umfeld	Unterstützung und Akzeptanz; lokale Rahmenbedingungen; „Licence to operate"
Regierungen	Makroökonomische Rahmenbedingungen und Sozialpolitik; Bedingungen der legalen Einflussnahme auf die Gesetzgebung
Regulierungsbehörden	Bestätigung der Produkt- und Servicequalität des Unternehmens; Reputation
Private Organisationen	Konstruktive Zusammenarbeit; günstige öffentliche Wahrnehmung; freiwillige Qualitätsstandards (z. B. ISO 9000, UN Global Compact); Reputation

Tabelle 6: Wertbeitrag verschiedener Stakeholdergruppen

4.2 Interessengruppen

POST ET AL. (vgl. 2002, S. 46 ff.) geben in diesem Zusammenhang eine eher beispielhafte als abschließende Übersicht verschiedener, relevanter Interessengruppen und skizzieren den Nutzen, der für Unternehmen aus diesen Beziehungen zu den jeweiligen Gruppen resultiert (ähnlich Schmid, 1997, S. 633). Betrachtet man die in Tabelle 6 (entnommen und übersetzt aus Post et al., 2002, S. 47) genannten potenziellen Wertbeiträge, zeigt sich, dass diese weitgehend der in Abschnitt 2.1.1 (S. 11 ff.) vorgestellten Definition immaterieller Ressourcen von LEV (2001, S. 5) entsprechen. Erfolgskritische immaterielle Ressourcen, die aus der Interaktion mit verschiedenen Stakeholder- bzw. Interessengruppen entstehen, gilt es daher für Unternehmen zu erhalten, zu entwickeln und auszuschöpfen.[43]

Die Resource-Dependence Theorie beschreibt – wie der Name andeutet – die potenziellen Wertbeiträge als einen Ressourcenzufluss. Da dieser das Wertschöpfungspotenzial, den Erfolg und damit auch das langfristige Überlegen determiniert, entsteht ein Abhängigkeitsverhältnis zwischen Unternehmen und ihren (relevanten) Interessengruppen (z. B. Gulati/Sytch, 2007). Der sich daraus ergebende Einfluss der Makroebene auf die Mesoebene – die im Teilausschnitt des Gesamtmodells in Abbildung 18 zusammengefasst ist – beschreiben PFEFFER/SALANCIK (1978, S. 2) folgendermaßen: „Our position is that organisations survive to the extent that they are effective. Their effectiveness derives from the management of demands, particularly the demands of interest groups upon which the organisation depends on." Aus dem Abhängigkeitsverhältnis resultiert auf der Seite der Ressourcen zur Verfügung stellenden Interessengruppen eine Machtposition gegenüber dem betrachteten Unternehmen.

Das Konstrukt Macht lässt sich in Anlehnung an WEBER (1966) relational modellieren (zu unterschiedlichen Modellierungsmöglichkeiten siehe Sandner, 1992a, S. 4 ff.; Sandner/Meyer, 2004). Das heißt, dass eine Person oder Organisation nicht per se Macht hat, sondern immer nur in der Interaktion mit Machtunterlegenen (ausführlich Sandner/Meyer, 2004, S. 759 f.; Sandner, 1992a, S. 16 ff.). Nach WEBER (1947, S. 28) beinhaltet das Konstrukt Macht „jede Chance, innerhalb einer sozialen Bezie-

---

[43] Normativ implizieren folglich alle drei genannten Theorien – der Neoinstitutionalismus, die Resource-Dependence- und auch die Stakeholdertheorie – die Notwendigkeit eines systematischen Managements der Umfeldbeziehungen.

hung den eigenen Willen auch gegen Widerstreben durchzusetzen". Dieses Verständnis wird später von PFEFFER (1981, S. 3) aufgegriffen, der Macht als „a relationship among social actors in which one social actor, A, can get another social actor, B, to do something that B would not otherwise have done" (häufig verwendet wird auch das Konzept von Dahl, 1957, S. 202 ff. der Macht als mathematische Relation definiert).

```
┌─────────────────────────────────────────────────┐
│              Makroebene                         │
│   Interessengruppen                             │
│                                                 │
│         Macht ◄──┐                              │
│                  │                              │
│      Ressourcen   Beeinflussungs-               │
│                   möglichkeit                   │
│  Ressourcenzufluss                              │
├─────────────────────────────────────────────────┤
│              Mesoebene                          │
│                                                 │
│  Wertschöpfungsprozess ──► Sicherung des Erfolgs│
│                            und langfristiges    │
│                            Überleben            │
│  Unternehmen                                    │
└─────────────────────────────────────────────────┘
```

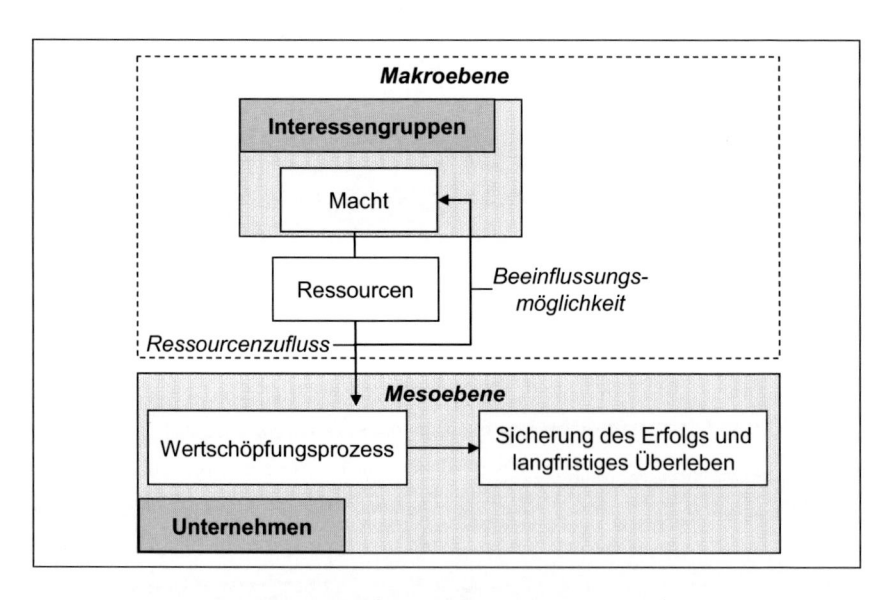

Abbildung 18: Ressourcenabhängigkeit und Macht

Die Möglichkeit der Beeinflussung des Ressourcenzuflusses – als interorganisationale Machtbasis – kann dabei direkt oder indirekt erfolgen. Dies beinhaltet, dass sowohl Interessengruppen, welche dem Unternehmen Ressourcen direkt zur Verfügung stellen, als auch Interessengruppen, welche den Ressourcenzufluss indirekt beeinflussen, Macht gegenüber dem Unternehmen besitzen (vgl. Sandner, 1992a, S. 10). „A stakeholder's (e.g. owners, creditors, or regulators) power to influence corporate management is viewed as a function of the stakeholder's degree of control over resources required by the corporation [...] As the level of stakeholder power increases the importance of meeting stakeholder demands increases, also" (Roberts, 1992, S.

598 f.). In den Fällen zeigt sich diese indirekte Einflussnahme u. a. dadurch, dass der Ressourcenzufluss für Unternehmen zum Beispiel von der Berichterstattung in Medien, ihrer Positionierung in verschiedenen Rankings oder auch der Meinungsbildung politischer Lobbyisten abhängt (vgl. hierzu auch den Literaturüberblick bei Brown/Deegan, 1998, S. 25 f.). Der Interviewpartner aus dem Unternehmen K beschreibt diesbezüglich eine allgemein sehr hohe Aufmerksamkeit der Gesellschaft für das Unternehmenshandeln:

> „[...] immer auch unter einer gewissen Beobachtung, nicht nur der Öffentlichkeit, sondern da ist die Politik sehr, sehr stark involviert. Lesen Sie Zeitung! Wenn wir Stellen abbauen, findet das niemals ohne einen Kommentar aus der Politik statt. Der immer so in Hintergrundgesprächen in die Medien eingeschleust wird. Dies ist das eine Thema. Das zweite Thema ist, dass wir uns in einem regulierten Markt befinden. Da ist von hoheitlicher Seite auch ein gewisses Kontrollbedürfnis vorhanden, was wiederum auch zu einer erhöhten Aufmerksamkeit führt. [...] Wenn Sie zum Beispiel [die Zeitung X] nehmen, die haben einen Journalisten, der den ganzen Tag nichts anderes macht, als nur bei [Fall K] jeden Stein umzudrehen" (Fall K).

4.3 Legitimitätsdruck

4.3.1 Wahrnehmung des Unternehmenshandelns

Aus Unternehmenssicht gilt es daher, das Verhalten relevanter (mächtiger) Interessengruppen in Hinblick auf den Ressourcentransfer positiv zu beeinflussen. Entscheidend ist, dass das Verhalten durch die jeweils verfolgten Ziele und die Wahrnehmung der Unternehmensaktivitäten determiniert wird. „Wenn die Menschen Situationen als real definieren, so sind auch ihre Folgen real" (zitierte deutsche Übersetzung in Thomas, 1965, S. 114; ursprünglich Thomas/Thomas, 1928, S. 572; vgl. auch Malik, 1985, S. 208). Die Bedeutung kognitiver Aspekte in den Austauschbeziehungen der Unternehmen wird auch in den genannten umweltorientierten Organisationstheorien, zum Beispiel der Stakeholderforschung, hervorgehoben: „Ein grundlegender Vorteil des Stakeholderansatzes liegt darin, dass er zeigt, dass das Verhalten von Organisationen und Unternehmen letztlich von der subjektiven Wahrnehmung und dem Verhalten von Menschen bestimmt wird, und er somit der Organisationsforschung und Managementlehre Leben einhauchte" (Hahn, 2005, S. 3). Der Zusammenhang zwischen den Aussagen dieser Theorien auf der Mesoebene der Organisation und den individuellen Handlungen sowie kognitiven Prozessen auf der Mikroebene zeigt sich hier deutlich und wird daher auch in der folgenden Diskussion betont.

Denn Unternehmen erscheinen zumindest für externe Interessengruppen (pauschal formuliert) als eine Art Black Box. Beobachtbar ist zwar der produzierte Output in Form von Gütern und Dienstleistungen, das zugrunde liegende Verhalten im Prozess der Leistungserstellung bleibt jedoch in der Regel intransparent. Insofern besteht potenziell ein Bedarf an Information über die Unternehmensaktivitäten aus der Sicht verschiedener Interessengruppen (siehe Tabelle 6, S. 120) eines Unternehmens (vgl. hierzu ausführlich Karmasin, 2007, S. 76 f.).

Das Verhalten resultiert aus der Wahrnehmung[44] der Interessengruppen, ob ihre jeweiligen Ziele durch ein Unternehmen neutral, positiv oder negativ berührt werden (vgl. Aerts/Cormier, 2009, S. 1 f.). Dieses kann sowohl in einer direkten Reaktion bestehen, als auch indirekt in der Bildung einer Einstellung gegenüber dem Unternehmen. Beispielsweise könnte die Handlungsmaxime der Kapitalgeber daher vielleicht folgendermaßen (plakativ) zusammengefasst werden: „Ohne Transparenz kein Vertrauen und ohne Vertrauen kein Kapital" (Essing, 2001, S. 191). Entscheidungen von Kapitalgebern basieren in erster Linie auf der prognostizierten Entwicklung eines Unternehmens, in der Regel gestützt auf quantitative Methoden der Unternehmensbewertung (für Überblicke angewendeter Methoden siehe Coenenberg/Schultze, 2002; Brealey/Myers/Allen, 2008; Drukarczyk/Schüler, 2007). Die Prognosequalität, im Sinne einer möglichst genauen Vorhersage der zukünftig zu realisierenden Wertschöpfung, ergibt sich aus der zur Verfügung stehenden Informationsbasis. Auf dieser Grundlage treffen Kapitalgeber Annahmen und Entscheidungen; wobei in diesem Zusammenhang für die Akteure immer auch ein beträchtlicher Spielraum besteht. Der Spielraum ist nicht zuletzt auf die Bewertung immaterieller Unternehmensressourcen zurückzuführen, wie die folgende Aussage eines Kapitalmarktanalysten im

---

[44] Auf die dabei ablaufenden kognitiven, informationsverarbeitenden Prozesse (vgl. für eine ausführliche Einführung Kroeber-Riel/Weinberg/Gröppel-Klein, 2009, S. 274 ff.) wird in dieser Arbeit nicht näher eingegangen, da diese mit dem Design der durchgeführten empirischen Untersuchung nicht näher betrachtet werden konnten.

4.3 Legitimitätsdruck

Rahmen einer Studie des Deutschen Investor Relations Verbandes (2007, S. 6) zeigt:

> „Unsere Erfahrung hat gezeigt, wenn Sie rein mathematische Modelle gebrauchen, dann erzielen Sie Preise, die sind jenseits von Gut und Böse. Wir haben uns dann überlegt, dass es noch andere Werttreiber gibt, wenn es um Börsenbewertung geht. Die können wir nicht in unser Modell einbauen und wir haben uns dann entschieden, zunächst einen ökonomischen Wert zu berechnen wie er aus dem Modell kommt – das ist meiner Meinung nach maximal der Wert, den die Gesellschaft erreichen kann – und von diesem Wert ziehen wir unsere Soft Facts ab [...]".

Die Einbindung entsprechender Informationen erfolgt zwar oft unsystematisch, jedoch wird ihnen als potenzialorientierte Indikatoren (siehe Abschnitte 2.1.1, S. 11 ff. und 2.1.4, S. 25 ff.) eine hohe Bedeutung zugeschrieben. „Es kann [...] kein Zweifel bestehen, dass die subjektive Wahrnehmung des Unternehmens durch die Kapitalmarktteilnehmer seine Bewertung über eine rein mathematische Verarbeitung unternehmerischer Finanzkennzahlen hinaus beeinflusst. Es existieren somit zentrale weiche Faktoren, welche die Wahrnehmung eines Unternehmens durch seine Zielgruppen am Kapitalmarkt beeinflussen" (Vater et al., 2008, S. 2605). Informationen über immaterielle Ressourcen beeinflussen also die Wahrnehmung des Unternehmens (-wertes) aus Sicht der Interessengruppen und diese führt wiederum zur Entwicklung einer Einstellung.

Das Konstrukt Einstellung (vgl. einführend Fischer/Wiswede, 2002, S. 219 ff.) eines Individuums oder einer Gruppe gegenüber einem Objekt beinhaltet also eine Verhaltensdisposition als „Zustand einer gelernten und relativ dauerhaften Bereitschaft, in einer entsprechenden Situation gegenüber dem betreffenden Objekt regelmäßig mehr oder weniger stark positiv bzw. negativ zu reagieren" (Trommsdorff, 2009, S. 146).

Zentrales Konstrukt ist in diesem Zusammenhang das Image eines Unternehmens. Dieses beinhaltet eine mehrdimensionale, holistische Grundlage der Einstellungsvariable gegenüber dem Unternehmen. Ein Image ist aus der Sicht einer Person oder Gruppe wertend, insofern subjektiv und umfasst ein differenziertes, aber ganzheitliches Bild eines Gegenstandes. Die Bewertung auf Basis eines Images ist nur bedingt bewusst und erfolgt sowohl kognitiv als auch affektiv (vgl. Trommsdorff, 2009, S. 155 f.). „Eine Analyse des Phänomens Image muss [daher] fragen, welche Attribute ein Individuum einem Unternehmen [...] zuschreibt, wie diese Attribute bewertet werden und welche ‚Verhaltensintentionen' sich daraus ergeben" (Rosenstiel/Neumann, 2002, S. 204 f.). Auch der in dieser Arbeit fokussierte Lagebericht kann als ein Medium zur Imagebildung verstanden werden (vgl. dazu O'Donovan, 2002, S. 351).

Ein Image aufzubauen und zu entwickeln ist von zentraler Bedeutung für Unternehmen (zur strategischen Bedeutung vgl. Deephouse, 2000). Beispielsweise formuliert die Allianz Group (2002, S. 17) einen Grundsatz ihrer strategischen Ausrichtung im Geschäftsbericht folgendermaßen: „Wir wissen, dass die Nachhaltigkeit unseres Erfolges auf unserer Reputation als Geschäftspartner, unserem Ansehen in der Gesellschaft und unserer Attraktivität als Arbeitgeber für hervorragende Mitarbeiter gründet." Ähnlich beschreibt der Finanzvorstand der ThyssenKrupp AG, STEFAN KIRSTEN, die Aufgabe des Risikomanagements von Unternehmen: „Nicht der Untergang von Sachen, sondern der Untergang von Meinungen ist für Unternehmen das größte Risiko" (zitiert nach Nöcker, 2002, S. 21).

Die zitierten Aussagen unterstreichen die Relevanz der Wahrnehmung und Interpretation der Handlungen durch wichtige Interessengruppen des Unternehmens; auch wird die Interdependenz zwischen gesellschaftlichen Strukturen und interessengeleitetem Handeln der Unternehmen als Basis sozialer Handlungen deutlich (vgl. Zerfaß/Piwinger, 2007, S. 7). „Das Phänomen der Kommunikation hängt nicht von dem ab, was übermittelt wird, sondern von dem, was im Empfänger geschieht. Und das hat wenig zu tun mit übertragender Kommunikation" (Maturana/Varela, 1987, S. 221). Auch in den geführten Interviews wird die Steuerung des Unternehmensimages als Zielsetzung der Unternehmenskommunikation deutlich:

„Das ist in großem Maße Imagebildung" (Fall I).

„Das wollen wir auch aus Imagegründen ein bisschen mehr publik machen, weil da ganz viel passiert und dann auch immer wieder die Frage der Adressaten kommt: Was macht ihr eigentlich?" (Fall M)

„[...] dass das jetzt ein bisschen anders ist, liegt daran, dass der Geschäftsbericht als Möglichkeit auch Image-Inhalte zu transportieren sehr viel stärker in den Vordergrund gerückt ist, als dies in der Vergangenheit der Fall war [...]. Ziel der Kommunikation war es [...] den Geschäftsbericht stärker, neben der Funktion als Finanzinstrument, als Imageinstrument zu positionieren" (Fall J).

4.3 Legitimitätsdruck

Diese Entwicklung des Geschäftsberichts als Instrument zur Imagebildung wird zwar weitgehend in den Interviews bestätigt, jedoch teilweise auch stark kritisiert, wie die folgenden Zitate hervorheben.

"Es ist eigentlich deplatziert. Das ist auch ein Missbrauch des Geschäftsberichts, mit dem man sowieso nur sehr schlecht die Leute erreicht, die man erreichen will und man langweilt die anderen mit Themen, die sie nicht interessieren. Und ich meine, wenn Sie sich unseren Bericht durchgucken – ich würde schon sagen, der ist relativ stark faktenbezogen, relativ wenig Schnickschnack drum herum. Also, es gibt welche, die haben noch 15 Mio. Bilder und überhaupt, und so ‚look and feel' – interessanterweise gewinnen die aber fast jeden Investor Relations-Preis" (Fall D).

"Wir haben eine relativ klare Positionierung zum Thema CSR aus Investorensicht als primärer Adressat unserer Berichterstattung. Es ist so, gute CSR wird nicht honoriert, sie wird vorausgesetzt. Denn wenn wir sie nicht haben, wird sie bestraft, aber wir kriegen nichts dafür, dass wir eine ausgesprochen vorteilhafte und positive CSR haben. Und das ist der Anspruch und das ist auch unsere Meinung. Das ist die Haltung im Markt und der kommen wir nach. Ist ohnehin gerade ein großes Trendthema und Sie können vielleicht auch meinen skeptischen Worten entnehmen, wie ich persönlich dazu positioniert bin" (Fall L).

"Das ist wie ein Marketingtext, wenn das hier in der ersten Version auftaucht, und dann bin ich damit beschäftigt – zumindest war es im letzten Jahr so – diese ganzen Adjektive, die in einer Finanzpublikation nichts zu suchen haben, erst mal raus zu streichen. Weil es ist kein Marketingtext [...], das ist eine Finanzpublikation. Ich bin grundsätzlich kein Freund davon, daraus eine Image-Broschüre zu machen. [...] im klassischen Konzern-Lagebericht muss man eben ein bisschen der Norm frönen und da nicht so umschweifende und himmelhoch jauchzende Begrifflichkeiten drin haben" (Fall E).

In Abbildung 19 ist der Zusammenhang zwischen Image-Entstehung, der damit verbundenen Einstellung und dem Verhalten der Interessengruppen gegenüber dem Unternehmen zusammengefasst.[45] Ausgangspunkt ist – wie dargestellt – die Wahrnehmung des Unternehmenshandelns auf Basis der zur Verfügung stehenden Informationen. Über die Einstellungsbildung führt dies wiederum zu einer (möglichen) Beeinflussung des Ressourcenzuflusses an ein betrachtetes Unternehmen.

---

[45] Mit der Betonung der Wahrnehmungsprozesse der Interessengruppen eines Unternehmens ist die Einordnung dieser Elemente auf einer Makroebene nicht trennscharf. Hiermit werden letztlich Wahrnehmungsprozesse von Individuen angesprochen. Aus der Perspektive des entwickelten Modells sind diese Individuen jedoch in der Umwelt des Unternehmens zu verorten, weshalb diese Elemente vereinfacht der Makroebene zugeordnet sind.

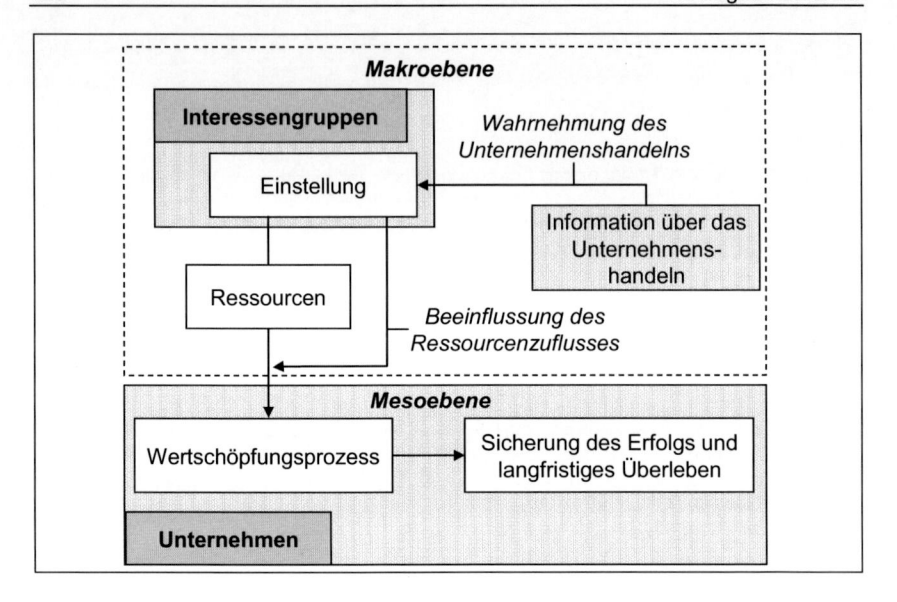

Abbildung 19: Verhaltenssteuerung durch Wahrnehmung/Einstellungsbildung

Hieraus gehen folgende Wirkungsbeziehungen als Hypothesen hervor:

H 1: Die Einstellung der Interessengruppen gegenüber einem Unternehmen wird beeinflusst durch die zur Verfügung stehenden Informationen über das Unternehmenshandeln, zum Beispiel durch publizierte Informationen über immaterielle Ressourcen im Lagebericht.

H 2: Die Einstellung der Interessengruppen gegenüber einem Unternehmen beeinflussen ihr Verhalten gegenüber diesem und damit ceteris paribus den Ressourcenzufluss an das Unternehmen.

In Anlehnung an die Argumentation der neoinstitutionalistischen Organisationstheorie lässt sich die daraus resultierende Konsequenz für Unternehmen konkretisieren.

4.3.2 Neoinstitutionalismus

Kernaussage der Theorie ist, dass eine aus institutionalisierten Erwartungsstrukturen bestehende Makroumwelt die formale Struktur und das Verhalten von Organisationen nachhaltig prägt (vgl. einführend Walgenbach/Meyer, 2008, S. 11). Organisationen sind mit Erwartungen ihrer Umwelt konfrontiert, wie eine für sie effektive und effiziente Struktur auszugestalten ist. Ihr Erfolg wird wesentlich dadurch bestimmt, ob es

4.3 Legitimitätsdruck

gelingt diesen Erwartungen gerecht zu werden: „As rationalized institutional rules arise in given domains of work activity, formal organizations form and expand by incorporating these rules as structural elements. [...] Organizations that incorporate societally legitimised elements in their formal structures maximize their legitimacy and increase their resources and survival capabilities" (Meyer/Rowan, 1977, S. 345, 352).

MEYER/ROWAN (1977) formulieren mit dieser Kausalität ein Organisationsverständnis, das der zu dieser Zeit vorherrschenden kontingenztheoretischen Perspektive widerspricht.[46] In der Kontingenztheorie (ausführlich Lawrence/Lorsch, 1967; Donaldson, 2001; Kieser, 2006; Chenhall, 2003) wird davon ausgegangen, dass die formale Struktur ein Abbild der Koordinationsanforderungen der Umwelt ist. Im Sinne eines Determinismus ist die sich bildende Struktur eine effizienzorientierte Reaktion auf die von situativen Faktoren geprägte Komplexität der Arbeits- und Tauschprozesse einer Organisation. Strukturen – so die kontingenztheoretische Argumentation weiter – können, durch die Implementierung formaler Regeln, die an eine Organisation gestellten Koordinationsanforderungen lösen und damit Wettbewerbsvorteile begründen.

In zweierlei Hinsicht kontrastiert der Neoinstitutionalismus damit den kontingenztheoretischen Ansatz: Zum einen ist die formale Struktur nicht zwingend durch die Notwendigkeit einer effizienzorientierten Koordination organisationaler Prozesse determiniert; sie ist auch Ergebnis der institutionalisierten Umwelt. Und zum anderen muss die Organisation nicht gemäß ihrer formalen Blaupause funktionieren. Oft ist das tatsächliche Verhalten losgelöst von der formalen Struktur. Das Anpassen von Organi-

---

[46] MEYER/ROWAN waren Teilnehmer des Forschungsprogramms „Environment for Teaching" das Anfang der 1970er Jahre an der Stanford Universität durchgeführt wurde (zur historischen Entwicklung vgl. Jepperson, 2002). Fokus dieser Forschergruppe waren die, zu dieser Zeit paradigmatisch geltenden, deterministischen Zusammenhänge zwischen Technologie und der Ausgestaltung von Organisationsstrukturen. In mehreren empirischen Studien (für einen Überblick vgl. Meyer/Scott, 1992) wurde die postulierte Abhängigkeit widerlegt und nur ein sehr begrenzter Einfluss nachgewiesen. Aus den Ergebnissen dieser Studien wurde das Gedankengerüst des Neoinstitutionalismus entwickelt. Die Neoinstitutionalisten verwerfen dabei keineswegs technisch-funktionale Erklärungen, warnen jedoch vor einer naiven Übernahme dieses Paradigmas und erheben für das von ihnen entwickelte Organisationsverständnis (lediglich) den Anspruch einer partialen, umweltorientierten Erklärung für die Entstehung formaler Strukturen (vgl. Meyer/Rowan, 1977, S. 343).

sationen an institutionalisierte Erwartungen erfolgt auch nicht immer bewusst, ist jedoch bei Weitem kein irrationaler Prozess.

Im Neoinstitutionalismus schließen Unternehmen eine Art Vertrag mit den Interessengruppen ihrer Umwelt ab (vgl. Mathews, 1993, S. 26; Brown/Deegan, 1998, S. 22 f.), indem sie sich verpflichten, ihre Struktur und ihr Handeln an den an sie gestellten Erwartungen (Institutionen) auszurichten. Verstöße gegen diesen imaginären Vertrag können zu Sanktionen, zum Beispiel in Form sinkender Nachfragen oder einem eingeschränkten Zugang zu Produktionsfaktoren (Kapital, Arbeit usw.) und rechtlichen Restriktionen, führen (vgl. Ashforth/Gibbs, 1976; Suchman, 1995, S. 574 ff.; Tinker/Neimark, 1987, S. 84).

An dieser Stelle ist die Argumentation des Neoinstitutionalismus mit den Modellzusammenhängen in Abbildung 19 (S. 128) konsistent. Denn die Neoinstitutionalisten konkretisieren die daraus resultierende Konsequenz auf Basis der Wahrnehmung der Organisationsumwelt, ob Struktur und Verhalten den institutionalisierten Erwartungen entsprechen.[47] Die (auf einer Makroebene) bestehende institutionelle Umwelt wird folglich durch die Wahrnehmungen der Organisationsmitglieder (auf einer Mikroebene) einerseits gefiltert (vgl. Scott, 1994b, S. 97) und darauf aufbauend das Unternehmenshandeln (Mesoebene) ausgerichtet. Andererseits bewerten die Interessengruppen der jeweiligen Umwelt das Unternehmenshandeln auf Basis ihrer Wahrnehmung. Ein aus Unternehmenssicht positives Ergebnis dieser Wahrnehmung ist die Verleihung von Legitimität (ausführlich Walgenbach/Meyer, 2008, S. 63 ff.), die jedoch in einem dynamischen Prozess wieder abgesprochen werden kann.

In Anlehnung an SUCHMAN (1995, S. 574) lässt sich Legitimität folgendermaßen definieren: „Legitimacy is a generalized perception or assumption that the actions of an entity are desirable, proper, or appropriate within some socially constructed system of

---

[47] Der „alte" Institutionalismus (für einen Überblick Selznick, 1996) betont die normativen Dimensionen von Institutionen; durch den daraus resultierenden Determinismus zeigt dieser durchaus Ähnlichkeiten zur Kontingenztheorie auf. Im Gegensatz dazu verweisen die („neuen" oder „neo"-) Institutionalisten insbesondere auf die Bedeutung der kognitiven Dimensionen von Institutionen. „Die institutionelle Umwelt ist insofern nicht nur ‚da draußen', sondern in den Köpfen der Organisationsmitglieder" (Walgenbach, 2006, S. 354). Ontologischer Bezugspunkt ist dabei die „Wissenssoziologie" von BERGER/LUCKMANN (2003). Diese gehen davon aus, dass die Realität das Ergebnis einer subjektiven Konstruktion auf Basis sozialer Erfahrungen im Alltag ist.

4.3 Legitimitätsdruck

norms, values, beliefs, and definitions" (siehe hierzu auch Dowling/Pfeffer, 1975, S. 122). Erfolg wird wesentlich dadurch bestimmt, dass es einer Organisation gelingt, in den Augen der jeweils relevanten institutionellen Umwelt ihre Legitimität zu erhalten und auszubauen (z. B. Baum/Oliver, 1991; Rao, 1994; Rao/Chandy/Prabhu, 2008). Legitimität ist demnach ein relationales Konstrukt (vgl. Suchman, 1995, S. 594), das als Attribut auf Basis der Wahrnehmungen von Interessengruppen verliehen wird: „[…] legitimacy is not something that can be claimed by organizations, but is instead something that is given by stakeholders" (Massey, 2001, S. 156). Insofern ist das Legitimitäts-Konstrukt auch nicht als eine Art Ressource zu verstehen, die in ökonomischen Transaktionsbeziehungen eingesetzt werden kann, sondern vielmehr als eine notwendige Bedingung[48] für die unternehmerische Wertschöpfung und das langfristige Überleben einer Organisation.

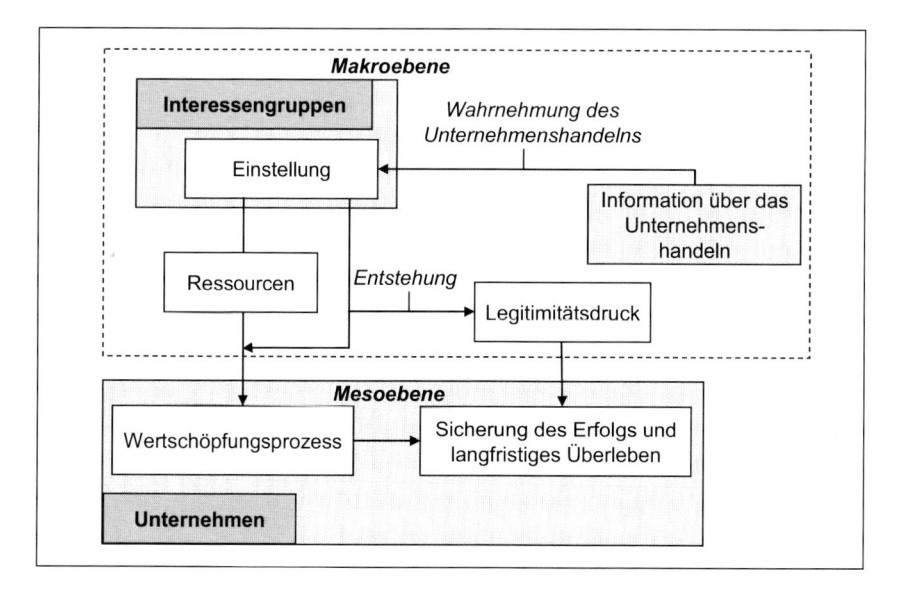

Abbildung 20: Entstehung von Legitimitätsdruck

---

[48] Ähnlich einem Hygienefaktor im Sinne HERZBERGS (ausführlich Herzberg, 1968, S. 56 ff.)

In den Interviews zeigte sich, dass Unternehmen mit Erwartungen verschiedener Interessengruppen konfrontiert sind und dadurch einen Legitimitätsdruck erfahren. Zum Beispiel ist es für Unternehmen A wichtig, sich als attraktiver Arbeitgeber zu präsentieren, da es sonst ein Rekrutierungsproblem bekommt und für Unternehmen E ist es aufgrund des gewählten Standortes von Bedeutung, dass seine Produktionsprozesse als sicher wahrgenommen werden. Die Modelldarstellung in Abbildung 20 spiegelt daher wider, dass die Interessengruppen die Unternehmensaktivitäten wahrnehmen, was sich auf den Ressourcenzufluss und damit verbunden den Wertschöpfungsprozess auswirkt. Rückwirkend resultiert dadurch wiederum ein Zwang für Unternehmen Legitimität zu erreichen. Für diesen Einfluss, der auch wie dargestellt in den Fällen beobachtet werden konnte, wird in dem Modell die Bezeichnung „Legitimitätsdruck" aus der Theorie des Neoinstitutionalismus übernommen.

4.3.3 Legitimierungsstrategien

Das Unternehmensimage und die damit verbundene Einstellung lenken folglich das Verhalten der Interessengruppen, wodurch sich aus Managementsicht die Frage nach Möglichkeiten einer gezielten Beeinflussung stellt. Es geht also dabei um die Frage, wie – durch das Verhalten auf der Mesoebene der Organisation – die Einstellung und das Verhalten der Interessengruppen der Makroumwelt beeinflusst werden können. Die Fälle beschreiben Situationen, in denen Unternehmen den Legitimitätsdruck ihrer institutionalisierten Umwelt erfahren. Als Reaktion versuchen sie, den Ressourcenzufluss zu sichern, indem sie auf das Verhalten relevanter Interessengruppen Einfluss nehmen (zur instrumentellen Perspektive vgl. einführend Dutton/Dukerich, 1991; Massey, 2001, S. 155; Oliver, 1991): „Because organizational legitimacy revolves around the idea of societal perceptions and values, there is a direct relation between the likelihood of adverse shifts in the public perception of an organization's social responsibility and the appeal of the organization to manage these shifts in perception" (Cho, 2009, S. 36). Für eine gezielte Beeinflussung der Legitimität eines Unternehmens unterscheiden beispielsweise SCHMID/LYCZEK (vgl. auch im Folgenden 2006, S. 97 f.) zwischen zwei strategischen Optionen:

- Zum einen können Erwartungen und Forderungen relevanter Interessengruppen im Unternehmenshandeln berücksichtigt werden. Dies gilt sowohl für den gesamten Managementprozess (Planung, Steuerung und Kontrolle), als auch für das operative Ausführungssystem eines Unternehmens. Dabei sollte der unternehmerische Wertschöpfungsprozess aus den Augen der Interessengruppen analysiert werden, um Interaktionspunkte zu verstehen und mögliche Konflikte vermeiden zu können: „Unabhängig davon, welche Stakeholdergruppe betroffen ist, stellt eine Erfassung der Anliegen aus der Lebenswelt der Stakeholder heraus die notwendige Grundlage für ein optimales Handeln des Unternehmens dar. Spieltheoretisch gesprochen: Das Unternehmen muss die Nutzenfunktion der anderen Spieler möglichst gut kennen, um seine eigene Strategie optimieren zu können" (Schmid/Lyczek, 2006, S. 97).

- Zum anderen besteht die Möglichkeit, das Verhalten relevanter Interessengruppen durch eine gezielte Kommunikation zu beeinflussen: „Organizational legitimacy is often constructed through the use of ‚symbolic actions'" (Neu et al., 1998, S. 267). In Anlehnung an BRUHN (2005, S. 1) lässt sich Kommunikation in diesem Zusammenhang als die „Übermittlung von Informationen und Bedeutungsinhalten zum Zweck der Steuerung von Meinungen, Einstellungen, Erwartungen und Verhaltensweisen bestimmter Adressaten gemäß spezifischer Zielsetzungen" interpretieren. Verwendet wird in diesem Zusammenhang auch der Begriff „Kommunikationspolitik", der über die Gestaltung kommunikativer Aktivitäten hinaus zielgerichtete Entscheidungen zur Ausrichtung des zur Verfügung stehenden Kommunikationsinstrumentariums umfasst (vgl. zum Stichwort „Kommunikationspolitik" auch Diller, 2001).

Die beiden Strategien sind jedoch nicht isoliert voneinander zu betrachten, wie SCHMID/LYCZEK (2006) argumentieren. Auch eine Anpassung des Unternehmenshandelns muss gegenüber den Interessengruppen kommuniziert werden: „It is generally agreed, that if a corporation changes its activities or attempts to alter other's perceptions of its activities, these must be accompanied by disclosures" (O'Donovan, 2002, S. 345 f.). Denn wie ausgeführt ist die Verleihung von Legitimität ein kognitiver Vorgang, der auf einem Informationstransfer aufbaut (Ashforth/Gibbs, 1976, S. 178 ff. beschreiben die beiden Ansätze mit den Begriffen „substantive management" und „symbolic management").

4.3 Legitimitätsdruck

Der Geschäftsbericht besitzt also sowohl eine reflektive, als auch eine konstituierende Funktion (vgl. Amernic, 1992; Salancik/Meindl, 1984; Karmasin, 2007; Dyball, 1998). Oder wie BAKER/BETTNER (1997, S. 293) argumentieren: „Contrary to public perception, accounting is not a static reflection of economic reality, but rather it is a highly partisan activity". Ähnlich ordnen DOWLING/PFEFFER (1975, S. 126 f.) die Berichterstattung in ein Framework verschiedener Legitimierungs-Instrumente ein, mit dem sie Ansätze zur Beeinflussung von Unternehmensbeziehungen zur jeweiligen gesellschaftlichen, sozialen Umwelt aufzeigen. Auch hier wird auf die Möglichkeit verwiesen, mit der Berichterstattung ein Image zu kommunizieren. Zu zeigen ist für Unternehmen, dass ihr Verhalten im Einklang mit dem vorgegebenen gesellschaftlichen Wertekanon steht. „[...] what companies include in (omit from) their annual reports is a conscious decision that communicates a significant message to external constituencies" (Guthrie et al., 1999, S. 23). Dies spiegelt sich auch in den geführten Interviews wider:

„Es gibt vieles, das gilt für die Mitarbeiter aber [auch] für andere Dinge, wo Interne und Externe den Stellenwert von bestimmten Themen im Unternehmen danach beurteilen, wie umfangreich darüber im Geschäftsbericht berichtet wird. Dass Leute sagen: Na, dazu schreiben sie wenig, das scheint ihnen ganz wenig wert zu sein" (Fall I).

„[...] im Grunde hat man weiterhin recht hohe Freiheitsgrade bei der Erstellung. Man kann schon den Punkten, die einem besonders wichtig erscheinen, durch das Einräumen eines größeren Platzes, einen Stellenwert verleihen. Und die Entscheidung, das zu tun, obliegt im Grunde uns" (Fall L).

„Und wir positionieren uns damit eigentlich als ‚Wirtschafts-Player', der sich Gedanken um die Themen der Zukunft macht" (Fall J).

Teilweise ist ein Verhalten beobachtbar, das im Neoinstitutionalismus als Entkopplung bezeichnet wird (vgl. hierzu ausführlich Walgenbach/Meyer, 2008, S. 81 ff.). MEYER/ROWAN *(vgl. 1977, S. 356 f.)* sprechen von einer Entkoppelung formaler Strukturen und tatsächlichem Verhalten, da zum Beispiel die an eine Organisation gerichteten Anforderungen („Institutionen") mit den Charakteristika der tatsächlichen Aufgabenerfüllung im Konflikt stehen. Durch diesen Druck kann, BRUNSSON (1989) folgend, eine Art „Organisation der Scheinheiligkeit" entstehen. Denn wie beschrieben wird einer Organisation Legitimität über Wahrnehmungsprozesse zugesprochen. „Besonders wichtig für die Sicherung der Legitimität einer Organisation ist [daher] die Verwendung des richtigen Vokabulars" (Walgenbach/Meyer, 2008, S. 30). Bezogen

4.3 Legitimitätsdruck

auf die im vorherigen Abschnitt genannten Strategien, stellen Entkoppelungsprozesse demnach ein Kommunikationsverhalten dar, bei dem die getroffenen Aussagen nicht mit der tatsächlichen Unternehmenssituation übereinstimmen.

Studien zeigen in diesem Zusammenhang, wie der Geschäftsbericht als eine Art Moderator zwischen gesellschaftlichen Werten und Unternehmensverhalten instrumentalisiert wird (vgl. die Diskussion bei Neu et al., 1998). Damit wird das Ziel verfolgt, erwartete und legitimierte Strukturen aufrechtzuerhalten. WALGENBACH (1998) zeigt exemplarisch, wie bei der Einführung eines Qualitätsmanagements nach ISO 9000 Entkopplungsvorgänge in Unternehmen auftreten: Primäres Ziel, das die untersuchten Unternehmen mit der Erfüllung der Normen verfolgen, ist, die Zertifizierung als Marketinginstrument zu nutzen. In den Ursachen der Norm-Einführung spiegelt sich der für Unternehmen bestehende Legitimierungsdruck wider. Dabei werden zwar alle Normen von den Unternehmen in dieser Studie formal umgesetzt; jedoch werden teilweise Elemente, die nicht sinnvoll in das Arbeitssystem integrierbar sind, von den Arbeitsprozessen entkoppelt. In einigen Fällen beschreiben daher die interviewten Qualitätsbeauftragten die Dokumentation der Umsetzung nur noch als oberflächliche Makulatur und in diesem Sinne als Versuch einer Entkopplung.

Oft wird an Geschäftsberichten bemängelt, dass sie nicht ausreichend kritisch die wirtschaftliche Entwicklung von Unternehmen darlegen und als Instrumente zur Imagebildung ihren Informationswert verlieren (vgl. Hutchins, 1994): „The annual report has been variously described as an undisguised advertisement [or] management platforms for preaching their philosophies and touting themselves and their companies" (Ingram/Frazier, 1983, S. 49). DEEGAN/GORDAN (1996) zeigen beispielsweise in ihrer Studie über die Berichterstattung australischer Unternehmen, dass freiwillig publizierte Inhalte eher selbstverherrlichend als objektiv sind. Ähnliches deutet sich auch in den Aussagen der Interviewten an:

> „[...] mein Rechnungswesen-Leiter-Kollege bezeichnet das immer als ‚Gesülze'"
> (Fall G).

Als „Wellness-Sprache" deklariert MOELLER (Moeller, 2007) in diesem Zusammenhang die Inhalte der Berichterstattung und fragt: „Was würde eigentlich passieren, wenn Vorstände einfach ehrlich sagen, wo es klemmt? Vermutlich gar nichts. Aber man wäre wenigstens informiert" (Moeller, 2007, S. 48).

Die Darstellung des Geschäftsberichts als Kommunikationsinstrument, um das Verhalten relevanter Interessengruppen zu beeinflussen, ist im Modell inhaltlich nicht spezifiziert. Insofern umfasst es sowohl eine Berichterstattung, die der Unternehmenssituation entspricht, als auch eine Entkoppelung der kommunizierten Inhalte von den tatsächlichen Gegebenheiten. In der folgenden Aussage aus dem Fall K wird beispielsweise angedeutet, dass Innovativität als Erfolgsmerkmal von Unternehmen angesehen wird. K sucht daher nach Möglichkeiten, der erwarteten Innovationsfähigkeit zu entsprechen. Dieser Versuch, den Erwartungen der Unternehmensumwelt gerecht zu werden, ähnelt den beschriebenen Institutionalisierungsprozessen in Organisationen. Da das Geschäftsmodell von K nur vergleichsweise eingeschränkt auf einer leistungsfähigen Forschung und Entwicklung aufbaut, ist es für das Unternehmen schwierig, entsprechende Inhalte zu kommunizieren und die erwartete Innovationsstory abzubilden:

> *„Dies hier ist nur noch so ein Pflichtprogramm, das man der Vollständigkeit halber macht. […] Wir investieren nicht zwei oder drei Prozent von unserem Umsatz in Forschung und Entwicklung, das tun wir einfach nicht! Und das macht es unheimlich schwierig, eine Innovationsstory zu bauen. Und dann kommt man in der Verlegenheit zu solchen trivialen Themen. […] Also, da wird schon eine gezielte Verschleierungstaktik gemacht, um die Details nicht offenzulegen. Aus den unterschiedlichsten Gründen heraus. Nachteil davon ist, dass alles so ein bisschen wie eine braune Soße wirkt, die relativ wenig greifbar ist"* (Fall K).

Fall K verfolgt mit den publizierten Inhalten über die Innovationsprojekte des Konzerns das Ziel, ein Image aufzubauen, das den angenommenen Erwartungen der Interessengruppen entspricht. Deutlich wird, dass sich die Berichterstattung an den Interessen der Informationsempfänger orientiert.

4.3.4 Legitimierungsinstrument Lagebericht

Das sich (aus Unternehmenssicht) ergebende Potenzial, dem Legitimierungsdruck durch eine gezielte Kommunikation zu begegnen, steht im Fokus des entwickelten Modells. Hiernach werden der Geschäftsbericht und speziell der Lagebericht als Instrumente verstanden, um Informationen – auch über immaterielle Ressourcen – an die Interessengruppen eines Unternehmens freiwillig zu transferieren. Dabei wird auf der Mesoebene der Organisation das Ziel verfolgt, die Wahrnehmung des Unternehmenshandelns aus der Sicht der Makroumwelt zu beeinflussen und zwar so, dass es

4.3 Legitimitätsdruck

als legitim betrachtet wird (vgl. Hurst, 1970; Zerfaß/Piwinger, 2007), um damit das Verhalten der Interessengruppen zu steuern: „It's a legitimate issue. A staggering amount of time, energy and money are invested in annual reports [...]. Unquestionably the most expensive and management-intensive tool within the typical financial communication program" (Hutchins, 1994, S. 315). Fokus bisheriger empirischer Studien ist ein reaktives Legitimitätsmanagement (vgl. Cho, 2009, S. 36). Primär untersucht wird, wie Unternehmen die freiwillige Berichterstattung nutzen, um ihre Legitimität in den Augen der jeweils relevanten Umwelt wiederherzustellen.

Durch den vom Unternehmen ausgehenden Informationstransfer, der in Abbildung 21 dargestellt ist, wird die instrumentelle Perspektive des Modells skizziert.

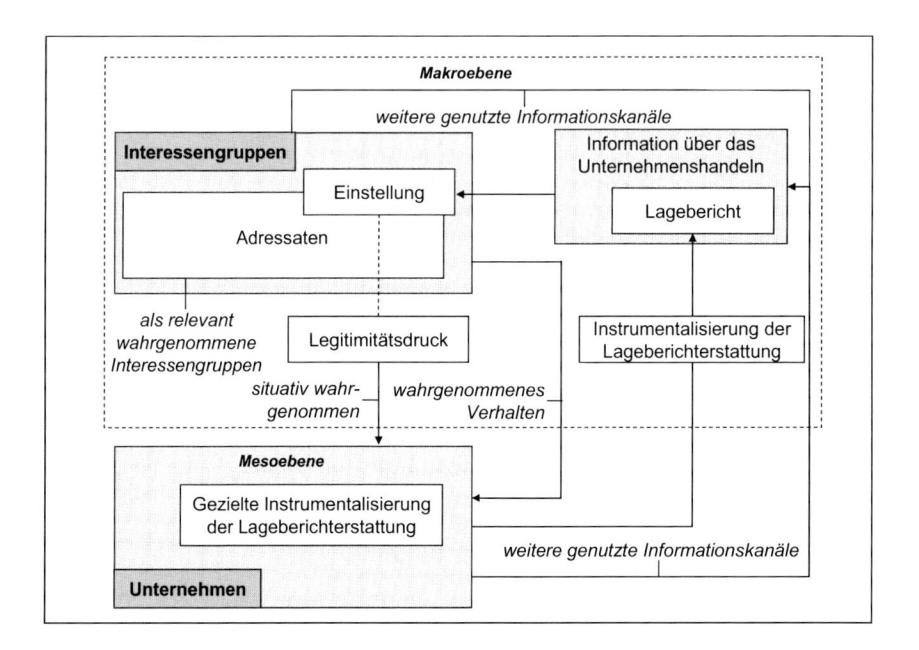

Abbildung 21: Instrumentalisierung der Lageberichterstattung

Der Informationstransfer kann als eine Reaktion auf den bestehenden Legitimitätsdruck und das damit verbundene Verhalten der Interessengruppen interpretiert werden (Brown/Deegan, 1998; Tsang, 2001; Cho, 2009): „These disclosures help to manage an organization's relationship with relevant publics through the shaping of external perceptions [...] and thereby influencing the image that relevant publics have of the organization and its activities" (Neu et al., 1998, S. 266). Folgender kausaler Zusammenhang ist daher als Hypothese festzuhalten:

> H 3: Je höher der Legitimitätsdruck, der aus Unternehmenssicht wahrgenommen wird, desto höher ist die Bereitschaft des Unternehmens, freiwillig Informationen über immaterielle Ressourcen zu veröffentlichen.

Anzumerken ist, dass Informationen über das Unternehmenshandeln auch über weitere Informationskanäle (vgl. hierzu die Diskussion bei Cho, 2009, S. 36; Striukova et al., 2008, S. 308 ff.) außerhalb des Geschäftsberichts kommuniziert (zum Beispiel in Pressemitteilungen oder Broschüren) und teilweise auch von verschiedenen Interessengruppen (zum Beispiel Presse, Politik, Verbände, Analysten) zur Verfügung gestellt werden. Von den Interviewpartnern wurden in diesem Zusammenhang zusätzliche, neben dem Geschäftsbericht veröffentlichte, Publikationen angesprochen. Für eine stakeholderorientierte Berichterstattung wird u. a. auf sogenannte Nachhaltigkeitsberichte der Unternehmen verwiesen (vgl. auch Abschnitt 2.3.2.2, S. 43 ff.). In diesen werden zum Teil auch Informationen über immaterielle Ressourcen platziert, insbesondere Inhalte in Hinblick auf das Mitarbeiterpotenzial und die soziale, ökologische Ausrichtung der Unternehmenshandlungen.

> *„Das sieht man daran, dass jetzt vor zwei, drei Wochen unser erster Nachhaltigkeitsbericht rausgekommen ist. Und da stehen ein paar Kennzahlen drin, die man auch, unter der Überschrift ‚immaterielle Ressourcen' nach außen tragen könnte" (Fall H).*

> *„Wir haben ja auch einen [...] oder zwei Nachhaltigkeitsberichte, auch da sind diese Dinge abgearbeitet" (Fall I).*

> *„Ja, wir haben noch mehr. Also wir haben den Geschäftsbericht, wir haben den Quartalsbericht, den Nachhaltigkeitsbericht, wobei das nicht mehr bei uns, also nicht im Finanzbereich, entsteht. Der Nachhaltigkeitsbericht wird in unserer Presseabteilung gemacht" (Fall A).*

Auch wenn die betrachteten Unternehmen auf weitere Informationskanäle zurückgreifen, betonen die Interviewpartner die Bedeutung des Geschäftsberichts als Medium, über das Unternehmen mit ihren Interessengruppen kommunizieren:

> *„Dieser Geschäftsbericht ist unser zentrales Dokument für ein Jahr" (Fall M).*

4.3 Legitimitätsdruck

Dies ist konsistent zu Aussagen in der Literatur, wonach der Geschäftsbericht das zentrale Instrument der Unternehmenskommunikation ist, und insofern auch die Forschung zur freiwilligen Berichterstattung (über immaterielle Ressourcen) diesen Informationskanal fokussiert (vgl. hierzu die Ausführungen in Abschnitt 2.2.1, S. 30 ff.). Weitere Publikationen, zum Beispiel ein Nachhaltigkeitsbericht, werden als ergänzend oder vertiefend beschrieben, jedoch würden relevante Inhalte dieser Berichte auch im Geschäftsbericht abgebildet werden, wie die Interviewpartner in den Fällen F und H erklären:

> „Wir haben dann dazu noch einen extra Corporate Social Responsibility-Report, [...]. Das gibt es nochmals extra dazu. So dass das Thema bei uns tatsächlich relativ hoch aufgehängt ist, und dadurch kommt es dann eben auch mit einem Extrakapitel in den Geschäftsbericht" (Fall F).

> „[...] wir sagen halt: Das ist unser Nachhaltigkeitsbericht und vor dem Hintergrund Nachhaltigkeit geben wir das nach draußen. Und weil das auch für uns wichtig wird, wird da wahrscheinlich auch in diesem Jahr was im Geschäftsbericht erscheinen. Also die Frage: Wie sind unsere Produkte beispielsweise vor dem Hintergrund einzuordnen? Helfen unsere Produkte, unsere Software, vielleicht anderen Unternehmen auch, Energiekosten zu sparen? Oder solche Sachen eben. Vor dem Hintergrund bringen wir die Sachen rein" (Fall H).

Die in Abbildung 21 dargestellten Zusammenhänge sind nicht statisch: „Legitimacy management is an ongoing process that involves gaining, maintaining, and in some cases regaining legitimacy for the organization" (Massey, 2001, S. 156). Das Modell beschreibt einen kontinuierlichen Prozess, wobei es nicht notwendigerweise zu einem Gleichgewicht zwischen dem kommunizierten Unternehmenshandeln und den Erwartungen der Interessengruppen kommt. Ein Unternehmen könnte auch die Erwartungen mit dem Ziel übertreffen, sich im Vergleich mit Wettbewerbern als legitimer darzustellen. Möglich wäre auch eine bewusste Entscheidung von Unternehmen, den Erwartungen ihrer Interessengruppen nicht gerecht zu werden. Darüber hinaus ist denkbar, dass Unternehmen nicht in der Lage sind, zu zeigen, dass das Unternehmenshandeln und die Erwartungen der Interessengruppen konsistent sind. Denn letztlich ist das Konstrukt Legitimitätsdruck auf die zur Verfügung stehenden Informationen über das Unternehmenshandeln, und wie diese die Einstellung der Interessengruppen beeinflussen, zurückzuführen.

Auch die an ein Unternehmen gestellten Erwartungen der Interessengruppen können einem Wandel unterliegen. Ein Unternehmen kann somit Legitimität gewinnen oder auch verlieren, ohne dass es Änderungen der Geschäftsprozesse gibt. Ursache hierfür könnte eine Neuzusammensetzung der Interessengruppen sein (vgl. auch im Folgenden O'Donovan, 2002) oder auch eine Veränderung der Erwartungen gegenüber dem Unternehmen. Letzteres könnte u. a. auf regulatorische Anpassungen (vgl. Deegan/Gordon, 1996) oder auf eine Intensivierung des gesellschaftlichen Involvements für das Unternehmenshandeln zurückzuführen sein (vgl. Elsbach/ Sutton, 1992).

Zum Beispiel scheinen die Informationsbedürfnisse der Kapitalmarktteilnehmer einem Wandel zu unterliegen (ausführlich Deutscher Investor Relations Verband e.V., 2007). „Heute sind eine klare, stringente Unternehmensstrategie, gezielte Wertsteigerungsbemühungen, die Qualität von Management und Verwaltungsrat, erfolgreiche Kommunikation und nicht zuletzt auch Image und Reputation eines Unternehmens mindestens ebenso bedeutend für eine Beurteilung der Unternehmenssituation wie die rein quantitativen Geschäftszahlen" (Porák/Achleitner/Fieseler/Groth, 2006, S. 259). „Die Reputationsforschung vernachlässigt [...] häufig, dass sich nicht nur Kunden und Öffentlichkeit, sondern auch Finanzprofis, also Analysten und Investoren, ein Urteil zu der Vertrauenswürdigkeit und Zuverlässigkeit eines Unternehmens bilden. Kapitalmarktprofis bringen unterschiedlichen Unternehmen mehr oder weniger Sympathie entgegen" (Hoffmann/Meckel, 2007, S. 22). Der veränderte Informationsbedarf bezieht sich insbesondere auf immaterielle Ressourcen, inklusive Angaben über die sozialen Aktivitäten von Unternehmen, wie die folgenden Zitate aus den geführten Interviews hervorheben (siehe hierzu auch Epstein/Freedman, 1994, S. 103 ff.; Bassen/Kovács, 2008, S. 184 ff.):

„Nein, davon dürfen Sie nicht ausgehen. Sie müssen auch sehen, dass Geschäftsberichte heutzutage nicht mehr nur von reinen Finanzanalysten gelesen werden, sondern dass es auch sehr viele Corporate Social Responsibility-Analysten gibt, die sich sehr genau die Geschäftsberichte anschauen, und die eben nicht nur klassische, kalt rechnende Finanzanalysten sind, die sagen: Sie schmeißen Geld für Mitarbeiter raus. Sondern dass es eine Geschichte ist: Wir haben soziale Verantwortung, [...] wir wissen, dass Humankapital das wichtigste Kapital eines Unternehmens ist. Und dementsprechend kommunizieren wir auch. Das muss man so sehen" (Fall J).

„Wir erleben immer mehr Investoren, die sagen, [...] nur ein Unternehmen, das voll und ganz auf dem Feld der Compliance und [...] der Nachhaltigkeit sich dem ausrichtet, wird auf lange Sicht erfolgreich sein. Die schauen sich auch solche Dinge an" (Fall I).

4.3 Legitimitätsdruck

Noch einmal zu betonen ist, dass die auf den Erstellungsprozess des Lageberichts wirkenden Einflüsse von der Wahrnehmung involvierter Akteure abhängig sind. Die als relevant bewerteten Interessengruppen, an welche die im Lagebericht publizierten Informationen gerichtet sind, werden als Adressaten bezeichnet. Aus diesem Grund sind die Adressaten als eine Teilmenge der Interessengruppen eines Unternehmens in der Modelldarstellung eingeordnet (vgl. zum Beispiel Abbildung 21, S. 131). Diese Unterscheidung ergibt sich aus der Erkenntnis, dass die Berichterstattung durch unterschiedliche Beurteilungen des Verhaltens und der Relevanz der Interessengruppen geprägt ist. Zum Beispiel zeigten untersuchte Unternehmen, deren Handlungen durch ähnliche Konstellationen situativer Faktoren beeinflusst werden, deutliche Unterschiede in der Priorisierung ihrer Interessengruppen für die Lageberichterstattung.

Die Art und Weise, wie Unternehmen ihre Lageberichterstattung zur Wahrnehmungsbeeinflussung der Interessengruppen und damit als Legitimierungsinstrument nutzen, wird zu dem entwickelten Konstrukt „gezielte Instrumentalisierung der Lageberichterstattung" im Modell zusammengefasst. Das Konstrukt ist auf der Mesoebene des entwickelten Forschungsmodells einzuordnen und emergiert zum Beispiel aus organisationalen Routinen oder einem unternehmensweit festgelegten Kommunikationskonzept. Es zeigt sich in den Aussagen der Interviewten, dass die jeweilige gezielte Instrumentalisierung der Lageberichterstattung eines Unternehmens die Handlungen der Akteure auf der Mikroebene beeinflusst. Jedoch ist auch hier die Mesoebene nicht unabhängig von der Mikroebene. Relevant ist auch, wie die Akteure (Mikroebene) die Lageberichterstattung gezielt zur Erreichung bestimmter (auch eigener) Ziele instrumentalisieren und an wen sie die publizierten Informationen adressieren. Die Handlungen auf der Mikroebene beeinflussen also die „gezielte Instrumentalisierung der Lageberichterstattung" auf der Mesoebene (auf die Wechselwirkungen zwischen den Modellebenen wird bei der Beschreibung der Prozessrollen in den Abschnitten 4.2 bis 4.7 (S. 115 ff.) sowie im Rahmen der Zusammenfassung der zentralen Hypothesen in Kapitel 5 (S. 239 ff.) näher eingegangen).

Im Folgenden wird das Konstrukt „gezielte Instrumentalisierung der Lageberichterstattung" anhand der beobachteten Fälle skizziert: Dafür wird zunächst im folgenden Abschnitt 4.4.1 dargestellt, inwieweit Unternehmen den Lagebericht für eine Kommunikation mit ihrer Umwelt nutzen. Diese Instrumentalisierung lässt sich, wie die Fälle zeigen, auf das Ziel zurückführen, die wahrgenommene Legitimität des Unternehmenshandelns aus der Sicht relevanter Interessengruppen zu beeinflussen. Dies beinhaltet die Frage nach priorisierten Interessengruppen als Adressaten der freiwilligen Berichterstattung, die in Abschnitt 4.4.2 (S. 146 ff.) diskutiert wird.

4.4 Gezielte Instrumentalisierung

4.4.1 Auswirkungen Legitimitätsdruck

Teilweise bestätigen die Interviewten, dass Unternehmen den Lagebericht gezielt einsetzen, um die Einstellung ihrer Interessengruppen zu beeinflussen und damit ihr Verhalten zu steuern. Der Lagebericht wird also zur Imagebildung instrumentalisiert und damit einen Legitimitätsdruck begegnet:

> „Aus meiner Sicht ist es kein rationaler Prozess, sondern es ist viel auch, ich sage mal, Politik. Ja, was will man berichten, was soll auf die Agenda drauf. [...] der Lagebericht ist wie die gesamte Unternehmenskommunikation auch letztendlich ein Instrument dafür, die Position des Unternehmens in der Öffentlichkeit bekannt zu machen, nicht mehr und nicht weniger" (Fall C).

> „[...] das Unternehmen in seiner Gesamtsicht und in seinem Selbstverständnis darzustellen, das machen Sie einmal im Jahr. [...] Das ist auch viel, nicht Bilanzpolitik, sondern auch Kommunikationspolitik von Unternehmen, was dann da platziert wird an Themen" (Fall I).

> „Grundsätzlich sind die gebrieft, irgendwie immer alles, was positiv ist [darzustellen]. Tue Gutes und sprich darüber, sage ich mal" (Fall E).

> „Das ist in großem Maße Imagebildung [...] Und vieles besteht auch einfach aus Unterlassen" (Fall I).

> „Man reagiert auf Themen, die in der Gesellschaft diskutiert werden? Ja, oder die man vielleicht hier und da selber pushen will, um das mal klar zu machen. Deswegen würde ich mich nicht wundern, wenn dieses Jahr mal was zur Kernenergie oder so drin steht" (Fall D).

> „Das ist erst mal das ganze Externe, wie soll das Ding aussehen, welches Ziel wollen wir verfolgen, weil wir auch immer eine Story mitgeben wollen" (Fall E).

Im entwickelten Modell ist die Instrumentalisierung des Lageberichts zur Imagebildung inhaltlich nicht spezifiziert. Insofern umfasst es eine Berichterstattung, welche die tatsächliche Unternehmenssituation widerspiegelt, sowie eine Entkoppelung, wie

4.4 Gezielte Instrumentalisierung

im Abschnitt 4.3.3 (S. 132 ff.) für den Fall K beschrieben. Im Fall K wird der Lagebericht instrumentalisiert, um gezielt ein innovatives Image aufzubauen. Ein Imageaufbau wird jedoch nicht in allen Fällen gezielt verfolgt. Beispielsweise finden sich im Lagebericht von Fall H sehr umfassende Informationen über die immateriellen Ressourcen des Unternehmens. Gefragt nach der zugrunde liegenden Zielsetzung wurde erklärt, dass die Intention der Berichterstattung des Unternehmens folgende ist:

> *"[...] wirklich auch die Außenwelt darüber zu informieren, was wir so im laufenden Geschäftsjahr getan haben. [...] Also, wir setzen uns nicht hin und sagen: Bestimmte Indikatoren wollen wir auf jeden Fall drin haben, um eine gewisse Kommunikation nach außen zu tragen, sondern wir überlegen uns: Was war wichtig bei uns im laufenden Geschäftsjahr? Und danach geben wir quasi die Informationen nach außen.*
>
> *Ich glaube nicht, dass er irgendwie unsere Glaubwürdigkeit oder wie auch immer erhöhen wollte"* (Fall H).

Zwar hat die Lageberichterstattung auch hier Einfluss auf die Imagebildung; für das Unternehmen – so der Interviewpartner – ist das Ziel einer Verhaltensbeeinflussung relevanter Interessengruppen jedoch nicht handlungsleitend. Berichtet wird im Lagebericht von H u. a. ausführlich über die Innovationsleistung, das Mitarbeiterpotenzial und die Entwicklung des Markenwertes des Unternehmens. Wobei die Unternehmenssituation eine positive Darstellung der immateriellen Ressourcen gegenüber den Interessengruppen ermöglicht:

> *"[...] wie detailliert unser Vorstand auf die Marke schaut, kann ich Ihnen gar nicht sagen. Auf jeden Fall scheint es ein wichtiges Thema zu sein. Beispielsweise gibt es immer Vorstandsbriefe an alle Mitarbeiter, und da war in einem der letzten Briefe ganz groß wieder die Tatsache drin, dass unsere Marke gestiegen ist. Und was man auch immer sieht: Von Jahr zu Jahr steigen auch die Kosten, die wir ins Marketing stecken an der Stelle. Also von daher gehe ich mal davon aus, dass man sehr bemüht ist um die Marke"* (Fall H).

> *"Wir hatten bis jetzt auch nicht unbedingt die Probleme, wenn man dann [...] als bester Arbeitgeber ausgezeichnet wird, sieht man natürlich nach außen auch gut aus. Ich meine, wenn das mal anders wäre, weiß ich nicht, wie sich das entwickeln würde. Von daher ist das schwer zu sagen. Aber so Diskussionen hatten wir bisher nicht"* (Fall H).

Informiert wird über die immateriellen Ressourcen des Unternehmens, ohne dass dabei eine gezielte Beeinflussung bestimmter Interessengruppen intendiert ist. In dem Modell spiegelt der Fall H eine Konstellation wider, in welcher der auf das Unternehmen und den Prozess der Lageberichterstattung wirkende Legitimitätsdruck vergleichsweise gering ist.

Der Fall B ist ähnlich einzuordnen; der Lagebericht wird hier ebenfalls nicht gezielt instrumentalisiert, um Legitimität zu erreichen. Ursache hierfür ist jedoch, dass dieses Unternehmen nur wenig im Fokus der Öffentlichkeit steht, was sich zum Beispiel in einer geringen Medienpräsenz ausdrückt. Insofern besteht für Fall B auch keine Notwendigkeit, die Konsistenz des Unternehmenshandelns mit den Erwartungen verschiedener Interessengruppen zu kommunizieren, das heißt sich zu legitimieren.

„Das wurde nicht als großes Marketinginstrument [...] genommen, aber es ist auch nicht so, dass [Unternehmen B] vielleicht im Fokus der Öffentlichkeit wäre und wir der Öffentlichkeit was verkaufen wollten oder müssten. Es kann sein, dass es sich künftig irgendwie mal anders darstellt, dass wir als großer, attraktiver Arbeitgeber in [unserer Region] dastehen wollen, aber bisher ist das eben nicht der Fall.

Oftmals delegiert von irgendjemand an irgendjemand, der nicht schnell genug auf dem Baum war sozusagen. [...] wie gesagt, die Prioritätenliste für die Lageberichterstattung ist oftmals sehr gering.

Also wenn Sie sich zum Beispiel das Mitarbeiterpotenzial anschauen, gibt es eine konkrete Zielsetzung für das Unternehmen, über diese Bereiche zu kommunizieren? Ist mir nicht bekannt" (Fall B).

Der Fall B deutet jedoch darauf hin, dass der Legitimitätsdruck mit der Aufmerksamkeit der Interessengruppen für das Unternehmenshandeln steigt. Dieser Zusammenhang wird auch in einer Untersuchung von BROWN/DEEGAN (1998) bestätigt (zu einem ähnlichen Ergebnis kommen auch Cormier/Magnan, 2003): Sie testen, inwieweit sich Medienberichte über ein Unternehmen auf das jeweilige Publikationsverhalten auswirken. Dafür greifen sie auf Forschungsergebnisse zur Agendabildung (vgl. hierzu die Ausführungen in Abschnitt 4.5.3.2.2, S. 179 ff.) in den Medienwissenschaften zurück (vgl. einführend McCombs/Shaw, 1972). BROWN/DEEGAN (1998) postulieren, dass mit einer steigenden Bedeutung von Themen in den Medien diese auch in der Gesellschaft an Relevanz gewinnen: „[...] transfer of salience from the media agenda to the public agenda" (Carroll/McCombs, 2003). Daraus wird abgeleitet, dass Unternehmen, über die vermehrt in Medienberichten diskutiert wird, auch stärker im Fokus der Gesellschaft stehen und dem Handeln dieser Unternehmen eine höhere Bedeutung zugesprochen wird. Der Argumentation des Neoinstitutionalismus folgend, reagieren Unternehmen auf das gestiegene Involvement mit einer Intensivierung ihrer

4.4 Gezielte Instrumentalisierung

Berichterstattung, um ihre Legitimität gegenüber der Gesellschaft zu sichern. Mit einem höheren Legitimitätsdruck, steigt die Relevanz der Kommunikationsinstrumente für ein Unternehmen. BROWN/DEEGAN (1998) können diese Zusammenhänge, für die von ihnen betrachte Stichprobe australischer Unternehmen aus unterschiedlichen Branchen, bestätigen. Aus dem Legitimitätsdruck, der durch das Involvement und die damit verbundene Erwartungshaltung an die Unternehmensaktivitäten entsteht, entwickelt sich auf Unternehmensseite ein Motiv für die freiwillige Berichterstattung. Hieraus ergibt sich als Hypothese folgende Wirkungsbeziehung:

H 4: Je höher der wahrgenommene Legitimitätsdruck, desto wichtiger ist der Lagebericht als Kommunikationsinstrument für ein Unternehmen.

H 5: Je höher der wahrgenommene Legitimitätsdruck, desto gezielter nutzt ein Unternehmen seine Lageberichterstattung zur Kommunikation mit seinen Interessengruppen.

In den Fällen zeigt sich, dass das Involvement und der Legitimitätsdruck von unterschiedlichen Faktoren abhängig sein können, zum Beispiel der Unternehmensgröße (Fall I), einem Standortfaktor (Fall E) oder der Branche (Fall C):

„[...] jetzt sind wir wieder bei den Mitarbeitern, Sie finden da einen Satz, der jedes Jahr drin steht. Und Sie würden von unseren 260.000 Mitarbeitern sicherlich eine Reihe von bösen Briefen kriegen, und wahrscheinlich auch vom Betriebsrat [...]. Das ist für einen ganz bestimmten Stakeholderkreis geschrieben: an die Mitarbeiter und an die Arbeitnehmervertreter" (Fall I).

„Aber da ist natürlich auch immer noch das Licht der Öffentlichkeit. Wir befinden uns nicht auf der grünen Wiese, sondern wir sitzen mitten in einem der beliebtesten Stadtteile. Und da muss man schon ein bisschen gucken, auch soziales Image usw." (Fall E).

„[...] also die externen Investoren kann man da eigentlich vernachlässigen, zumindest aus meiner Sicht. Die Frage ist eher, die anderen Stakeholder, so einen Geschäftsbericht, den lesen durchaus die regionalen Politiker, die Landräte [...] in deren Gegenden wir Kraftwerke bauen oder Tagebau haben wollen. Und wenn wir uns als rein materialistisch denkendes Unternehmen darstellen würden, welches seiner gesellschaftlichen Verpflichtung nicht nachkommt, nicht ausbildet und was weiß ich, was alles, dann könnte uns das zum Nachteil werden" (Fall C).

Die Zitate zeigen eine Orientierung der Berichterstattung an den Interessen der Informationsempfänger. Relevant ist dabei insbesondere, welche Interessengruppen im Prozess der Lageberichterstattung als wichtig bewertet werden. Die Relevanz einer Interessengruppe (aus Unternehmenssicht) ist wiederum abhängig davon, wie diese die Legitimität eines Unternehmens beeinflussen kann: Damit ist zum einen den Interessengruppen Aufmerksamkeit zu schenken, welche die Legitimität eines Unternehmens akut gefährden. Zum anderen sind – im Sinne eines proaktiven Legitimitätsmanagements – Interessengruppen zu fokussieren, deren potenzieller Legitimitätsentzug eine Gefahr darstellt. Darüber hinaus ist zu prüfen, inwieweit die priorisierten Interessengruppen mit Hilfe des Lageberichts angesprochen werden können. Aus der Beantwortung dieser Fragen ergibt sich, ob gegebenenfalls ein Potenzial aus Unternehmenssicht besteht, den Lagebericht gezielt zu instrumentalisieren.

4.4.2 Priorisierung von Interessengruppen

4.4.2.1 Informationssender und -empfänger

„Companies direct their dialogue and reporting efforts towards key stakeholders – those stakeholders that are important and have influence on company activities. As such, one would expect differences in the disclosure policies, disclosure patterns and disclosure choices made by companies" (Boesso/Kumar, 2007, S. 273, 275). Dies wird auch durch die Experteneinschätzung eines Interviewpartners aus dem Fall I bestätigt, der mehrere Jahre als Wirtschaftsprüfer tätig war:

> „[...] im Endeffekt ist es dann natürlich: Was verfolgt das Unternehmen mit seinem Lagebericht? Davon ist ein Lagebericht, denke ich mal, sehr stark beeinflusst. [...] Das ist immer auch die Frage: Wer ist der Hauptadressat? Was möchte ich? Ich möchte meinen Marktwert steigern, ich möchte mitteilen, dass ich toll bin oder geht es mir darum, meinen Aktienkurs zu steigern, und dann schreibe ich natürlich viel mehr dazu rein, von welchen Geschäftszweigen ich mich unterjährig getrennt habe und wie viel EBIT ich daraus machen werde" (Fall I).

Die Unternehmenskommunikation im Rahmen der Lageberichterstattung orientiert sich an den Beziehungen zu relevanten Interessengruppen (z. B. Neu et al., 1998, S. 269 ff.; Oliver, 1991, S. 162). Auch Agenturen, die Unternehmen Beratungsleistungen im Rahmen der Geschäftsberichtserstellung anbieten, empfehlen daher, zunächst die Zielgruppe der Berichterstattung zu definieren (vgl. Nix, 2004, S. 103 f.). In der Literatur werden verschiedene Begriffe verwendet, um Interessengruppen zu beschreiben, welche einer Organisation Legitimität verleihen und insofern auch für die Berichterstattung relevant sind. O'DONOVAN (2002) spricht in diesem Zusammenhang

4.4 Gezielte Instrumentalisierung 147

beispielsweise von „conferring publics"; darüber hinaus werden Begriffe wie „social actors" (z. B. Deephouse, 1996), „organizational constituents" (z. B. Bansal/Kendall, 2000) und „relevant publics" (z. B. Buhr, 1998) verwendet.

Der postulierte Zusammenhang zwischen der Bedeutung dieser Gruppen für den Unternehmenserfolg und dem Publikationsverhalten ist in einer Studie von BOESSO/KUMAR (2008) bestätigt (siehe auch die Arbeit von Roberts, 1992): Sie testen, inwieweit sich die wahrgenommene Relevanz verschiedener Interessengruppen auf das Publikationsverhalten auswirkt. Branchenspezifisch werden hierfür einerseits Führungskräfte nach der Bedeutung verschiedener Interessengruppen für das jeweilige Unternehmen gefragt und andererseits die Lageberichterstattung inhaltsanalytisch ausgewertet. Dabei legen die Autoren für den Informationsbedarf der Interessengruppen verschiedene (Key Performance-) Indikatoren fest; beispielsweise sind publizierte Indikatoren für die Mitarbeiterzufriedenheit der Interessengruppe Gewerkschaften zugeordnet. Aufbauend auf der Inhaltsanalyse von Lageberichten einer randomisierten Stichprobe werden Durchschnittswerte für die Publikationshäufigkeit innerhalb einer Branche ermittelt. Diese beschreiben für die einzelnen Interessengruppen, inwieweit auf die jeweiligen Informationsbedürfnisse im Lagebericht eingegangen wird. Als Ergebnis zeigen BOESSO/KUMAR (2008), dass Unternehmen, für als relevant eingestufte Interessengruppen, mehr Informationen zur Verfügung stellen. Demnach bestätigt diese Untersuchung die Annahme, dass Unternehmen Informationen gezielt an bestimmte Interessengruppen adressieren, um ihr Verhalten zu beeinflussen.

Eine unterschiedliche Wahrnehmung der Interessengruppen der Lageberichterstattung zeigte sich auch in den untersuchten Fällen. Insbesondere die Unterschiede in der Priorisierung der Interessengruppen könnten Erklärungsgehalt für die beobachtete heterogene Berichterstattung über immaterielle Ressourcen haben. Dies lässt sich auch mit Hilfe eines Kommunikationsmodells (für einen einführenden Überblick verschiedener Modelle vgl. Schützeichel, 2004, S. 22 ff.) spezifizieren: Der Lagebericht ist zwar kommunikationstheoretisch (vgl. grundlegend Burkart/Hömberg, 2007) eher als Massen- und weniger als interpersonale Kommunikation einzustufen (vgl. für die Unterscheidung Scheufele, 2007, S. 102), jedoch ist auch hier das Bild, das der Informationssender vom -empfänger besitzt, relevant. Im Feldschema von MALETZKE

(1963, S. 41), das in Abbildung 22 dargestellt ist, sind die beiden Parteien der Kommunikationsbeziehung mit den Begriffen „Kommunikator" (K) und „Rezipient" (R) benannt (vgl. für die folgende Beschreibung Maletzke, 1976, S. 14 f.).

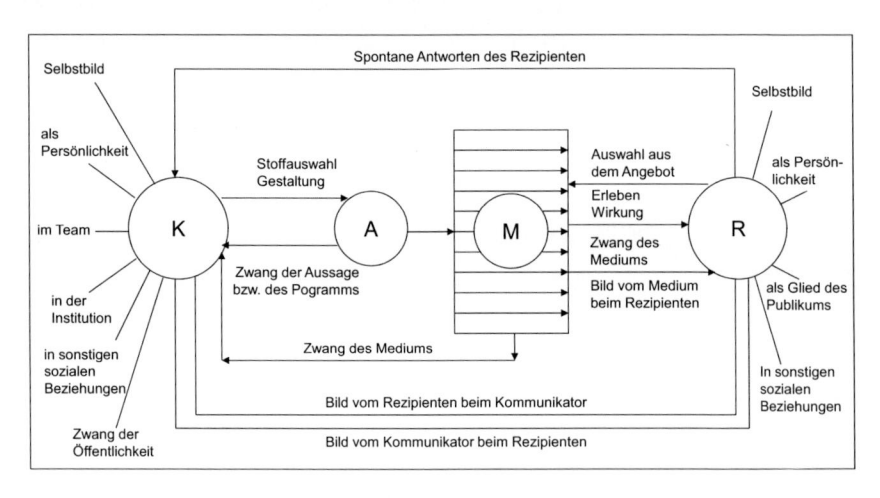

```
                              Spontane Antworten des Rezipienten
Selbstbild
                                                                           Selbstbild

als
Persönlichkeit                                        Auswahl aus
                   Stoffauswahl                       dem Angebot          als Persön-
                   Gestaltung                                              lichkeit
                                                      Erleben
im Team     ──  K              A           M          Wirkung       R
                                                      Zwang des
                   Zwang der Aussage                  Mediums
in der             bzw. des Pogramms                  Bild vom Medium      als Glied des
Institution                                           beim Rezipienten     Publikums

in sonstigen                    Zwang des Mediums
sozialen                                                                   In sonstigen
Beziehungen                                                                sozialen
                           Bild vom Rezipienten beim Kommunikator          Beziehungen

Zwang der
Öffentlichkeit             Bild vom Kommunikator beim Rezipienten
```

Abbildung 22: Feldschema Massenkommunikation

Der Kommunikator produziert in diesem Modell eine Aussage (A), die in einem Medium (M) dem Rezipienten zur Verfügung gestellt wird. Der Rezipient nimmt wiederum aus dem Medium bestimmte Aussagen wahr und rezipiert sie. Dabei sind sowohl für das Verhalten des Kommunikators als auch für das des Rezipienten Persönlichkeitsmerkmale relevant. Wie für die Interessengruppen der Lageberichterstattung beschrieben, entscheiden diese darüber, welches Bild vom Rezipienten beim Kommunikator wahrgenommen wird. Reziprok beeinflusst dies wiederum, welche Aussagen vom Kommunikator getroffen, das heißt, welche Informationen im Lagebericht publiziert werden.

Auch in der Lasswell-Formel (siehe Lasswell, 1948, S. 37 ff.), welche die Forschungsfelder der Kommunikationswissenschaft anhand von Fragen klassifiziert, wird die Bedeutung der Rezipienten für die transferierten Inhalte betont: „Who, says what, in which channel, to whom, with what effect?" (Lasswell, 1948, S. 37).

4.4 Gezielte Instrumentalisierung 149

Die Priorisierung der Interessengruppen der Lageberichterstattung ist auch für die Interpretation der publizierten Inhalte über immaterielle Ressourcen entscheidend. Folgender Textauszug aus dem Geschäftsbericht der Deutsche Lufthansa AG[49] (2008) für das Jahr 2007 illustriert, dass in Abhängigkeit der jeweils adressierten Interessengruppen, unterschiedliche Intentionen der Berichterstattung zugrunde liegen können. Damit einhergehend ist aus Analysesicht eine Berichterstattung über verschiedene immaterielle Ressourcen verbunden. Ausgesagt wird: „Die Modernisierung hat auch erfreuliche Auswirkungen auf die Umwelt. Obwohl der Verbrauch der SWISS-Flotte bereits heute im Vergleich zum europäischen Durchschnitt mit 3,8 Litern pro 100 Passagierkilometer niedrig ist, werden die neuen Flugzeuge die Emission um weitere 13 Prozent senken" (Deutsche Lufthansa AG, 2008, S. 8).

Für die Kapitalgeber könnte diese Aussage mit der effizienzorientierten Aussage verbunden sein, dass immaterielle Ressourcen in Form einer Prozessoptimierung oder in Form von Innovationen aufgebaut wurden. Gegenüber der Gesellschaft oder auch politischen Autoritäten ist die Aussage möglicherweise als Indikator für ein ökologisches Image zu interpretieren. In Abhängigkeit von der Instrumentalisierung des Lageberichts zur Kommunikation mit bestimmten Interessengruppen wird demnach über unterschiedliche immaterielle Ressourcen berichtet.

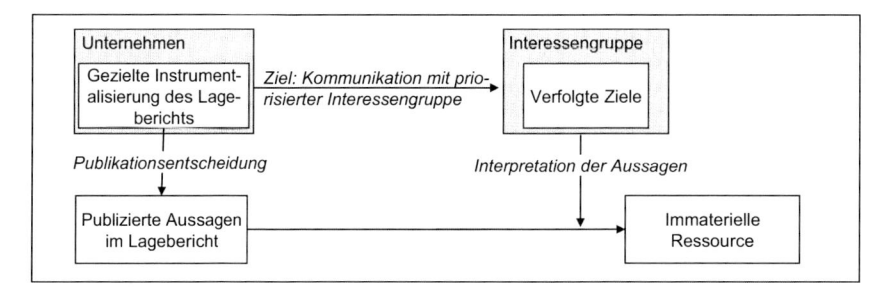

Abbildung 23: Interpretation publizierter Aussagen

---

[49] Das Unternehmen Deutsche Lufthansa AG befindet sich nicht in der Stichprobe der durchgeführten qualitativen Studie.

In Abbildung 23 ist dieser Zusammenhang zwischen der Instrumentalisierung des Lageberichts zur Kommunikation mit bestimmten Interessengruppen und den jeweils verfolgten Zielen der Interessengruppen erklärt. Für die Forschung bedeutet dies, dass für ein Verständnis der Berichterstattung über immaterielle Ressourcen zu analysieren ist, welche Ziele die Entscheidung für eine Platzierung von Information im Lagebericht determinieren. Bei einer zielgerichteten Instrumentalisierung ist dies zwingend verbunden mit einer Priorisierung der zu adressierenden Interessengruppen.

In der bestehenden Forschung zur Berichterstattung über immaterielle Ressourcen wird der dargestellte Zusammenhang nicht diskutiert. Die (vornehmlich) quantitativen Inhaltsanalysen zur Berichterstattung über immaterielle Ressourcen (vgl. Abschnitt 2.2.3.4, S. 47) beruhen in der Regel auf einer Klassifikation, welche Inhalte den einzelnen Interessengruppen zuzuordnen sind (vgl. hierzu z. B. die beschriebene Methodik bei Boesso/Kumar, 2008 in diesem Abschnitt). Letztlich ist aber die Zuordnung, wie gezeigt, oftmals nicht eindeutig, weshalb die Interpretationsfähigkeit der Ergebnisse entsprechender Untersuchungsdesigns eingeschränkt ist. Behauptet wird, dass Unternehmen über bestimmte immaterielle Ressourcen berichten, um mit bestimmten Interessengruppen zu kommunizieren. Hierfür ist jedoch zunächst die Priorisierung der Interessengruppen durch das Unternehmen zu analysieren. Der umgekehrte Weg, dass über die Publikation bestimmter Informationen (die zum Teil Indikatoren für unterschiedliche immaterielle Ressourcen darstellen) Rückschlüsse auf die Relevanz bestimmter Interessengruppen gezogen werden, kann zu Fehlinterpretationen führen. Auf diese Limitation wird in Studien in der Regel nicht hingewiesen.

Entsprechend wird im Folgenden diskutiert, welche Interessengruppen als adressierte Informationsempfänger der Berichterstattung in den Fällen wahrgenommen werden.[50] Darauf aufbauend werden Rückschlüsse auf unterschiedliche Prozessoutputs gezogen.

---

[50] Vgl. zum Konzept der Zielgruppenplanung im Marketing und einem hiermit verbundenen Phasenschema BRUHN (2005, S. 177 ff.).

4.4 Gezielte Instrumentalisierung

4.4.2.2 Adressaten

In den Interviews wurden zwei Berichterstattungsansätze beobachtet: Während teilweise Unternehmen eine zielgerichtete Kommunikation verfolgen, um das Verhalten bestimmter Interessengruppen zu beeinflussen, finden sich andere Unternehmen, welche ihre Berichterstattung undifferenziert ausrichten, das heißt keine Interessengruppe fokussieren.

In den geführten Interviews zeigte sich dies u. a. dadurch, dass für die vorgelegten Textauszüge über immaterielle Ressourcen vom Interviewer gefragt wurde, welche Interessengruppen das Unternehmen mit den getroffenen Aussagen versucht anzusprechen. Einige Unternehmen konnten diesbezüglich – im Sinne einer fokussierten Kommunikation – bestimmte Adressaten nennen. Demgegenüber verfolgen andere Unternehmen – wie in den folgenden Zitaten gezeigt wird – eher eine Art „Multi-Stakeholder-Ansatz":

> „Ja, da haben wir ganz klar den Multi-Stakeholder-Ansatz. Das ist ein ganz wichtiges Thema" (Fall I).

> „[...] kaum eine Publikation wird kürzer gelesen, aber kaum eine Publikation wird auch von unterschiedlicheren Anspruchsgruppen gelesen" (Fall I).

> „[...] uns ist klar, dass jeder den Bericht liest, Mitarbeiter, Kunden, Lieferanten" (Fall F).

Eine entsprechende Ausrichtung bedeutet jedoch nicht, dass für diese Unternehmen der Lagebericht als Kommunikationsmedium weniger wichtig ist. Denn auch eine wenig fokussierte Berichterstattung könnte die Intention haben, eine möglichst optimale Kommunikation mit (allen) Interessengruppen zu gestalten, um ein Höchstmaß an Legitimität zu erreichen. Aufgrund der Verfügbarkeit des Lageberichts als Massen-Medium ist es für Unternehmen teilweise nicht möglich, einzelne Interessengruppen hervorzuheben und andere zu ignorieren. Dies gilt wahrscheinlich insbesondere für vergleichsweise große Unternehmen, wie sich im folgenden Zitat aus dem Fall J andeutet.

> „Ich würde tendenziell sagen, dass die großen DAX-Unternehmen alle diese Multi-Stakeholder-Brille aufhaben müssen, weil eine Fokussierung auf einen einzelnen Adressatenkreis nicht funktioniert. Da würde einen der eine oder andere Adressat kalt erwischen, den man dann aus dem Blick verliert. Das geht glaube ich nicht. Bei den Big Playern ist das nicht machbar" (Fall J).

Teilweise lässt sich eine gewisse Unsicherheit darüber erkennen, welche Interessengruppen überhaupt die Inhalte der Berichterstattung wahrnehmen und insofern die potenziellen Adressaten eines Unternehmens sind.

„Man weiß ja aber nie, wie gesagt, wer alles diese Geschäftsberichte liest. [...] Wir wissen es nicht" (Fall C).

In diesem Zusammenhang erscheint die Berichterstattung eher als eine Art Pflichtübung, wenn es für Unternehmen lediglich darum geht, sich nicht negativ zu positionieren und ein Mindestmaß an Legitimität zu erreichen. Dies zeigt sich auch in den weiteren Ausführungen des Interviewpartners aus dem Fall C sowie in der Aussage aus dem Fall B. In diesen Fällen war es den Interviewten nicht möglich, eine spezifische Adressatengruppe zu identifizieren.

„Klar, auch der Betriebsrat, kann ja sein, dass der so was liest, und wenn man da sozusagen über die Mitarbeiter nur nüchtern schreiben würde und die Mitarbeiter darstellen würde, als wären die nur ein Kostenfaktor, dann würde das beim Betriebsrat bestimmt nicht gut ankommen. Deswegen ist so eine Formulierung wie sozialverträglich und ‚wir fördern die Mitarbeiterkompetenz und die Mitarbeiterzufriedenheit' wichtig [...] Das sind natürlich auch alles Haken und Botschaften, die, wenn sie denn überhaupt gelesen werden, zumindest nicht zu einer negativen Stimmung führen sollen" (Fall C).

„Aber ich meine, der Punkt ist ja der, und das ist ja das, was uns bewusst geworden ist, dass es ein Gap gibt, zwischen dem, was eigentlich sinnvoll ist zu berichten, und dem, was irgendwie einfach [berichtet wird, um es] berichtet zu haben, um praktisch nicht danach angeschossen zu werden [...]" (Fall C).

„Wenn Sie sich das Mitarbeiterpotenzial anschauen, gibt es eine konkrete Zielsetzung für das Unternehmen, über diese Bereiche zu kommunizieren? Ist mir nicht bekannt" (Fall A).

Demgegenüber lassen sich Beispiele für eine fokussierte Kommunikation in den Fällen finden. Entsprechende Aussagen spiegeln wider, dass publizierte Inhalte an bestimmte relevante Adressaten gerichtet sind und insofern spezifische Ziele mit der Lageberichterstattung verfolgt werden. Es geht also dabei weniger um eine Pflichtübung, sondern um eine gezielte Steuerung der wahrgenommenen Unternehmenslegitimität aus der Perspektive fokussierter Interessengruppen.

Die damit verbundene Entscheidung für eine Platzierung von Inhalten im Bericht basiert auf einer Priorisierung der Interessengruppen. Diesbezüglich differenziert beispielsweise CLARKSON (1995, S. 105 ff.) zwischen sogenannten „primarily" und

4.4 Gezielte Instrumentalisierung

„secondarily stakeholders". Für eine Beantwortung der Frage, welche Interessengruppen für Unternehmen und damit für die Lageberichterstattung relevant sind, kann auf zahlreiche Beiträge zurückgegriffen werden (für einen Überblick vgl. Mitchell et al., 1997). Es geht dabei um das von FREEMAN (1994, S. 411) formulierte „Principle of Who or What Really Count". MITCHELL ET AL. (1997) entwickeln hierfür auf Basis einer Literaturauswertung und konzeptionellen Überlegungen ein Framework, das die Definition relevanter Interessengruppen („stakeholder salience") auf drei Kriterien stützt: die Machtposition („power"); die Legitimität („legitimacy") und die Dringlichkeit („urgency") der jeweiligen Interessengruppen gegenüber dem Unternehmen. Die Kriterien werden im Folgenden erläutert:

- Als relationales Konstrukt (siehe ausführlich Abschnitt 4.2.2, S. 118 ff.) beschreiben die Autoren das Kriterium Macht in Anlehnung an PFEFFER (1981) und WEBER (1966). Dementsprechend besteht ein Machtverhältnis zwischen sozialen Akteuren, wenn der eine Akteur von einem Anderen abhängig ist und aus diesem Grund sein Verhalten anpasst. Machtbasis ist in diesem Zusammenhang der beschriebene, mögliche Einfluss einer Interessengruppe auf den Wertschöpfungsprozess eines Unternehmens.

- Das Kriterium Legitimität entspricht dem im Kapitel 4.3.2 (S. 128 ff.) vorgestellten Konzept des Neoinstitutionalismus. Jedoch wird in diesem Zusammenhang die Perspektive gewechselt. Die Relevanz einer Interessengruppe ist abhängig davon, inwieweit sie aus Unternehmenssicht als legitim bewertet wird. Dies ist zwar, neben der Machtposition einer Interessengruppe, ein eigenständiges Kriterium, jedoch argumentieren MITCHELL ET AL. (1997), dass das Management eines Unternehmens einer Interessengruppe nur dann Aufmerksamkeit schenkt, wenn das als legitim eingestufte Verhalten auch auf einer Machtposition beruht.

- Das Kriterium Dringlichkeit bezieht sich insbesondere auf die Notwendigkeit einer zeitnahen Umsetzung der Forderung als dynamischer Faktor. Je zeitkritischer die Forderungen und Erwartungen der Interessengruppen wahrgenommen werden, desto relevanter sind sie für das betroffene Unternehmen. Dabei ist auch der Einfluss des Kriteriums Dringlichkeit abhängig von der Ausprägung der anderen beiden genannten Kriterien.

Die Relevanz einer Interessengruppe steigt mit der Ausprägung der beschriebenen drei Kriterien. MITCHELL ET AL. (vgl. 1997, S. 872 ff.) fassen die Ausprägungskombinationen zu Typen zusammen; hohe Ausprägungen auf allen drei Kriterien kennzeichnen besonders wichtige Interessengruppen für Unternehmen. In diesem Zusammenhang wird bei der Priorisierung auf die Bedeutung der Kognition und der persönlichen Merkmale des Managements – in Anlehnung an erste verhaltensorientierte Arbeiten zur Topmanagementforschung (vgl. Hambrick/Mason, 1984; Daft/Sormunen/Parks, 1988) – hingewiesen. Denn letztlich sei die Priorisierung ein subjektiver Prozess, wie MITCHELL ET AL. (vgl. 1997, S. 871) argumentieren. In einer empirischen Überprüfung des vorgestellten Frameworks berücksichtigen AGLE ET AL. (1999) daher auch die Wertvorstellung des CEOs als moderierende Variable; der Wirkungszusammenhang konnte jedoch in ihrer Studie nicht eindeutig nachgewiesen werden.[51]

Im ersten Abschnitt der geführten Interviews wurde in Hinblick auf die Priorisierung der Interessengruppen allgemein gefragt, welches Ziel die Unternehmen mit der Publikation ihres Lageberichts verfolgen (zur Technik der Datenerhebung vgl. ausführlich Abschnitt 3.5, S. 82 ff.). Diskutiert wurde in diesem Zusammenhang auch, inwieweit bestimmte Interessengruppen grundsätzlich für die Berichterstattung von Bedeutung sind. Darauf aufbauend wurden, im zweiten Abschnitt der Interviews, die im Rahmen der Inhaltsanalyse identifizierten Informationen über immaterielle Ressourcen hinterfragt. Die Interviewpartner wurden u. a. gebeten, zu erklären, an wen diese Inhalte adressiert sind. Zum Beispiel heben die Interviewpartner in den Fällen A und G, die Kunden als Adressatengruppe hervor:

„[...] damit wollen wir ein strategisches Signal setzen, durchaus auch an unsere Kunden, die das dann schon eher lesen. Indem wir sagen: Durch den Zukauf von Firmen wollen wir unser Produktprogramm abrunden und uns zu einem Problemlöser universeller Art generieren, der nicht nur das [Produkt X] hat, das ja mal am Anfang stand, sondern bis hin zur [Leistung Y] sehr viele vernetzte und kompatible Lösungen anbieten kann. Das ist eine wichtige Botschaft, die wir auch als ein Alleinstellungsmerkmal sehen, gerade im Verhältnis zu unserer großen Konkurrenz" (Fall G).

---

[51] In der in Abschnitt 4.4.2.1 (S. 149 ff.) beschriebenen Untersuchung von BOESSO/KUMAR (2008) wird ebenfalls auf das Framework von MITCHELL ET AL. (1997) zur Operationalisierung der Relevanz der Interessengruppen zurückgegriffen.

4.4 Gezielte Instrumentalisierung

> „Das ist nicht investorengetrieben, sondern alles was wir so sagen, gerade über unsere Maschinen, ist sehr stark kundengetrieben. Man kann sich [unsere Branche] als Pyramide vorstellen und wir beliefern eben die oberste Spitze. Also wir sind hoch qualitative Hersteller. Wir produzieren zu 95% in Deutschland mit dementsprechenden Kosten- und Währungsnachteilen" (Fall A).

Die Interviewpartner beschreiben situative Faktoren, welche die Relevanz bestimmter Interessengruppen für die Lageberichterstattung beeinflussen. Im Zusammenhang mit dem zuvor genannten Zitat wurde im Fall G gefragt, warum das Unternehmen im Lagebericht eine umfassende Übersicht mit Referenzkunden bietet sowie neue Aufträge auflistet. Eine Adressierung dieser Informationen an die Kunden erklärt sich in diesem Fall aus der Unternehmenssituation. Das vergleichsweise kleine Unternehmen verfolgt eine Wachstumsstrategie. Mit den publizierten Informationen stellt das Unternehmen seine Expertise dar und versucht auf diesem Weg, Kundenvertrauen zu gewinnen.

Die folgenden Zitate zeigen, dass die publizierten Informationen neben den Kunden insbesondere auch an die Kapitalgeber sowie die aktuellen und potenziellen Mitarbeiter adressiert sind.

> „[...] aber der Bericht ist wirklich vor dem Hintergrund geschrieben: Was ist für unsere Investoren interessant, was würden die sich gern wünschen von dem Unternehmen über den Geschäftsbericht. Da schauen wir nicht, ob wir uns besonders gut gegenüber unseren Kunden darstellen können oder gegenüber unseren Konkurrenten abgrenzen" (Fall H).

> „[...] wenn ich aufgefordert bin, das zu priorisieren, würden die Investoren an der obersten Stelle stehen. Das erklärt wahrscheinlich auch den Grund, warum dieser Prozess schon seit vielen, vielen Jahren im Bereich Investor Relations beziehungsweise im Bereich Finanzen der [Fall L] AG angesiedelt ist" (Fall L).

> „[...] sind natürlich stark daran interessiert, gute Leute zu fischen, und einen attraktiven Arbeitgeber darzustellen. Und ich denke mal, da ist noch einiges Potenzial da, weil noch ist es nicht das ‚high and attractive' Unternehmen. Es ist vielleicht in [der Stadt X] was Besonderes, weil in [der Stadt X] ist das Unternehmen der Brüller. Aber international ist es wahrscheinlich irgendwie spannender vielleicht für [Konkurrent Y] oder so zu arbeiten" (Fall E).

> „[...] wir hier im Rhein-Neckar-Raum, wir haben eben einen sehr großen Konkurrenzdruck an Firmen, die um uns herum sind und einfach die Leute abziehen von den Hochschulen" (Fall A).

Aufgrund verschiedener Faktoren werden bestimmte Interessengruppen zu relevanten Adressaten der Berichterstattung. Diese Faktoren sind mit der spezifischen Unternehmenssituation verbunden. Betrachtet man die von MITCHELL ET AL. (1997) genannten Kriterien genauer, fällt auf, dass sie eng mit dem Legitimitätskonstrukt des Neoinstitutionalismus verbunden sind (vgl. hierzu ausführlich Abschnitt 4.3, S. 123 ff). Auch hier wird von der Machtposition relevanter Interessengruppen ausgegangen, die dann zu einem Legitimitätsdruck führt. Zusätzlich fordern MICHTELL ET AL., dass die Erfüllung der Erwartungen der Interessengruppen als zeitlich dringend und legitim aus Sicht des Unternehmens betrachtet wird. Wenn man diese Kriterien zur Operationalisierung relevanter Interessengruppen heranzieht, folgen daraus folgende Zusammenhänge als Hypothesen einer freiwilligen Berichterstattung:

> H 6: Interessengruppen, die eine wahrgenommene Machtposition gegenüber einem Unternehmen einnehmen und deren Erwartungen als zeitlich dringend und legitim angesehen sind, werden als relevant aus Unternehmenssicht wahrgenommen.

> H 7: Je höher die wahrgenommene Relevanz einer Interessengruppe aus Unternehmenssicht, und die wahrgenommene Möglichkeit, das Verhalten dieser Interessengruppen über publizierte Informationen im Lagebericht zu beeinflussen, desto stärker wird diese Interessengruppe als Adressat der Lageberichterstattung fokussiert.

Die Hypothese H 7 beinhaltet zusätzlich die logische Forderung, dass die Möglichkeit wahrgenommen wird, dass das Verhalten von Interessengruppen über publizierte Informationen im Lagebericht beeinflusst werden kann. In den Fällen konnte beobachtet werden, dass diesbezüglich das Verhalten der Interessengruppen unterschiedlich wahrgenommen wird.

4.4.2.3 Rationalitätsmythen

In den Interviews wurde analysiert, ob angenommen wird, dass die im Lagebericht platzierten Informationen von bestimmten Interessengruppen wahrgenommen werden. Darauf basiert das Potenzial, den Lagebericht für eine freiwillige Kommunikation von Informationen über immaterielle Ressourcen zu nutzen, das heißt, für eine gezielte Beeinflussung der Wahrnehmung des Unternehmenshandelns aus der Sicht relevanter Interessengruppen zu instrumentalisieren.

Die Heterogenität der getroffenen Aussagen über das angenommene Verhalten der Interessengruppen kann mit einem weiteren Konzept des Neoinstitutionalismus ver-

4.4 Gezielte Instrumentalisierung 157

knüpft werden. MEYER/ROWAN (vgl. 1977, S. 345) beschreiben die Existenz sogenannter „Rationalitätsmythen", um abweichendes organisationales Verhalten zu erklären. Argumentiert wird, dass Organisationsmitglieder ihre Umwelt unterschiedlich wahrnehmen, entsprechend ihre individuellen Handlungen ausrichten und damit die Organisation gestalten. Rationalitätsmythen sind folglich auch ein auf Kognitionsprozessen basierendes Konzept. Dies entspricht der unterschiedlichen Wahrnehmung der Relevanz der Interessengruppen im entwickelten Modell.

Ein mit den angenommenen Forderungen der Interessengruppen konsistentes Verhalten ist rational, da dieses auf Annahmen über die jeweilige Unternehmensumwelt basiert. Gesprochen wird von Mythen der Rationalität, da sich das Handlungskalkül aus dem Glauben an die wahrgenommene Realität der Individuen ergibt. Normen der Rationalität sind damit keine allgemeinen Werte und Vorgaben, sondern sie existieren als spezifische Ausformungen in jenen Regeln, in welche die Erwartungen, der als relevant wahrgenommenen Interessengruppen, einfließen. MEYER/ROWAN (vgl. 1977, S. 345) wählen damit ein kontextspezifisches Rationalitätsverständnis, das Entscheidungen, zum Beispiel im Rahmen freiwilliger Berichterstattung, auf ein individuelles Rationalitätskalkül zurückführt. Ähnlich beschreibt WEBER (1920, S. 62) den Ausgangspunkt für die Erforschung menschlichen Verhaltens: „Man kann eben – dieser einfache Satz der oft vergessen wird, sollte an der Spitze jeder Studie stehen, die sich mit ‚Rationalismus' befaßt – das Leben unter höchst verschiedenen letzten Gesichtspunkten und nach sehr verschiedenen Richtungen hin ‚rationalisieren'. Der ‚Rationalismus' ist ein historischer Begriff, der eine Welt von Gegensätzen in sich schließt".

Die im Folgenden angegebenen Zitate spiegeln im Wesentlichen eine Unterscheidung zwischen internen und externen Adressaten sowie den Investoren und weiteren Interessengruppen der Unternehmen wider. Diesbezüglich kontrastierend sind zum Beispiel auf der einen Seite die Fälle B sowie G und andererseits die Fälle I sowie A. In den erst genannten wird der Lagebericht als ausschließlich von externen Interessengruppen wahrgenommenes Informationsmedium interpretiert. Die Interviewpartner treffen zum Beispiel die Aussage, dass Mitarbeiter (als potenzielle interne Interessengruppe) mit dem Lagebericht nicht angesprochen werden können. Insofern ist es auch aus ihrer Sicht nicht relevant, zum Beispiel über die Personalentwicklungsmaßnahmen des Unternehmens zu berichten. Wenn entsprechende Informationen gegeben werden, würden sich diese auch an die Investoren richten, wie im Fall G argumentiert wird:

> *„Ich gehe nicht davon aus, dass das ein Mitarbeiter liest, so einen Lagebericht [...]. Den lesen ganz wenige Leute [...] vielleicht der Betriebsrat" (Fall B).*

> *„Die Kommunikation nach innen [...], also wenn das für die Mitarbeiter gemacht wird, ist dies das falsche Instrument. Da müsste man intern eine Mitarbeiterzeitung oder wie auch immer, ein Intranet haben, wo man so etwas einsetzen würde. Aber Lagebericht, Geschäftsbericht im weitesten Sinne ist eigentlich ein Instrument, womit man nach außen spricht und das Standing des Unternehmens auch nach außen hin dokumentiert, und da wechseln einfach die Anforderungen" (Fall B).*

> *„Es ist nicht oder nur sehr am Rande, mit der Botschaft verbunden: Kommt doch zu uns. Denn wir gehen nicht davon aus, dass potenzielle Mitarbeiter den Geschäftsbericht lesen. Es ist ein Stück Berichterstattung an die Aktionäre, in dem wir auch deutlich machen wollen, mit welchen Problemen wir – nicht fachlicher Art, sondern strategischer Art – zu kämpfen haben" (Fall G).*

Einer externen Ausrichtung des Lageberichts lassen sich wiederum Aussagen gegenüberstellen, welche die Bedeutung interner Anspruchsgruppen hervorheben. Dies kann durch einen Vergleich der zuvor zitierten Aussage aus dem Fall G und dem folgenden Zitat aus dem Fall A gezeigt werden.

> *„Und was wir auch betreiben wollen, was auch bei uns noch nicht so weit ausgeprägt ist, weil wir einfach sehen, gerade wir hier im Rhein-Neckar-Raum, wir haben eben einen sehr großen Konkurrenzdruck an Firmen, die um uns herum sind und einfach die Leute abziehen von den Hochschulen" (Fall A).*

Beide Unternehmen, A und G, berichten über ein Rekrutierungsproblem und insofern wäre eine ähnliche Instrumentalisierung der Berichterstattung und hier speziell eine ähnliche Priorisierung zu adressierender Interessengruppen, zu erwarten. In dieser Situation könnte der Lagebericht instrumentalisiert werden, um das Unternehmen als attraktiven Arbeitgeber gegenüber potenziellen Mitarbeitern zu positionieren. Im Fall G ist dies offensichtlich nicht gegeben. Die Relevanz unterschiedlicher Perspektiven wird auch durch die folgenden Aussagen aus dem Unternehmen I unterstrichen, welche die dargestellte Ausrichtung der Fälle G und B kontrastiert:

> *„Man darf nicht unterschätzen: Nicht jeder Mitarbeiter liest den Geschäftsbericht, aber es gibt durchaus viele, für die das auch wichtig ist [...]. Es gibt vieles, das gilt für die Mitarbeiter aber [auch] für andere Dinge, wo auch Interne und Externe den Stellenwert von bestimmten Themen im Unternehmen danach beurteilen,*

4.4 Gezielte Instrumentalisierung

wie umfangreich im Geschäftsbericht berichtet wird. Dass Leute sagen, na, dazu schreiben sie wenig, das scheint ihnen ganz wenig wert zu sein. Deswegen ist es uns auch wichtig, Indikatoren zu beschreiben, die zeigen, das Thema, zum Beispiel Mitarbeiter, ist dem Unternehmen sehr, sehr wichtig, und es gibt hier Stellgrößen, wo wir offensichtlich nicht ganz schlecht sind. Das Thema Mitarbeiterzufriedenheit ist ein ganz wichtiges. Und die Mitarbeiterzufriedenheit reflektiert sich auch in der Betriebszugehörigkeit" (Fall I).

Im Sinne einer adressatenspezifischen Kommunikation ist als Folge der skizzierten, kontrastierenden Ansätze zu erwarten, dass die Berichte diese Unterschiede inhaltlich widerspiegeln. Im Rahmen einer qualitativen Gegenüberstellung der Lageberichte konnte diese Vermutung bestätigt werden. Unternehmen, für welche die Aussage getroffen wurde, dass beispielsweise ihre Mitarbeiter die Lageberichtsinhalte wahrnehmen und für wichtig erachten (zum Beispiel Fall I), berichten über Themen wie Personalentwicklung oder Arbeitszufriedenheit ausführlicher als Unternehmen, die den Geschäftsbericht als ausschließlich externes Kommunikationsmedium interpretieren (zum Beispiel Fall B). Diese Schlussfolgerung lässt sich auf einen weiteren Unterschied übertragen. Die Informationsbedürfnisse einzelner Interessengruppen werden ebenfalls unterschiedlich bewertet. Das heißt, auch wenn davon ausgegangen wird, dass eine Interessengruppe die Inhalte des Lageberichts wahrnimmt, kann eine unterschiedliche Einschätzung der Informationsbedürfnisse dieser Gruppe – im Sinne einer adressatenspezifischen Kommunikation – zu einer abweichenden Berichterstattung führen. Zum Beispiel werden die Informationsbedürfnisse der Investoren unterschiedlich bewertet. Im Fall K beschreibt der Interviewpartner die Unternehmensperspektive auf den Lagebericht und das Informationsverhalten der Investoren folgendermaßen:

„Wobei, wie gesagt, für die Investorensicht ist eigentlich dieser Hauptbericht nicht besonders relevant. [...] Ich meine, dass wir eine Mitarbeiterbefragung machen, das ist für mich so wichtig, wie wenn ein Sack Reis in China umfällt. Aber nun steht es mal drin. Ich weiß gar nicht, wer das reingebracht hat. [...] das ist so ein Lieblingsbereich von einem HR-Kollegen. Die auch irgendwie ihre Arbeit wieder finden möchten. So ein Schwachsinn. Da wird einmal im Monat eine Mitarbeiterbefragung – wie fühlen Sie sich hier, ‚blablabla' – um letztens auch ein Gefühl zu bekommen, wie die Mitarbeiterzufriedenheit ist. Ein ähnliches Thema bei den Verbesserungsvorschlägen" (Fall K).

Der Interviewpartner ist offensichtlich der Meinung, dass Investoren nicht an den publizierten Informationen zur Mitarbeiterzufriedenheit interessiert wären. Das Unternehmen K berichtet tatsächlich vergleichsweise weniger über immaterielle Ressourcen als Unternehmen wie beispielsweise der Fall M:

„Aber ich denke schon, dass das auch für die Aktionäre eine Rolle spielt. Die sehen: Ach ja, die tun auch was für den Nachwuchs des Unternehmens, indem sie sagen: Okay, sie engagieren sich für diese Kindertagesstätte und ziehen damit natürlich junge Leute in das Unternehmen, die dann sagen: Wir haben unserer Kinder dort gut aufgehoben. Das ist schon unser Ziel und das wird auch von den Adressaten so verstanden" (Fall M).

Die dargestellten konfligierenden Aussagen spiegeln wider, dass es kein konsistentes Verständnis über relevante Interessengruppen gibt, und damit einhergehend auch der zu befriedigende Informationsbedarf nicht eindeutig definiert ist. Dies macht jedoch eine systematische, zielorientierte Berichterstattung unmöglich: „Die Kenntnis dieser Faktoren ist die Voraussetzung einer Finanzkommunikation, die ihren Zielgruppen eine umfassende Informationsbasis, und damit Vertrauen und Respekt [...] schaffen kann" (Vater et al., 2008, S. 2606). Damit zusammenhängend stoßen auch Ansätze zur Steuerung und Erfolgsmessung der Unternehmenskommunikation an Grenzen (ausführlich Porák/Fieseler/Hoffmann, 2007; Zerfaß, 2006).

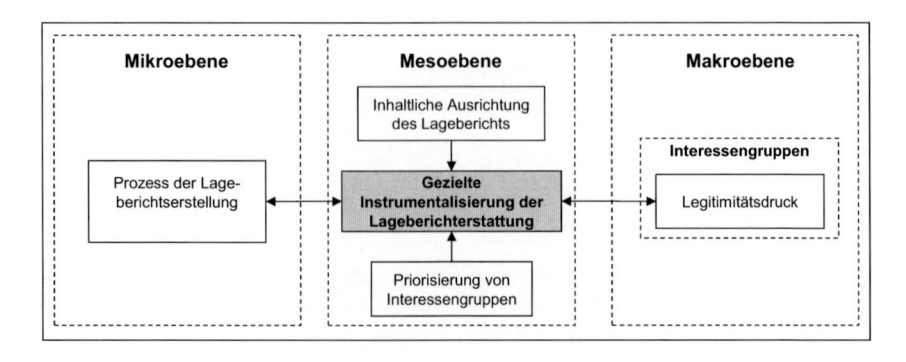

Abbildung 24: Gezielte Instrumentalisierung der Lageberichterstattung

In Abbildung 24 ist das Konstrukt „gezielte Instrumentalisierung der Lageberichterstattung" auf der Mesoebene noch einmal zusammenfassend dargestellt. Die Ausprägung des Konstrukts ist eine Reaktion auf den aus Unternehmenssicht wahrgenommenen Legitimitätsdrucks der Makroumwelt. Als Konsequenz wird der Lagebericht zur Kommunikation mit priorisierten, relevanten Interessengruppen instrumentalisiert. Da jede Kommunikation einer Intention folgt (vgl. Mast, 2004, Sp. 600 f.), orientieren sich die publizierten Inhalte an den Interessen der priorisierten Adressaten. Die Diskussion der Priorisierung bestimmter Adressaten und den damit verbundenen Verhaltensannahmen bietet einerseits eine Erklärung für eine heterogene Berichterstattungspraxis; andererseits beinhaltet dies wiederum die Frage, wie diese Unterschiede im Rahmen der Instrumentalisierung des Lageberichts entstehen und welche Auswirkungen sie auf die Ausgestaltung der Mikroprozesse haben.

Hierfür ist die auf der Mesoebene bestehende Zielsetzung der Lageberichterstattung, eine Legitimierung des Unternehmenshandelns zu erreichen (vgl. Abschnitt 4.3.4, S. 136 ff.), als ein Produkt der Mikroebene zu verstehen. Denn erstellt wird der Lagebericht in einem sozialen Interaktionsprozess, in den verschiedene Akteure im Unternehmen involviert sind, die dabei teilweise auch individuelle Interessen verfolgen. Dieser Erkenntnis folgend, wird im Folgenden das Verhalten der Akteure im Prozess der Lageberichterstattung diskutiert. Der Prozess ist anhand der identifizierten Rollen strukturiert.

4.5 Promotor

4.5.1 Rollenabgrenzung

BACHRACH/BARATZ (1962) argumentieren, dass Themen gefördert werden müssen, damit sie Aufmerksamkeit innerhalb einer Organisation erlangen. In den Ausführungen der Interviewpartner konnten unterschiedliche Akteure identifiziert werden, die Informationen für eine Aufnahme in den Lagebericht vorschlagen: zum Beispiel der Leiter der Forschungs- und Entwicklungsabteilung, Investor Relations oder auch die Mitglieder des Vorstandes. Diese Akteure fungieren als sogenannter „Promotor" in dem Modell.[52] Die Promotorrolle ist mit der Annahme verbunden, dass Unterneh-

---

[52] Die Rolle ist dem Promotor im Modell von WITTE (z. B. 1973) und HAUSCHILDT (z. B. 2001) ähnlich, da die Akteure auch bestimmte Vorhaben im Unternehmen durch ihr Handeln fördern. Während im Promotorenmodell von WITTE/HAUSCHILDT jedoch Innovationen für das Unternehmen durchzusetzen sind, stehen im Rahmen des hier vorzustellenden Modells die Prozesse der freiwilligen externen Berichterstattung im Vordergrund.

mensakteure mit der Veröffentlichung von Informationen über immaterielle Ressourcen (zum Teil) individuelle Ziele verbinden.

„[...] auch das spielt manchmal eine Rolle, dass Leute ihr Aufgabengebiet ganz hoch stellen wollen, weil sie sich dadurch Vorteile im Unternehmen für ihre eigene Karriere erwarten." (Fall I).

Im Fokus bestehender Forschung stehen fast ausschließlich die mit der Berichterstattung verbundenen übergeordneten Ziele der Organisation (u. a. Fischer/Becker, 2006; Günther/Beyer/Menninger, 2005, S. 104). Ob diese mit den verfolgten Zielen der Individuen kollidieren und welche Auswirkungen dies für die freiwillige Berichterstattung hätte, wird bisher nicht diskutiert. In den Interviews zeigt sich, dass die Prozessakteure sehr unterschiedlich in den Prozess der Lageberichtserstellung eingreifen. Die beteiligten Prozessakteure interpretieren die Situation der Makroumwelt, richten ihren individuellen Zielen entsprechend ihr Handeln aus und entwickeln daraus als Output eines sozialen Interaktionsprozesses den Lagebericht. Es gilt also, den Prozess auf der Mikroebene nachzuvollziehen, um die gezielte Instrumentalisierung der Lageberichterstattung auf der Mesoebene verstehen zu können. Die Funktion des Promotors wird in den folgenden Aussagen der Interviewten näher beschrieben:

„[...] dann waren die natürlich hellauf begeistert, weil sie konnten sich eben mal darstellen, am Ende zeigen, was das eigentlich für das Unternehmen heißt. [...] und sie wissen, was sie sagen, beeinflusst dann wirklich, wie sich das Unternehmen nach außen im Geschäftsbericht darstellt" (Fall A).

„[...] 90% basieren auf den Vorschlägen, die aus den Geschäftsfeldern angeliefert werden" (Fall K).

„[...] die dann sagen: Das müssen wir auf jeden Fall so und so darstellen, das ist ein wichtiges Thema. Und so trägt sich das wirklich aus allen Bereichen zusammen" (Fall H).

„Diese Themenfindungsrunde [...], jeder möchte natürlich mit seinem Thema möglichst intensiv vorkommen [...], weil die Marken wollen sich natürlich auch richtig dargestellt fühlen" (Fall J).

„[...] da ist der immer sehr hinterher, dass das eben auch entsprechend gewürdigt wird in diesem Bericht" (Fall A).

„Natürlich wollen die darstellen, was sie gemacht haben. [...] und da haben wir eigentlich schon klar gesagt, was wir da drin stehen haben möchten" (Fall F).

4.5 Promotor

"Sicherlich kommt durch die Vorstände konkret was rein, dass die sagen: Wir sollten in diesem Jahr mal etwas dazu sagen. Und sicherlich in gewissem Rahmen auch durch die Kommunikationsabteilung, die zumindest in diesen ganzen Designthemen intensiv dabei ist. Also, das sind so die Kanäle" (Fall D).

Die Berichterstattung über immaterielle Ressourcen ist demnach eine kollektive Handlung. Deutlich wird, dass oft eine Vielzahl von Akteuren an der Lageberichtserstellung beteiligt ist. Vorschläge über zu platzierende Inhalte werden in der Regel von mehreren Akteuren in den Erstellungsprozess eingebracht. Damit füllen diese die Modellrolle des Promotors aus.[53]

4.5.2 Soziale Identität und mentale Modelle

Der Promotor und andere, am Berichterstellungsprozess beteiligte, Akteure kommen aus unterschiedlichen Bereichen im Unternehmen. Es zeigt sich in den Interviews, dass mit dem Hintergrund der Akteure u. a. bestimmte Ziele und Verhaltensweisen verbunden sind. Diese Aspekte werden im Konzept der „sozialen Welt" von STRAUSS (vgl. 1993, S. 212; vgl. auch 1978b; 1982; 1984) zusammengefasst. Beteiligte am Veröffentlichungsprozess immaterieller Ressourcen kommen aus unterschiedlichen sozialen Welten, das heißt, dass sie in der Regel unterschiedliche Perspektiven auf das Unternehmen und die zu berichtenden Informationen einnehmen. Insbesondere kann in diesem Zusammenhang der funktionale Hintergrund involvierter Akteure relevant sein, der zum Beispiel Sozialisierungsprozesse im Rahmen der Berufsausbildung beinhaltet. In verschiedenen fachlichen Disziplinen existiert häufig ein unterschiedliches Verständnis der Unternehmensaktivitäten: „[…] departments not only know different things, but also know things differently" (Dougherty, 1992, S. 187, die in diesem Zusammenhang von unterschiedlichen „thought worlds" innerhalb eines Unternehmens spricht vgl. S. 182 und S. 186 ff.). Wie entstehen soziale Welten im

---

[53] Aufgrund der Vielzahl beteiligter Akteure lehnte zum Beispiel der Leiter der Investor Relations-Abteilung eines börsennotierten Maschinenbauunternehmens eine Interviewanfrage mit folgender Begründung ab: „[…] an der Erstellung des Geschäftsberichtes sind in unserem Unternehmen eine Vielzahl von Personen involviert, die an Ihrer Studie teilnehmen müssten. Ich möchte insbesondere vor dem Hintergrund der extrem hohen Anzahl an Anfragen, Interviews etc. von weiteren Projekten absehen."

Unternehmen und welche Auswirkungen hat dies möglicherweise für die Berichterstattung über immaterielle Ressourcen im Rahmen der Lageberichterstattung? Dies lässt sich mit dem Konzept der sozialen Identität von TAJFEL (vgl. 1975, S. 369 ff.; 1981, S. 254 ff.) näher erläutern: Ihre Zugehörigkeit zu einer sozialen Welt, das heißt ihre soziale Identität, definieren Individuen als Ergebnis eines kognitiven Prozesses sozialer Vergleiche und Kategorisierungen. Das Konstrukt soziale Identität definiert TAJFEL (1975, S. 369) als „das Wissen eines Individuums, daß es bestimmten sozialen Gruppen angehört, ein Wissen verbunden mit der emotionalen und wertmäßigen Bedeutung, die diese Gruppenmitgliedschaft für das Individuum hat". Über die soziale Identität definiert ein Individuum seinen Platz in der jeweiligen sozialen Umgebung. Zusammengefasst bedeutet dies (hierzu im Folgenden Turner, 1982, S. 17 f.; Ashforth/Mael, 1989, S. 20 f.) einerseits, dass kognitive Prozesse zur Entwicklung einer sozialen Identität führen – und damit eben auch zu einer Zugehörigkeit zu einer sozialen Welt im Sinne STRAUSS (1993) –, andererseits beeinflusst die soziale Welt wiederum die kognitiven Strukturen eines Individuums. Denken und Handeln der Mitglieder verschiedener sozialer Welten, zum Beispiel über die immateriellen Ressourcen ihres Unternehmens, werden also durch unterschiedliche kognitive Strukturen beeinflusst.

Geteilte kognitive Strukturen innerhalb einer sozialen Welt können mit dem Konzept der mentalen Modelle näher beschrieben werden (vgl. einführend und auch im Folgenden Brühl/Buch, 2008). Aus einer funktionalen Perspektive stellen individuelle mentale Modelle Wissensrepräsentationen dar, die das Denken und Handeln eines Menschen bestimmen (vgl. Rouse/Morris, 1986, S. 350 f.; für einen Überblick siehe Brühl/Buch, 2005, S. 3 ff.; Weber/Grothe/Schäffer, 2000). Sie bilden die Brille, durch die der jeweilige Kontext, in dem ein Individuum handelt, interpretiert wird: „[...] the internal representations that individual cognitive systems create to interpret the environment" (Denzau/North, 1994, S. 4). Es ist davon auszugehen, dass in den Prozess der Lageberichtserstellung involvierte Akteure, über die Publikation von immateriellen Ressourcen auf Basis ihres individuellen mentalen Modells entscheiden. Mehrere Studien beschreiben, dass Manager innerhalb eines Unternehmens über unterschiedliche mentale Modelle verfügen, zum Beispiel in Abhängigkeit von ihrer Position und Funktion im Unternehmen (vgl. Daniels/Johnson/Chernatony, 1994; Reger,

4.5 Promotor

1990; Hodgkinson/Johnson, 1994). „The primary reason for this is that different managers, in different roles, face different *environmental contingencies* in terms of context, function and level of responsibility" (Hodgkinson/Sparrow, 2002, S. 150). Wenn mehrere Personen an dem Prozess der Lageberichtserstellung beteiligt sind, geht es also darum, die unterschiedlichen Sichtweisen auf die immateriellen Ressourcen im Unternehmen aufeinander abzustimmen.

Das Konzept der „Team (oder Shared) Mental Models" beschreibt Überlappungen zwischen den mentalen Modellen einzelner Individuen (vgl. Langan-Fox/ Anglim/Wilson, 2004, S. 335). Diese Überlappungen können verschiedene kognitive Dimensionen, zum Beispiel geteiltes Wissen, Einstellungen und Überzeugungen umfassen (vgl. Cannon-Bowers/Salas, 2001, S. 196 f.). Anknüpfend an die vorgestellten Konzepte von STRAUSS (1993) und TAJFEL (1972) kann dies möglicherweise dadurch erklärt werden, dass Individuen unterschiedliche soziale Identitäten haben und aus unterschiedlichen sozialen Welten kommen. Innerhalb der sozialen Welten kann es Überlappung der mentalen Modelle, also Team Mental Models geben. Zum Beispiel zeigen HODGKINSON/JOHNSON (1994), dass Führungskräfte mit einem ähnlichen funktionalen Hintergrund, also Mitglieder der gleichen sozialen Welt, ähnliche mentale Modelle haben und sich insofern von anderen Akteuren abgrenzen. Zwischen den verschiedenen Team Mental Models in einer Organisation können aber entscheidende Inkonsistenzen bestehen, die zu Konflikten führen.

Ein kurzer Exkurs zum Fremd- und Eigenbild des Controllers soll helfen, dies zu veranschaulichen: Unterstellt wird der Person des Controllers oft eine neutrale Rolle im Unternehmen. Der Controller, als analytische, nüchterne, klar begründende und intrinsisch motivierte Person soll quasi das betriebswirtschaftliche Gewissen des Managements darstellen. Demgegenüber wird der Manager u. a. als intuitiv, emotional, vielfältig, gestaltend und risikofreudig beschrieben (vgl. Weber/Schäffer, 2006, S. 34; für eine Diskussion der damit zusammenhängenden Menschenbilder von Schein, 1970, S. 55 ff. siehe Reimer/Orth, 2008, Kapitel 3.2.2). So zeigen die Ergebnisse aktueller Umfragen, dass Controller – pointiert formuliert – „als selbstbezogene, einseitig kostenorientierte, als nach ‚Schema F' vorgehende Verwalter" (Weber/Schäffer/ Bauer, 2000, S. 23, ausführlich vgl. S. 20 ff.) angesehen werden. ERNST ET AL. (2008, S. 732 f.) fragten in diesem Zusammenhang Leiter des Konzern-Controllings börsennotierter Unternehmen, welche Bezeichnung sie mit der in ihrem Unternehmen bestehenden Rolle des Controllings in Verbindung bringen. Zwar wählte die Mehrheit der Befragten den „Berater" (60% der Nennungen) als aktuelles und zukünftig gewünschtes Rollenbild (ähnlich Weber/Hirsch/Rambusch/Schlüter/Sill/Spatz, 2006, S. 45; Byrne/Pierce, 2007), jedoch wird der Controller auch weiterhin mit Begriffen wie „Zahlenschmied" (46%) und „Polizist" (16%) in Verbindung gebracht. Auch wenn diese Beschreibungen die mentalen Modelle von Controllern nur oberflächlich, pauschal und damit wohl letztlich nicht adäquat erfassen, deuten sie jedoch darauf hin, dass Controller tendenziell eine Perspektive auf das Unternehmen einnehmen, die der Perspektive anderer Akteure und Abteilungen widerspricht. Die genannten Bezeichnungen deuten darauf hin, dass dieses mentale Modell wohl oft zahlenorientiert ist und sich insofern von den mentalen Modellen anderer Akteure, zum Beispiel aus der Marketing-, Forschungs- und Entwicklungs- oder Personalfunktion im Unternehmen, abgrenzt.

In Hinblick auf die Existenz unterschiedlicher sozialer Welten und mentaler Modelle ist es nicht verwunderlich, dass innerhalb eines Unternehmens unterschiedliche Meinungen über die Relevanz von Themen für die externe Berichterstattung existieren (zur Zielheterogenität auf Akteursebene Gray/Ariss, 1985, S. 709; siehe auch Merchant, 1982, S. 43). Dies zeigt sich auch in den geführten Interviews mit der Konsequenz, dass oft kein kohärentes Bild der immateriellen Ressourcen eines Unternehmens besteht. Veranschaulicht ist dies in Abbildung 25 in Form eines Trichtermodells. Vereinfachend spiegelt das breite Ende des Trichters sämtliche mentale Modelle der Unternehmensakteure wider. Demgegenüber repräsentiert der schmalere Kreis das Bild, das der publizierte Lagebericht letztlich vom Unternehmen projiziert. In dieses kann eine Vielzahl mentaler Modelle unterschiedlicher Akteure einfließen, jedoch können die Inhalte auch zentral (im Extremfall von einer einzelnen Person) festgelegt werden, ohne dass es einen Austausch zwischen mehreren Akteuren im Unternehmen gibt. Der dargestellte Trichter symbolisiert also eine Themenselektion im Rahmen der Lageberichtserstellung.

Abhängig davon, inwieweit die Initiative eines Promotors dieser Selektion ausgesetzt wird, ist sein mentales Modell im Trichter platziert. Im Prozess der Lageberichtserstellung wird entschieden, ob das durch ihn vorgeschlagene Thema in den Bericht

4.5 Promotor

aufgenommen wird. Damit sind die Lageberichtsinhalte von der Aufbau- und Ablauforganisation der Berichterstellung abhängig, denn diese legt fest, welche Akteure als Promotor Themen vorschlagen können und wie über deren Aufnahme entschieden wird. Eine Analyse freiwilliger Berichterstattung über immaterielle Ressourcen ist dementsprechend mit der Frage verbunden, wessen Perspektive auf das Unternehmen der Lagebericht eigentlich wiedergibt. Dieser Zusammenhang ist als Hypothese in Hinblick auf die Ausgangsbeobachtung einer heterogenen Berichterstattung folgendermaßen zu formulieren:

> H 8: In Abhängigkeit von den mentalen Modellen der beteiligten Akteure im Prozess der Lageberichterstellung variieren die Inhalte des Lageberichts und damit die publizierten Informationen über immaterielle Ressourcen.

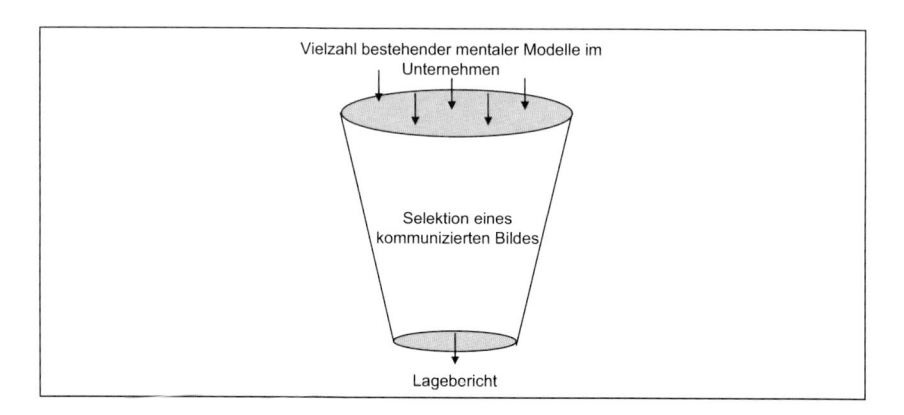

Abbildung 25: Mentale Modelle im Prozess der Lageberichterstellung

Zu spezifizieren ist, wie welche Akteure als Promotor in dem Prozess der Lageberichterstattung handeln. In Hinblick auf die Promotorrolle können Akteure zunächst dahingehend unterschieden werden, welche Entscheidungskompetenz sie bei der Positionierung ihrer Themen im Lagebericht haben. Zurückgreifend auf Abbildung 25 spiegelt sich dies in der Position ihres mentalen Modells im Trichter wider. Wenn etwa der Vorstand gewisse Kernthemen zentral vorgibt, dann werden diese aufgrund seiner Autorität (in der Regel) in den Lagebericht aufgenommen. Damit wird ein Teil des kommunizierten Unternehmens-„Bildes" im Lagebericht festgelegt. Möglicherweise werden dadurch auch Inhalte, die weitere Akteure in ihrer Promotorfunktion vorschlagen, beeinflusst, wenn nicht ausgeschlossen. Ein Beispiel hierfür könnte sein, dass ein Akteur der Forschungs- und Entwicklungsabteilung ein Thema aus der Arbeit des Fachbereichs in die Diskussion einbringt – vielleicht ein entwickeltes Patent. Dieses wäre aufgrund der geringen Entscheidungskompetenz des Akteurs im Rahmen der Lageberichtserstellung in einem mentalen Modell am breiten Trichterende bildlich einzuordnen. Dementsprechend kann es sein, dass das Patent nicht im Lagebericht erwähnt wird, da diese Information nicht zu den vom Vorstand vorgegebenen Kernthemen kohärent ist.

"Und wenn wir dann eben sagen, beim Bereich Mitarbeiter, euer Projekt XY interessiert überhaupt keinen, dann kommt das auch nicht rein" (Fall F).

Damit wird ein Kontinuum aufgespannt zwischen einer dezentralen Perspektive der Promotorrolle – typischerweise ausgefüllt durch Akteure der Fachbereiche – und Akteuren, die eher eine zentrale Perspektive auf den Lagebericht einnehmen, zum Beispiel die Mitglieder des Topmanagements (vgl. zum Begriff „Topmanagement" Grundei, 2004), die auch als Promotor von Inhalten agieren. Dies ist nicht mit der Unternehmenshierarchie gleichzusetzen, da u. a. eine Reportingeinheit auch Themen zentral vorgibt, sie jedoch in der Gesamthierarchie oft nicht über den dezentralen Einheiten steht. Im Rahmen der Lageberichterstattung besitzt diese Einheit eine dominierende projektbezogene Entscheidungskompetenz und kann daher Themen selbst vorgeben. Einer systemtheoretischen Interpretation des (De-)Zentralisationsphänomens folgend, können folglich die Perspektiven des Top-managements und die der Reportingeinheit als zentral bezeichnet werden. Diese können die Handlungen und Handlungsergebnisse dezentraler Systemeinheiten, in der Regel die der Fachbereiche, beeinflussen (vgl. Frese, 2005, S. 233; von Bertalanffy, 1950, S. 150 f.).

4.5.3 Promotor einer dezentralen Perspektive

4.5.3.1 Fachbereiche

Wichtig ist die Unterscheidung zwischen dezentraler und zentraler Perspektive, da sich daraus Verhaltensunterschiede im Prozess der Lageberichterstattung ergeben. Zum Beispiel haben Akteure, die aus einer zentralen Perspektive agieren, wahr-

4.5 Promotor

scheinlich eher die Zielsetzung des Gesamtunternehmens im Blick, da sie stärker in die zentralen Zielbildungsprozesse eingebunden sind. Dieser Zusammenhang ist empirisch bestätigt. In der Organisationshierarchie höher platzierte Akteure, verfügen regelmäßig über mehr Möglichkeiten, die Organisation zu gestalten (vgl. Bartölke/Grieger, 2004, Sp. 467). Demgegenüber liegt der Fokus dezentraler Einheiten tendenziell stärker auf den Aktivitäten der Fachbereiche.

> *"[...] also die Bereiche kennen ihr Geschäft. Was sie manchmal nicht so genau haben, ist so ein gewisses Gefühl, wie muss so ein Geschäftsbericht aussehen und wie entwickelt der sich weiter" (Fall I).*

Die Interviewten skizzierten, dass in einem ersten Schritt der Lageberichtserstellung in der Regel die verschiedenen Fachbereiche wichtige Themen aus ihrer Arbeit für den Bericht vorschlagen. Zu beobachten ist, dass aufgrund der Unternehmenskomplexität den Vertretern der Fachabteilungen dabei eine Expertenfunktion zukommt.

> *"Sie können quer durchs Unternehmen gehen, vom Einkauf bis zum Vertrieb, und alle, die dazwischen sind, sind dort mit beteiligt" (Fall I).*

> *"Ja, das ist ein sehr abstimmungsintensives Projekt [...], 40, 50 Personen locker. Das ist eine weitgehende, sehr tiefgehende Kommunikation. [...] Meine Mitarbeiter haben einen Ansprechpartner, zunächst mal in der Regel auf Assistentenebene, und die verweisen uns dann weiter in die Bereiche rein. Dass wir wirklich aus den Funktionsbereichen die Informationen bekommen" (Fall J).*

> *"[...] gibt es im Vorfeld der Geschäftsberichterstellung einen detaillierten Plan, welche Abschnitte aus dem Lagebericht von welcher Fachabteilung in unserem Unternehmen beizusteuern sind. Und das wird von der Bilanzabteilung dann eingesammelt. [...] die meisten richten dann ihr Hauptaugenmerk auf Themen, für die sie selber auskunftsfähig sind" (Fall C).*

> *"Na ja, so 90% basieren auf den Vorschlägen, die aus den Geschäftsfeldern angeliefert werden" (Fall K).*

> *"Ich habe Ansprechpartner, wo ich weiß, wer welche Information liefern kann. Ich schreibe die Leute an, ich schreibe auch weite Inhalte vom Lagebericht selbst, aber natürlich in Zusammenstellung ganz unterschiedlicher Abteilungen. [...] Risikobericht zum Beispiel kommt bei uns aus dem Risk Management, ganz klar. Bestimmte Zahlen bekommen wir aus der Personalabteilung, aus Investor Relations. Also, es ist ein Zusammenspiel wirklich aller Bereiche" (Fall H).*

> *"[...] in deren Vorüberlegungen kommt beispielsweise abstrakt vor: Wir müssen über das Ausbildungsthema irgendwas schreiben, dafür reservieren wir uns zwei Seiten. Dann werden die das zum Teileinfach rübergeben und sagen: Passt auf, schreibt uns ein paar vernünftige Infos, wie viele Azubis und wie toll das ist oder wer ein spezielles Programm hat, dass das nett rüberkommt" (Fall D).*

4.5 Promotor

"Den Teil der Unternehmensbereiche schreiben Verantwortliche aus den Unternehmensbereichen, [den] Teil über die Mitarbeiter schreibt jemand aus dem Bereich HR, usw. Also, so koordinieren wir das im Prinzip" (Fall F).

Insbesondere Bereiche, deren Leistungen von Natur aus immateriell sind, fungieren als Promotor für entsprechende Themen. Gefragt nach Inhalten für den Lagebericht, rechtfertigt beispielsweise der Leiter der Forschungs- und Entwicklungsabteilung im Unternehmen A die angefallenen Kosten mit den angemeldeten Patenten und den Fortschritten der Innovationspipeline.

"Ich bringe, wenn die Gespräche mit Forschung und Entwicklung laufen, üblicherweise erst mal die Zahlen mit, was wir ausgegeben haben. Oh Gott, sagen die dann, weil das immer über dem Budget liegt, das sie gesetzt gekriegt haben. Und dann reden sie darüber, wofür sie es ausgegeben haben [...] und der bringt dieses, gerade dieses Thema Patente und so was, da ist der immer sehr dahinter, dass das eben auch entsprechend gewürdigt wird in diesem Bericht" (Fall A).

"Bei Ihnen ist es für diese Abteilung im Grunde auch eine Chance, ihre Arbeit darzustellen. Ja, genau" (Fall A).

Die Fachabteilungen verstehen also den Lagebericht als eine Möglichkeit, um über die von ihnen erbrachten Leistungen innerhalb des Unternehmens zu berichten. Dabei deutet sich an, dass nicht zwingend die übergeordneten Kommunikationsziele des Gesamtunternehmens im Vordergrund stehen. In der Aussage aus dem Fall B wird der Lagebericht vielmehr instrumentalisiert, um die Ausgaben der Abteilung gegenüber Akteuren aus anderen Bereichen, also internen Adressaten, zu rechtfertigen. Unterhalb der Ziele der Gesamtorganisation, zum Beispiel auf Abteilungsebene oder auch für den einzelnen Akteur, bestehen also Motive, die das Handeln des Promotors leiten.

Makroebene	Akteursverhalten	Mikroebene
gezielte Instrumentalisierung der Lageberichterstattung (damit verbunden die inhaltliche Ausrichtung und Relevanz der Berichterstattung)	Möglichkeit individuelle Interessen mit der Themenplatzierung im Lagebericht zu verfolgen?	Individuelle mentale Modelle der als Promotor handelnden Akteure

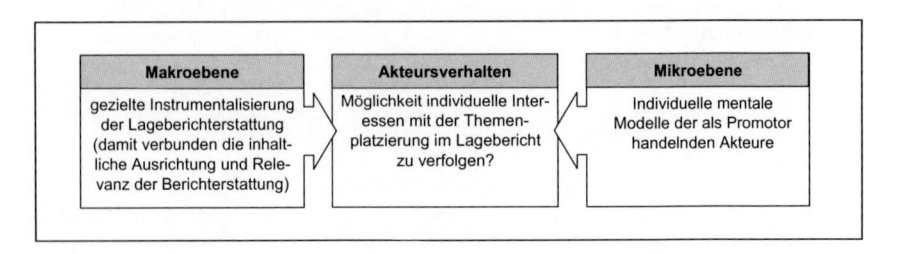

Abbildung 26: Verhalten des dezentralen Promotors

4.5 Promotor

In Abbildung 26 ist dargestellt, dass die Themenvorschläge einerseits durch die mentalen Modelle der als Promotor handelnden Akteure beeinflusst werden und andererseits, inwieweit die gezielte Instrumentalisierung der Lageberichterstattung auf Unternehmensebene Möglichkeiten bietet, dass Akteure individuelle Interessen durch eine Themenplatzierung verfolgen können. Die Art und Weise, wie die Aufmerksamkeit auf Themen gelenkt wird, ist vom mentalen Modell des Promotors abhängig. Folgende Aussagen deuten darauf hin, dass das Verhalten des Promotors insbesondere auch durch die Funktionen im Unternehmen bedingt ist.

> *„Ja, da gibt es unterschiedliche Mentalitäten, selbstverständlich. Die zum Teil in den Funktionen begründet liegen, zum Teil auch in den Charakteren der Menschen. Da gibt es welche, die sind sehr kommunikationsfreudig und andere sagen: Lieber nicht, das wird mir nächstes Jahr wieder vorgehalten, Dinge, die ich hier verspreche" (Fall I).*

> *„Und Forschung und Entwicklung ist ja grundsätzlich stolz auf sich [...], die muss man nicht groß anhalten, redet über was Gutes, sondern [...] die muss man eher ein bisschen zurückschrauben" (Fall E).*

Das Verhalten der Individuen ist auch von der *gezielten Instrumentalisierung der Lageberichterstattung* auf der Ebene der Gesamtorganisation beeinflusst. Mit der Ausprägung dieses Konstrukts ist in der Regel ein inhaltlicher Rahmen verbunden, in den sich die Vorschläge der Fachbereiche einordnen müssen. Darüber hinaus wird der Lagebericht bei einem hohen wahrgenommenen Legitimitätsdruck zu einem wichtigen Instrument der Unternehmenskommunikation und erhält damit auch vermutlich mehr Aufmerksamkeit innerhalb der Organisation. Da die Fachbereiche als Promotor zum Teil individuelle Ziele verfolgen, können in diesem Zusammenhang Konflikte auftreten. Die Handlungen der Akteure aus den Fachbereichen sind daher dadurch beeinflusst, ob sie Möglichkeiten sehen, ihre Themen im Lagebericht platzieren zu können und damit eigene Ziele zu verfolgen.

Dies soll anhand des Falls A skizziert werden: Der Geschäftsbericht hat für das Unternehmen eine vergleichsweise hohe Bedeutung. Dies spiegelt sich zum einen im zeitlichen und personellen Aufwand wider, der bei der Erstellung des Berichts anfällt. Zum anderen wird beschrieben, dass der Geschäftsbericht aufgrund verschiedener Faktoren der Unternehmenssituation, zum Beispiel Rekrutierungsprobleme, Standortfaktoren und spezielle Kundenwünsche, welche die Wahrnehmung eines Legitimitätsdrucks bewirken, ein wichtiges Instrument der Unternehmenskommunikation ist.

"Da hatten wir eben erkannt, okay, wir müssen da richtig herangehen. Nicht nur viel Geld für die Produktion investieren, sondern auch das Inhaltliche aufwerten. Und deshalb sind wir jetzt auch inhaltlich so, dass wir da alles geben!

Das sind praktisch verschiedene Themen, die, sagen wir mal, insgesamt aus Marketingsicht existieren und die dann in einem Jahr in voller Breite beleuchtet werden, was natürlich die Leute, die sich mit dem Thema beschäftigen, immer sehr freut.

[...] da kommen wir gerade zum [Thema X], da hatten wir Ansprechpartner ohne Ende. Der Vorstand setzt Ziele, die zu entwickeln sind, und die das machen, und der Rest der Company, hören gar nicht auf die. Und dann kommen wir und sagen, ja, wir wollen [dieses Thema]. Und dann waren die natürlich hellauf begeistert, weil sie konnten sich darstellen, am Ende mal zeigen, was das eigentlich für [das Unternehmen] heißt. So funktioniert das eben.

[...] da sind Abteilungen dabei, die zwei Stunden Sachen erzählen – die wir auch wirklich toll finden – von denen dann vielleicht letztendlich ein Absatz in den Geschäftsbericht gelangt, weil es dem Vorstand, ehrlich gesagt, nicht interessiert, oder weil der Vorstand sagt, das stellt unser Unternehmen in der Öffentlichkeit falsch dar.

Was auch oft ist, dass der Vorstand ein besonderes Thema hat, was aber dann wiederum die Abteilungen nicht sonderlich interessiert. Wir wollen ja [aber dann] zu dem Thema, was uns der Vorstand vorgibt, auch etwas erfahren, und da müssen wir die Abteilungen schon ziemlich kitzeln. Da müssen wir wirklich nachbohren, bevor da mal was kommt zu dem Thema" (Fall A).

Da die Erstellung und Veröffentlichung des Geschäftsberichtes vergleichsweise viel Aufmerksamkeit im Unternehmen A erhält, scheinen die Fachabteilungen motiviert, ihre Themen für den Lagebericht vorzuschlagen. Dies ist aber wiederum abhängig davon, inwieweit die inhaltliche Ausrichtung des Geschäftsberichtes, zum Beispiel vorgegeben durch Kernthemen des Vorstandes, mit ihren eigenen Interessen kongruent ist. Eine ähnliche Konstellation wird im Fall J beschrieben. Auch hier hat der Geschäftsbericht einen vergleichsweise hohen Stellenwert im Unternehmen, u. a. ist das Topmanagement intensiv am Erstellungsprozess beteiligt. Es wird beschrieben, dass die Bereiche aktiv versuchen, ihre Themen im Lagebericht zu platzieren.

Kontrastierend hierzu ist der Fall E einzuordnen, in dem der Geschäftsbericht eine untergeordnete Bedeutung besitzt. Die Art und Weise, wie das Unternehmen seinen Lagebericht auf der Mesoebene gezielt instrumentalisiert und damit inhaltlich ausrichtet, könnte erklären, warum die Akteure der Fachbereiche im Unternehmen E ein eher geringes Interesse am Geschäftsbericht besitzen und insofern die Rolle des Promotors nur eingeschränkt ausfüllen. In diesem Fall ist also eine Beeinflussung der

4.5 Promotor

Meso- auf die Mikroebene zu beobachten, indem das Konstrukt „gezielte Instrumentalisierung der Lageberichterstattung" die Handlungen der Individuen beeinflusst.

„Ich denke, dass der Konzern da grundsätzlich eher sehr konservativ aufgestellt ist in allen Bereichen und eigentlich nicht so unbedingt viel mehr rausgeben möchte, als er muss. Und wenn ich die aktuelle Kritik unseres Finanzvorstandes höre: Das Ding ist zu teuer! Können wir es nicht schwarz-weiß drucken? Warum müssen nur Bilder rein? – ist die Ausrichtung klar. Also, das ist wahrscheinlich so gewachsen, ich weiß nicht warum, man könnte natürlich in allen anderen Bereichen mehr daraus machen [...]

Aber es ist weniger so, dass die Unternehmensbereiche sich selber auch dafür verantwortlich fühlen und sich zum Beispiel für das Thema des Geschäftsberichts interessieren würden" (Fall E).

Mit dem Lagebericht verbinden die beteiligten Akteure also unterschiedliche Interessen. Wie dargestellt, ist dies zum einen auf die Unternehmenssituation zurückzuführen – also den Kontext, in dem die Akteure handeln –, zum anderen ist das Verhalten von den mentalen Modellen der Personen abhängig, die als Akteure unterschiedlicher sozialer Welten in den Prozess eingreifen. Hieraus lassen sich folgende Wirkungsbeziehungen als Hypothesen ableiten:

H 9: Je wichtiger der Lagebericht als Kommunikationsinstrument aus Unternehmenssicht ist, desto stärker ist die Motivation der Akteure, ihre Themen für den Lagebericht vorzuschlagen und damit als dezentraler Promotor zu handeln.

H 10: Je mehr Möglichkeiten Akteure wahrnehmen, ihre Ziele mit einer Platzierung von Themen im Lagebericht zu erreichen, desto größer ist ihre Motivation, ihre Themen für den Lagebericht vorzuschlagen und damit als dezentraler Promotor zu handeln.

Auch in dem in Abschnitt 4.5.2 (S. 163 ff.) vorgestellten Konzept der „sozialen Welt" von STRAUSS (1993), sind durch unterschiedliche mentale Modelle der Prozessbeteiligten entstehende Konflikte inhärent. Die Kollision mentaler Modelle, zum Beispiel im Rahmen von Entscheidungen über freiwillig zu publizierende Informationen, kann auch mit dem Bild einer Arena beschrieben werden, in der über wesentliche Probleme debattiert, gerungen, manipuliert und Macht ausgeübt wird (vgl. Strauss, 1993, S. 226; ähnlich der Begriff der politischen Arena bei Mintzberg, 1985). Veröffentlichungsprozesse sind aus diesem Grund einem Meinungsaustausch zwischen politischen Parteien, der auch zur Durchsetzung eigener Interessen dient, nicht unähnlich (vgl. hierzu auch die Argumentation in Burchell et al., 1980, S. 5 f.). „The political perspective [...] assumes that decisions emerge from a process in which decision makers have different goals, forming alliances to achieve their goals in which the preferences of the most powerful prevail" (Elbanna/Child, 2007, S. 434).

4.5.3.2 Politisches Handeln

4.5.3.2.1 Mikropolitik

Veröffentlichungsprozesse sind demnach politischen Prozessen in Unternehmen nicht unähnlich. Bei konfligierenden Interessen und mentalen Modellen folgen Entscheidungen weniger einem rationalen Kalkül im Sinne eines übergeordneten Optimums für die Gesamtorganisation, sondern vielmehr einem Aushandlungsprozess verschiedener Parteien.

Zu Beginn der 1970er Jahre begann die Diskussion politischer, intraorganisationaler Phänomene; erste Arbeiten hierzu wurden von BURNS (1961), MARCH (1962) und PETTIGREW (1977) vorgelegt (einen Überblick der Historie gibt Alt, 2005, S. 299 f.). Der Ausdruck „Mikropolitik" wurde zuerst von BURNS (1961) in seinem Aufsatz „Micropolitics: Mechanisms of institutional change" verwendet, in dem er feststellt, dass Entscheidungen in Organisationen das Ergebnis von Verhandlungen, versteckten Aktionen und Koalitionsbildung sind. BURNS (1961, S. 278) definiert Politik in Organisationen als „the exploitation of resources, both physical and human for the achievement of more control over others, and thus of saver, or more comfortable, or more satisfying terms of individual existence".[54] Der Begriff „Mikropolitik" ist daher wörtlich zu verstehen: Es geht um Politik[55] im „Kleinen [, eine] organisationale Innen-

---

[54] In den deutschen Sprachraum wurde der Begriff „Mikropolitik" von BOSETZKY (z. B. 1979; 1988) eingeführt. Dieser geht jedoch von einem teilweise anderen Begriffsverständnis aus. BOSETZKYS Ziel ist es insbesondere, das Machtstreben organisationsinterner Politiker zu beschreiben (ausführlich Grunwald, 1979, S. 95 ff.; McClelland/Burnham, 1976). Ausgehend von der Motivstruktur machtorientierter Akteure (vgl. Bone-Winkel, 1997, S. 78; Sandner, 1992, S. 60 ff.) kommt er zum Persönlichkeitstyp des „Mikropolitikers" und zu einem Modell einer durch Mikropolitik gestalteten Organisation.

[55] Der etymologische Ursprung des Begriffs „Politik" ist das griechische Wort „pólis", mit dem ein Konglomerat in Form einer Stadt, dem Staat oder einer Bürgerschaft beschrieben wird. Aus der französischen Sprache wurde der Begriff im 17. Jahrhundert ins Deutsche übernommen. Im heutigen Sprachgebrauch beschreibt er bestimmte Handlungen zur Durchsetzung von Interessen. Neben einem zielgerichteten Vorgehen, beinhaltet der Politikbegriff auch die Gestaltung des öffentlichen Lebens (vgl. Bone-Winkel, 1997, S. 78).

4.5 Promotorpolitik

politik" (Ortmann, 1988b, S. 18), das heißt, der Begriff umfasst politisches Handeln innerhalb einer und nicht zwischen verschiedenen Organisationen (einführend Küpper, 2004; Küpper/Ortmann, 1986; Neuberger, 2006, S. 4 ff.). Dementsprechend wendet sich die Forschung mit dem mikropolitischen Ansatz gegen eine funktionale Perspektive und „lenkt den Blick auf die politisch-soziale Arena; nicht vorgegebene Organisationsnormen werden angenommen, sondern die Normen selbst werden in ihrem Entstehungszusammenhang untersucht und als Handlungsprodukte aufgefaßt" (Türk, 1989, S. 123). Ausgangspunkt der Analyse ist das Individuum und seine Interessenverwirklichung. Der mikropolitische Ansatz geht vom einzelnen Handelnden aus und aggregiert erst dann auf die Ebene kollektiver Handlungssysteme (vgl. Bone-Winkel, 1997, S. 65).

Kern des Politikkonzepts ist dabei auch die bereits in Abschnitt 2.3.3.1 (S. 58 ff.) vorgestellte Kritik an rationalen Entscheidungsmodellen (siehe Eisenhardt, 1997, S. 3; vgl. zu den Merkmalen des Politischen ausführlich Neuberger, 1995b, S. 22 ff.). Denn in einer mikropolitischen Verhaltensmodellierung setzt sich nicht immer die optimale Handlungsalternative in Organisationen durch, sondern vielmehr die Entscheidung, welche durch einen Akteur oder eine Gruppe gegenüber Anderen durchgesetzt wird (vgl. auch im Folgenden zum Politikkonzept allgemein und insbesondere auch zur Mikropolitik im Unternehmen Bone-Winkel, 1997, S. 59 ff.).

Empirische Studien belegen (für einen Überblick siehe Sandner, 1992a, S. 64 ff.), dass entsprechende Modelle der Realität wesentlich näher kommen, als Modelle denen die Rationalitätsannahme zugrunde liegt. „Daß Organisationen [...] zielgerichtet sind und effizient funktionieren; daß Untergebene verstehen und tun, was man ihnen sagt; dass Vorgesetzte wissen was sie tun; daß Entscheidungsprozesse rational verlaufen und vernünftige Resultate zeigen und das Ganze trotz starker zentrifugaler Kräfte, Konflikte und Interessendivergenzen zusammenhält, das alles ist in der Organisationsforschung in diesem Jahrhundert immer fraglicher und frag-würdiger geworden" (Ortmann, 1988b, S. 13; siehe auch zur Kritik an den dominierenden Paradigmen der Organisationstheorie Zey-Ferrell, 1981). Konsequenz ist jedoch nicht vollständig irrationales Verhalten oder chaotische Zustände in einer Organisation, sondern dass andere, eben politische Mechanismen das Handeln der Organisationsteilnehmer auf der Mikroebene leiten (vgl. Neuberger, 1995a, S. 273).

In diesem Zusammenhang identifiziert TÜRK (vgl. 1989, S. 30 ff.) vier Entwicklungslinien der Organisationsforschung: die der Entmythologisierung, eine Dynamisierung, eine Rehumanisierung und eine Politisierung der Organisationstheorie. Der Ansatz der Mikropolitik ist wohl primär dem letzten Punkt zuzuordnen, er berührt jedoch auch die weiteren Entwicklungslinien (vgl. Bone-Winkel, 1997, S. 61). Wie beschrieben rückt in einer mikropolitischen Verhaltensmodellierung das Handeln von Individuen (Rehumanisierung) im Rahmen sozialer Interaktionsprozesse (Dynamisierung) in den Fokus der Betrachtung. Gleichermaßen wird akzeptiert, dass die darin implizierten Entscheidungen der Akteure nur begrenzt rational erfolgen (Entmythologisierung).

Dabei ist Mikropolitik nicht im Sinne des negativ besetzten „Machiavellismus"-Begriffs zu interpretieren, durch den politisches Handeln auf egozentrisches, rücksichtsloses Verhalten reduziert wird. Als Machiavellismus verstanden mutiert Mikropolitik zu einer Art „Auszug aus dem Lexikon der Gemeinheiten" (Brüggemeier/Felsch, 1992, S. 134; zum Konzept und zur Historie des Machiavellismus ausführlich Neuberger, 1995b, S. 110 ff.). NEUBERGER (vgl. 1995a, S. 269 ff.) listet im Sinne Machiavellis eine Reihe mikropolitischer Techniken auf. „Diese Auffrischung und Veralltäglichung von MACHIAVELLIS[56] Ratschlägen ähnelt einer Anleitung zu List und Tücke, Lug und Trug" (S. 272). Zur Erzeugung von Handlungsdruck wird zum Beispiel folgendes Vorgehen vorgeschlagen: „Schikanieren, Politik der kleinen Nadelstiche, zermürben, im Kleinkrieg demoralisieren" (S. 272). Auch BONE-WINKEL (vgl. 1997, S. 79 ff.) weist darauf hin, dass eine Übertragung der Gedanken MACHIAVELLIS nicht adäquat für die heutige Diskussion mikropolitischer Phänomene in Organisationen ist. Der historische und inhaltliche Kontext, in dem entsprechende Vorschläge gemacht wurden, war ein anderer, zudem sei das zugrunde liegende Menschenbild überholt.

Vielmehr ist Politik allgemein und speziell Mikropolitik eine Notwendigkeit für das Überleben einer Organisation. Denn wenn davon ausgegangen wird, dass unter-

---

[56] Der italienische Politiker MACHIAVELLI beschreibt in seinem Werk „Il Principe" („der Fürst") Politik als Instrument der Herrschaftssicherung (für eine englische Übersetzung des Ursprungswerks vgl. Machiavelli, 1988). Im Zentrum stehen dabei Techniken des Machterwerbs und -erhalts. Wobei letztlich die Stabilisierung der Herrschaftsverhältnisse – als guter Zweck – den aus heutiger Sicht wohl zweifelhaften Einsatz der Machtinstrumente in der Argumentation MACHIAVELLIS legitimiert.

4.5 Promotor

schiedliche Interessen, Meinungen und Perspektiven in Organisationen bestehen, ist politisches Verhalten zwingend, um Handlungsfähigkeit zu sichern (Bischoff, 1998, S. 3 rechtfertigt daher eine ungleichmäßige Machtverteilung zur Sicherung effizienter Entscheidungsprozesse). Ausgangsproblem ist also die Ermöglichung kollektiver Handlungsfähigkeit bei einem nicht vorauszusetzenden, vollständigen Interessenkonsens innerhalb einer Organisation (zur Abgrenzung des damit verbundenen Mikropolitik-Verständnisses kritisch Gebert, 1996; Blickle, 1997).

Auf Basis von Verhandlungsprozessen (und Mikropolitik allgemein) werden Entscheidungen getroffen. Damit ist letztlich eine Prozessstruktur innerhalb einer Organisation, zum Beispiel die der Lageberichtserstellung, eine politisch ausgehandelte Ordnung. Gemäß STRAUSS (1978a, S. xi) ist dies eher Regelfall als Ausnahme in sozialen Systemen, weshalb er die in Interaktionsprozessen gebildeten Strukturen als „negotiated orders" bezeichnet (vgl. zum negotiated order-Konzept auch Fine, 1984, S. 240 ff.). „Strukturen und Prozesse in bzw. von Organisationen lassen sich nicht als jeweilige Produkte eines rational-instrumentellen Kalküls begreifen, sondern als geschichtliche, emergente, eher ‚naturalistisch' evolvierende Ergebnisse komplexer sozialer Interaktion" (Türk, 1989, S. 110).

Zentrales Element der Mikropolitik ist die Verwendung von Macht in Organisationen (z. B. Elbanna, 2006, S. 7; Madison/Allen/Porter/Renwick/Mayes, 1980, S. 81; Stockinger, 1992). In politischen Prozessen kann Macht Entscheidungsfindungen beeinflussen (vgl. zum Machtbegriff und den verschiedenen existierenden Konzepten Abschnitt 4.2.2, S. 118 ff.). Wenn im Rahmen der Lageberichtserstellung – und damit bei Entscheidungen über die Publikation von Informationen über immaterielle Ressourcen – Konflikte auftreten, kann letztlich das Resultat auf eine durch Macht geprägte Beziehung zwischen Akteuren zurückzuführen sein. Beispielsweise deuten Aussagen aus dem Fall A auf ein Konfliktpotenzial zwischen Akteuren unterschiedlicher Bereiche hin. Im Fall H wird beschrieben, dass über die zu publizierenden Inhalte oft keine einheitliche Meinung besteht. Die daraus resultierenden Konflikte müssen über die Hierarchieebenen hinweg deeskaliert werden.

„Das ist ein zweischneidiges Schwert, weil das ist sehr gut für unsere Kunden, wird aber von unseren Investoren extrem kritisch angesehen, weil Forschung und Entwicklung für [das Unternehmen A] eine Menge Geld kostet. Unsere Quote, was das angeht, ist doppelt so hoch wie die unseres wichtigsten Konkurren-

ten. *[...] Also da ist auch direkt dieser Konflikt zwischen dem Finanzvorstand, der das viele Geld sieht, was dort ausgegeben wird, und dem Technikvorstand, der eigentlich seine Entwicklungen preisen will. Da ist schon dieser arge Konflikt. [...] na, wie soll ich sagen, sie war sehr ergebnisgetrieben [...] unser vorheriger Finanzvorstand hat immer dargestellt, wie viel wir durch irgendwelche Vereinbarungen, Zukunftssicherungspakts an Personalaufwand einsparen und dadurch das Ergebnis verbessern. Aber eigentlich fanden wir, dass für Mitarbeiter andere Themen wichtiger sind" (Fall A).*

"Es kommt auch häufig vor, dass unterschiedliche Meinungen bezüglich eines Themengebietes bestehen. Und wenn man irgendwo nicht weiter kommt, dann wird zum Schluss der Vorstand noch mal mit einbezogen" (Fall H).

Die Platzierung von Information über immaterielle Ressourcen im Lagebericht ist nicht zwingend ein politischer Prozess. Es ist jedoch denkbar, dass als Promotor handelnde Akteure auf politische Taktiken zurückgreifen, da sie mit der Veröffentlichung ihrer Themen individuelle Ziele verbinden (vgl. Ocasio, 1997, S. 199). Zum einen, indem sie versuchen, die Aufmerksamkeit auf die von ihnen fokussierten immateriellen Ressourcen zu lenken, um ihre Platzierung im Lagebericht zu fördern. Zum anderen um die Veröffentlichung für sie negativ belasteter Themen gerade zu verhindern. In politischen Prozessen wird die Entscheidungsfindung von der Machtposition handelnder Akteure beeinflusst. Wenn im Rahmen der Lageberichtserstellung und damit bei Entscheidungen über die Veröffentlichung von Informationen über immaterielle Ressourcen Konflikte auftreten, können Publikationsentscheidungen auf eine durch Macht geprägte Beziehung zwischen den Akteuren zurückzuführen sein.

"[...] dann kommt von denen natürlich: Aber wir haben Euch doch das und das geschickt, warum ist denn das und das nicht drin? Dann muss man mit denen ein bisschen Hüh und Hott spielen, manchmal sagt dann auch der ganz wichtige Mensch XY, das muss aber rein. Dann muss man eben gucken, kann man das dann trotzdem reinnehmen" (Fall J).

"So, und nun wird einfach in der Schlussbesprechung, ich sage mal, aus Gründen der Autorität, die dann jemand hat, gesagt: Also der Absatz ist kompletter Blödsinn, der wird gestrichen. Und dann sagt auch keiner mehr was. Und dann ist der Satz weg oder dann ist der Absatz weg" (Fall C).

Doch wie erfolgt eine Interessensdurchsetzung im Unternehmen? In den meisten Publikationen zum mikropolitischen Ansatz wird die Bedeutung einer prozessorientierten Sichtweise hervorgehoben und „viele Autoren sehen das Charakteristische des Politischen in der Art des Prozesses verkörpert" (Sandner, 1992b, S. 57): BURNS (1961, S. 259) spricht wohl daher von „politics [...] as a mode of doing" und MADISON

ET AL. (1980, S. 81) beschreiben „organizational politics [as] a process of influence". In Hinblick auf die Lageberichterstellung wird aus diesem Grund im folgenden Abschnitt 4.5.3.2.2 (S. 179 ff.) der mikropolitische Prozessansatz der Agendabildung vorgestellt. Agendabildungskonzepte beschreiben einen politischen Prozess in Organisationen, durch den Aufmerksamkeit auf bestimmte Themen gelenkt wird. Insofern lassen sich möglicherweise Ähnlichkeiten zur freiwilligen Unternehmensberichterstattung über immaterielle Ressourcen aufzeigen.

4.5.3.2.2 Agendabildung

Die Diskussion der Agendabildung begann Anfang der 1970er Jahre, als im Wesentlichen Politik- und Medienwissenschaftler hinterfragten, warum bestimmte Themen in Organisationen fokussiert und andere wiederum ignoriert werden (vgl. auch im Folgenden Schütz, 1998, S. 166 ff.). Bedeutend ist die Frage, warum Themen Aufmerksamkeit erlangen. Angenommen wird, dass sich darüber das Verhalten in Organisationen erklären lässt (ausführlich Ocasio, 1997, S. 189 ff.). „Thus by understanding how issues gain attention in organizations new insights emerge about organizational change" (Dutton, 1986, S. 3, vgl. auch S. 15 f.).

Ausgegangen wird von der Prämisse eingeschränkter Rationalität und damit zusammenhängend, dass die Kapazitäten der Informationsverarbeitung in Organisationen begrenzt sind: „[...] the scarce resource is not information; it is processing capacity to attend to information. Attention is the chief bottleneck in organizational activity, and the bottleneck becomes narrower and narrower as we move to the top of organizations" (Simon, 1976, S. 294).

Argumentiert wird, dass nur den Themen Aufmerksamkeit geschenkt wird, die auf der Agenda einer Organisation platziert sind. Dabei wird angenommen, dass Individuen oder Gruppen mit der Agendaplatzierung bestimmter Themen Motive verbinden und sie daher versuchen, die Platzierung ihrer Themen auf der jeweiligen Agenda durchzusetzen (vgl. Cobb/Ross/Ross, 1976, S. 126) oder die Platzierung anderer Themen zu vermeiden (vgl. Schütz, 1998, S. 189 ff.; Dutton, 1986, S. 17). Vor dem Hintergrund begrenzter physischer, aber auch kognitiver Ressourcen, beinhaltet dies politisches Handeln. „By understanding this process and its likely outcomes, individuals can manage it to their advantage. For example, facilitating or constraining issues from reaching an organization's agenda is a powerful tactic for initiating or preventing certain change initiatives" (Dutton, 1986, S. 3). Wobei der in dieser Aussage angesprochene Prozess nicht zwingend formalisiert ist; oft erfolgt er informell, getrieben durch die jeweiligen Interessen der beteiligten Akteure (vgl. Dutton, 1986, S. 4).

Zentrale Prämisse ist, dass nicht alle von den Akteuren in einer Organisation verfolgten Themen auf der Agenda Platz finden (vgl. Dutton, 1986, S. 6). ZHU (1992) beschreibt diese Konstellation als ein „Nullsummen-Prinzip": Ein Thema kann nur ein anderes ersetzen, jedoch nicht zusätzlich auf einer Agenda platziert werden. Dennoch ist eine isolierte Betrachtung der für eine Agendaplatzierung vorgeschlagenen Themen nicht möglich. Die Themen können miteinander auf verschiedene Arten und Weisen verknüpft sein, sich unterstützen oder auch ausschließen (vgl. Dutton, 1986, S. 5). Das Konzept der Agendabildung beinhaltet also einen Prozess der Themenselektion.

Der Begriff „Agenda" lässt sich als das Portfolio an Themen beschreiben, dem Aufmerksamkeit geschenkt wird (siehe Dutton, 1986, S. 3 f.). Die Bedeutung eines Themas hängt von dem Kontext ab, in dem es formuliert ist, das heißt von der jeweiligen Agenda (vgl. Dörr, 1999, S. 204). Sicherlich hat das Thema „ökologisches Bewusstsein" in einer Broschüre der Umweltschutzorganisation Greenpeace eine andere Bedeutung als im Rahmen eines Treffens der Marketingabteilung eines Energieerzeugers. Für Letztere könnte dieses Thema ein Risiko aufgrund einer zunehmenden Nachfrage nach Strom auf Basis erneuerbarer Energiequellen bedeuten, während das Thema „ökologisches Bewusstsein" für Greenpeace eine zentrale Wertvorstellung des Handelns der Organisation darstellt. Die Bezeichnung „Agendabildung" wird verwendet, da dieser im Gegensatz zum alternativen Begriff „Agendaformulierung/-setzung" ausdrückt, dass die Agenda einer Organisation nicht zwingend aus einer zentralen Perspektive des Topmanagements determiniert ist. Denn die Agenda ist oft – ähnlich wie im negotiated order-Konzept von STRAUSS (1978a) – das Ergebnis von Interaktionen verschiedener Individuen mit variierenden Interessen auf unterschiedlichen Ebenen der Organisation (vgl. Dutton, 1986, S. 4).

Gemäß KIRSCH/WEBER (vgl. 1983, S. 89 ff.) hat DUTTON (insbesondere 1986; vgl. auch 1988; Dutton/Ashford, 1993) das am weitesten ausgearbeitete Modell der

4.5 Promotor

Agendabildung vorgelegt. Struktur und Elemente ihres Modells, das in Abbildung 27 skizziert ist, werden daher im Folgenden kurz vorgestellt (einen Überblick geben Kirsch/Ponn, 2009, S. 130 f. für eine kritische Stellungnahme vgl. S. 132): Eine Agendaplatzierung setzt hiernach voraus, dass für ein Thema zwei Merkmale, sogenannte „Issue Forces", gelten müssen. Zum einen, dass die Existenz eines Themas von den Entscheidungsträgern in einer Organisation wahrgenommen wird („Issue Exposure") und zum anderen, dass diese eine Agendaplatzierung befürworten („Issue Interest"): „[...] there is a relationship between the forces behind an issue (Exposure X Interest) and the probability of agenda placement. Rationale for this proposition is based on the view of decision makers as active mediators of what issues in organizations receive attention" (Dutton, 1986, S. 6).

Organizational Context	Issue Context		Issue Force	
	Issue Salience • Magnitude • Abstractness • Simplicity • Immediacy	A g e n d a s t r u c t u r e	Issue Exposure	
Strategy				Issue Placement of the Agenda
	Issue Sponsorship • Issue Attachment • Strategic Location		Issue Interest	
Culture				
	• Size • Variety			

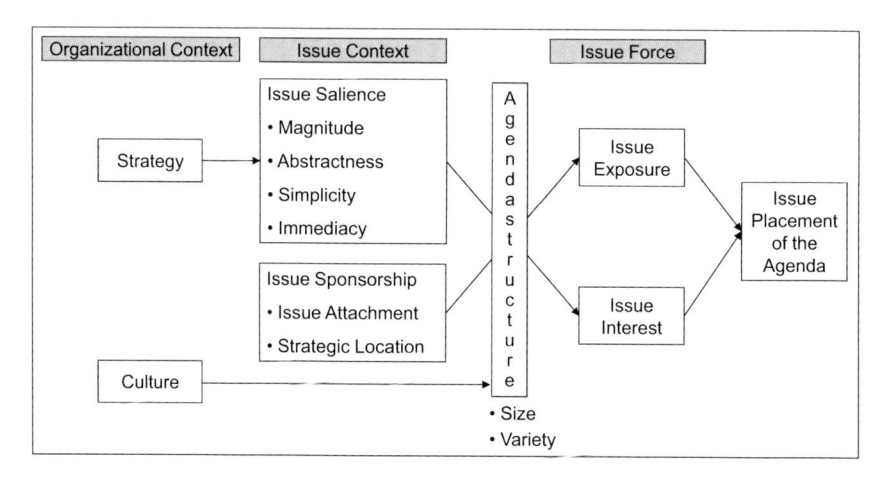

Abbildung 27: Agendabildungsmodell nach DUTTON

Die Ausprägungen der beiden Merkmale „Issue Exposure" und „Issue Interest" werden durch mehrere Konstrukte beeinflusst, die entweder dem weiteren Organisationskontext („Organizational Context") oder direkt dem Kontext eines Themas („Issue Context") zugeordnet werden können. Letzterer beinhaltet zum einen das Kontrukt „Issue Salience", das die Dringlichkeit eines Themas für eine Organisation widerspiegelt; zum anderen das Konstrukt „Issue Sponsorship", das Merkmale der Akteure erfasst, die versuchen, eine Agendaplatzierung durchzusetzen. Für sogenannte

„Issue Sponsors" wird hinterfragt, wie bedeutend das betrachtete Thema für sie ist („Issue Attachment") und welche Kompetenz sie besitzen („Strategic Location"), weitere Entscheidungsträger in einer Organisation von der angestrebten Agendaplatzierung zu überzeugen (vgl. Dutton, 1986, S. 10). Das Konstrukt „Issue Salience" operationalisiert DUTTON (vgl. 1986, S. 7 ff.) über vier Variablen: Postuliert wird, dass die Dringlichkeit von Themen steigt, je bedeutender sie für die Erreichung der strategischen Ziele einer Organisation sind („Magnitude"), wenn ihre Bearbeitung mit einem Zeitdruck verbunden ist („Immediacy") und sich ein Thema wenig abstrakt („Abstractness") und komplex („Simplicity") darstellen lässt – es also für die Akteure in einer Organisation einfach versteh- und kommunizierbar ist.

In Abhängigkeit von der Struktur einer Agenda („Agendastructure") wirken diese Konstrukte des „Issue Context" auf die „Issue Exposure" sowie „Issue Interest" und damit indirekt auf die Agendaplatzierung. Ein (wenn auch nur indirekter) Einfluss besteht auch durch Merkmale des Kontexts der Organisation. Zum einen beeinflusst die Strategie („Strategy") eines Unternehmens die Dringlichkeit eines Themas, also ein Konstrukt des Themenkontexts und zum anderen wirkt die Organisationskultur („Culture") auf die Agendastruktur. Die Agendastruktur bleibt dabei unspezifiziert. DUTTON (1986, S. 11) beschreibt sie „as an issue array containing a limited number and variety of issues at any one point in time" und stellt lediglich fest, dass „for some organizations this array is very large, containing a wide range of distinctly different types of strategic issues. In other organizations the set of legitimate strategic issues may be very narrow with only limited diversity" (Dutton, 1986, S. 11).

Die Betrachtung des Konzepts von DUTTON (1986) zeigt deutlich, dass die Diskussion der Agendabildung im Kern politisch und prozessorientiert ausgerichtet ist. Modelliert wird ein Interaktionsprozess, durch den individuell verfolgte Themen zu Themen einer Organisation werden. Betrachtet wird also ein Einfluss der Mikro- auf die Mesoebene: „The components of the agenda building model reflect the political and cognitive forces at work in shaping strategic processes. [...] Agenda Building refers to the process through which strategic issues gain decision makers attention and are legitimated in the organization. Through a series of agenda building episodes, a *strategic agenda* is built" (Dutton, 1986, S. 16 und S. 13). Der Interaktionsprozess, der erklärt, warum Themen für eine Agendaplatzierung akzeptiert oder abgelehnt werden, ist daher Gegenstand der Analyse der Agendabildung.

Die Komplexität einer Modellierung der Agendabildungsprozesse wird u. a. durch die involvierten Akteure, ihre Motive und Interaktionen und auch die Komplexität der jeweils betrachteten Themen determiniert (vgl. Dermer, 1990, S. 72; siehe auch McCombs, 1992, S. 822). Denkbar ist, dass diese Aspekte auch die Lageberichtserstellung im Unternehmen prägen und daher Modelle der Agendabildung zu verstehen helfen, warum Informationen über immaterielle Ressourcen in der externen Berichterstattung berücksichtigt oder ignoriert werden.

In dem vorgestellten Modell der Agendabildung von DUTTON (1986) wird beispielsweise die Rolle des sogenannten „Issue Sponsors" beschrieben, dessen Ziel es ist, für ihn relevante Themen auf der Agenda seiner Organisation zu platzieren. Dieses Verhalten ist ähnlich zu der Funktion des Promotors in dem entwickelten Modell der Lageberichterstattung. Denn auch der Promotor schlägt für ihn relevante Themen über immaterielle Ressourcen für die Berichterstattung vor und muss dabei möglicherweise sein Interesse gegenüber anderen Akteuren durchsetzen. Diesbezüglich werden in der Literatur zur Agendabildung verschiedene Handlungstaktiken diskutiert. Diese könnten auch Anstöße für die Forschung zur Lageberichterstattung über immaterielle Ressourcen geben.

Startpunkt der Agendabildungsmodelle (vgl. hierzu auch die Ausführungen in Abschnitt 4.5.3.2.2, S. 179 ff.) ist in der Regel eine Phase der Initiierung, in der Akteure die für sie wichtigen Themen spezifizieren und formulieren (vgl. Narayanan/Fahey, 1982; Dermer, 1990; Cobb et al., 1976; Dutton, 1986). Die Akteure versuchen für ihre Themen in der Organisation zu werben, andere von der Relevanz der Themen zu überzeugen, stets mit dem Ziel, ihre Themen auf der Agenda der Organisation zu platzieren. In diesem Zusammenhang differenzieren COBB ET AL. (1976) zwischen einer „öffentlichen" und einer „formalen" Agenda. Letztere ist das Ergebnis eines Entscheidungsprozesses, in dem autorisierte Akteure Themen von der öffentlichen auf die formale Agenda heben und damit die Bedeutung dieses Themas für die Organisation manifestieren.

In diesem Prozess können Akteure versuchen, ihre Interessen durch unterschiedliche Mechanismen durchzusetzen. Diesbezüglich beschreiben beispielsweise SNOW

ET AL. (vgl. 1986, S. 467 ff.) verschiedene Framing-Taktiken, mit Hilfe derer die positive Wahrnehmung eines Themas innerhalb einer Organisation gefördert werden kann:[57] Die Taktik des sogenannten „frame bridging" beinhaltet ein Vorgehen, bei dem zunächst Verbündete für ein Thema gesucht werden, und darauf aufbauend versucht wird, sukzessiv weitere Akteure von der Themenbedeutung zu überzeugen. Es wird das Ziel verfolgt, dass auch andere Akteure als Promotor für das betrachtete Thema fungieren. Im Rahmen des sogenannten „frame amplification" wird versucht, ein Thema im Kontext geteilter Werte und Symbole der Organisation darzustellen, so dass durch Attribution die Einstellung anderer Akteure gegenüber dem Thema verbessert wird. Ähnlich wird bei der Taktik des „frame bundling" der Ansatz verfolgt, ein Thema mit einem anderen zu verbinden, dessen (angenommene) Relevanz in der Organisation anerkannt wird. Auch bei dieser Taktik soll durch einen Attributionsvorgang die positive Wahrnehmung des fokussierten Themas gefördert werden: „Another packaging option available to issue sellers is the extent to which to ‚bundle' their issue with other issues in the selling attempt. Issue bundling describes the degree to which an issue is portrayed as related to and interconnected with other issues" (Dutton/Ashford, 1993, S. 416). „Frame transformation" ist die vierte Taktik, die SNOW ET AL. (1986) beschreiben. Bei dieser versuchen Akteure ein Thema umzubenennen, wobei sie davon ausgehen, dass mit dem neu verwendeten Begriff eine positive Wahrnehmung der anderen Akteure verbunden ist.

In der Erhebung konnte nicht im Detail erfasst werden, welche Taktiken Akteure anwenden, um die Platzierung ihrer Themen im Lagebericht zu fördern und dabei versuchen, in Konfliktsituationen ihre Interessen durchzusetzen. Bestätigt wird jedoch in mehreren Fällen, dass Konflikte bei der Festlegung der Lageberichtsinhalte zwischen den beteiligten Akteuren auftreten. Durchaus denkbar wäre, dass in Konfliktsituationen die dargestellten Framing-Taktiken Anwendung finden.

> *„[...] jeder möchte natürlich mit seinem Thema möglichst intensiv vorkommen. [...] das hat natürlich eine enorme politische Relevanz, weil die Marken wollen sich natürlich auch richtig, und vor allem erfolgreich, dargestellt fühlen und wie sie sich selbst sehen. [...] Da haben wir auch sehr viel diskutiert" (Fall J).*

---

[57] Vgl. hierzu auch DUTTON/ASHFORD (1993); DUTTON ET AL. (2001).

4.5 Promotor

„Und ich habe mich mit allen Kräften gewehrt, dass dieses Thema zu stark im Geschäftsbericht aufgenommen wird" (Fall L).

Wie betont, wird dabei nicht unterstellt, dass im Prozess der Lageberichterstattung zwingend Konflikte auftreten. Oft wird beschrieben, dass die Abteilungen eine eher neutrale Haltung zur Lageberichterstattung einnehmen.

„Es ist weniger so, dass die Unternehmensbereiche sich selber auch dafür verantwortlich fühlen und sich zum Beispiel für das Thema des Geschäftsberichts interessieren würden. [...] Natürlich wollen die darstellen, was sie gemacht haben. Aber wenn wir dann sagen, das Thema sehen wir einfach nicht in diesem Jahr im Geschäftsbericht, sind die dann auch einverstanden. [...] Es ist eigentlich sehr diszipliniert, in dem Sinne, dass die Vorgaben auch des letzten Jahres, in Bezug auf Platz, schon ganz gut eingehalten werden. Ich sage mal, es sind überall dann nochmals über zehn Prozent zu viel, die man manchmal kürzen muss vom Text. Aber im Wesentlichen halten die Kollegen sich schon sehr schön daran, an die Struktur auch des letzten Jahres und an die Themen des letzten Jahres, und das klappt eigentlich schon ganz gut" (Fall F).

„So ein Punkt kommt relativ selten vor. Also im Rahmen des letztjährigen Lageberichtes kam er nicht vor. Und länger zurückdenken kann ich gar nicht, weil ich da ja noch gar nicht in dem Unternehmen war" (Fall C).

„[...] am Geschäftsbericht hängt für die Bereiche wenig Herzblut" (Fall D).

Jedoch ist in diesem Zusammenhang auf die Ausführungen im Kapitel 4.5.3.1 (S. 168 ff.) zu verweisen: Abhängig davon, inwieweit Akteure den Lagebericht nutzen können, um ihre jeweiligen Interessen zu verfolgen, sind sie wahrscheinlich unterschiedlich motiviert, ihre Themen für den Lagebericht vorzuschlagen. Unterstützt wird dies auch durch die Beobachtung von Heuristiken, durch welche Konfliktsituationen aufgelöst werden, zum Beispiel indem die Gestaltung der Prozessorganisation das Auftreten von Konflikten proaktiv vermeidet:

„Bis wir die Dinge in den Geschäftsbericht schreiben, sind sie in der Regel geklärt" (Fall I).

In den Unternehmen C und E sind beispielsweise die Fachabteilungen angehalten, ihre Berichte auf einen vorgegebenen Zeilenumfang zu beschränken. Die Fachabteilungen müssen begründen, wenn sie vom Vorjahresniveau abweichen. Diese Festlegungen könnten als Heuristik interpretiert werden, mit der versucht wird, die Anwendung politischer Taktiken zu vermeiden. Im Unternehmen M formulieren die Fachbereiche ihre Textmodule des Lageberichts nicht autark. Diesbezüglich wurde im Interview argumentiert, dass man Unstimmigkeiten mit den Fachbereichen vermeiden möchte, falls die von ihnen vorgeschlagenen Inhalte nicht in den Bericht aufgenommen werden.

"Ihr habt im letzten Jahr eine halbe Seite im Geschäftsbericht gehabt, da könnt ihr nicht dieses Jahr drei Seiten für euch vereinnahmen, Umweltschutz oder so etwas, sondern ihr habt eine halbe Seite, maximal eine Dreiviertelseite, also guckt, wo ihr bleibt" (Fall I).

"Und ich wurde angehalten: Schlankhalten! Wir haben ja einen relativ schlanken Geschäftsbericht im Vergleich zu anderen Unternehmen und wir müssen auch begründen, wenn wir länger werden. Ich habe eine Mail geschickt, so nach dem Motto: Wir werden länger, weil usw. [...] Grundsätzlich ist die Aussage: Wir bleiben für alle Bereiche auf Vorjahreslevel. Es müsste auch begründet werden, wenn zum Beispiel ein Mitarbeiter sagt: Wir haben zwei Seiten gehabt, wir wollen jetzt auf einmal vier. Das machen sie nicht mit, dann würde oben genau gefragt werden: Warum? Und das soll abgestimmt werden" (Fall E).

"Wenn ich einem Forschungs- und Entwicklungsmanager sage: Schreib mir was zu Deinem Projekt für den Geschäftsbericht auf, macht mir das mehr Arbeit. Weil wenn ich das ändere, dann ist der erst mal sauer [...]. Dann habe ich den verärgert. Ich muss den wieder einfangen, ich muss das dreimal hin und her schicken, bis er dann irgendwann knurrend zustimmt und sagt: Hm" (Fall M).

Darüber hinaus diskutieren beispielsweise die Fachabteilungen im Unternehmen C ihre Vorschläge mit einem jeweils übergeordneten Vorstandsmitglied. Auf diesem Weg wird die Zustimmung eines mit Macht ausgestatteten Entscheidungsträgers im Prozess gesichert.

"Häufig ist es sogar so, dass die Fachbereiche, bevor sie es an das Rechnungswesen geben, diese Kapitel schon mal ihrem Vorstand, dem jeweiligen Fachvorstand zu lesen gegeben haben und sich von dem das ‚Okay' haben geben lassen. Das hat sich einfach in der Vergangenheit so eingespielt. Notwendig ist es nicht unbedingt, aber das läuft in der Praxis häufig so" (Fall C).

4.5.4 Promotor einer zentralen Perspektive

4.5.4.1 Reportingeinheit und Topmanagement

Wesentlicher Grund dafür, dass die Fachabteilungen in die Erstellung des Lageberichts involviert sind, ist die Komplexität eines Unternehmens. Plausibel ist, dass es mit zunehmender Komplexität notwendig ist, Experten für die verschiedenen Aktivitäten eines Unternehmens in den Erstellungsprozess einzubinden (zur Notwendigkeit einer Arbeitsteilung und Spezialisierung vgl. Allewell, 2004). Insofern stellt WALTER

4.5 Promotor

(2008, S. M16), ehemaliger Chefvolkswirt der Deutschen Bank, fest, dass die Berichterstattung über immaterielle Ressourcen „vor allem Eines [braucht]: enge Kooperation über Divisionen, Funktionen und Regionen hinweg. Auch das Top-Management ist immer wieder gefragt."

„*Ich sammle schon viele Sachen und ich versuche auch immer darauf zu schauen, dass man ein möglichst umfassendes Bild bekommt. Aber unser Unternehmen ist inzwischen so groß [...], wie gesagt, zu bestimmten Sachen kann ich inhaltlich wenig sagen, weil ich eher die Informationen zusammentrage und auch nicht immer genau weiß, vor welchem Hintergrund sich die einzelnen Abteilungen da die Gedanken machen. [...] Und dann ist auch ganz klar, dass bestimmte Textteile, die bekommen wir direkt aus der HR-Abteilung, ich sage mal, die wissen genau, was für sie wichtig ist*" (Fall H).

„*Ich kann schlecht sagen, die haben da irgendwie Studien gemacht und haben auch einen Preis gewonnen. Also, die sind schon relativ autark aufgestellt. Auch aufgrund der Funktion, die etwas ganz anderes ist, als das, was wir machen*" (Fall E).

„*[...] geschrieben wird es im Zweifelsfall von den Experten der einzelnen Themengebiete*" (Fall F).

Auch die in § 289 Abs. 1 Satz 1 HGB formulierte Forderung, dass ein den tatsächlichen Verhältnissen entsprechendes Bild der Geschäftssituation im Lagebericht wiederzugeben ist, impliziert, dass die Perspektiven unterschiedlicher Bereiche im Erstellungsprozess zu integrieren sind. Dies spiegeln die betrachteten Fälle wider, weshalb sich folgende Wirkungsbeziehung als Hypothese festhalten lässt:

H 11: Je größer ein Unternehmen, desto häufiger schlagen die Fachbereiche Themen für den Lagebericht vor und handeln damit als dezentraler Promotor.

Jedoch werden auch aus einer zentralen Perspektive Themen für den Lagebericht vorgeschrieben. Dies ist verbunden mit der Instrumentalisierung des Lageberichts in Hinblick auf die Strategie und die Ziele der Gesamtorganisation, wie in Abschnitt 4.4 (S. 142 ff.) anhand des gebildeten Konstrukts „gezielte Instrumentalisierung der Lageberichterstattung" erläutert. Die jeweilige Instrumentalisierung der Lageberichterstattung wird insbesondere durch die aus einer zentralen Perspektive handelnden Akteure gesteuert. In diesem Zusammenhang beschreibt beispielsweise der Interviewpartner im Unternehmen C aus seiner früheren Tätigkeit als Wirtschaftsprüfer Folgendes:

> *„[...] da hat den Geschäftsbericht einzig und allein der Vorstandsvorsitzende und Mehrheitsaktionär geschrieben. Und der hat da Zeug reingeschrieben, auch von der Wortwahl her, was jenseits von Gut und Böse war. [...] Der hat das Ding am Wochenende geschrieben. Und von einer Fassung zur nächsten ist das Unternehmen besser geworden. Und der hatte auch keinerlei, ich sage mal, Einsprüche dagegen geduldet. Da war ich ja noch Wirtschaftsprüfer in dem Hause, da hat der Innenprüfer reingeschrieben, dass der Geschäftsbericht letztendlich, oder der Lagebericht manchmal, etwas überschwängliche Formulierungen enthalten würde" (Fall C).*

Jedoch ist die beschriebene Konstellation ein Extremfall und der spezifischen Unternehmenssituation geschuldet, wie sich in den weiteren Interviews zeigt. Die Regel ist vielmehr, dass versucht wird, den Lagebericht aus einer zentralen Perspektive inhaltlich auszurichten. Zurückgreifend auf das in Abbildung 25 (S. 167) vorgestellte Trichtermodell bedeutet dies, dass das durch den Lagebericht projizierte Bild in Hinblick auf die Kommunikationsziele festgelegt wird. Fast immer lässt sich beobachten, dass die Reportingeinheit, welche die Erstellung des Lageberichts koordiniert, Informationen über immaterielle Ressourcen für den Lagebericht vorschlägt.

> *„Die breiteren Trends, die können wir wahrscheinlich besser abdecken [...] Also, im Wesentlichen würde ich mich da sehen oder uns als Investor Relations, als den Promotor, der den Prozess trägt. Der den Anspruch hat, den Geschäftsbericht jedes Jahr ein bisschen besser zu machen" (Fall I).*

> *„Sie müssen am Puls sein. Sie müssen als Kommunikation auch die Schwerpunktthemen übers Jahr haben. [...] also die Entscheidungen liegen bei uns, auch die Schwerpunkte setzen wir. Und wir gucken, wie gesagt, auch nach den Themen aus einem anderen Blickwinkel als das ein Bereichsleiter oder Forschungs- und Entwicklungsleiter oder Spartenleiter tun kann. Wir haben die globale Brille auf und da ist es natürlich logisch, dass da Gewichtsverschiebungen und auch Anpassungen aus dem Gesamtkontext heraus stattfinden. Aber das ist auch, glaube ich, jedem klar" (Fall M).*

Auch wird die Rolle des Promotors auf der Ebene des Topmanagements ausgefüllt. Übereinstimmend berichten alle Interviewpartner, dass der Vorstand für ihn wichtige Themen für den Geschäftsbericht vorgibt. Auf diesem Weg werden Schlüsselthemen für den Lagebericht festgelegt. In Fall G wird dieser Aspekt vor dem Hintergrund des Marktwerts des Unternehmens erklärt. Der Vorstandsvorsitzende ist hier stark involviert in Fragen der Investor Relations im Allgemeinen und insbesondere auch in die Geschäftsberichtserstellung.

> *„Das ist deswegen wichtig, weil wir ein kleines Problem mit dem Börsenkurs haben. Der nimmt unsere Aufwärtsentwicklung nicht so wahr. Von daher ist das*

4.5 Promotor

auch eine ganz persönliche Zielvereinbarung mit dem Vorstandsvorsitzenden, dass er die Investor Relations-Verbindungen [...] höchstpersönlich macht" (Fall G).

Ähnliches zeigt sich in der Studie von GIBBINS ET AL. (vgl. 1990, S. 131). Auch hier wird die Perspektive des Topmanagements, insbesondere die des CEOs, als eine wesentliche Einflussgröße für die inhaltliche Ausgestaltung der Unternehmensberichte identifiziert: „However, the annual report cannot be presumed to be a neutral device. The contents of annual reports are largely determined by top management and therefore reflect management beliefs" (Buhr, 1998, S. 164). CAMPBELL (2000) zeigt in einer Langzeitstudie, dass sich der Umfang freiwillig berichteter Information mit einem Wechsel der Person des CEO signifikant ändert. Jedoch zeigen die Studien nicht, wie das Topmanagement auf die inhaltliche Gestaltung des Lageberichts Einfluss nimmt. Anknüpfend an das Konstrukt „gezielte Instrumentalisierung der Lageberichterstattung", das aus dem Legitimitätsdruck, den Unternehmen erfahren, resultiert, lässt sich folgender Zusammenhang als Hypothese festhalten:

H 12: Je wichtiger der Lagebericht als Kommunikationsinstrument aus Unternehmenssicht ist, desto häufiger ist das Handeln des Topmanagements als zentraler Promotor zu beobachten.

In den betrachteten Fällen übernimmt der Vorstand oft nur indirekt die Rolle des Promotors. In der Regel wird ein Vorschlag für eine thematische Ausrichtung des Geschäfts- inklusive des Lageberichts von der zentralen Reportingeinheit formuliert, der dann dem Vorstand als Entscheidungsgrundlage vorgelegt wird. Im Rahmen dieser Abstimmung legitimiert und ergänzt gegebenenfalls der Vorstand das vorgeschlagene Konzept um weitere Themen. Oft erfolgt dies auch in mehreren Abstimmungsrunden, wie beispielsweise im Fall J beschrieben wird. Hier ist der Vorstand in den Erstellungsprozess mehrfach eingebunden. Im Fall G wird die Reportingeinheit an die Fachabteilungen verwiesen, wenn aus der Sicht des Vorstandes wichtige Themen im Lageberichtsentwurf fehlen.

„Unser Chief Accountant kommt teilweise mit Sachen, wo er sagt: Guck mal, das war noch mal wichtig in diesem Jahr. Weil einige Informationen laufen ja auch bei ihm zusammen. Er ist ja auch in vielen Meetings mit dabei. Unser Vorstand kommt dann in der Regel noch mal und sagt, bestimmte Sachen sind ihm besonders wichtig" (Fall G).

Inhaltliche Vorschläge des Topmanagements werden also oft in mehreren Abstimmungsrunden aufgegriffen. In anderen Fällen ist es demgegenüber nur noch eine Art „Abnicken" (Fall F) des Vorstandes. Vor der Kommunikation mit den Fachbereichen wird in der Regel das Konzept – eine Art „Story" (Fall F) – für den Lagebericht festgelegt. Das Konzept wird von der Reportingeinheit entwickelt, um die gezielte Instrumentalisierung der Lageberichterstattung, das heißt die Kommunikationsziele des Unternehmens und damit die Austauschbeziehungen mit relevanten Interessengruppen, zu unterstützen. Nachdem dieser Vorschlag für die inhaltliche Ausgestaltung des Lageberichts dem Topmanagement vorgestellt und von diesem freigegeben wird, erfolgt die Abstimmung mit den Fachbereichen.

> „[...] wir sind nicht allzu weit weg vom Vorstand, so dass wir das vorbereiten können [...] wir machen einen Vorschlag, dass wir quasi diesen Geschäftsbericht unter das Motto [X] stellen wollen, mit den Themen A, B, C, D und das wird dann dem Vorstand vorgestellt. [...] es geht ja darum, dass auch die einzelnen Vorstände ihre Themen, die sie gerade für den Konzern promoten oder nach denen sie den Konzern steuern, dass die sich da wiederfinden" (Fall J).

> [...] da haben wir uns wirklich an den großen Tisch gesetzt, auch mit der Finanzkommunikation. [...] mit mehreren Kollegen, die Einblick in die ganzen Themen haben, also in den Bereich Produktion, in den Bereich Technik. Hier gibt es ja in der Unternehmenskommunikation Ressorts, die eben spezialisiert sind: Märkte, Personal, Umwelt usw. Die haben wir auch zurate gezogen und dann diskutiert, was die Themen für den Konzern sind. Wir haben diese Themen auf eine Liste geschrieben, haben sie uns natürlich auch noch mal absegnen lassen, und sind dann im zweiten Schritt so vorgegangen, dass wir gesagt haben, zum Thema Verantwortung, wie könnte man das ausgestalten? [...] Wen aus dem Unternehmen könnten wir dazu interviewen? Das ist ein längerer Prozess gewesen" (Fall J).

> [...] die Vorschläge für die Markenstorys, mit einer grundsätzlichen Skizzierung, wie die Story aussehen kann, wurde in die Marke hineingegeben und wurde auch dort an oberster Stelle entschieden, also bei den jeweiligen Vorständen der Marken" (Fall J).

> „Das ist erst mal das ganze Externe: Wie soll das Ding aussehen, welches Ziel wollen wir verfolgen, weil wir auch immer eine Story mitgeben wollen" (Fall E).

> „Auf jeden Fall, es gibt immer ein Thema, unter dem das Ganze steht [...] also gerade der Teil ist auch wieder sehr stark von uns mitbestimmt und da haben wir eigentlich schon ganz klar gesagt, was wir da drin stehen haben möchten. Also, wir aus Investor Relations-Sicht" (Fall F).

> „Wir machen ein Kick-off-Meeting mit den beteiligten Bereichen [...], wo wir denen als offiziellen Startpunkt zeigen, wo das ungefähr hingehen soll" (Fall I).

4.5 Promotor

"[...] ab Oktober fangen wir an, dass wir eine Gesamtkonzeption machen, was der Aufhänger ist des ganzen Projektes [...], was die wesentlichen Themen sind in den Texten. Dann machen wir eine grobe Inhaltsübersicht. [...] Das ist überhaupt das Prinzip, das einzige Prinzip. [...] wenn wir uns von dem Konzept her festgelegt haben [...] dann ist unser Anspruch, dass es praktisch den gesamten Lagebericht durchdringt. Das muss immer wieder kommen" (Fall A).

Die durch das Topmanagement und die Reportingeinheit festgelegte inhaltliche Struktur des Lageberichts richtet damit die von den Fachbereichen vorgeschlagenen Themen aus. Dem vorgestellten Trichtermodell folgend, findet also eine Selektion der mentalen Modelle der Fachbereiche statt.

4.5.4.2 Informationsquellen

In den Interviews wurde auch hinterfragt, auf Basis welcher Informationen die Reportingeinheit Inhalte für den Lagebericht vorschlägt und ob eine gewisse Systematik besteht, anhand derer für den Bericht relevante Themen zusammengetragen werden. Unterschieden werden kann in diesem Zusammenhang zwischen internen und externen Quellen, auf die im Erstellungsprozess zurückgegriffen wird; für diese wird in Abbildung 28 eine Übersicht gegeben. Zum Beispiel kristallisieren sich aus der Interaktion der Reportingeinheit mit anderen Unternehmensakteuren Inhalte für den Lagebericht heraus. Für diese Themen handelt die Reportingeinheit wiederum selbst als Promoter. Von Bedeutung ist in diesem Zusammenhang, welche Funktion die Reportingeinheit (neben der Lageberichtserstellung) erfüllt und wie sie in die Unternehmensstruktur eingeordnet ist. Aus dem Aufgabenfeld beispielsweise einer Presseabteilung wie im Unternehmen M ergibt sich für diese ein Überblick, welche Themen auch für die Lageberichterstattung relevant sind:

"Das kriegt man ja mit, indem man die Messen organisiert, indem man die Medien informiert über Pressemitteilungen, über Gespräche an Messen, was auch immer, und über Gespräche mit Vertriebskollegen und Projektleuten. Im Prinzip ist es eigentlich nur noch mal eine kurze Überlegung, wo ich reflektiere, [...] was letztes Jahr eigentlich so war. Es ist kein großer Aufwand. Also dadurch, wie gesagt, dass ich operativ auch in dem einen oder anderen Vertriebsthema stecke, kriege ich das ganz gut mit und das kristallisiert sich eigentlich immer von selbst heraus" (Fall M).

Neben den im Fall M genannten internen Informationsquellen wird in allen Interviews berichtet, dass bei der Lageberichtskonzeption aktuell diskutierte Themen in Gesellschaft und Medien aufgegriffen werden. Diese Wirkungsbeziehung lässt sich als Hypothese festhalten:

H 13: Je stärker ein Thema in den Medien diskutiert wird, desto wahrscheinlicher ist die Aufnahme in den Lagebericht.

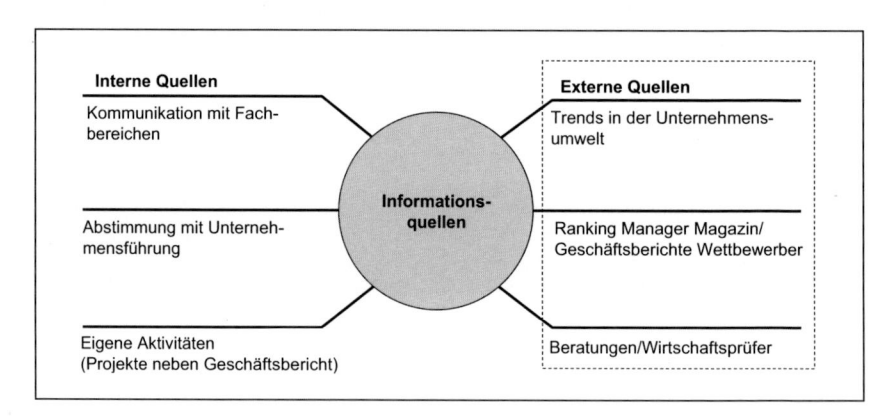

Interne Quellen	Externe Quellen
Kommunikation mit Fachbereichen	Trends in der Unternehmensumwelt
Abstimmung mit Unternehmensführung	Ranking Manager Magazin/ Geschäftsberichte Wettbewerber
Eigene Aktivitäten (Projekte neben Geschäftsbericht)	Beratungen/Wirtschaftsprüfer

Abbildung 28: Interne und externe Informationsquellen

Dabei werden insbesondere auch publizierte Geschäftsberichte von Wettbewerbern betrachtet. Dies zeigt sich auch in der bereits in Abschnitt 2.3.3.2 (S. 61 ff.) vorgestellten Studie von ADAMS/MCNICHOLAS (vgl. 2007, S. 393 f.), in der die Einführung eines Nachhaltigkeitsberichts untersucht wird. Zu Beginn des Projekts werten Mitglieder des beauftragten Projektteams die Berichte anderer Unternehmen innerhalb der gleichen Branche aus und entwickelten darauf aufbauend das Konzept für einen eigenen Bericht (vgl. auch Adams, 2002, S. 237). Dieses Vorgehen ermöglicht es Unternehmen, sich gegenüber der Berichterstattung von Wettbewerbern zu positionieren, den eigenen Aufwand zu beschränken und aus den Ansätzen anderer Unternehmen zu lernen.

„Wir schauen uns natürlich bei den Geschäftsberichten in den Sommermonaten an, was andere denn berichtet haben. Wie es weiter geht" (Fall I).

„Man kann auch aktiv nachfragen. Also, da gibt es schon Netzwerke zwischen den Unternehmen. [...] Wir haben darüber hinaus auch immer wesentliche Geschäftsberichte von anderen Unternehmen da" (Fall J).

4.5 Promotor

"[Der Bericht unseres wichtigsten Wettbewerbers] ist absolut unspektakulär. Ich finde, dass da nicht viel passiert, also da sah der Letzte genauso aus wie der Vorletzte. Die halten sich da schmal. Aber ich habe insgesamt einen Haufen Geschäftsberichte, auch losgelöst von Industrien, wie zum Beispiel DaimlerChrysler da stehen. [...] Also, es ist schon so, dass ich mir immer auf jeden Fall die Berichte des gleichen Jahres angucke. [...] Ja, doch, wenn man zum Beispiel was Tolles sieht, dann sagt man: Na ja, die schreiben ja einiges mehr und das scheint gut anzukommen. Aber das tun alle, sich die anderen angucken und da abschreiben. [...] warum das Rad neu erfinden? Also, ich denke schon, dass das eigentlich fast alle tun, mal gucken, wie machen es die anderen" (Fall E).

"Das macht ja wahrscheinlich jeder. Also ich habe es gemacht. Ich habe mir verschiedene Geschäftsberichte angeschaut und, wie gesagt, ich habe da wirklich welche gefunden, die meiner Meinung nach sehr schlecht gelöst waren" (Fall A).

"Und wir haben einfach ein paar Vorreiter wie eine Siemens und eine ThyssenKrupp AG, die einfach im zeitlichen Zyklus ein bisschen früher dran sind als der Rest der Welt, der auf den 31.12. Rechnung legt. Und da kann man sich schon vorab ganz gut Informationen holen, wie sie mit solchen Sachen umgehen" (Fall L).

Hervorzuheben ist in diesem Zusammenhang auch die Relevanz der Ergebnisse des jährlich publizierten Wettbewerbs „Die besten Geschäftsberichte" des manager magazins.[58] In diesem Wettbewerb werden Geschäftsberichte von in deutschen Aktienindizes gelisteten Unternehmen[59] in Hinblick auf verschiedene Kriterien der Bewertungskategorien „Gestaltung", „Sprache" und „Inhalt" evaluiert, wobei letztere Kategorie überproportional (60%) in der Bewertung gewichtet ist. Die wissenschaftliche Leitung obliegt JÖRG BAETGE[60], dessen Name auch von den Interviewpartnern bei der Beschreibung des Wettbewerbs genannt wird. Das BAETGE-Institut an der Universität Münster ist auch für die inhaltliche Bewertung der Berichte zuständig; u. a. wird dabei

---

[58] Der Wettbewerb wurde 1982 erstmalig durchgeführt. Seit 1995 ist das manager magazin Veranstalter des Wettbewerbs. Das aktuellste Ranking ist in Heft 10, 2009 publiziert. Ergebnisse und weitere Informationen sind auch auf der Internetseite des manager magazins als Download verfügbar [siehe http://www.manager-magazin.de (Stand: 10.11.2009)].

[59] Dabei handelt es sich um Unternehmen des DAX 30, des MDAX, des SDAX, des TecDAX, des Stoxx 50 sowie um Börsenneulinge des jeweiligen Jahrgangs. Insgesamt werden die Berichte von ca. 200 Unternehmen in der Untersuchung ausgewertet.

[60] BAETGE ist Leiter eines nach seinem Namen benannten Forschungsteams der Westfälischen Wilhelms-Universität Münster [siehe die Homepage des Instituts: www.wiwi.uni-muenster.de/baetge/ (Stand: 10.11.2009)].

auch die Qualität des Lageberichts evaluiert, inklusive der von den Unternehmen publizierten Informationen über die immateriellen Ressourcen.

Die Antworten der Interviewpartner lassen vermuten, dass die freiwillige Berichterstattung von Unternehmen durch diesen Wettbewerb beeinflusst ist (vgl. auch Adams, 2002, S. 237). Dabei kann für Unternehmen das Ziel, eine gute Platzierung zu erreichen, im Vordergrund stehen. In einigen Fällen wird jedoch auch der Eindruck vermittelt, dass sich Unternehmen aus einer durch Unsicherheit geprägten Situation heraus an den vorgegebenen Kriterien orientieren. Dies ist teilweise bedingt durch technische Probleme einer Berichterstattung über immaterielle Ressourcen, zum Beispiel die dargestellten Schwierigkeiten einer Quantifizierung der Konstrukte (zu den Barrieren freiwilliger Berichterstattung über immaterielle Ressourcen siehe die Untersuchung von Fischer/Becker, 2005, S. 126 f.; vgl. auch Stivers/Covin/Hall/ Smalt, 1998, S. 47 ff.). Im Fall M wird darüber hinaus beschrieben, dass ein Unternehmensvertreter jährlich an einer von dem Leiter des Wettbewerbs angebotenen Schulung teilnimmt. Den Teilnehmern dieser Veranstaltung werden aktuelle Entwicklungen und Änderungen der Rechnungslegungsstandards vorgestellt und Vorschläge für deren praktische Umsetzung in ihren Unternehmen unterbreitet. Dies, so wird von dem Interviewpartner erklärt, hätte den Vorteil, dass die Projektleitung im Unternehmen „nicht ständig auf dem Laufenden" (Fall M) sein müsse. Gleichzeitig können die Empfehlungen des Instituts als eine wichtige Einflussgröße für die freiwillige Berichterstattung von Unternehmen identifiziert werden.

„Wir setzen uns immer sehr intensiv, was das Thema Berichterstattung angeht, mit dem Kriterienkatalog von Prof. Baetge aus Münster auseinander" (Fall J).

„Und da guckt man, welche Berichte gut abgeschnitten haben. Wir haben auch eine Schwachstellenanalyse, die ja immer von Baetge & Co. gemacht wird und da kann man immer reingucken, welche Informationen gut und welche schlecht sind" (Fall E).

„Das ist natürlich schon etwas, was […] eine bestimmte Bedeutung hat bei dem, was in den Geschäftsbericht reinkommt. Zumindest bei uns nicht so stark, aber es gibt da schon immer so ein Ranking und auch eine detaillierte Ausarbeitung […], wo die dann sagen: In dem Bereich habt ihr so und so viel Prozent. Wenn ihr das und das geschrieben hättet, hättet ihr mehr gehabt. Und dann, mit der Agentur, mit der wir zusammenarbeiten, die sagen uns dann auch immer nochmals: […] Wenn ihr da das und das geschrieben hättet, hättet ihr das und das bekommen. […] Es gibt bestimmt ein paar Beispiele, wo wir was reingebracht haben: im Personalbereich, so was wie „Mitarbeiter nach Regionen", „Mitarbeiter

4.5 Promotor

nach Funktionen und Unternehmensbereichen". So etwas ist uns von der Agentur gesagt worden, was Baetge gerne sieht im Geschäftsbericht. Und über den Weg kommt das zum Beispiel rein. Oder so was hier: „größte F&E-Standorte". Auch das ist über den Weg reingekommen. Also das ist zum Teil ein wichtiger Input, der dann auch wieder Themen treibt und bestimmte Themen und Inhalte dann wieder in den Geschäftsbericht reinbringt" (Fall F).

„[...] wie gesagt, es gibt ja diesen manager magazin-Wettbewerb, und da gibt es dann demnächst die Schwachstellenanalyse, da werden wir bestimmt mit unserem Value Reporting auch nicht so toll bewertet sein. Da steht aber drin, welches Unternehmen es besser gemacht hat. [...] Die schicken auch im Voraus immer die Kriterien raus, was praktisch ein guter Geschäftsbericht enthalten sollte. Und das war eigentlich auch der Grund, warum wir zum Beispiel ein Value Reporting begonnen haben. Zum einen war es ja verankert, ich weiß nicht, in welcher Richtlinie, zum anderen wurden dann auch die Kriterien so angepasst, dass wir wussten, okay, die brauchen wir" (Fall A).

„Was wir schon mal gemacht hatten, was aber auch nicht größte Priorität ist, zu schauen, was sind denn die Kriterien vom manager magazin" (Fall H).

„Inhaltlich ist der Startschuss das Baetge-Seminar. [...] das findet jedes Jahr im Dezember statt, da nimmt immer ein Mitarbeiter aus dem Projektteam teil und kommt dann mit den neuesten Anforderungen. An denen orientieren wir uns sehr stark, weil das ist eine sehr, sehr gute Hilfe. [...] weil wir müssen dann nicht ständig auf dem Laufenden sein, wo gibt es neue Vorschriften etc. Und da kriegt man das am Stück sehr kompakt, so dass man sich eigentlich das ganze Jahr nicht kümmern muss. [...] Da kriegt man sehr gute Unterlagen, also so einen Leitfaden, eine Beispielgliederung" (Fall M).

Obwohl nicht legislativ legitimiert, hat der Wettbewerb offensichtlich einen starken Einfluss auf die Berichterstattungspraxis. Auch und gerade da für Unternehmen Entscheidungsspielräume bestehen, wie sie ihre Lageberichterstattung über immaterielle Ressourcen inhaltlich ausgestalten, orientieren sie sich an den Ergebnissen des Wettbewerbs. Abzuleiten ist daraus eine vermutbare Tendenz der Standardisierung (siehe hierzu auch die Studienergebnisse von Cormier et al., 2005). Dies widerspricht zwar der eingangs festgestellten Beobachtung einer heterogenen Berichterstattung, jedoch ist zumindest die Möglichkeit einer entsprechenden zukünftigen Entwicklung in den Aussagen bestätigt:

„[...] ich glaube auch, dass gerade das Thema [...] immaterielle Vermögenswerte, dass da auch dieser Wettbewerb sehr viel beigetragen hat. Weil das ist schon für viele [...] auch eine Orientierung, so ein Standard. Ich meine, es hat natürlich den Nachteil, dass sich die Geschäftsberichte von allen Unternehmen immer ähnlicher werden, aber es ist trotzdem eine gute Hilfe, auch zu gucken, welche Themen sollten rein, was bringt was, was fordern die Leser und auch die

Investoren. Also da sind ja diese Leute am Ende doch näher am Puls der Zeit als wir" (Fall M).

Diese Beobachtung lässt sich mit einem von DIMAGGIO/POWELL (1983) in die neoinstitutionalistische Organisationstheorie eingeführten Konzept verknüpfen (vgl. auch im Folgenden die ausführliche Diskussion bei Walgenbach/Meyer, 2008, S. 33 ff.). Zentrale Frage, welche DIMAGGIO/POWELL (1983) aus ihren empirischen Beobachtungen ableiten, ist: „What makes organizations so similar?" (DiMaggio/Powell, 1983, S. 147) oder genauer formuliert „[...] why there is such startling homogeneity of organizational forms and practices" (1983, S. 148). Analog zu MEYER/ROWAN (1977) ist diese Fragestellung mit der Kritik am kontingenztheoretischen Ansatz verknüpft, der gerade die deterministischen Unterschiede zwischen Organisationen fokussiert (ausführlich Abschnitt 4.3.2, S. 128 ff.). Gegenstand der Beobachtung von DIMAGGIO/POWELL (1983) sind Homogenisierungstendenzen von Unternehmen innerhalb sogenannter „organisationaler Felder". Ein organisationales Feld wird in diesem Zusammenhang definiert als „organizations that, in the aggregate, constitute a recognized area of institutional life: key suppliers, resource and product consumers, regulatory agencies and other organizations that produce similar services or products" (DiMaggio/Powell, 1983, S. 148). Das Konstrukt beinhaltet also eine Gruppe von Organisationen, die sich in einem gemeinsamen, durch institutionelle Regulationsmechanismen geprägten, Sinnsystem bewegen und dieses durch ihre Handlungen mit konstituieren. Weiter gefasst als beispielsweise die Branche umfasst das organisationale Feld den gesamten nicht nur aus Wettbewerbssicht relevanten institutionellen Kontext, in dem sich Organisationen bewegen: „[...] the totality of relevant actors" (DiMaggio/Powell, 1983, S. 148). Ein organisationaler Wandel besteht zwar weiterhin; zu beobachten ist jedoch ein Prozess der Homogenisierung innerhalb eines organisationalen Feldes. Dieser führt aufgrund voranschreitender Institutionalisierung zu beobachtbaren Isomorphismen, das heißt Angleichungen organisationaler Strukturen und Handlungen. Wesentlicher Beitrag von DIMAGGIO/POWELL (vgl. 1983, S. 150 ff.) ist, dass sie analytisch verschiedene Mechanismen erarbeiten,[61] die zu einer Strukturangleichung innerhalb eines organisationalen Feldes führen (können).

---

[61] Die damit verbundenen Hypothesen über das Verhalten von Organisationen sind mehrfach empirisch bestätigt worden (vgl. für einen Überblick Mizruchi/Fein, 1999).

4.5 Promotor

Dabei konkretisieren sie Erklärungsansätze, die bereits bei MEYER/ROWAN (vgl. 1977, S. 341) in Anlehnung an STARBUCK (1976) genannt werden.

Einer dieser – in Form eines Isomorphismus resultierenden – Mechanismen beinhaltet sogenannte „mimetische Prozesse" (Imitationen) von Organisationen (vgl. hierzu auch Greve, 1998; Brouthers/O'Donnell/Hadjimarcou, 2005). Kopiert werden dabei Lösungen, die innerhalb des jeweiligen organisationalen Feldes als legitim wahrgenommen werden. Mimetische Prozesse werden als Reaktionen gegenüber wahrgenommener Unsicherheit und Ambiguität gedeutet: „Uncertainty is also a powerful force that encourages imitation" (DiMaggio/Powell, 1983, S. 151). Sie stellen eine unter Unsicherheit und Ambiguität bestehende Handlungsoption dar, die sich oftmals mit vergleichsweise wenig Aufwand und Risiko für Organisationen umsetzen lässt (vgl. Greve, 1995, S. 470).

Diese Argumentation weist Ähnlichkeiten zu dem in den Interviews beschriebenen Verhalten auf. Aufgrund fehlender Standards finden die Kriterien des manager magazin-Wettbewerbs Anwendung. Einerseits werden positiv bewertete Lösungen kopiert, um die Berichterstattungsqualität zu verbessern. Andererseits wird auf diesem Weg sichergestellt, dass der eigene Lagebericht im Vergleich zu der Berichterstattungspraxis anderer Unternehmen nicht negativ wahrgenommen wird. Letztlich wird dabei von den Unternehmen versucht, eine als legitim anerkannte Lageberichterstattung über immaterielle Ressourcen zu erreichen.

Neben dem Wettbewerb des manager magazins orientiert sich die Lageberichtserstellung auch an Empfehlungen der Fachliteratur. In Hinblick auf die Instrumentalisierung des Geschäftsberichtes – außerhalb der Umsetzung normativer Rechnungslegungsstandards – werden hierfür in verschiedenen Publikationen (praxisorientiert) Empfehlungen gegeben (siehe bspw. Keller, 2006; Piwinger, 2003; Dietz/Rädeker, 2007; Grosse/Hilger/Eicher, 2007).

„Es gibt jedes Jahr ein Buch, [...] das heißt „Deutsche Standards – beispielhafte Geschäftsberichte", erscheint bei Gabler, wo beispielhaft ein paar Geschäftsberichte rausgezogen und beschrieben werden. Das holen wir uns jedes Jahr und daran kann man sich immer sehr gut orientieren" (Fall G).

Hieraus leitet sich folgende Wirkungsbeziehung als Hypothese ab:

> H 14: Wenn Themen in dem Manager Magazin Ranking und / oder anderen Geschäftsberichts-Ratgebern hervorgehoben werden, steigt die Wahrscheinlichkeit, dass diese auch im Lagebericht platziert werden.

Darüber hinaus konnte beobachtet werden, dass die Lageberichtserstellung in der Regel durch eine externe Agentur begleitet wird. Neben Dienstleistern, die im Rahmen der Layout- und Druckgestaltung unterstützend tätig sind, werden Kommunikationsberatungen beauftragt, die auch Inhalte für den Lagebericht vorschlagen. „A whole new industry has grown around the production of such documents. Alongside the audit firms are specialist design agencies, corporate photographers, adjuncts of the PR industry and even publishers of the "best", the "latest" and the "be-medelled" reports. Creating corporate annual reports has become an activity in its own right" (Hopwood, 1996, S. 589; siehe auch Neu et al., 1998, S. 269; Preston/Wright/ Young, 1996).

> *„Wir arbeiten da auch mit einer externen Agentur zusammen. Und dann werden Vorschläge unterbreitet, in welcher Art man Kundengeschichten aufbereitet"* *(Fall H).*
>
> *„[...] in der Phase ist die Unternehmenskommunikation sehr stark beteiligt, zusammen mit der externen Agentur. Das heißt, es gibt natürlich Ideen, die wir auch intern haben, die wir dann weitergeben, auch an die externe Agentur, und die bereitet die dann auf, wenn es um das Motto des Geschäftsberichts geht"* *(Fall F).*
>
> *„[...] die kreativen Momente habe ich da im Prinzip gemeinsam mit der Agentur, also eine klassische Werbeagentur, also auch keine spezielle Investor Relations-Agentur im Hintergrund, sondern eine ganz normale Werbeagentur, die das seit Jahren mit uns macht. Und da erarbeiten wir immer so ein Grundkonzept"* *(Fall G).*

4.5.4.3 Controlling als Informationslieferant

Die Diskussion des Management Approach zeigt, dass auch das Controlling in die Prozesse der externen Berichterstattung involviert sein könnte (vgl. Abschnitt 2.2.3.2, S. 43 ff.). Auch wenn der Controller selbst keine persönlichen Ziele mit der Platzierung von Informationen über immaterielle Ressourcen im Lagebericht verbindet, wäre denkbar, dass ein institutionalisiertes Controlling im Unternehmen entsprechende Informationen erhebt und zur Entscheidungsfindung aufbereitet. Zu berücksichtigen

4.5 Promotor

ist jedoch, dass viele Informationen über immaterielle Ressourcen qualitativen Charakter haben, im Controlling jedoch nach wie vor eine monetäre Sicht auf das Unternehmen vorherrscht (vgl. Brühl, 2004a, S. 40 f.; und die empirischen Befunde in Weber, 2008, S. 21). Es könnte jedoch eingewendet werden, dass auch im Controlling ein Umdenken stattgefunden hat, welches zu einer vermehrten Berücksichtigung von immateriellen Ressourcen führte, wie zum Beispiel im Konzept der Balanced Scorecard (vgl. insbesondere Kaplan/Norton, 2004b; Weber/Schäffer, 2000). Als eine Art Informationslieferant könnte das Controlling daher Informationen über immaterielle Ressourcen, die es in den internen Berichtssystemen vorhält, an die Reportingeinheit weitergeben.

„Gerade das Thema Kundenzufriedenheit ist nicht schlecht, weil da haben wir versucht, ein bisschen was an Informationen zu bekommen. [...] wir haben auch ein Regionen-Controlling [...] Und wenn die immer ihre Absprachen haben mit den verschiedenen Regionen oder den einzelnen Tochtergesellschaften, dann geht es nicht nur um Financials [...], sondern da geht es auch um solche Informationen, wie zum Beispiel Marktanteile, Kundenrückmeldungen [...]. Und da reden wir auch schon mit denen, um zu diesen Themen Informationen zu bekommen, gerade in Märkten, die aus dem einen oder anderen Grund speziell interessant geworden sind" (Fall A).

„Wir wollen das berichten, was für uns auch relevant ist. Und das ist so, dass gewisse Berichte regelmäßig zu unserem Vorstand gehen. Und in diesen Berichten wird ständig auch Kundenzufriedenheit, Kundentreue gemessen. Und das ist eine Kennzahl, die kommt bei uns aus dem zentralen Controlling und vor dem Hintergrund haben wir die auch an der Stelle mit drin [...]. Ich frage dann auch immer am Anfang nach: Ist die Kundenzufriedenheit noch ähnlich, ist die Kundentreue noch ähnlich, erhebt ihr inzwischen andere Größen? [...] und dann geht der Bericht natürlich relativ schnell auch an den Leiter unseres Zentral-Controllings. Und der schaut sich das dann noch mal vor dem Hintergrund an" (Fall H).

Auch wenn das Controlling teilweise in den Erstellungsprozess involviert ist, spiegelt die Mehrheit der Fälle eine eher untergeordnete Rolle des institutionalisierten Controllings wider. Grund hierfür ist insbesondere eine unzureichende Berücksichtigung von Informationen über immaterielle Ressourcen in den internen Berichtssystemen. Das Controlling ist im Rahmen der Erstellung des Geschäftsberichts primär Lieferant finanzorientierter Daten (vgl. zu einem ähnlichen Ergebnis Günther et al., 2005, S. 122 ff.; Adams, 2002, S. 242 f.). Informationen über immaterielle Ressourcen werden eher von anderen Abteilungen, wie zum Beispiel der Strategieabteilung im Konzern oder den Fachabteilungen, vorgehalten:

"Die Themen immaterielle Vermögenswerte stärker mit den Kollegen aus dem Strategiebereich, die messbaren Größen stärker oder vor allem mit den Kollegen aus dem Corporate Controlling" (Fall J).

Hieraus lässt sich folgender Zusammenhang als Hypothese ableiten:

> H 15: Je mehr Informationen über immaterielle Ressourcen das institutionalisierte Controlling erhebt, desto stärker ist es in die externe Berichterstattung dieser Themen involviert.

Bei einer funktionalen Betrachtung des Controllings könnte das Controlling immaterieller Ressourcen auch auf die Fachabteilungen übertragen werden, die dann die entsprechenden Informationen dezentral erheben müssten: „It seems appropriate that, with respect at least to all non-financial information, data collection is carried out by those who are familiar with the data themselves" (Adams, 2002, S. 244). Beispielsweise könnte die Forschungs- und Entwicklungsabteilung qualitative Aussagen über die Entwicklung der Patentsituation treffen, die Personalabteilung würde über Mitarbeiterfluktuationsraten oder Ausbildungsquoten berichten und die Marketingabteilung steuert Informationen über das Markenportfolio des Konzerns bei. Dies würde auch der Diskussion in Kapitel 4.5.3.1 (S. 168 ff.) entsprechen, in der die Fachabteilungen als Promotor für Themen über immaterielle Ressourcen vorgestellt wurden. Ein funktionales Controlling und die damit verbundene Schnittstelle mit der Berichterstattung über immaterielle Ressourcen werden auch in den Fällen bestätigt.

> *„Verstehe ich Controlling als institutionalisiertes Controlling, dann kann man definitiv sagen, dass die Informationen nicht [...] unmittelbar in der Controllingabteilung gesteuert werden. [...] Die Controllingabteilung bei uns im Unternehmen ist eher dafür zuständig, im klassischen Sinne darzustellen, wie sich die Zahlen entwickeln, welche Risiken in den Zahlen bestehen usw. Während was wir hier besprechen, diese weichen Faktoren, die zum Beispiel aus der Medienlandschaft usw. kommen, das wird dann [dem Accounting über die] Konzernkommunikation zugespielt [...]. Übergeordnetes Controlling ist da größtenteils nicht drin, das sind dann eher spezielle Fachabteilungen" (Fall C).*

> *„Es gibt übergeordnete Steuerungssysteme, das ist aber keine Balanced Scorecard, und es ist auch nicht etwas, was an klassischen, nicht-finanziellen Leistungsindikatoren über immaterielle Vermögensgegenstände orientiert ist. [...] wenn man auf eine Steuerungsebene geht, die in den Funktionsbereichen ist, dann können da qualitative Kriterien sicherlich deutlich stärker eine Rolle spielen als das im Finanzbereich der Fall ist. [...] das ist auch nicht das Controlling an sich, sondern da gibt es welche, die kümmern sich um den Part F&E-Controlling, andere kümmern sich um das Produktions-Controlling" (Fall J).*

4.5 Promotor

> *"Das haben wir bisher fast gar nicht gefunden, dass das Controlling im Bereich Lagebericht, gerade beim Thema Intangibles, stark involviert ist. Das ist bei uns auch so. Ja! [...] Das heißt, auch wenn Sie das lesen, ist es kein Controllingbericht in dem Sinne, dass hier nur Zahlen drin stehen. Da stehen ein paar Zahlen drin, aber ansonsten ist es auch sehr viel nur eine Beschreibung der Märkte. Und auch das ist nicht sehr controllinggetrieben. Von daher ist das da wahrscheinlich nicht die klassische Rolle des Controllings"* (Fall F).

Teilweise wird auch dargestellt, dass eine grundsätzliche Ablehnung besteht, intern relevante Steuerungsinformationen zu kommunizieren (vgl. hierzu auch das Ergebnis bei Fischer/Becker, 2006, S. 126). Insofern bleibt die historische Trennung von internen und externen Berichtssystemen bestehen (vgl. Abschnitt 2.2.3.2, S. 43 ff.). Dies bezieht sich auch auf Informationen über immaterielle Ressourcen wie die Aussagen der Interviewten zeigen:

> *"Über unsere internen Steuerungsmechanismen, mit welchen Instrumenten wir arbeiten, welche Kennzahlen das Konzerncontrolling verwendet für irgendetwas, da findet man in den ganzen Geschäftsberichten kein einziges Wort. Bewusst also. Bewusst auch nicht. Also da hatte letztes Jahr oder vor zwei Jahren schon der externe Wirtschaftsprüfer eigentlich darauf gedrungen, dass da auch was geschrieben wird. Und da hat der [Leiter Konzernrechnungswesen] in dem Fall einfach gesagt: Nein, schreiben wir nicht, machen wir nicht, weil das sind sozusagen Einblicke, die wir dann unseren Wettbewerbern geben würden, wie wir unser Geschäft steuern, machen wir nicht"* (Fall C).

> *"[Das externe Reporting] versucht natürlich schon eher mehr die positiven Dinge zu besprechen als die negativen. Das ist ganz klar. Und intern ist es eher umgekehrt. Da spricht man übers Negative mehr als über die positiven Dinge. Insofern hat man da unterschiedliche Zielsetzungen an der Stelle und das passt dementsprechend auch nicht so ganz zusammen"* (Fall K).

> *"[...] es gibt einfach ein paar Punkte, also Statements, die wollen wir auch nicht sagen. Zum Beispiel in welche Marken läuft unser Marketingbudget rein, wie sieht unsere Marge in Deutschland aus, wie sieht unsere Marge woanders aus. Es gibt diverse Sachen, die müssten wir eigentlich angeben, die weigern wir uns aber anzugeben, machen abgesehen davon die Wettbewerber auch nicht. Und deswegen kommen wir gegenüber unserer Wirtschaftsprüfung mit der Ausrede raus, nach dem Motto: Wollen wir nicht und das macht einfach keine Socke, das ist strategisch nicht sinnvoll, dass sich die Wettbewerber genau angucken können, wie viel wir für was ausgeben. [...] Das ist ein ganz gut gewachsener Prozess eigentlich. Da fängt keiner auf einmal an, das Rad neu zu erfinden"* (Fall E).

> *"[...] da ist dann eher die Frage, das sind Key Performance Indicators, die will ich auch nicht unbedingt allen meinem Wettbewerbern offenlegen. Also, das ist sicherlich die Abwägung dazwischen"* (Fall D).

Folgende Wirkungsbeziehung lässt sich daher festhalten:

H 16: Je steuerungsrelevanter Informationen über immaterielle Ressourcen für das Controlling sind, desto geringer ist die Bereitschaft, diese im Lagebericht zu publizieren.

Anschließend an die Rolle des Promotors wird im Folgenden die Moderatorrolle vorgestellt. Diese Rolle wird durch die Reportingeinheit im Unternehmen ausgefüllt und koordiniert die Platzierung von Themen im Lagebericht.

4.6 Moderator

4.6.1 Rollenabgrenzung

Die Interaktion zwischen Promotor und Gatekeeper wird durch die Rolle des Moderators koordiniert. Der Promotor schlägt Themen vor und der Moderator leitet diese Informationen zur Festlegung der Lageberichtsinhalte an den Gatekeeper weiter. Die Funktion der Moderatorrolle kann daher als eine Art Informationskanal im Erstellungsprozess des Lageberichts interpretiert werden. Diese Rolle bestimmt den organisatorischen Ablauf, in dessen Rahmen Themen für den Lagebericht vorgeschlagen werden. Darauf aufbauend findet die Selektion der Inhalte statt. Im Folgenden sind Aussagen zitiert, die das Aufgabenfeld des Moderators näher erfassen:

> „Und das wird von der Bilanzabteilung dann eingesammelt" (Fall C).

> „[...] sammelt die Informationen aus den Bereichen. Verschickt wird ein Anschreiben mit der Bitte, bestimmte Informationen zu einem vorgegebenen Zeitpunkt zu liefern" (Fall I).

> „Wir sind im Prinzip für die gesamte Kommunikation des Konzerns zuständig" (Fall M).

> „Der Teil wird komplett hier in meiner Abteilung, also im Konzern-Rechnungswesen, koordiniert" (Fall J).

> „Da haben wir so eine Moderatorenfunktion [...], sagen wir mal eine Funktion, unsere Kompetenz da einzubringen und im Ziel den Geschäftsbericht dann so gut wie möglich zu machen, um dann auch die Leute im Unternehmen, sagen wir mal ‚glücklich zu machen' [...]. Man schreibt nur Dinge, mit denen sich zum Schluss alle identifizieren können" (Fall I).

4.6 Moderator

„[...] sondern es ist hier wirklich primär die Aufgabe, zu koordinieren, möglichst alle Leute anzuschreiben, möglichst umfassende Informationen zusammenzustellen" (Fall H).

Beschrieben werden Funktionen des Sammelns, des Leitens und des Koordinierens, die der Moderator wahrnimmt. Die damit verbundene Institution im Unternehmen wurde in der bisherigen Diskussion als Reportingeinheit bezeichnet. Das Aufgabenfeld dieser organisatorischen Einheit umfasst in der Regel mehrere Rollen in dem entwickelten Prozessmodell.

- Sie handelt, wie in Abschnitt 4.5.4.1 (S. 186 ff.) beschrieben, als Promotor, da sie die inhaltliche Ausrichtung des Lageberichts mitgestaltet und damit auch selbst Themen für den Bericht vorschlägt.

- Die Reportingeinheit handelt auch als Moderator, da sie für die Organisation der Lageberichtserstellung verantwortlich ist. Sie trägt die von dem Promotor vorgeschlagenen Themen für den Lagebericht zusammen.

- Und darüber hinaus handelt sie auch als Gatekeeper. Die Reportingeinheit formuliert zum Teil Restriktionen in Hinblick auf die Platzierung von Inhalten über immaterielle Ressourcen im Lagebericht: Einerseits durch die Projektorganisation, zum Beispiel indem entschieden wird, welche Akteure wie Inhalte für den Lagebericht vorschlagen dürfen. Andererseits, indem sie (mit)entscheidet, welche Themen letztlich in den Bericht aufgenommen werden.

Auch wenn die Projektorganisation (per Definition die Funktion der Moderatorrolle) Entscheidungen über die Aufnahme von Themen in den Bericht beinhaltet, sind jedoch die Moderator- und die Gatekeeperrolle voneinander abzugrenzen. Wie bereits in Abschnitt 4.1 (S. 105 ff.) angedeutet, selektiert die Reportingeinheit unterschiedlich stark die von den Fachbereichen vorgeschlagenen Inhalte für den Lagebericht. Zum Teil fast gar nicht wie im Fall H, so dass im Sinne eines offenen Informationskanals die vorgeschlagenen Themen ungefiltert zur Entscheidungsfindung weitergeleitet werden. Aus diesem Grund wurde die Moderatorrolle in das Prozessmodell aufgenommen, denn eine Differenzierung zwischen beiden Rollen (Gatekeeper und Moderator) ist aufgrund der beobachteten Unterschiede zwingend. Verdeutlichen lässt sich anhand der Aufgaben der Reportingeinheit noch einmal, dass Akteure mehrere Rollen im Prozessmodell ausfüllen können.

4.6 Moderator

In den Fällen zeigt sich, dass die Ausgestaltung der Moderatorrolle wesentlichen Einfluss auf die Platzierung von Themen im Lagebericht hat. Unterschiede sind u. a. auf die Institutionalisierung der Rolle und den damit verbundenen funktionalen Hintergrund der Reportingeinheit zurückzuführen. Auch die Art und Weise, wie die Informationen für den Lagebericht zusammengetragen und aufbereitet werden, unterscheidet sich in den betrachteten Fällen (Interaktion mit als Promotor und Gatekeeper handelnden Akteuren).

In Hinblick auf die Institutionalisierung der Moderatorrolle ist in Abbildung 29 dargestellt, in welchem Funktionsbereich die Reportingeinheit in den Fällen organisatorisch eingeordnet ist. Die Moderatorrolle wird in der Praxis durch unterschiedliche Unternehmensbereiche ausgefüllt, das heißt der funktionale Hintergrund des Moderators variiert (zur Heterogenität der Institutionalisierung der Kommunikationsfunktion vgl. allgemein Bruhn/Ahlers, 2007).

> *„Geschäftsberichterstattung ist ja [...] in jedem Unternehmen praktisch anders aufgehängt. Manche machen es mit Investor Relations, manche machen es in der Kommunikationsabteilung, einige wenige machen es sogar im Marketing und bei uns ist es eben speziell im Finanzbereich. Ja, ich habe noch nicht viele getroffen, bei denen es so gemacht wird"* (Fall A).

Die Feststellung des Interviewpartners aus dem Fall A deutet sich auch in den Ergebnissen einer Studie von GÜNTHER/OTTERBEIN (vgl. 1996, S. 396 f.) an. Diese untersuchten in einer Befragung von Mitgliedsunternehmen des Deutschen Investor Relations Verbandes die organisatorische Eingliederung der Finanzkommunikation. Von den befragten Unternehmen gaben 76% an, diese Funktion in einer Abteilung „Investor Relations"[62] institutionalisiert zu haben. Die organisatorische Verankerung dieser Abteilung ist jedoch unterschiedlich gelöst (für einen Überblick verschiedener Organisationsmodelle der Investor Relations-Abteilung vgl. Streuer, 2004b; Krystek/ Müller, 1993): Neben dem Finanzbereich (44%), der Öffentlichkeitsarbeit (25%) und dem Konzernrechnungswesen (12%) ist die Abteilung in 19% der von GÜNTHER/ OTTERBEIN (1996) befragten Unternehmen als eigenständige Einheit direkt dem Finanzvorstand untergeordnet.

---

[62] Vgl. zur Funktion Investor Relations ausführlich KRYSTEK/MÜLLER (1993), MAST (2002), PORÁK ET AL. (2006), STREUER (2004b; 2004a).

4.6 Moderator

In den betrachteten Fällen im Rahmen dieser Arbeit obliegt die Lageberichtserstellung zum Teil der Investor Relations-Abteilung, jedoch sind auch andere Abteilungen mit der Berichtserstellung beauftragt wie in Abbildung 29 dargestellt ist.

Oft wird die Lageberichtserstellung durch den Unternehmensbereich koordiniert, der auch für die Pflichtberichterstattung gemäß den normativen Rechnungslegungsstandards im Unternehmen verantwortlich ist. Dies ist in der Regel eine Einheit innerhalb des Finanzbereichs, die auf der obersten Unternehmensebene dem Vorstand für Finanzen unterstellt ist. Wobei es hier unterschiedliche Zuordnungen gibt: Innerhalb des Finanzbereichs ist die Berichterstattung in den betrachteten Fällen u. a. dem Rechnungswesen oder dem Controlling zugeordnet. In diesem Zusammenhang existieren zum Teil weitere spezielle Organisationseinheiten, wie zum Beispiel eine Bilanzabteilung oder eine Einheit Berichtswesen (zur organisatorischen Einbettung vgl. Stoffel, 1995, S. 210 ff.; Hahn, 1979; Weber/Schäffer, 2008, S. 470 ff.; Küpper, 2008, S. 545 ff.).

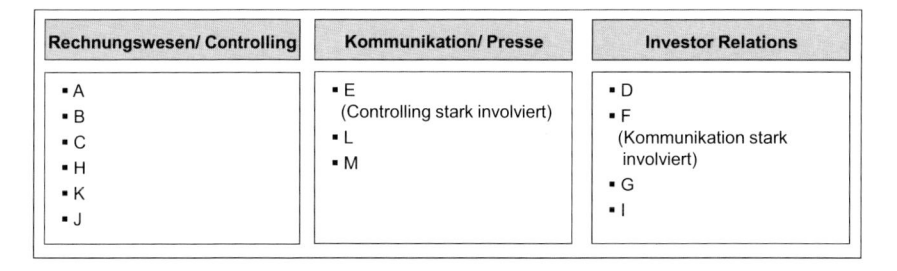

Rechnungswesen/ Controlling	Kommunikation/ Presse	Investor Relations
▪ A ▪ B ▪ C ▪ H ▪ K ▪ J	▪ E (Controlling stark involviert) ▪ L ▪ M	▪ D ▪ F (Kommunikation stark involviert) ▪ G ▪ I

Abbildung 29: Institutionalisierung Moderatorrolle

Zu finden ist auch eine Institutionalisierung in einer vom Rechnungswesen und Controlling losgelösten Investor Relations-Abteilung, also einer Institution, deren originäre Aufgabe die Finanzmarktkommunikation ist. Eine Einordnung in die genannten Abteilungen wird oft damit begründet, dass der Geschäfts- bzw. der Lagebericht als Finanzpublikationen angesehen werden:

> „[...] viele haben auch Investor Relations, also eine Mischfunktion zwischen beiden, die den Geschäftsbericht mitbetreuen. Das ist hier schon von jeher so gewesen, da legen die Finanzvorstände auch Wert darauf, dass der Geschäftsbericht in der Finanz betreut wird" (Fall J).

4.6 Moderator

"[...] weil das ist eine Finanzpublikation [...] es bleibt eine Finanzpublikation. Und Anhang und Lagebericht liegen in wesentlichen Teilen bei uns, und deswegen hat dann die Vergangenheit wohl gezeigt, dass das auch die wesentlichen Personen sind, die Zugriffsrechte dafür haben müssen" (Fall E).

Zum Teil findet man auch eine enge Zusammenarbeit zwischen einer finanzorientierten Einheit und einer Kommunikationsabteilung wie zum Beispiel in den Fällen E, F, J oder auch C. In den Unternehmen M, L und E obliegt die Verantwortung für die Lageberichtserstellung primär einer institutionalisierten Kommunikationsfunktion. Für diese Abteilungen werden in den Fällen unterschiedliche Bezeichnungen wie „Presse", „Unternehmenskommunikation" oder „Public Relations" verwendet. Eine Institutionalisierung der Lageberichterstattung in diesen Abteilungen spiegelt eine Integration der Finanzberichterstattung in die Gesamtkommunikation der Unternehmen wider. In diesem Zusammenhang prägte BRUHN (z. B. 2006) das Konzept der „Integrierten Kommunikation", dem die Zielsetzung zugrunde liegt, die verschiedenen Kommunikationsinstrumente der Unternehmen miteinander abzustimmen und in einer institutionalisierten Funktion zu bündeln (vgl. zum Organisationsaspekt insbesondere Bruhn/Ahlers, 2007). Es lassen sich daher folgende Zusammenhänge als Hypothesen ableiten:

H 17: Je fokussierter der Lagebericht als Finanzpublikation betrachtet wird, desto wahrscheinlicher wird die Rolle des Moderators durch eine finanzorientierte Institution im Unternehmen ausgefüllt.

H 18: Je eher der Lagebericht als ein allgemeines Kommunikationsmedium betrachtet wird, mit dem eine Vielzahl unterschiedlicher Stakeholdergruppen angesprochen wird, desto wahrscheinlicher wird die Rolle des Moderators durch eine institutionalisierte Kommunikationsfunktion im Unternehmen ausgefüllt.

Wie angedeutet, lässt sich vor dem Hintergrund des in Abschnitt 4.5.2 (S. 163 ff.) eingeführten Konzepts der sozialen Welt nach STRAUSS (1978b) vermuten, dass die Institutionalisierung der Moderatorrolle verbunden ist mit unterschiedlichen mentalen Modellen des Unternehmens. In den Interviews wird dies bestätigt, denn die Akteure verfolgen vor dem Hintergrund ihrer Funktionen unterschiedliche Interessen. In diesem Zusammenhang lassen sich Aussagen der Interviewten anführen, warum bestimmte Informationen im Lagebericht platziert und an wen diese adressiert sind.

„Ich muss zugeben, dass mich die Investoren interessieren, das ist einfach meine Zielgruppe" (Fall B).

4.6 Moderator

Auch begründeten die Interviewpartner zum Teil die inhaltliche Ausrichtung der Lageberichterstattung mit der Zuordnung der Funktion zu einem bestimmten Unternehmensbereich, wie zum Beispiel die Aussage des Interviewpartners aus dem Unternehmen K zeigt. Im Fall J wird beschrieben, dass sich durch einen institutionellen Wechsel der Moderatorrolle der Erstellungsprozess und damit einhergehend auch die Lageberichtsinhalte geändert haben.

> *„Der Prozess hat sich in der Zeit schon geändert, weil unter meiner Vorgängerin noch nicht die Kommunikation den Geschäftsbericht mitgestaltet hat, sondern damals war es noch das Marketing. Merkt man auch an den Inhalten, die es vorne im Imageteil gibt. Wenn man den hier mit dem Letzten vergleicht, merkt man, dass das ein anderer Anstrich, ein anderer Fokus ist"* (Fall J).

> *„Natürlich könnte man den stärker als Imagebroschüre verwenden, das ist sicherlich etwas, was hier nicht genutzt wird. Aber das liegt auch daran, dass der Lead im internen Rechnungswesen liegt. Was ein bisschen seltsam ist"* (Fall K).

Es ist daher zu vermuten, dass die Institutionalisierung der Moderatorrolle die Platzierung von Themen über immaterielle Ressourcen im Lagebericht beeinflusst. In Abschnitt 2.1 (S. 11 ff.) wird argumentiert, dass immaterielle Ressourcen oft nur qualitativ erfassbar sind. Es liegt daher nahe, dass als Moderator handelnde Akteure, die in ihrer Funktion das Unternehmen aus einer zahlenorientierten Perspektive interpretieren, die Platzierung von Informationen über immaterielle Ressourcen im Lagebericht vergleichsweise kritisch betrachten. Diese Haltung ist wohl ebenfalls für das Rechnungswesen und auch das Controlling anzunehmen (vgl. Brühl, 2004a, S. 40 f.; und die empirischen Befunde in Weber, 2008, S. 21). Hieraus leiten sich zwei Wirkungsbeziehungen als Hypothesen einer freiwilligen Berichterstattung über immaterielle Ressourcen ab:

> H 19: In Abhängigkeit des funktionalen Hintergrunds des Moderators, fokussiert dieser andere Zielgruppen als Adressaten des Geschäftsberichts.

> H 20: In Abhängigkeit der vom Moderator fokussierten Zielgruppen, variieren die publizierten Inhalte.

Einschränkend muss in diesem Zusammenhang jedoch vor einem pauschalen Determinismus gewarnt werden. Grundsätzlich gilt, dass die Rollen des Modells und damit auch die des Moderators durch Individuen ausgefüllt werden. Zum Beispiel zeigt sich in der folgenden Aussage des Interviewpartners aus dem Fall E, dass die

Vermutung einer ausschließlich zahlenorientierten Perspektive des Controllings nicht immer zutrifft:

> „Ich habe grundsätzlich die Möglichkeit, oder wir als Accounting/Controlling, im Bericht überall Anmerkungen zu machen. Also zum Beispiel Mitarbeiter, das war das letzte Jahr so, dass das nur auf Führungskräfte ausgerichtet war. Da kann man schon mal einen Hinweis geben: Na ja, wir haben ein großes Werk und vielleicht sollte man zu den anderen Leuten auch was sagen. Das ist dann aber Ermessensgrundlage wiederum von dem Head of Human Resources oder dem entsprechenden Vorstand. [...] Deswegen sind einige Sachen drin, die vielleicht sonst nicht drin gewesen wären, wenn meine Historie eine andere gewesen wäre und weil mein Chef grundsätzlich noch lower ist und sagt: Nö, müssen wir nicht. Und ich sage: Finde ich aber doch schon. So ein kleines Hin und Her. Und gerade der Bereich, der immateriell ist, so etwas wie Mitarbeiter, da könnte man sicherlich noch mehr schreiben" (Fall E).

Im Folgenden wird die Ausgestaltung der Moderatorrolle anhand der beobachteten Prozessmodelle näher diskutiert. Wie bereits angemerkt, bestehen Unterschiede bezüglich der Organisation der Lageberichterstattung. In diesem Zusammenhang wird zunächst für die Fälle separat der Prozessablauf dargestellt.[63] Darauf aufbauend werden identifizierte Unterschiede detaillierter herausgearbeitet.

4.6.2 Fallbeschreibung

Fall A:

Moderator im Fall A ist die Organisationseinheit Konzernberichterstattung, die dem Rechnungswesen zugeordnet ist. Diese führt ungefähr 20 Interviews mit den Leitern der verschiedenen operativen Fachbereiche im Konzern. Diese Art der Kommunikation hat sich bewährt, da sie im Vergleich zu Fragebögen, die früher eingesetzt wurden, als informativer bewertet wird. Die persönliche Form der Kommunikation, so die Aussage des Interviewpartners, wird von den Bereichen besser angenommen.

Vorbereitend auf die Interviews fertigt der Leiter der Reportingeinheit – basierend auf beobachtbaren Ereignissen des Geschäftsjahres – eine Themenliste als Diskussi-

---

[63] Dargestellt werden nicht die Prozessabläufe der Fälle D, L und K. Die befragten Interviewpartner in diesen Unternehmen sind zwar in den Prozess der Lageberichterstattung involviert, aber für die Erstellung des Berichts nicht direkt verantwortlich. Sie füllen also nicht die Moderatorrolle aus und konnten daher den Prozessablauf nicht ausreichend detailliert beschreiben.

4.6 Moderator

onsgrundlage für die Gespräche mit den Fachbereichen an. Auf zentraler Ebene wird vorab ein Konzept für die inhaltliche Ausrichtung des Lageberichts entwickelt. In diesem Zusammenhang gibt der Vorstand gewisse Kernthemen für die Berichterstattung eines Jahres vor. An diesen Themen orientiert sich die Reportingeinheit, wenn sie aus den Interviews mit den Fachbereichen die zu publizierenden Inhalte filtert.

Fall B:

Der Abteilungsleiter für Finanzen und Rechnungswesen erstellt einen inhaltlichen Entwurf für den Lagebericht und orientiert sich dabei primär an externen Informationsquellen. Zum Beispiel greift er dabei auf einen Börsenprospekt und eine Art Blaupause, die von einer Wirtschaftsprüfungsgesellschaft entwickelt wurde, zurück.

Es besteht wenig bis gar kein Austausch mit den operativen Fachbereichen. Abgestimmt werden die Inhalte des Lageberichts lediglich noch mit dem Bereich Investor Relations und Akteuren auf übergeordneten Hierarchiestufen, unter anderem dem Leiter Controlling und letztlich dem Vorstand. Es wird jedoch der Eindruck vermittelt, dass hierbei nur relativ wenig Einfluss genommen wird. Als Konsequenz wird der Lagebericht des Vorjahres weitgehend unverändert fortgeführt.

Fall C:

Die Bereiche handeln relativ autark bei der inhaltlichen Ausgestaltung ihrer Textbausteine für den Lagebericht. Sie bekommen ihre Vorjahrestexte zugeschickt und sollen diese überarbeitet an das Rechnungswesen zurücksenden. Dabei werden keine Kernthemen vorgegeben, die für die Fachbereiche zu berücksichtigen sind.

Jedoch wird beschrieben, dass eine strikte Reglementierung des Berichtsumfangs erfolgt. Die Bereiche müssen Änderungen zum Vorjahr vorschlagen und begründen, wenn sie von dem Textumfang des Vorjahres abweichen. Im Anschluss werden im Rahmen einer finalen Redaktionskonferenz, an der auch Personen aus den Fachbereichen teilnehmen, die vorgeschlagenen Inhalte des Lageberichts diskutiert und dann freigegeben.

Fall E:

Den Fachbereichen wird das Thema, unter dem der Geschäftsbericht eines Jahres stehen soll, mit der Aufforderung mitgeteilt, Texte für die von ihnen verantworteten Ressorts (zum Beispiel Forschung & Entwicklung, Personal, Marketing usw.) zu verfassen. Bei der Gestaltung dieser Textbausteine für den Lagebericht sind die Bereiche jedoch relativ autark. Vermittelt wird dabei der Eindruck, dass die Unternehmenskommunikation, die zusammen mit dem Controlling die Lageberichterstattung koordiniert, die operativen Aktivitäten der Bereiche nur wenig verfolgt.

Jedoch werden strikte Vorgaben bezüglich des Umfangs der Berichtsabschnitte gemacht. Veränderungen des Umfangs gegenüber dem Vorjahresniveau müssen schriftlich begründet werden.

Fall F:

Die Fachabteilungen schreiben die Texte selbst, bekommen jedoch Vorgaben zur inhaltlichen Ausrichtung ihrer Textbausteine. Auch werden die Inhalte im Nachhinein von der Investor Relations-Abteilung in Hinblick auf das vorgegebene Konzept für den Lagebericht angepasst. Dabei bestehen offensichtlich klare Vorstellungen über die Themen, die von den Bereichen zu liefern sind. Investor Relations entscheidet letztlich relativ autark, welche Inhalte aufgenommen werden. Die Fachbereiche sind in die finale Abstimmung der Inhalte nicht mehr involviert.

Fall G:

Die für Investor Relations zuständige Person im Unternehmen bereitet die Erstellung des Lageberichtes vor. Die Formulierung des Berichtes erfolgt in Arbeitsteilung mit dem Vorstandsvorsitzenden, dem Leiter Rechnungswesen und Investor Relations. Begründet wird die zentrale Prozessausrichtung mit der vergleichsweise geringen Unternehmensgröße. Auf der zentralen Ebene, auf welcher der Bericht verfasst wird, würde daher noch ein guter Überblick der Tätigkeiten der operativen Bereiche bestehen. Der Vorstandsvorsitzende des Unternehmens gibt den auf diese Weise entwickelten Lageberichtsentwurf dann frei.

4.6 Moderator

Fall H:

Moderator im Fall H ist eine Einheit im Konzernrechnungswesen. Diese Reportingeinheit nimmt mit den Bereichen Kontakt auf und bittet sie um Themenvorschläge für den Lagebericht und die hierfür notwendigen Informationen. Die Themenvorschläge, so wird berichtet, sind stark von den operativen Aktivitäten der Fachbereiche getrieben. Zwar wird eine Art Leitthema für den Geschäftsbericht festgelegt, jedoch sind die Bereiche in der Formulierung ihrer Texte autark. Begründet wird dies mit dem Expertenwissen der Bereiche.

Auch die oberen Führungsebenen ergänzen eher Themen, als dass sie die Vorschläge der Bereiche selektieren. Das Reporting ist hier auch als Gatekeeper wenig aktiv, sondern versteht sich vielmehr als eine Art offener Informationskanal. Lediglich ein Abgleich mit den Standards und eine Anpassung der Formulierung in eine „Accounting-Sprache" werden vorgenommen.

Fall I:

In einem Kick-off-Meeting werden die Ansprechpartner aus den Bereichen (15 bis 20 Personen) über die Ausrichtung des zu erstellenden Geschäftsberichtes von der Abteilung Investor Relations informiert. Die Art der Informationsweitergabe orientiert sich an den Präferenzen der Ansprechpersonen in den Bereichen. Teilweise werden im Rahmen von persönlichen Gesprächen die Inhalte weitergegeben, möglich ist aber auch, dass die Bereiche die von ihnen zu liefernden Inhalte vorformulieren.

Fall J:

Die Bereiche werden per Email darüber informiert, dass bestimmte Textinhalte von ihnen für die Lageberichtserstellung zu liefern sind. Das Rechnungswesen, das in diesem Fall, in enger Zusammenarbeit mit der Unternehmenskommunikation, die Moderatorrolle übernimmt, bekommt dann auch schriftlich Antworten von den Fachbereichen. Bevor die Bereiche angesprochen werden, wird vorab informell nachgefragt, was für sie die zentralen Themen im Rahmen ihrer Arbeit des letzten Jahres gewesen sind. Die Mitarbeiter des Rechnungswesens haben hierfür in der Regel Ansprechpartner auf der Ebene der Vorstandsassistenten der Unternehmensbereiche.

Im Rahmen dieses Austausches wird das vorher festgelegte, mit dem Konzernvorstand abgestimmte Konzept, das in der Regel das Layout, Kernthemen und eine Art Motto für den Geschäftsbericht beinhaltet, nicht an die Bereiche kommuniziert. Begründet wird dieses Vorgehen damit, dass die Vorabbekanntgabe des Konzepts die Informationsweitergabe der Bereiche einschränken würde. Ähnliches gilt für die jeweiligen Textbausteine des Vorjahres-Lageberichts. Die Bereiche sollen sich nicht zu sehr an ihren Texten des Vorjahres orientieren. Selbstverständlich kann dies aber nicht durch das Rechnungswesen ausgeschlossen werden, da die Bereiche auf ihren Vorjahresbericht zurückgreifen können.

Fall M:

Koordiniert wird die Lageberichtserstellung von der Presseabteilung des Konzerns. Grundgerüst für die Gestaltung ist ein in Abstimmung mit einer Agentur entwickeltes Konzept, das jeweils für drei Jahre für die Berichterstattung gilt und auch mit dem Vorstand diskutiert wird. Für die Vorbereitung des Geschäftsberichtes eines Jahres werden zunächst Gliederungspunkte mit den dazugehörigen Themen im Projektteam der Presseabteilung diskutiert und fixiert. Die Themen richten sich nach dem Informationsstand der Presseabteilung und werden insbesondere auch in Hinblick auf die übergeordneten Kommunikationsziele ausgewählt. Von großer Bedeutung sind hierbei auch die Anstöße aus dem manager magazin-Ranking und dem in diesem Zusammenhang angebotenen Workshop des Instituts von BAETGE an der Universität Münster (vgl. Abschnitt 4.5.4.2, S. 191 ff.). Die Bereiche werden darauf aufbauend nach konkreten Informationen zu den festgelegten Themen befragt.

Bewusst werden sie dabei nicht mit der Formulierung der Inhalte beauftragt. Ein früherer Versuch, die Inhalte mit Hilfe von Fragebögen zu erfassen, führte nicht zum gewünschten Ergebnis. Teilweise bestehen jedoch diesbezüglich Ausnahmen. Beschrieben wird, dass vereinzelt Bereiche, die gelernt haben, den Kommunikationszielen des Unternehmens mit ihren Vorschlägen zu entsprechen, selbst Texte für den Lagebericht formulieren.

4.6 Moderator

Im Folgenden werden beobachtete Unterschiede in der Ausgestaltung der Moderatorrolle fallübergreifend diskutiert. Kern dieser Diskussion sind Aspekte der Interaktion des Moderators mit den Fachbereichen. Unterschieden werden kann zwischen Fällen, in denen die Fachbereiche weitgehend autark ihre Themen im Lagebericht platzieren, und Erstellungsprozessen, in denen die Inhalte des Berichts losgelöst von den Perspektiven der Bereiche formuliert werden. Fokus sind in diesem Zusammenhang folgende drei Aspekte des Moderatorverhaltens:

- Inwieweit der Moderator mit den Fachbereichen bei der Sammlung von Themen für den Lagebericht interagiert, das heißt, die Fachbereiche in den Prozess als Promotor einbindet.
- Inwieweit der Moderator den Fachbereichen inhaltliche Vorgaben für die Formulierung ihrer vorzuschlagenden Themen für den Lagebericht gibt.
- Die Art und Weise, wie der Moderator mit den Fachbereichen interagiert und kommuniziert.

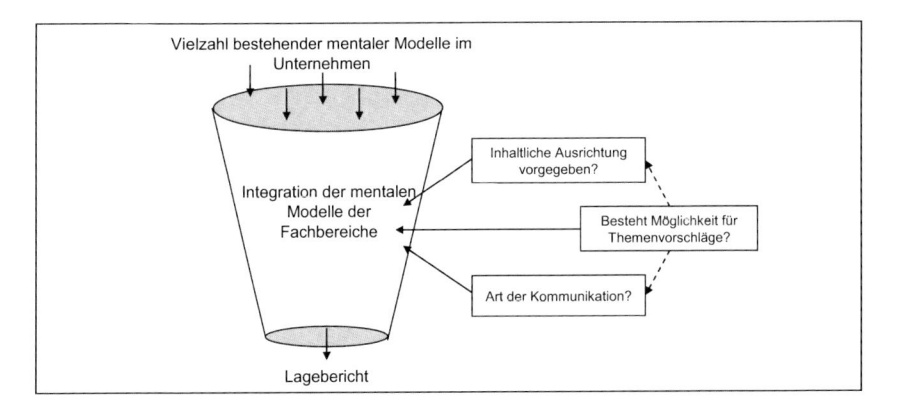

Abbildung 30: Integration der Fachbereichsperspektiven

Zur Veranschaulichung sind die Aspekte in Abbildung 30 als Fragen in das bereits eingeführte Trichtermodell aufgenommen, wobei die unterbrochen dargestellten Pfeile andeuten, dass diese nicht unabhängig voneinander sind. Dargestellt wird, dass die Ausgestaltung der Moderatorrolle bestimmt, inwieweit der Lagebericht die mentalen Modelle von Akteuren widerspiegelt, die aus einer dezentralen Perspektive die

Rolle des Promotors einnehmen oder ob der Bericht aus einer zentralen Perspektive (zum Beispiel den mentalen Modellen der Vorstandsmitglieder) formuliert ist. Dass es hierbei deutliche Unterschiede gibt, zeigt sich in den Aussagen der Interviewpartner. Im Folgenden werden für die drei genannten Aspekte jeweils beobachtete kontrastierende Fälle dargestellt.

4.6.3 Fallkontrastierung

4.6.3.1 Themenvorschläge der Fachbereiche

Wie im Kapitel 4.5.3.1 (S. 168 ff.) beschrieben, wird der Erstellungsprozess in der Regel dadurch initialisiert, dass die Fachbereiche von der Reportingeinheit aufgefordert werden, Themen für den Lagebericht vorzuschlagen. Wesentlicher Grund hierfür ist wohl die Komplexität eines Unternehmens (vgl. auch Abschnitt 4.5.4.1, S. 186 ff.). Als Experten für die verschiedenen Unternehmensaktivitäten werden die Fachbereiche in den Erstellungsprozess durch den Moderator eingebunden. Zu erwarten ist, dass mit zunehmender Komplexität eines Geschäftsmodells, zum Beispiel bedingt durch die Anzahl der Mitarbeiter oder die unterschiedlichen Geschäftsaktivitäten eines Unternehmens, die Anzahl der Akteure, die an der Lageberichtserstellung beteiligt sind, steigt. Eine Interaktion zwischen dem Moderator und den Fachbereichsakteuren, die als Promotor handeln, lässt sich in der Regel auch in den Fällen beobachteten:

"Das ist hier wirklich eine sehr weitgehende, sehr tiefgehende Kommunikation mit den einzelnen Fachbereichen" (Fall J).

"Und wenn es sozusagen um den verbalen Teil des Geschäftsberichtes geht, also um den Lagebericht, dann gibt es im Vorfeld der Geschäftsberichterstellung einen detaillierten Plan, welche Abschnitte aus dem Lagebericht von welchen Fachabteilungen in unserem Unternehmen beizusteuern sind. Und das wird von der Bilanzabteilung dann eingesammelt" (Fall C).

"[...] ich habe Ansprechpartner, bei denen ich weiß, wer welche Information liefern kann" (Fall H).

"Den Teil der Unternehmensbereiche schreiben Verantwortliche aus den Unternehmensbereichen, [den] Teil über die Mitarbeiter schreibt jemand aus dem Bereich Human Resources, und so weiter. Also, so koordinieren wir das im Prinzip" (Fall F).

4.6 Moderator

"Zum einen ist es so, wir führen ja Interviews, ich glaube, es sind 20 Stück oder so" (Fall A).

Eine Integration der Fachbereiche ist jedoch nicht in allen Fällen zu beobachten. Die diskutierte Expertenfunktion der Fachbereiche aufgreifend, kann für weniger komplexe Geschäftsmodelle vermutet werden, dass aus einer zentralen Perspektive (zum Beispiel aus der Sicht der Reportingeinheit oder der Geschäftsführung) die Aktivitäten eines Jahres erfasst und für den Lagebericht formuliert werden (können). Dies wird durch die Beschreibungen der Interviewpartner aus dem Unternehmen G bestätigt. Hier wird der Lagebericht aus einer zentralen Perspektive formuliert, wobei dies insbesondere auch auf die Unternehmensgröße zurückgeführt wird:

"Ja, wir haben eine Ein-Mann-Stelle, die heißt Investor Relations, die bereitet das vor. Ansonsten findet das Ganze im Zusammenspiel zwischen dem Vorstandsvorsitzenden und dem Leiter des Rechnungswesens für den Gesamtkonzern und die AG statt. Das sind die drei Mitglieder.

Also dadurch, dass wir wirklich so klein sind, dass ich auch quasi fast alle Themen mitkriege, die die einzelnen Abteilungen unterjährig bewegen und dann eben noch [der Vorstandsvorsitzende] direkt mit dabei sitzt, gibt es eigentlich den Überblick schlechthin. Ja, also das ist eigentlich auch immer von vorneherein klar, welche Themen wir da platzieren, welche für den Finanzmarkt interessant sind und wie wir die dann aufbereiten müssen.

Im Wesentlichen teilen wir uns das. Der Vorstand schreibt selbst relativ viel. Das ist vielleicht auch ungewöhnlich, aber wir sind da grundsätzlich extrem flach organisiert" (Fall G).

Der beobachtete Dezentralisierungsgrad der Lageberichtserstellung ist jedoch nicht zwingend durch die Unternehmenskomplexität bedingt. Zwei weitere Gründe werden hierfür im Folgenden diskutiert: zum einen, dass Unternehmen den Aufwand der Lageberichterstattung begrenzen wollen. Zum anderen, dass in Hinblick auf die übergeordneten Kommunikationsziele der Lagebericht aus einer zentralen Perspektive, zum Beispiel aus der Sicht des Topmanagements oder der Reportingabteilung, inhaltlich ausgerichtet wird. Ersteres zeigt sich im Unternehmen B. Wie bereits beschrieben, besitzt der Geschäftsbericht als Kommunikationsinstrument für dieses Unternehmen, aufgrund eines als nur gering wahrgenommenen Legitimitätsdrucks, eher eine untergeordnete Bedeutung. Als eine Art Pflichtübung verstanden, wird Aufwand zur Erstellung des Berichtes möglichst gering gehalten.

"[...] es ist nicht so, dass das Unternehmen vielleicht im Fokus der Öffentlichkeit wäre und wir der Öffentlichkeit was verkaufen wollten oder müssten. Es kann

> sein, dass es sich künftig irgendwie mal anders darstellt, dass wir als großer attraktiver Arbeitgeber hier in [unserer Region] dastehen wollen, aber bisher ist das eben nicht der Fall.
>
> Oftmals delegiert von irgendjemand an irgendjemand, der nicht schnell genug auf dem Baum war sozusagen [...]. Also, wie gesagt, die Prioritätenliste für die Lageberichterstattung ist oftmals sehr gering.
>
> [...] bisher war es so, dass die Lageberichterstattung eigentlich mehr oder weniger im stillen Kämmerlein abläuft. Dass da eigentlich drei Leute versucht hatten, was zusammenzuschreiben und anschließend kam dann der Input des Vorstandes. Es war nicht so, dass der Leiter Personal da was dazu beigetragen hatte oder auch nicht der Leiter der Entwicklungsabteilung oder so, sondern da wurde praktisch zusammengeschrieben, was ist im Personalbereich eigentlich da oder allgemein, was kann man über Patente oder über Innovationen berichten.
>
> [...] wenn Sie für den Lagebericht natürlich fragen: Was ist mit der Personalabteilung? Da fragen wir eigentlich nur die Personalabteilung: Wie viele Mitarbeiter haben wir? Und dann schreiben wir da eben die Mitarbeiterzahlen rein und dann eben noch Dinge, die uns dazu vielleicht noch einfallen. Aber es ist nicht so, dass der Leiter der Personalabteilung seinen Bereich selber beschreibt.
>
> [...] es ist sicherlich nicht so, dass dem Geschäftsführer für das [Tochterunternehmen X] der Lagebericht für den Konzern zugeschickt wird und gebeten wird: Schaut noch mal da rüber. Das ist sicherlich nicht so gewesen" (Fall B).

Eine ähnliche Situation beschreibt der Interviewpartner aus dem Fall I für kleine und mittelständische Unternehmen, die er im Rahmen seiner früheren Tätigkeit als Wirtschaftsprüfer kennengelernt hat. Für diese sei der Lagebericht oft nur wenig relevant. Insofern erfolgt die Erstellung nicht in einem aufwendigen Prozess, an dem verschiedene Akteure im Unternehmen beteiligt sind.

> „Zu meiner Schande muss ich sogar gestehen, in den ersten Jahren bei [der Wirtschaftsprüfungsgesellschaft X], das ist schon ein Weilchen her, ist es sogar soweit gekommen, dass der Lagebericht von den Wirtschaftsprüfern geschrieben worden ist und nur noch vom Unternehmen abgezeichnet wurde. Will keiner mehr wahr haben. Darf man auch heute nicht mehr. Man ist da auch von Seiten der Wirtschaftsprüfer stark sensibilisiert worden, dass so etwas bitte schön zu unterlassen ist. Aber es ist so gewesen. Und gerade bei den kleineren und mittelständischen Unternehmen, die mit einem Lagebericht nicht viel anfangen konnten. Denen geht es darum: Wie waren meine Zahlen, wo geht es hin, wie sind meine Aufträge? Aber dann sich noch hinzusetzen und die Zeit zu opfern, da vielleicht eine Woche an so einem Lagebericht zu schreiben, sehen nicht alle Firmen ein" (Fall I).

Auch im Fall M sind die Fachbereiche in den Prozess der Lageberichtserstellung nur wenig integriert. Jedoch vermittelt die Prozessdarstellung den Eindruck, dass der

4.6 Moderator

Lagebericht für das Unternehmen eine vergleichsweise hohe Bedeutung besitzt. Die inhaltliche Ausrichtung und die entsprechenden Themen werden durch die Presseabteilung festgelegt, die in diesem Fall die Lageberichtserstellung als Moderator koordiniert. Im Wesentlichen würden auch – so der Interviewte – die Inhalte bereits für den Lagebericht aus weiteren Berichten, welche die Presseabteilung in einem Jahr herausgibt, bekannt sein. Wenn darüber hinaus Informationen für bestimmte Themen, die zuvor als Inhalte des Lageberichts festgelegt wurden, benötigt werden, sind die entsprechenden Informationen von den Fachbereichen anzufordern. Jedoch besteht dabei bewusst kein Spielraum für die Fachbereiche, selbst Themen vorzuschlagen. Begründet wird dieses Vorgehen u. a. dadurch, dass das Ziel des Unternehmens ist, den Lagebericht für eine professionelle Kommunikation mit den Kapitalgebern zu nutzen. Dies würde nach der Meinung des Interviewpartners nur dadurch erreicht, dass Inhalte und Formulierung aus einer Hand kommen. Auch wäre der Nutzen von Interviews mit den Fachbereichen nicht vor dem Hintergrund des damit verbundenen Aufwands zu rechtfertigen, der durch die Gespräche anfallen würde.

„Das Erste ist immer, dass wir sagen: Wir machen die Gliederung, weil ich die fertig haben will. Das hilft ungemein. [...] Also das ist dann immer zwischen Baetge und Weihnachten. [...] die Gliederung wird gemacht und dann kommt zu jedem Gliederungspunkt eine Inhaltsübersicht, also was haben wir da und wo brauchen wir noch Infos.Ich muss nicht zwei Stunden zu einem Thema mit jemandem ein Interview führen, was dann fünf Sätze werden sollen. [...] Ich denke, es macht mehr Arbeit für uns, wenn wir die ganzen Textschnipsel kriegen und dann muss ich das anpassen, weil wir haben auch schon einen Anspruch an gute Texte, auch aufgrund des Technologiekonzerns, auch in Hinblick auf die Verständlichkeit.

Sie müssen am Draht und am Puls sein. Sie müssen klar als Kommunikation die Schwerpunktthemen übers Jahr haben. In einen Geschäftsbericht kommt auch nicht alles.[...] Und deswegen ist es so, dass wir die Texte selber texten und dann über Telefonate oder Stichpunkte zuarbeiten, wo wir den Leuten ganz bewusst sagen: Nur Stichpunkte, fangt nicht an, hier etwas auszuformulieren. Wir holen uns die Infos und dann werden diese Texte von uns geschrieben" (Fall M).

Zusammengefasst ist die variierende Integration der Fachbereiche in Abbildung 31. Genannt werden beobachtete Gründe, die dafür oder dagegen sprechen, dass die Fachbereiche Themen für den Lagebericht vorschlagen. Angegeben ist darüber hinaus, in welchen Fällen das jeweilige Verhalten von den Interviewten beschrieben wurde.

4.6 Moderator

Integration der Fachbereiche	Keine oder lediglich partielle Integration der Fachbereiche
Expertenstatus: Fachbereiche werden als Experten in die Lageberichterstattung vom Moderator eingebunden und liefern Themenvorschläge für den Bericht. (z. B. Fälle A, H, I, J, E, F)	**Geringe Komplexität:** Bei vergleichsweise kleinen Unternehmen können aus einer zentralen Perspektive die Aktivitäten eines Jahres erfasst werden (z. B. Fall G).
	Einschränkung des Aufwands: Durch die Einbindung der Fachbereiche, steigt der Aufwand der Lageberichterstattung, z. B. für geführte Interviews (z. B. Fall F).
	Gezielte Instrumentalisierung: Die Berichte der Fachbereiche müssen nicht koordiniert und in Hinblick auf die festgelegte inhaltliche Ausrichtung angepasst werden (z. B. Fall M).

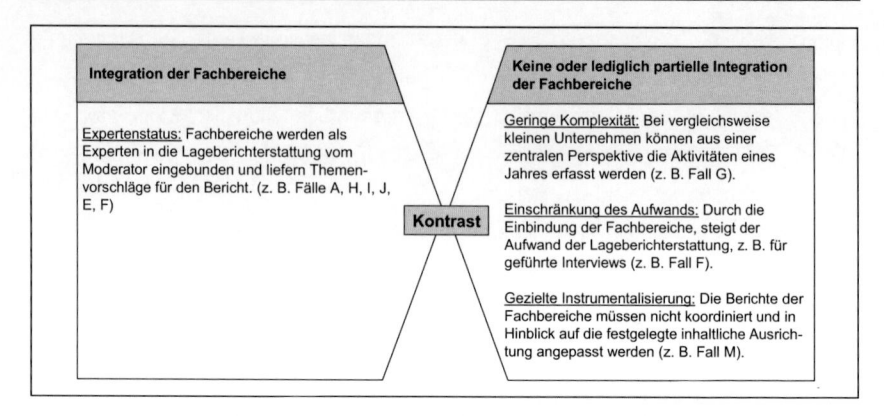

(Kontrast)

Abbildung 31: Integration der Fachbereiche in die Lageberichtserstellung

Hieraus lassen sich folgende Wirkungsbeziehungen als Hypothesen ableiten:

H 21: Je größer das Unternehmen, desto mehr Akteure der Fachbereiche werden durch den Moderator aufgefordert, Themen für den Lagebericht vorzuschlagen.

H 22: Je stärker der Lagebericht für eine gezielte Kommunikation mit relevanten Interessengruppen genutzt wird, desto mehr Akteure werden durch den Moderator aufgefordert, Themen für den Lagebericht vorzuschlagen.

H 23: Je stärker die gezielte Instrumentalisierung der Lageberichterstattung durch einen zentralen Promotor festgelegt wird, desto weniger werden Akteure der Fachbereiche in die Lageberichtserstellung integriert.

Der Zusammenhang der Hypothese H 20, der sich insbesondere in den Beobachtungen aus dem Fall M darstellt, widerspricht der Hypothese H 19 dahingehend, dass trotz des wahrgenommenen Legitimitätsdrucks und der damit verbundenen gezielten Instrumentalisierung der Lageberichterstattung, weniger Akteure der Fachbereiche aufgefordert werden, Themen für den Lagebericht vorzuschlagen. Dies ist dadurch begründet, dass die inhaltliche Ausrichtung des Lageberichts in diesem Fall sehr stark durch die Perspektive eines zentralen Promotors festgelegt wird, wie auch im folgenden Abschnitt verdeutlicht wird.

4.6.3.2 Vorgabe einer inhaltlichen Ausrichtung

Der zweite Aspekt, der in Hinblick auf die Ausgestaltung der Moderatorrolle zu betrachten ist, baut auf die bisherige Diskussion des Moderatorverhaltens auf. In den Beschreibungen der Interviewpartner zeigt sich, dass die Fachbereiche ihre Themenvorschläge für den Lagebericht unterschiedlich autark formulieren. Einerseits gibt es Fälle, in denen die Fachbereiche Themen ohne Einschränkungen vorschlagen, andererseits ist die inhaltliche Ausrichtung zum Teil weitgehend den Fachbereichen vorgegeben. Die Vorgabe von Themen führt dazu, dass die mentalen Modelle der Akteure, die aus einer dezentralen Perspektive die Rolle des Promotors einnehmen, nur eingeschränkt berücksichtigt werden.

In Abschnitt 4.5.4.1 (S. 186 ff.) ist dargestellt, dass vor der Kommunikation mit den Fachbereichen in der Regel eine Art Konzept für den zu erstellenden Lagebericht festgelegt wird. Dieses Konzept beinhaltet oft Kernthemen, die zum Teil als inhaltliche Vorgaben an die Bereiche weitergegeben werden. In der Interaktion mit den Fachbereichen schränkt also der Moderator die Themenvorschläge der Fachbereiche mit diesem Verhalten bewusst a priori ein. Damit wird wiederum erreicht, dass sich die Fachbereiche als Promotor an der durch die gezielte Instrumentalisierung der Lageberichterstattung vorgegebenen inhaltlichen Ausrichtung orientieren. Da dies nicht in allen Fällen beobachtet wird, die Ausgestaltung der Moderatorrolle also variiert, ist es möglich, dass dadurch Unterschiede in Hinblick auf die Publikation von Informationen über immaterielle Ressourcen erklärbar sind. Zunächst werden in diesem Zusammenhang Beispiele für Fälle gegeben, in denen die Fachbereiche keine Vorgaben für ihre Themenvorschläge erhalten:

„Da gehen wir in eine Sammlungsphase und gehen richtig in die Bereiche rein. Meine Mitarbeiter haben einen Ansprechpartner, zunächst mal auf Assistentenebene in der Regel, und die verweisen uns dann weiter in die Bereiche rein. Dass wir also wirklich aus den Funktionsbereichen die Informationen bekommen" (Fall J).

„Wenn es irgendwie was bedeutsames Neues gibt, was man im Geschäftsbericht veröffentlichen sollte, dann steht das im freien Ermessen des jeweiligen Fachbereichs, das als Vorschlag rein zu nehmen" (Fall I).

„Und dann starten wir eine Art Interviewreihe. Das heißt, ich gehe mit unserer Texterin zu den verschiedenen Fachbereichen und mache da einfach ein Gespräch, was sind so die Themen des Jahres und wie läuft es usw." (Fall A).

4.6 Moderator

> „Die kriegen schon ein Kurzbriefing, aber die sind relativ losgelöst. [...] Ich kann schlecht sagen, die haben da irgendwie Studien gemacht und haben auch einen Preis gewonnen. Also, die sind schon relativ autark aufgestellt, auch aufgrund der Funktion, die etwas ganz anderes ist, als das was wir machen" (Fall E).

> „Aber wir schreiben die Texte unabhängig von dem großen Leitziel dahinter. [...] Und da ist es schon so, dass die Eigenverantwortung auch in den anderen Abteilungen hängt. Das heißt, ich muss davon ausgehen, dass eine HR-Abteilung ein gutes Verständnis davon hat, was ihnen wichtig ist und das ist eher ein Miteinander. [...] es ist schon so, dass die alten Texte als Orientierung verschickt werden, aber die können auch mit einem komplett neuen Text kommen. Solange der richtig ist und der Realität entspricht, ist das auch kein Problem. [...] Also, wir sind da wirklich relativ offen und wenn eine Fachabteilung kommt und sagt: Hier, das ist mein neuer Text. Also, ich würde maximal drüber schauen, ob das den Anforderungen im DRS 15 entspricht, ob wir es an der richtigen Stelle platzierten, dass wir es nicht zu blumig in der Sprache haben und dass es auch noch ein vernünftiges Bild von unserem Unternehmen abgibt. Und genauso würde ich es auch weitergeben. Wenn die Fachabteilung denkt, dass es wichtig ist, dann sage ich mal, soll der Vorstand als letzte Instanz darüber entscheiden, ob er das genauso sieht und wenn er es nicht sieht, dann wird er es uns auch schon sagen" (Fall H).

In den zitierten Aussagen wird deutlich, dass der Moderator als eine Art offener Informationskanal zunächst alle Themen aufnimmt, die durch die Fachbereiche vorgeschlagen werden. Die Fachbereiche entscheiden autark, welche Themen aus ihren Aktivitäten für die Berichterstattung von Bedeutung sind. Kontrastierend hierzu sind Fälle zu positionieren, in denen die inhaltliche Ausrichtung den Bereichen vorgegeben ist. Im Fall M werden zum Beispiel lediglich bestimmte Informationen, wie bereits in Kapitel 4.6.3.1 (S. 214 ff.) diskutiert, abgefragt:

> „Da auch hinzugehen und zu sagen, das hätten wir gerne oder da könnten wir uns das vorstellen" (Fall J).

> „[...] geben auch vorher schon eine Richtung vor, was drinstehen sollte. [...] die Unternehmensbereiche bekommen irgendwann eine Mail, wo dann drinsteht: So sieht es aus, dieses Jahr wollen wir uns damit beschäftigen. Bitte schreibt auf Basis dessen, was ihr im letzten Jahr geschrieben habt und der neuesten Entwicklungen den Text und schickt uns den bis zum so und so vielten zurück" (Fall F).

> „Und da gibt es dann auch eben zum Beispiel eine Abstimmung mit dem Innovationsmanager, wo wir sagen: Dieses, dieses und dieses Thema würden wir gern nehmen, und den und den dazu ansprechen" (M).

An diese Aussagen knüpft die Diskussion der Kommunikationsart an, das heißt die Art und Weise, wie der Moderator mit den Fachbereichen interagiert.

4.6.3.3 Kommunikationsart

Die gewählte Kommunikationsart beinhaltet zum Teil auch inhaltliche Vorgaben, wenn zum Beispiel mit Hilfe eines standardisierten Fragebogens, oder auch im persönlichen Gespräch, lediglich konkrete Inhalte abgefragt werden. Die Interviewpartner wiesen explizit auf die Bedeutung der Kommunikationsart zwischen Moderator und Fachbereichen für die Lageberichtserstellung hin. Im Unternehmen A wird beispielsweise berichtet, dass man früher Fragebögen verwendet hat, jedoch mit diesen nicht die gewünschten Ergebnisse erreicht wurden. Aus diesem Grund werden heute in dem Unternehmen Interviews mit den Fachbereichen geführt. Der Interviewte im Fall M beschreibt, dass auf Fragebögen mittlerweile verzichtet wird, da die Vorschläge der Fachbereiche nicht der angestrebten inhaltlichen Ausrichtung der Berichterstattung entsprochen haben:

„Das war ein schleichender Prozess. Ich glaube, seit [X] Jahren machen wir den Geschäftsbericht, da wir seit der Zeit börsennotiert sind. Und am Anfang war es so, dass die Bereiche zugeliefert haben. Da waren wir mit dem Ergebnis, würde ich mal sagen, nicht so zufrieden. Dann hat man eben eine zentrale Texterin für den Geschäftsbericht genommen. Dann entstand diese Sache mit den Fragebögen. Und eigentlich, also ich arbeite seit vier Jahren mit, und eben gleich nach dem ersten Jahr war die Erkenntnis da, dass es mit den Fragebögen hinten und vorne nicht zu den gewünschten Informationen führt. Da haben wir gesagt, wir probieren das mal mit den Interviews und haben festgestellt, dass wir zum einen sehr viel mehr Informationen bekommen. Zum anderen, dass die Leute sehr froh sind, dass das jetzt in Interviews abläuft, weil sie nicht totes Papier ausfüllen, das ewig hin und her geschoben wird. [...] im Gespräch kommt viel mehr rum, weil die Fragebögen am eigentlichen Thema, was die Abteilung interessiert, oder was denen am Herzen liegt, vorbeigehen. Und im Gespräch kann man dann schnell feststellen: Aha, das ist gerade ein sehr brennendes Thema, und da kann man da ein bisschen nachbohren" (Fall A).

„Ich halte nichts davon, wir hatten das mal überlegt, ich glaube, wir hatten es auch mal ein Jahr gemacht. Das ist komplett in die Hose gegangen, eine Art Standardformular für Fachbereiche: Was war Ihr wichtigstes Ereignis? Das können Sie vergessen! Sie müssen am Puls sein" (Fall M).

In den Fällen konnten drei verschiedene Arten der Kommunikation und Interaktion unterschieden werden. Dies ist in Abbildung 32 zusammengefasst. Darüber hinaus werden beispielhaft Fälle genannt, in denen die entsprechende Kommunikationsart beobachtet wurde.

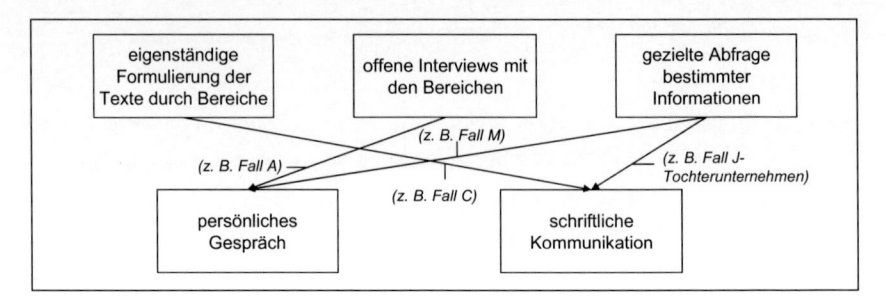

```
┌─────────────────────────────────────────────────────────────────────┐
│  ┌──────────────┐      ┌──────────────┐      ┌──────────────┐       │
│  │ eigenständige│      │offene Interviews mit│ gezielte Abfrage│    │
│  │ Formulierung der│   │  den Bereichen │     │  bestimmter   │     │
│  │ Texte durch Bereiche│└──────────────┘      │  Informationen │    │
│  └──────────────┘                             └──────────────┘      │
│                         (z. B. Fall M)                              │
│        (z. B. Fall A)                            (z. B. Fall J-     │
│                                                  Tochterunternehmen)│
│                         (z. B. Fall C)                              │
│  ┌──────────────┐                             ┌──────────────┐      │
│  │ persönliches │                             │ schriftliche │      │
│  │  Gespräch    │                             │ Kommunikation│      │
│  └──────────────┘                             └──────────────┘      │
└─────────────────────────────────────────────────────────────────────┘
```

Abbildung 32: Kommunikation zwischen Fachbereichen und Moderator

Für den Fall A wurde bereits dargestellt, dass der Moderator in ca. 20 offenen Interviews die Themen erfährt, welche die Fachbereiche in ihrer Tätigkeit beschäftigen und die sie deshalb als Lageberichtinhalte vorschlagen. Demgegenüber kommuniziert der Moderator im Unternehmen M, hier die Presseabteilung, mit den Fachbereichen nur dann direkt, wenn sie bestimmte Informationen zu vorher festgelegten Themen für die Berichtserstellung benötigt. Ähnliches beschreibt ein Interviewpartner aus dem Unternehmen I, der als Controller für ein Tochterunternehmen des Konzerns die Lageberichterstellung koordiniert. Hier werden zu vorher festgelegten Themen die Informationen schriftlich abgefragt.

> „[...] um mal ein Beispiel zu nennen: Man hängt die Auszüge vom Vorjahresbericht mit dran, und dann steht da in dem Anschreiben drin, dass wir für die Erstellung des Lageberichts bis zu einem bestimmten Datum folgende Informationen benötigen [...]. Dazu werden dann die Projektdaten, die ja auch im Projektcontrolling vorliegen, zusammengefasst, ans Bereichscontrolling zurückgeschickt, das dann für eine einheitliche Ausdrucksform im Lagebericht sorgt. Weil, wenn zehn Leute unterschiedliche verbale Ergüsse abgeben, dann muss trotzdem noch ein runder Lagebericht rauskommen und nicht etwas, wo man sieht, dass das jemand ganz anderes geschrieben haben muss als das hier vorne und das hier hinten. Das muss ein einheitliches Bild werden. Das heißt, formulieren ist dann im Endeffekt Aufgabe des Controllings. So funktioniert das für alle Bereiche" (Fall I).

In der Mehrheit der betrachteten Fälle wird beschrieben, dass der Moderator die Fachbereiche auffordert, die entsprechenden Textbausteine für ihre Funktionen selbst zu verfassen. Die Kommunikation erfolgt also schriftlich. Die Fachbereiche formulieren einzelne Abschnitte des Berichtes und platzieren damit ihre Themen als Vorschläge in dem verfassten Dokument. In Abbildung 32 ist für diese Kommunikati-

4.6 Moderator

onsart das Beispiel des Unternehmens C angegeben, ein ähnliches Moderatorverhalten kann aber auch in den Fällen E, F und H beobachtet werden.

„[...] dort geht man eigentlich immer vom Vorjahreslagebericht aus, geht den noch mal durch und schaut sich an, welche Abteilung welches Kapitel schreiben muss. Also zum Beispiel unsere Umweltschutzabteilung muss logischerweise das gesamte Kapitel zum Umweltschutz schreiben, bzw. die kriegen den Vorjahrestext und haben die Aufgabe, zu überprüfen, ob das noch stimmt oder ob es angepasst werden muss" (Fall C).

„[...] das heißt also die ganzen zuliefernden Parteien, was diese weichen Teile angeht, die sind jetzt gebrieft, und haben bis ungefähr Anfang-Mitte November Zeit, ihre Texte zu liefern, weil wir ja irgendwann im Dezember dann schon in ein erstes PDF-File laufen" (Fall E).

„[...] die Unternehmensbereiche bekommen irgendwann einfach eine Mail, wo dann drinsteht: Bitte schreibt auf Basis dessen, was ihr im letzten Jahr geschrieben habt und der neuesten Entwicklungen den Text und schickt uns den bis zum so und so vielten zurück" (Fall F).

„[...] ja, genau, ich habe Ansprechpartner, bei denen ich weiß, wer welche Information liefern kann. Ich schreibe die Leute an" (Fall H).

Demgegenüber beschreibt der Interviewpartner aus dem Unternehmen I, dass er auf unterschiedliche Arten mit den Fachbereichen kommuniziert, um die Inhalte für den Lagebericht des Konzerns zusammenzutragen. Ausschlaggebend sind für ihn die Präferenzen der Akteure in den Fachbereichen. Zum einen werden die Texte von den Fachbereichen selbstständig formuliert. Zum anderen geben die Fachbereiche aber auch im Rahmen von Interviews ihre Themen an die Reportingeinheit weiter:

„[...] ich überlasse das den Personen. Der eine kann gut schreiben und tut das gern. Der soll uns einen Textvorschlag liefern. Wer sagt, ich liefere eher nur die Fakten oder spreche mit euch, erkläre euch das und ihr könnt das dann besser schreiben, dann machen wir das auch so, dass wir Gespräche führen mit denen und meine Mitarbeiter dann auf dieser Basis das formulieren und dann wieder iterativ zurückspielen. Also, das hängt sehr stark von den Personen ab und da sind wir sehr flexibel" (Fall I).

Während in diesem Abschnitt dargestellt wurde, wie Themen erfasst und für die Lageberichtserstellung aufbereitet werden, wird im Weiteren die Entscheidung über die Aufnahme von Inhalten in den Bericht diskutiert. Entscheidungen über die Platzierung von Themen im Lagebericht werden durch Akteure getroffen, welche die Rolle des Gatekeepers ausfüllen.

4.7 Gatekeeper

4.7.1 Rollenabgrenzung

„Gatekeeper" ist ein interdisziplinär verwendeter Begriff (vgl. Coffee Jr., 2006, S. 1 f., 10). In den Medienwissenschaften werden zum Beispiel Herausgeber von Nachrichtenmedien als Gatekeeper beschrieben, da sie entscheiden, welche Pressemitteilungen mit welchen Inhalten publiziert werden (z. B. White, 1950). Eine ähnliche Funktion obliegt Gutachtern wissenschaftlicher Fachjournale, indem sie über Annahme oder Ablehnung eingereichter Manuskripte entscheiden (z. B. Harcum/Rosen, 1993). Auch politische Gremien werden als Gatekeeper im Rahmen legislativer Entscheidungsprozesse bezeichnet (z. B. Denzau/Mackay, 1983; Crombez/Groseclose/Krehbiel, 2005, S. 2 ff.), wenn sie u. a. festlegen, welche Gesetzesinitiativen verfolgt und schließlich umgesetzt werden. Der Begriff „Gatekeeper" wurde zuerst von LEWIN (1947) zur Beschreibung einer bestimmten Rolle in Informationsprozessen verwendet. Er argumentiert, dass verschiedene „Gates", zum Beispiel in Form von Standards oder Fallentscheidungen, existieren, die den Informationsfluss determinieren: „[…] the first diagnostic part [to understand communication processes] is the finding of the actual gate keepers" (Lewin, 1947, S. 145).

Auch im Prozess der Lageberichterstellung fungieren Unternehmensakteure als Gatekeeper, wenn es darum geht, über Aufnahme oder Ablehnung vorgeschlagener Informationen in den Bericht zu entscheiden respektive zu selektieren, indem aus verschiedenen Themenvorschlägen die relevanten ausgesucht werden. Beispielsweise muss in Übereinstimmung mit deutschem Recht letztlich der Vorstand den Geschäftsbericht autorisieren und versichern, „dass nach bestem Wissen im Lagebericht der Geschäftsverlauf einschließlich des Geschäftsergebnisses und die Lage der Kapitalgesellschaft so dargestellt sind, dass ein den tatsächlichen Verhältnissen entsprechendes Bild vermittelt wird" (§ 289 Abs. 1 Satz 5 HGB). Darüber hinaus entscheidet in der Regel auch die Institution, welche Informationen für die Erstellung des Lageberichts im Unternehmen zusammenträgt – also die als Moderator handelnden Akteure –, über die Platzierung von Themen im Bericht. Auch könnte der Wirtschaftsprüfer die Rolle des Gatekeepers ausfüllen. Mit der Erteilung des Bestätigungsvermerks (gemäß § 322 HGB) könnte er auf Inhalt und Struktur der Lageberichterstattung Einfluss nehmen (zu den Prüfungspflichten im Rahmen einer Bericht-

4.7 Gatekeeper

erstattung über immaterielle Ressourcen vgl. ausführlich Freidank/Steinmeyer, 2009, S. 253 f.).

Anhand der beobachteten Fälle lässt sich die Funktion der Gatekeeperrolle durch folgende Aussagen der Interviewpartner spezifizieren:

„Ich bin die erste Hürde, lasse noch relativ viel durchgehen [...]. Und dann haben wir eigentlich auf jeder Ebene Gatekeeper" (Fall H).

„[...] das hat zumindest so eine Warnfunktion, dass man sagt: Nee, dazu wollen wir doch nichts schreiben, weil das ist uns zu heiß. Also da sind eine ganze Menge Leute im Verteiler, die das Ding noch mal gegenlesen [...] bevor der rausgeht" (Fall D).

„Und dann geht es in die Redaktionskonferenz, und dann wird das Ding Seite für Seite, Satz für Satz mehr oder weniger durchgegangen, was noch geändert werden muss. [...] Es war auf der formalen Agenda, ist dann aber wieder runtergeflogen" (Fall C).

„Aber die Endredaktion und der Gesamteindruck, der kommt aus einer Hand. Und das, denke ich, ist schon auch notwendig" (Fall M).

„[...] filtern für uns nochmals, was glauben wir, was passt rein, was passt nicht rein, was ist eine Sache, die extern auch kommuniziert werden kann, die extern greifbar ist" (Fall J).

„Es ist einfach so, dass ein kleiner Teil nur wirklich noch Macht hat, da Änderungswünsche und so weiter einzugeben. [...] und oben, die haben selbstverständlich auch noch Verfügungsgewalt, weil die final alles absegnen. [...] da fängt keiner auf einmal an, das Rad neu zu erfinden, denn das würde dann von uns sowieso durchgestrichen werden" (Fall E).

„[...] letztendlich liegt die inhaltliche Verantwortung auch schon ein ganzes Stück weit dann wirklich bei uns, beim Bereich Investor Relations. [...] und auf der höheren Ebene ist das dann meistens nur noch ein Abnicken" (Fall F).

„Wir nehmen den Entwurf des Geschäftsberichts entgegen, wir diskutieren den und segnen ihn dann ab" (Fall G).

Den Beobachtungen entsprechend ist die Funktion der Gatekeeperrolle in der Lageberichterstattung als eine Art „Hürde" (Fall H) für die durch den Promotor vorgeschlagenen Themen beschreibbar. Die Funktion besitzt die Kompetenz, Entscheidungen über Aufnahme oder Ablehnung von Inhalten zu treffen. Aus diesem Grund basiert die Gatekeeperrolle in der Regel auf einer Machtposition, denn unterschiedliche Interessen implizieren auftretende Konflikte, die durch die Handlungen des Gatekeepers entschieden werden. Die Handlungen des Gatekeepers – so die Aussagen der Interviewpartner – sind begründet durch die inhaltliche Verantwortung für die zu publizierenden Informationen. Zum Beispiel kann es Aufgabe der Reportingeinheit sein, sicherzustellen, dass die inhaltliche Ausrichtung des Berichts die Erreichung der Unternehmensziele unterstützt und sich die Berichtsinhalte aus der Strategie und den Unternehmenszielen deduktiv ableiten. Verbunden mit der Funktion der Gatekeeperrolle ist insofern ein Qualitätsanspruch in Hinblick auf die (Kommunikations-)Ziele des Unternehmens.

Die Aufgabenerfüllung des Gatekeepers hängt nicht zuletzt davon ab, wie die Fachbereiche Themenvorschläge einbringen. Das heißt, dass die Ausgestaltung der Moderatorrolle (siehe hierzu ausführlich die Fallübersicht in Abschnitt 4.6.2, S. 208 ff.) u. a. darüber entscheidet, auf Basis welcher Themen der Gatekeeper über die Lageberichtsinhalte entscheidet. Kontrastierend lassen sich in diesen Zusammenhang die Fälle A und M darstellen. Wie gezeigt, wird im Fall A in mehreren Interviews eine Vielzahl von Themen erhoben, aus denen dann die relevanten für den Bericht ausgesucht werden. Es findet also ein Selektionsprozess auf Basis einer relativ großen Menge vorgeschlagener Inhalte statt. Demgegenüber werden im Fall M die Fachbereiche nur nach spezifischen Informationen zu vorher festgelegten Themen gefragt. Selektiert wird also vorab durch die Reportingeinheit, welche Themen im Unternehmen für den Bericht relevant sind. Nachfolgend wird dargestellt, wie verschiedene Akteure die Rolle des Gatekeepers in den betrachteten Fällen ausfüllen.

4.7.2 Akteure

Die Mitglieder des Topmanagements stellen in den Fällen jeweils die finale Entscheidungsinstanz dar. Zu beobachten ist jedoch, dass Abstimmung und Festlegung der Inhalte in der Regel einen Prozess umfassen, in dem auf mehreren Ebenen zwischen unterschiedlichen Funktionen Interaktionen stattfinden. Die getroffenen Entscheidungen bauen also aufeinander auf und werden über verschiedene „review cycles" (Fall H) die „Hierarchiekette hochgespielt und abgestimmt" (Fall I). Erklärt wird dieses Vorgehen u. a. mit der Unternehmenskomplexität:

> „Und gegebenenfalls eskaliert über die verschiedenen Ebenen bis zum Vorstand. Es gibt da schon ein paar Fragen, die zum Schluss der Vorstand entscheidet, aber es werden natürlich viele Details vorher zwischen den unter-

4.7 Gatekeeper

schiedlichen Bereichen geklärt und ein Stück weit deeskaliert. Sie können nicht alles zum Vorstand tragen" (Fall I).

Die im Überblick des Prozessmodells in Abbildung 15 (S. 105) dargestellte Sequenz der verschiedenen Prozessrollen sollte insofern auch nicht den Eindruck vermitteln, dass es zwischen den Handlungen der Rollenträger des Modells keine rekursiven Schritte geben kann. Möglich ist – und dies bestätigen auch die Fälle – dass aufgrund getroffener Entscheidungen über Aufnahme oder Ablehnung von Themen für den Bericht, weitere Informationen im Unternehmen erhoben werden (müssen).

„Das ist ein relativ, ich will nicht sagen, langatmiger Prozess, aber ein Prozess, der relativ viele Schleifen hat, aber der letztendlich dazu führt, dass alle die Möglichkeit haben, sich damit zu beschäftigen" (Fall C).

„Das geht so, dass man zunächst erst mal alle Informationen zusammenträgt, bestimmte Inhalte sage ich mal mit den niedrigeren Stufen abgleicht und Bestätigungen einholt. Und dann, wenn der Bericht einen gewissen Status erreicht hat, dann geht der einmal zu der Chefetage der Fachabteilung, dass die dann die Möglichkeit haben, noch mal darüberzulesen. Und dann geht es irgendwann auch zum Vorstand. [...] Der Bericht geht dann von einem review cycle in den Nächsten und da ist wirklich jeder mit dabei. Und dann liegt es wieder bei mir, als Koordinator, die Meinungen miteinander abzustimmen" (Fall H).

„[...] wenn der Geschäftsbericht im Entwurf steht, dann wird der wieder die Hierarchiekette entlang hochgespielt und abgestimmt, und das ist dann wieder ein iterativer Prozess" (Fall I).

„Das ist also nicht so, dass das einmal rauf oder einmal runter geht und dann steht die Geschichte. Das ist schon so ein Gegenstromprozess oder Iterationsprozess. Ganz klar" (Fall J).

Im Zusammenhang mit der Unternehmensgröße lässt sich daher folgender Zusammenhang als Hypothese festhalten:

H 24: Je größer ein Unternehmen, desto mehr Akteure sind in die Abstimmung der Lageberichtsinhalte involviert.

Abbildung 33 fasst zusammen, welche Akteure in den betrachteten Unternehmen die Rolle des Gatekeepers ausfüllen. In Hinblick auf die Ausübung dieser Rolle wird darüber hinaus zwischen den verschiedenen Akteuren folgendermaßen differenziert: Das Topmanagement und die Reportingeinheit sind in der Regel sehr intensiv in die Entscheidungsfindung involviert, die Fachbereiche nur teilweise, während Aufsichtsrat und Wirtschaftsprüfungsgesellschaften eher selten als Gatekeeper in den Prozess eingreifen.

4.7 Gatekeeper

Gatekeeperrolle	Akteure/Institutionen
Primäre Ausübung	Topmanagement
	Reportingeinheit
	Fachbereiche
Untergeordnete Bedeutung	Aufsichtsrat
	Prüfungsgesellschaften

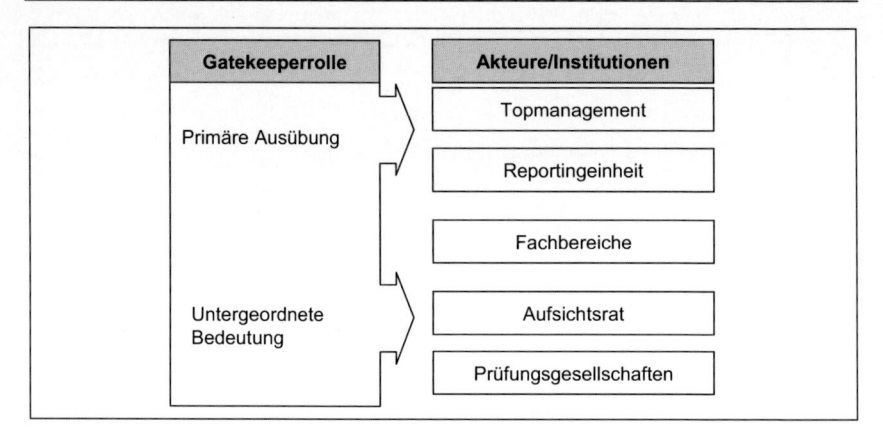

Abbildung 33: Als Gatekeeper handelnde Akteure

Die Mitglieder des Topmanagements sind in diesem Prozess in der Regel die finale Instanz, die über die Aufnahme der vorgeschlagenen Themen entscheidet. Auf dieser Ebene werden insbesondere auch im Prozess aufgetretene Konflikte gelöst. Sichergestellt wird, dass die publizierten Informationen mit der Perspektive des Unternehmens – die an dieser Stelle im Prozess der Perspektive des Topmanagements entspricht – konsistent sind.

„Der Leiter Konzernrechnungswesen vertritt da die Auffassung: Kurzfassen! Mehr als anderthalb Seiten Geschäftsbericht ist nicht. So, und nun wird einfach in der Schlussbesprechung, ich sage mal, aus Gründen der Autorität, die dann jemand hat, gesagt: Also der Absatz wird [...] gestrichen. Und dann sagt auch keiner mehr was" (Fall C).

„[...] sehr stark von der Finanzseite; also das kommt sehr stark über den CFO und eine Ebene darunter, der Chef meines Chefs, die dann sagen: Nein, wir wollen nicht mehr sagen" (Fall F).

„Und wenn die Leute das erzählen, das ist wirklich sehr interessant für mich. Und wenn ich dann drei Abschnitte oder eine Seite davon bringe in dem Geschäftsbericht, da sagt der Vorstand: Das brauchen wir nicht, weil das interessiert den Investor überhaupt nicht. Für den ist alles mit Metall Old Economy und völlig uninteressant." (Fall A).

„[...] die ganzen Informationen laufen ja auch beim Vorstand zusammen und dort weiß ja dann auch der Vorstand, was ihm wichtig war in dem Jahr und was er als besondere Priorität hatte. [...] es kommt auch häufig vor, dass man unterschiedliche Meinungen hat bezüglich eines Themengebietes. Und wenn man ir-

4.7 Gatekeeper

gendwo nicht weiter kommt, dann wird zum Schluss der Vorstand noch mal mit einbezogen" (Fall H).

Wie bereits bei der Diskussion der Moderatorrolle angemerkt (siehe Abschnitt 4.6.1, S. 202 ff.), sind in diesem Zusammenhang insbesondere auch die Handlungen der Reportingeinheit relevant. Diese sammelt nicht nur die vorgeschlagenen Themen für den Lagebericht und leitet sie dann (ungefiltert) zur Entscheidungsfindung weiter, sie ist auch ein zentraler Gatekeeper in dem betrachteten Prozess: zum einen durch die Festlegung der Prozessstruktur. Zum anderen durch Entscheidungen über Aufnahme oder Ablehnung von Themen, in den von dieser Institution zu erstellenden Lageberichtsentwurf. Dieser ist dann wiederum in der Regel Grundlage einer erneuten Diskussion und Abstimmung der zu publizierenden Inhalte, zum Beispiel durch die Mitglieder des Vorstandes.

„[...] letztendlich liegt die inhaltliche Verantwortung auch schon ein ganzes Stück weit dann wirklich bei uns, beim Bereich Investor Relations. Und wenn wir dann eben sagen, beim Bereich Mitarbeiter, euer Projekt XY interessiert überhaupt keinen, dann kommt das auch nicht rein" (Fall F).

„Und deswegen ist es schon so, dass wir die Texte selber texten" (Fall M).

„Bei uns ist es ganz klar so, dass praktisch die Informationen wirklich hier einrollen und von uns dann bzw. vom Finanzvorstand gefiltert werden. Also eigentlich ist es so, dass wir dem Finanzvorstand erst mal Vorschläge machen und er dann sagt, was er nicht haben will oder was er mehr ausgeprägt haben möchte" (Fall A).

Auch die Fachbereiche sind teilweise in die Entscheidungsfindung eingebunden. In der Regel wird ihnen zumindest der für ihren Fachbereich formulierte Abschnitt des Lageberichts zur Freigabe weitergeleitet. Zum Teil erfolgt die Diskussion des gesamten erstellten Lageberichtsentwurfs in einem erweiterten Personenkreis, in den auch Vertreter der Fachbereiche involviert sind.

Eine eher untergeordnete Bedeutung in Hinblick auf die Gatekeeperrolle wurde für die Mitglieder des Aufsichtsrates und die beauftragte Wirtschaftsprüfungsgesellschaft beobachtet. Wirtschaftsprüfer – so wird zum Beispiel in den Fällen E und J berichtet – fordern von der Unternehmensseite zum Teil weitere Informationen für den Bericht ein. Ihr Ziel ist es, eine transparente, realitätsgetreue Darstellung der Unternehmenssituation ihrer Mandaten zu erreichen und zu testieren (vgl. §§ 316 ff. HGB). Wenn von der Relevanz immaterieller Ressourcen für den Unternehmenserfolg ausgegangen wird, dann liegt es nahe, dass Wirtschaftsprüfer nicht vice versa fordern, dass bestimmte Informationen im Lagebericht nicht publiziert werden.

Die Mitglieder des Aufsichtsrates geben in den Fällen nur vereinzelt inhaltliche Korrekturen für den Bericht vor. Den gesetzlich festgeschriebenen Aufgaben dieses Unternehmensorgans entsprechend, wird der Lagebericht im Rahmen einer Sitzung des Aufsichtsrates vorgestellt (vgl. hierzu ausführlich Nonnenmacher/Pohle/v. Werder, 2007). Änderungen qualitativer Aussagen über immaterielle Ressourcen werden vom Aufsichtsrat jedoch nur selten gefordert, wie zum Beispiel in den Fällen G und I skizziert wurde.

> *„Wir nehmen den Entwurf des Geschäftsberichts entgegen, wir diskutieren den und segnen ihn dann ab. [...] Randbemerkung, vielleicht interessant: Im Rahmen der Gesamttätigkeit des Aufsichtsrates nimmt dieser Teil nicht sehr viel Zeit in Anspruch, weil das vorstrukturiert ist. [...] im Wesentlichen haben wir da eine eher passive Rolle. [...] um es deutlich zu sagen, der Aufsichtsrat sieht das nicht als das Schwergewicht seiner Tätigkeit an. Wir sind im Aufsichtsrat weit mehr in die Strategie und, wie ich finde, Gott sei Dank weit mehr in die Strategie involviert, und die nimmt auch viel mehr Platz in den Sitzungen ein" (Fall G).*

> *„Und dann bekommen die Aufsichtsräte zur Vorbereitung dieser Sitzung den Jahresabschluss, den Geschäftsbericht, ein paar andere Unterlagen noch. Und dann kommen die zur Sitzung und haben teilweise noch kleine Anregungen, das gibt es auch schon noch. [...] das sind nur Kleinigkeiten, da haben wir nicht mehr viel Zeit [...] teilweise sind das auch Anregungen für die Zukunft, so was gibt es auch" (Fall I).*

Auch für die Rolle des Gatekeepers lassen sich Unterschiede zwischen den Fällen herausarbeiten. Die genannten Akteure und Institutionen, welche die Rolle des Gatekeepers ausfüllen, sind auf verschiedene Art und Weise in die Festlegung der Inhalte des Lageberichts involviert: Zum Teil ist eine sehr intensive Diskussion – einem kollektiven Entscheidungsprozess ähnelnd – zwischen verschiedenen Akteuren zu beobachten; oft erfolgt die Festlegung der Inhalte aber auch aus einer zentralen Perspektive, ohne dass eine Abstimmung (möglicherweise) heterogener Perspektiven erfolgt. Dieser bestehende Kontrast deutet sich u. a. in folgenden Aussagen aus den Fällen C und E an:

> *„Es gibt nicht irgendwie eine übergeordnete Instanz, die sozusagen allein entscheidungsbefugt ist und sagt, das kommt rein und das kommt nicht rein oder wie auch immer. Also der zum Beispiel in der Buchhaltung oder im Rechnungswesen angesiedelt ist, sondern es ist eher so, dass dann letztendlich der Lagebericht entsteht aus dem ersten Entwurf und möglichst vielen Leuten, die die*

Kompetenz haben, da mitzureden, ihren jeweiligen Senf und ihre Meinung dazuzugeben. Dass es dadurch zu einem runden Geschäftsbericht kommt, der auch von allen mitgetragen wird" (Fall C).

„Es ist einfach so, dass ein kleiner Teil nur noch Macht hat, da Änderungswünsche einzugeben. [...] Ja, und oben, die haben selbstverständlich auch noch Verfügungsgewalt, weil die final alles absegnen" (Fall E).

Bezüglich der als Gatekeeper fungierenden Akteure werden dabei in der folgenden Diskussion zum einen das Verhalten des Topmanagements fokussiert, insbesondere das des Vorstandes. Zum anderen wird die Einbindung der dezentralen Fachbereichseinheiten in die Entscheidungsfindung näher untersucht. Das Verhalten von Aufsichtsrat und Wirtschaftsprüfer wird nicht weiter betrachtet, da diese – wie beschrieben – nur vereinzelt als Gatekeeper agieren und insofern nur unwesentlich Variationen im Verhalten dieser Akteure beobachtet wurden. Demgegenüber lassen sich Unterschiede für die Handlungen der Reportingeinheit als Gatekeeper festhalten. Insbesondere dahingehend, dass die Reportingeinheit mal mehr, mal weniger autark über die vorgeschlagenen Inhalte der Fachbereiche entscheidet und darauf aufbauend den Lageberichtsentwurf als Entscheidungsgrundlage für das Topmanagement entwickelt. Die beobachteten Unterschiede werden im folgenden Abschnitt anhand kontrastierender Beobachtungen diskutiert.

4.7.3 Holistische und zentrale Entscheidungsfindung

4.7.3.1 Einbindung des Topmanagements

Wie beschrieben, ist die finale Instanz, die in der Regel über die Inhalte des Lageberichts entscheidet, auf Vorstandsebene zu finden. Im vorherigen Abschnitt wurde dargestellt, dass gerade in vergleichsweise großen Unternehmen die Entscheidung des Vorstandes oft der letzte Schritt eines über mehrere Ebenen erfolgten Abstimmungsprozesses ist. Eine erste Einflussnahme erfolgt oft dadurch, dass ein Konzept für die inhaltliche Ausrichtung des Berichtes dem Vorstand vorgestellt wird und von diesem abgelehnt oder angenommen wird. Abgeschlossen wird die Lageberichtserstellung in der Regel damit, dass der Vorstand den Lagebericht – möglicherweise nach vorher durch die Reportingeinheit umgesetzten Änderungswünschen – mit seiner Unterschrift autorisiert.

In deutschen Kapitalgesellschaften obliegt die Geschäftsführung dem Vorstand als kollektivem Organ. Aus diesem Grund sind die Mitglieder des Vorstandes dazu verpflichtet, den Lagebericht als Teil der Pflichtberichterstattung zu autorisieren (§ 289 Abs. 1 Satz 5 HGB). Die Vermutung, dass dementsprechend ressortübergreifend der Lagebericht im Vorstand diskutiert und abgestimmt wird, bestätigt sich zum Teil in den beobachteten Fällen. Der Interviewpartner aus dem Fall J betont, dass der gesamte Umfang des Lageberichts an die Vorstandsmitglieder und an die darunter liegenden oberen Führungskräfte im Konzern verteilt wird. Denkbar ist, dass hierbei die Akteure ihren Fokus auf die Themen ihrer jeweiligen Ressorts legen. Jedoch besteht auch die Möglichkeit, dass ressortübergreifend die Inhalte diskutiert werden. Ähnliches wird in den Fällen C und H beschrieben:

> „Und es wird dann auch wirklich der gesamte Umfang verteilt. Also, [...] gerade was wertsteigernde Faktoren angeht, da kriegt also nicht nur der Beschaffer seinen Text, sondern da kriegen alle den Beschaffungstext, und alle kriegen den Forschungs- und Entwicklungstext. Das ist eine Komplettverteilung. [...] das ist auch so, dass die Vorstände selber wirklich für uns lesen, und man da zum Teil richtig korrigierte Exemplare zurückbekommt" (Fall J).

> „[...] mehrere Redaktionsrunden auch mit Vorstandsmitgliedern unseres Unternehmens. Das ist noch mal so eine Gesamtvorstandssitzung, wo das Ding dann freigegeben wird" (Fall C).

> „Das geht dann bei uns auch wirklich durch sämtliche review cycle bis hoch zum Vorstand" (Fall H).

Die finale Festlegung der Lageberichtsinhalte ist jedoch oft keine kollektive Entscheidung. Zum Beispiel wird der Bericht im Fall E als eine Finanzpublikation angesehen und dementsprechend trifft auch letztlich das Finanzressort die Entscheidung über die zu publizierenden Inhalte. Ähnlich wird die Gatekeeperrolle in den Fällen A und F ausgefüllt. Auch hier wird von den Interviewpartnern eine Zentrierung der Entscheidungsmacht für die Berichtsinhalte im Finanzbereich festgestellt. Kontrastierend sind weiterhin die Fälle I und J, deren Geschäftsmodelle sich u. a. aufgrund der Zugehörigkeit zur gleichen Branche stark ähneln. Für letzteres Unternehmen wurde ein sehr aufwendiger ressortübergreifender Entscheidungsprozess festgestellt. Die Handlung der Gatekeeperrolle umfasst also eine kollektive Entscheidung über die zu publizierenden Berichtsinhalte. Zwar wird vom Interviewpartner aus dem Unternehmen I ebenfalls ein Entscheidungsprozess beschrieben, in dem mehrfach Abstimmungen zwischen den unterschiedlichen Ressorts stattfinden; auf der Ebene des Topmana-

4.7 Gatekeeper

gements entscheidet jedoch der Finanzvorstand über die Berichtsinhalte autark. Insgesamt scheint der Vorstand hier nur wenig und – wie festgestellt im Vergleich zum Fall J – nicht als kollektives Organ in die Lageberichtserstellung involviert zu sein.

„Es ist einfach so, dass nur ein kleiner Teil wirklich noch Macht hat, da Änderungswünsche und so weiter einzugeben. Und das sind wir, weil das ist eine Finanzpublikation, mein Chef ist mehr so, er kriegt es ausgedruckt und gibt mir seine Anmerkungen. [...] aber es ist einfach so, es bleibt eine Finanzpublikation und Anhang und Lagebericht liegen in wesentlichen Teilen bei uns, und deswegen hat dann die Vergangenheit wohl gezeigt, dass das auch die wesentlichen Personen sind, die Zugriffsrechte dafür haben müssen" (Fall E).

„Die entscheidende Kraft ist bei uns der Finanzvorstand. Der Vorstandsvorsitzende wird sich inhaltlich kaum in das Thema Geschäftsbericht einbringen. [...] eigentlich ist es so, dass wir dem Finanzvorstand Vorschläge machen und er dann sagt, was er nicht haben will oder was er mehr ausgeprägt haben möchte. Also sagen wir mal so, Anfang Januar haben wir den Geschäftsbericht, wie er so wäre, wenn ich den veröffentlichen dürfte, fertig [...] und der wird dann immer mehr in diese ja schon arg finanzgetriebene Sichtweise vom Finanzvorstand umgeformt" (Fall A).

„Nee, das ist dann nicht das Kollektiv. Das ist dann der Finanzvorstand, der die Verantwortung für den Geschäftsbericht hat" (Fall I).

„Wer ist denn eine Art Gatekeeper, der sagt, so und so ist es? Sehr stark von der Finanzseite; also das kommt sehr stark über den Finanzvorstand und eine Ebene darunter, der Chef meines Chefs, die dann sagen: Nein, wir wollen nicht mehr sagen, wir wollen uns auch eine bestimmte Flexibilität offenhalten [...] Also das kommt schon sehr stark über den Finanzvorstand" (Fall F).

Hieraus lässt sich folgende Wirkungsbeziehung als Hypothese ableiten:

H 25: Je fokussierter der Lagebericht als reine Finanzpublikation betrachtet wird, desto weniger werden die Lageberichtsinhalte ressortübergreifend auf der Ebene des Topmanagements abgestimmt.

4.7.3.2 Einbindung der Fachbereiche

Bei der Beschreibung beobachteter Variationen in Hinblick auf die Ausfüllung der Promotor- und Moderatorrolle (siehe Kapitel 4.5 und 4.6) wird dargestellt, dass die Fachbereiche unterschiedlich in die Lageberichtserstellung eingebunden sind. In der Regel handeln sie als Promotor, in manchen Fällen sind sie jedoch kaum in den Erstellungsprozess involviert (zum Beispiel in den Fällen B, G und M). Wenn die Fachbereiche Inhalte für den Lagebericht vorschlagen, wird ihnen oft zumindest der für ihren Fachbereich formulierte Abschnitt des Lageberichts zur Freigabe weitergeleitet. Wobei die folgenden Zitate aus den Fällen J und A widerspiegeln, dass der Entscheidungsspielraum für die Fachbereiche im Rahmen dieser Abstimmung relativ gering ist; Ziel ist es wohl vielmehr, die Richtigkeit der Textinhalte sicherzustellen.

„Das wird hier geschrieben, dann geht es ans Personalwesen zurück, Personal liest das nochmals. Die müssen ja damit leben, dass wir einen Umfang an den Vorstand verteilen, und dass auch deren Chef, der Finanzvorstand, das dann kriegt, und dass das für den auch grundsätzlich in Ordnung ist und der nicht seine Leute hinterher zusammenpfeift und sagt: Was steht denn da für ein Müll drin, warum sind denn meine Themen A, B, C, D überhaupt nicht vorgekommen? [...] Der ist vorher schon mal bei den Fachbereichen gewesen, dann kommt von denen natürlich: Aber wir haben Euch doch das und das geschickt, warum ist denn das und das nicht drin? Dann muss man mit denen ein bisschen Hüh und Hott spielen. Manchmal sagt dann auch der ganz wichtige Mensch XY: Das muss aber rein. Dann muss man eben gucken, kann man das trotzdem reinnehmen oder muss man dann eben auch hier die Machtkarte spielen und sagen: Nee, geht nicht rein" (Fall J).

„Und wenn sie diese Themen dann einsammeln und daraus den Bericht konzipieren, dann ist da für die Fachabteilungen wenig Spielraum. Entweder sie bekommen ihn zurück oder sie bekommen Teile, die geschrieben werden, auch noch mal zu sehen und können dann sagen: Okay, das passt mir hier nicht. [...] mit den Abteilungen haben wir kaum noch Konflikte, weil die dieses Spiel schon seit mehreren Jahren kennen. Ich schicke denen ganz am Schluss den Text und sage: Bitte um Freigabe. Und dann sagt der Forschungs- und Entwicklungschef: Die Version vor zwei Wochen fand ich viel besser, aber ist okay so. Das heißt praktisch, ihr könnt drucken, aber ich wäre mit der anderen Version glücklicher geworden. Das ist eben ein pragmatischer Ansatz" (Fall A).

Zum Teil erfolgt die Diskussion des erstellten Lageberichtsentwurfs jedoch in einem erweiterten Personenkreis, in dem auch Vertreter der Fachbereiche involviert sind. Es wird zwar beschrieben, dass die Fachbereiche hierbei den Fokus auf ihre eigenen Inhalte legen, jedoch besteht grundsätzlich die Möglichkeit eines Austausches zu allen Themen. Zum Beispiel wird der Lagebericht im Fall C in einer Art Redaktionskonferenz mit den Leitern der Fachabteilungen, dem Vorstand und Mitarbeitern des Rechnungswesens abgestimmt.

„Das erfolgt meistens auf Leitungsebene dahingehend, dass halt, wenn der erste Rohentwurf von dem Geschäftsbericht steht, dann kriegen die Fachbereichsleiter, das sind insgesamt acht Stück an der Zahl, und die Vorstände, also insgesamt 12 Leute in dem Unternehmen, kriegen dann diese Fassung. Und in der ersten Redaktionskonferenz werden die Fachbereichsleiter plus der Leiter des Vorstandsbüros eingeladen, also insgesamt neun Personen. Davon kommt dann oft die Hälfte nicht oder die schicken irgendeinen Vertreter oder wie auch immer,

4.7 Gatekeeper

aber alle waren auf jeden Fall beteiligt. [...] und da wird das Ding Seite für Seite, Satz für Satz mehr oder weniger durchgegangen, was noch geändert werden muss" (Fall C).

Auch in den Fällen D und H haben die Fachabteilungen die Möglichkeit, in die Abstimmung der Lageberichtsinhalte einzugreifen. Die finalen Entscheidungen trifft zwar der Vorstand, jedoch erhalten den Lageberichtsentwurf in diesen Fällen auch die Leiter der Fachabteilungen. In der folgenden Aussage des Interviewpartners aus dem Unternehmen D wird eine Situation beschrieben, in der eine Fachabteilung ein Thema für den Lagebericht vorschlägt, jedoch andere Abteilungen gegen eine Aufnahme in den Bericht sind. Diese Bereiche können sich jedoch nicht mit ihrer Meinung durchsetzen, weshalb schließlich der Vorstand als Gatekeeper entscheidet:

„Der Bericht geht dann von einem review cycle in den nächsten und da ist jeder mit dabei. Und dann liegt es wieder bei mir als Koordinator sozusagen, die Meinungen miteinander abzustimmen, auch die Leute vielleicht mal an einen Tisch zu bringen. Also, es kommt auch häufig vor, dass man unterschiedliche Meinungen hat bezüglich eines Themengebietes. [...] es kommt eher in den Runden etwas dazu, als dass etwas wegfällt. Also, wie letztes Jahr, da hatten wir das mit diesen Kundengeschichten, bei denen dann unsere Investor Relations-Abteilung meinte, man braucht diese Kundengeschichten nicht in diesem Umfang. [Aber] niemand hat das angefasst. Man hat gedacht: Okay, wenn es ihnen wichtig ist, dann lassen wir das auch so drin. Bis dann zum Schluss unser Vorstand kam und sagte: Nee, also das könnt ihr nicht bringen. Das sind zu viele Kundengeschichten – reduziert das mal aufs Wesentliche. Und an der Stelle ist es dann rausgefallen. Also, vor dem Hintergrund bleibt da relativ lange viel drin, und wir sind da schon sehr offen.

„[...] genauso wie die wesentlichen Abteilungsleiter oder Bereichsleiter ihn noch mal lesen. Und das hat zumindest so eine Warnfunktion, dass man sagt: Nee, dazu wollen wir doch nichts schreiben, weil das ist uns zu heiß. Also da sind eine ganze Menge Leute im Verteiler, die das Ding noch mal gegenlesen" (Fall D).

Aus diesen Beobachtungen lässt sich folgender Zusammenhang als Hypothese postulieren:

H 26: Je stärker die gezielte Instrumentalisierung der Lageberichterstattung durch einen zentralen Promotor festgelegt wird, desto weniger werden Akteure der Fachbereiche in die Entscheidungen über die Festlegung der Lageberichtsinhalte als Gatekeeper involviert.

4.7.4 Einfluss mentaler Modelle

In der Literatur wird die Rolle des Gatekeepers oft als eine unabhängige, neutrale Funktion charakterisiert, welche die Organisation vor falschen Entscheidungen schützt. Jedoch wird die Rationalität des Gatekeepers auch kritisch hinterfragt. Fallstudien zeigen, dass kognitive Barrieren die Entscheidungen des Gatekeepers beeinflussen (vgl. White, 1950, S. 384 f.): „We begin to understand how highly subjective, how reliant upon value-judgements based on the "gate keeper's" own set of experiences, attitudes and expectations the communication [process] really is" (White, 1950, S. 385 f.).

> *„Und dann kann es auch sein, dass vom Vorstand was Durchgestrichenes runterkommt. Dann muss man nochmals mit dem Assistenten sprechen: Diskutiert das nochmals mit ihm, aus dem und dem Grund haben wir das drin gehabt. Dann kann auch sein: Jawohl, das geht dann wieder rein. Weil jeder nun mal aus einer bestimmten Laune heraus liest, haut er was weg, weil er sich denkt, das Thema ist gerade doof, oder er will es nicht. Und dann muss man sagen: aber, weil, usw. Nicht jeder hat immer alles auf dem Bildschirm" (Fall J).*

> *„Und über die Gründe kann man natürlich immer nur spekulieren. Ob das persönliche Gründe sind oder ob er letztendlich sagt: Nein, also Geschäftsbericht oder Lagebericht nicht mehr als zwei Seiten, ist eher so, ich sage mal, dogmatisch belegt" (Fall C).*

An dieser Stelle kann auch auf die Bedeutung der mentalen Modelle bzw. der sozialen Welt, der die als Gatekeeper handelnden Akteure angehören, verwiesen werden. In der folgenden Aussage des Interviewpartners aus Fall D wird beispielsweise deutlich, dass ein Gatekeeper, der aus einer finanzorientierten Perspektive das Unternehmen interpretiert, die Publikation qualitativer Aussagen, auch über immaterielle Ressourcen, möglicherweise oft ablehnt.

> *„Unser vorheriger CFO war Mathematiker, der hatte wahrscheinlich wenig für solche weichen Themen übrig" (Fall D).*

Im Fall A beschreibt der Interviewpartner, dass potenzialorientierte Themen wie zum Beispiel Mitarbeiterentwicklungsmaßnahmen von einem vorherigen Finanzvorstand aus einer reinen Kostenperspektive verstanden wurden und sich dies auch im Bericht deutlich zeigte. Hieraus leitet sich folgender kausaler Zusammenhang als Hypothese ab.

4.7 Gatekeeper

H 27: Je stärker die Entscheidungskompetenz über die Inhalte des Lageberichts beim Finanzvorstand liegt, desto weniger berichtet ein Unternehmen über immaterielle Ressourcen.

Die Wirkungsbeziehung zeigt jedoch nur eine Tendenz an, letztlich ist das individuelle mentale Modell des jeweiligen Gatekeepers zu betrachten. Die Beschreibung des Interviewpartners aus dem Unternehmen J spiegelt wider, dass der Leiter Rechnungswesen als Gatekeeper – also auch eine eher zahlenorientierte Funktion – keine grundsätzlich kritische Einstellung gegenüber der Veröffentlichung von Informationen über immaterielle Ressourcen in der Lageberichterstattung einnimmt.

„Wir hatten so ein bisschen Probleme in der Vergangenheit, dass unsere Personalwirtschaft sehr, wie soll ich sagen, sie war sehr ergebnisgetrieben. Das heißt, unser vorheriger Finanzvorstand hat immer dargestellt, wie viel wir durch irgendwelche Vereinbarungen, Zukunftssicherungspakts einsparen an Personalaufwand und dadurch das Ergebnis verbessern. Aber eigentlich fanden wir, dass für Mitarbeiter andere Themen eben wichtiger sind" (Fall A).

„Und wenn ich die aktuelle Kritik unseres Finanzvorstandes höre: Das Ding ist zu teuer! Können wir es nicht schwarz-weiß drucken? Warum müssen nur Bilder rein? – ist die Ausrichtung klar. [...] Deswegen sind einige Sachen drin, die vielleicht sonst nicht drin gewesen wären, wenn meine Historie eine andere gewesen wäre und weil mein Chef grundsätzlich noch ‚lower' ist, sozusagen, und sagt: ‚Nein, müssen wir nicht'" (Fall E).

„Definitiv nicht, also das weiß unser Chef schon ganz genau, das ist Pflichtberichterstattung, das sind keine soft facts, die wir als ‚add on' und ‚nice to have' irgendwie reinpacken, damit wir auch mal ein bisschen was über F&E erzählen, sondern da ist ganz klar ein geforderter Pflichtbestandteil, den wir auch zu kommunizieren haben. Das wird auch von unserem Chef gelesen, und der gibt dazu auch Kommentare ab. Der würde aber nie sagen, lasst das weg oder streicht das zusammen oder so. Oder, das ist ja nur vom Kollegen XY, das interessiert weniger" (Fall J).

Weiterhin wird im Fall B dargestellt, dass sich die Kommunikationskultur des Unternehmens durch eine Neubesetzung des Finanzvorstandes geändert hat. Dies deutet auch darauf hin, dass die persönlichen Merkmale der Akteure, welche die Rolle des Gatekeepers ausfüllen, die Berichtsinhalte beeinflussen. Der Interviewpartner beschreibt, dass sich die Risikoberichterstattung mit dem Personalwechsel deutlich verändert hat. Während der ehemalige Finanzvorstand als Gatekeeper eine eher restriktive Berichterstattung befürwortete, verfolgt der aktuelle Vorstand eine progressive „Kommunikationspolitik".

"Ja, Kommunikationskultur, genau. Unser vorheriger Vorstand, der hatte immer ‚die Welt ist schön und alles wird gut, die Wiese ist grün'. Und unser Jetziger, der hat die gleichen Zahlen zur Verfügung, sagt aber immer, ein bisschen vorsichtiger sein. Noch vor zwei Jahren sind wir jedes Quartal hinter den Zielen hergehechelt. Und jetzt haben wir die Ziele so niedrig, dass wir sie erreichen. Das ist einfach eine veränderte Politik oder veränderte Informations-/ Kommunikationskultur, das kann man schon sagen. [...] Also diese Politik, dass man praktisch sagt, wollen wir nicht nach außen berichten usw. usf., da sind wir sehr offen geworden, da haben wir unsere Politik ein bisschen gewandelt. Gerade in unserem Risikobericht war immer das Thema, dass man sagt, ja, hm, sollte man nicht sagen, so Preisdruck oder Währungsthemen oder was auch immer. Da haben wir einfach eine 180°-Drehung gemacht. Wir schreiben einfach offen über die Risiken. Weil letztendlich Investor Relations die nach außen bringen muss, weil wir danach, wenn es nicht klappt, auch mit irgendwas argumentieren müssen. Und deshalb sind wir da relativ offen, was das alles angeht" (Fall A).

Im Folgenden werden die in diesem Kapitel 4 entwickelten zentralen Hypothesen zu einer Theorie einer freiwilligen Berichterstattung über immaterielle Ressourcen verdichtet und in der Gesamtlogik des deskriptiv, explikativen Modells als Wirkungsbeziehung vorgestellt.

5 Zum Theoriebeitrag des entwickelten Modells

5.1 Verknüpfung der Modellebenen

Im Rahmen der Modellentwicklung wurden Hypothesen hergeleitet, die einen Erklärungsbeitrag für die beobachtete heterogene Berichterstattung über immaterielle Ressourcen leisten. Das Aufdecken dieser kausalen Zusammenhänge betrifft das Eingangs genannte Ziel einer Theorieentwicklung. Theorien umfassen ein System von Begriffen, die über Aussagen in Verbindung stehen (vgl. Rudner, 1966, S. 10). Hypothesen stellen eine bestimmte Form von Aussagen in Theorien dar, die in empirischen Untersuchungen überprüft werden kann. Geprüft wird dabei der Wahrheitsgehalt eines kausalen Zusammenhangs, den eine Hypothese umfasst. Dieser begründet warum, das heißt in Abhängigkeit von welchen Bedingungen, ein Phänomen eintritt. „From this perspective, a theory is evaluated primarily by its ability to explain variance in a criterion of interest" (Colquitt/Zapata-Phelan, 2007, S. 1281; vgl. auch Bacharach, 1989).

Mit den entwickelten Hypothesen wird ein erster Schritt zur Theoriebildung geleistet und damit Antworten auf die Frage angeboten, warum Unternehmen freiwillig über ihre immateriellen Ressourcen im Lagebericht informieren und warum daher Unterschiede im Publikationsverhalten zu beobachten sind. Die Hypothesenbildung wird als wichtigster Aspekt eines Theoriebeitrags in der Literatur angesehen (vgl. Van de Ven, 1989, S. 486; Whetten, 1989, S. 491; Sutton/Staw, 1995, S. 378). Die Modellelemente und -interdependenzen sind in dieser Arbeit induktiv entwickelt, jedoch werden auch Verbindungen zu bestehenden Theorien aufgezeigt. Damit wird einer Forderung entsprochen, die ALBACH (1999, S. 411) folgendermaßen formuliert: Man sollte sich bei der Theoriebildung „[...] weniger als Schöpfer von Paradigmen und mehr als auf den Schultern von Riesen stehend [...] – oder auch sitzend – begreifen".

Die Art und Weise wie über immaterielle Ressourcen im Lagebericht berichtet wird, ist ein Aspekt des Outputs von Unternehmen. Einzubetten sind die aufgezeigten Zusammenhänge daher in eine allgemeine Theorie der Unternehmung (vgl. Schneider, 2004). „The mission [...] is to challenge and extend existing knowledge, not simply to rewrite it" (Whetten, 1989, S. 491). Unternehmen sind in vielfältiger Art und Weise in Ressourcenaustauschbeziehungen mit unterschiedlichen Interessengruppen wie zum Beispiel Lieferanten, Kunden, Medien und Mitarbeiter eingebunden. Die geführten Interviews zeigen, dass dies einen Einfluss auf die Berichterstattung über immaterielle Ressourcen hat, wenn der Lagebericht von Unternehmen zur Kommunikation mit relevanten Interessengruppen instrumentalisiert wird. Dies legt eine Einordnung der gewonnenen Erkenntnisse in umweltorientierte Organisationstheorien nahe.

Teilweise ist daher die verwendete Terminologie auf der Meso- und Makroebene an die Theorie des Neoinstitutionalismus angelehnt (vgl. auch im Folgenden die Ausführungen in Abschnitt 4.3.2, S. 128 ff.). Dies erleichtert eine Verknüpfung der gewonnenen Erkenntnisse zur bestehenden Forschung. Das Modell legt jedoch auch eine Schwäche dieser Theorie offen: Im Neoinstitutionalismus wird darauf hingewiesen, dass das Handeln eines Unternehmens (Mesoebene) eine Reaktion auf die wahrgenommenen Erwartungen seiner Interessengruppen ist. Was bedeutet dies für die Analyse- und die Aussagenebene der Theorie? Mit der Betonung kognitiver Prozesse wird direkt auf das Verhalten von Individuen verwiesen. Das Verhalten beteiligter Prozessakteure wird jedoch nicht weiter analysiert. Auch wenn die Protagonisten des neoinstitutionalistischen Forschungsprogramms auf die Bedeutung der Mikroprozesse für ihren Erklärungsansatz hinweisen, so bleiben diese und die Verbindungen zwischen der Mikro-, Meso- und Makroebene unbetrachtet.

In dem entwickelten Modell wird diese Hürde überwunden, indem die modellierten Mikroprozesse in den erweiterten Zusammenhang der Meso- und Makroebene eingeordnet werden. Zwischen den Ebenen lassen sich kausale Zusammenhänge finden. Der beobachtete Output von Unternehmen kann nur erklärt werden, indem mehrere Ebenen in die Betrachtung einbezogen werden. Die Arbeit zeigt über die Analyse eines organisationalen Prozesses, dass Unterschiede im Verhalten der Akteure den Output von Unternehmen mit beeinflussen. Die Unternehmensakteure sind jedoch nicht losgelöst von ihrer Umwelt. Dies betrifft zum einen die Organisation als Handlungskontext, aber auch die weitergehende gesellschaftliche Umwelt.

Plausibilisiert wird die Verknüpfung der Modellebenen durch die Überlegung, dass Individuen in Strukturen handeln, die durch soziale Akteure gesetzt werden. Strukturen einer Organisation sind also Ausdruck vergangener Aushandlungen und setzten den Rahmen für derzeitiges Handeln. Sie sind jedoch nichts Unveränderbares und können durch neue Aushandlungen zwischen den Prozessbeteiligten an neue situa-

5.1 Verknüpfung der Modellebenen

tive Bedingungen angepasst werden (vgl. hierzu auch die Strukturationstheorie von Giddens, 1997; einführend Becker, 2004; vgl. zum Dualismus von Struktur und Handlung auch Ortmann, 1988a). Die Struktur ist daher nicht unabhängig vom Handeln der Prozessbeteiligten, sie wird vielmehr durch das Handeln der Akteure konstituiert. Sozialwissenschaftlich geprägte Theorien können insofern mit Mikrotheorien verbunden werden, um das Handeln einzelner Akteure, aber auch das der übergeordneten Organisation zu erklären (siehe z. B. das Vorgehen von Süß, 2009, der hierfür auf die Strukturationstheorie zurückgreift). „Organizations, after all, are neither purely objective nor purely subjective phenomena. They are objective systems insofar as they exhibit structures that are only partially modifiable through personnel actions, but they are subjective insofar as these structures are populated by individuals who act on the basis of their own perceptions and act in unpredictable as well as predictable ways. The interesting questions and problems, then, turn on how structural forms and personnel actions interrelate and produce tensions that stimulate changes over time" (Astley/Van de Ven, 1983, S. 266).

Zur Verknüpfung verschiedener Aussagenebenen werden in der Soziologie verschiedene Erklärungsmodelle diskutiert (einführend Greve/Schnabel/Schützeichel, 2008; für eine Kategorisierung Albert, 2005, S. 389 f.). Diese beinhalten unterschiedliche ontologische Positionen über Interdependenzen zwischen einer untergeordneten und einer übergeordneten Ebene (zum Beispiel Meso- und Makroebene oder Mikro- und Mesoebene) und bieten heuristische Grundkonzeptionen zur Anleitung theoretischer und empirischer Forschung. Ihrer Logik folgend, beinhaltet eine Erklärung mehrere Stationen, sowohl auf der übergeordneten als auch auf der untergeordneten Ebene eines betrachteten Gegenstandes. Entsprechend der grafischen Darstellung werden diese Modelle mit der Metapher einer Badewanne beschrieben (vgl. Albert, 2008a, S. 21). Sachverhalte auf einer Ebene werden durch Sachverhalte auf einer anderen Ebene erklärt, so dass sich die Forschung bei einem Erklärungsversuch immer zwischen dem Rand und dem Boden der Badewanne bewegt.[64] Exemplarisch kann die

---

[64] In die Soziologie eingeführt wird die Erklärungsstruktur in Form eines Mehrebenenmodells von COLEMAN (vgl. 1986, S. 1322), weshalb es auch unter dem Namen „Colemansche Badewanne" bekannt ist.

5.1 Verknüpfung der Modellebenen

Struktur einer Variante dieses Modells anhand von Abbildung 34 (entnommen und modifiziert aus Albert, 2008a, S. 28) nachvollzogen werden.

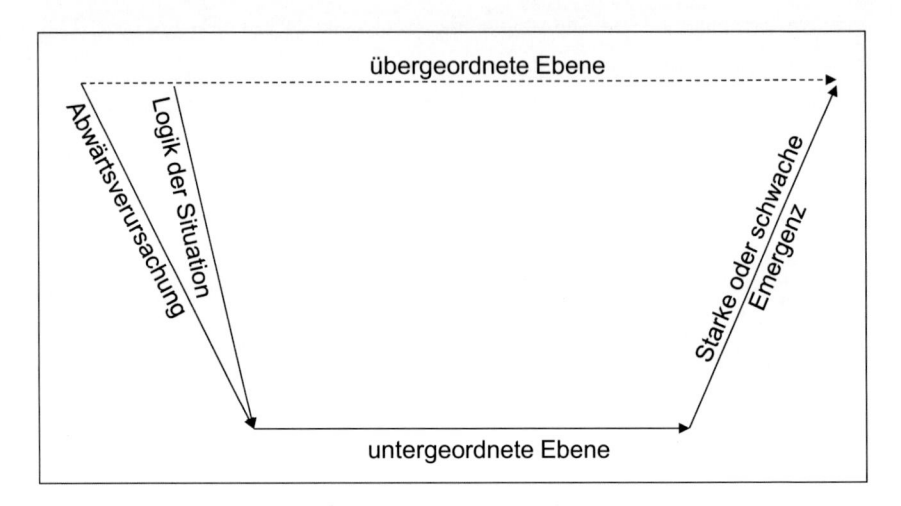

Abbildung 34: (Modifiziertes) moderat holistisches Mehrebenenmodell

Für die Verknüpfung der Aussagenebenen im Rahmen der Modellentwicklung dieser Arbeit wird das moderat holistische Modell von ALBERT (vgl. insbesondere 2005) modifiziert übernommen. Dieses beruht auf der Position eines moderat methodologischen Holismus und wird daher als konkurrierender Bezugsrahmen einer moderat individualistischen Grundposition – zum Beispiel dem Modell der soziologischen Erklärung von ESSER (vgl. 1993, S. 83 ff.) – gegenübergestellt (siehe Albert, 2007, S. 347 f.). Entscheidender Unterschied zum individualistischen Ansatz ist, dass im Holismus von der These starker Emergenz des Sozialen ausgegangen wird. Der Emergenzbegriff beschreibt in diesem Zusammenhang die Beobachtung, dass Entitäten einer übergeordneten Ebene sich durch Eigenschaften auszeichnen, welche die Elemente der untergeordneten Ebene so nicht besitzen.

Im individualistischen Modell wird angenommen, dass alle Sachverhalte auf der übergeordneten auf die darunter liegende Ebene reduziert werden können. Dieser Position folgend, existieren zwar Phänomene auf einer übergeordneten Ebene, sie bilden jedoch lediglich die soziale Situation, den Kontext der Handlungen der Ele-

5.1 Verknüpfung der Modellebenen

mente einer untergeordneten Ebene oder sind dessen kumuliertes Ergebnis. Von sich aus sind soziale Phänomene nicht handlungsfähig, ihre aktivierende Dynamik erhalten sie erst auf der untergeordneten Ebene. Über Wahrnehmungsprozesse entwickelt beispielsweise der Akteur (als Element der Mikroebene) ein subjektives Modell des Meso-Kontexts seiner Handlungen („Logik der Situation") und richtet darauf aufbauend sein Verhalten aus. Dies erfolgt nicht in einem kausalen Zusammenhang, der von der Meso- auf die Mikroebene wirkt; die einzige Kausalität besteht auf der Mikroebene.[65]

Dieser Argumentation widerspricht ALBERT teilweise (für eine ähnliche Argumentation vgl. Bhaskar, 1979, S. 34 ff.). Nach seiner Auffassung sind soziale Phänomene auf der Meso- und Makroebene nicht zwingend Projektionen individueller Handlungen; Entitäten einer übergeordneten Ebene sind also nicht immer abhängig von den Elementen einer untergeordneten Ebene. Neben der Logik der Situation, die wie beschrieben auch im Modell von ESSER existiert, wird eine Abwärtsverursachung, also eine Kausalität stark emergenter Phänomene auf die individuellen Handlungen gesehen. Zu denken wäre beispielsweise an eine Organisationskultur, die zwar durch individuelle Handlungen geprägt wird, von einzelnen Personen jedoch unabhängig ist und wiederum im Rückschluss das Handeln der Organisationsmitglieder beeinflusst.

Eine Abwärtsverursachung geht auch von dem entwickelten Konstrukt „gezielte Instrumentalisierung der Lageberichterstattung" aus, das auf der Mesoebene des Modells zu verorten ist und beschreibt ob und wenn an welche Interessengruppen die Informationen im Lagebericht adressiert sind. Dies wird durch eine Vielzahl von Faktoren beeinflusst: u. a. der Macht verschiedener Interessengruppen gegenüber einem Unternehmen, der Berichterstattung von Wettbewerbern, den mentalen Modellen von Individuen im Unternehmen, insbesondere dem Topmanagement und der Reportingeinheit und oft ist die Konstruktausprägung auch keine singuläre Entschei-

---

[65] Primäres Forschungsziel im Rahmen des individualistischen Modells ist es, allgemeine, nomologische Gesetze zu finden, nach denen Akteure auf der Mikroebene eine Handlungsalternative wählen. Diesen Modellschritt bezeichnet ESSER (siehe 1993, S. 95) als „Logik der Selektion" und beschreibt ihn als die „Mikro-Mikro-Verbindung zwischen den Eigenschaften der Akteure in der Situation und der Selektion einer bestimmten Alternative" (Esser, 1993, S. 95). Die Aggregation der individuellen Handlungen („schwache Emergenz") führt dann auf der Makroebene zu einem Produkt, das letztlich als Explanandum über die Mikroebene erklärt wird.

dung, sondern eher historisch im Unternehmen gewachsen. Die Ausprägung dieses Konstruktes beeinflusst zum Beispiel das Verhalten dezentraler Fachabteilungen auf der Mikroebene (vgl. Abschnitt 4.5.3, S. 168), die als Promotor Berichtsinhalte vorschlagen. Für die Verfolgung der Motive dieser Akteure ist u. a. relevant, welche Bedeutung der Lagebericht für die gesamte Organisation hat. Zu beobachten ist in diesem Fall eine Abwärtsverursachung, also ein Einfluss eines Sachverhalts auf der Mesoebene auf die Mikroebene der Akteurshandlungen im Unternehmen. Gleichermaßen beeinflusst die Makroumwelt, die durch die Interessen und Wahrnehmung der Interessengruppen und den damit verbundenen Legitimitätsdruck geprägt ist, die Art und Weise wie ein Unternehmen seine Lageberichterstattung gezielt instrumentalisiert. In diesem Zusammenhang besteht demnach ein Einfluss der Makroebene auf die Mesoebene der Organisation.

Auf der Mikroebene verlässt ALBERT das „atomistische Forschungsprogramm des Individualismus. [...] In der Soziologie suchen die atomistisch orientierten Individualisten in der Regel nach einer universalen Handlungstheorie, nach einer 'General Theory of Action'. Im moderaten Holismus können sich hingegen die inneren Gesetzesmäßigkeiten der Mikrokomponenten, der Akteure, verändern" (Albert, 2008a, S. 29). Das Verhalten von Individuen unterliegt ihren individuellen mentalen Modellen. Diese bilden auch die Grundlage dafür, wie Akteure auf die Einflüsse ihrer Meso- und Makroumwelt reagieren. Abwärtsverursachung meint also das kausale Einwirken auf Handlungsdispositionen der Individuen oder allgemein der Einfluss einer übergeordneten Ebene auf die Elemente einer untergeordneten Ebene. Da es dementsprechend keine universell gültigen Gesetzmäßigkeiten gibt, sondern das Handeln Dispositionen unterliegt („variierende Handlungsgesetze"), ist das Ziel des moderaten Holismus, Theorien mittlerer Reichweite zu entwickeln (vgl. Merton, 1948; 1968; einführend Albert, 2008b, S. 446 ff.), deren Gültigkeit auf bestimmte soziale Phänomene und Strukturen raum-zeitlich begrenzt ist und nicht den Anspruch allgemeingültiger Theorien besitzt.

Von der untergeordneten Ebene erreicht man die übergeordnete Ebene über das Zusammenspiel der untergeordneten Elemente. Hierbei wird zwischen einer starken und einer schwachen Emergenz unterschieden (vgl. auch im Folgenden ausführlich Albert, 2005, S. 390 ff.). Eine schwache Emergenz beinhaltet, dass soziale Phänomene auf die Ebene individueller Handlungen reduzierbar sind. Anders formuliert sind Mesoentitäten die Summe der jeweiligen Mikroteile. Demgegenüber beinhaltet eine starke Emergenz, dass Eigenschaften sozialer Phänomene nicht ausschließlich auf die Handlungen auf der darunter liegenden Ebene zurückführbar sind. Eine Erklärung besteht nicht in einer einfachen Aggregation, da übergeordnete Entitäten mehr sind als die Summe ihrer Teile, und deshalb lediglich empirisch und nicht analytisch erfassbar sind. In den betrachteten Fällen zeigte sich, dass sich der Prozess der Lageberichterstattung als eine Art organisationale Routine (vgl. Nelson/Winter, 1982, S. 96 ff.) einspielt. Die Prozessstruktur wäre damit nicht länger abhängig von den Handlungen der Individuen und würde damit auch fortbestehen, wenn einzelne Akteure das Unternehmen verlassen. Dies entspricht einer starken Emergenz im Sinne des moderaten Holismus von ALBERT. Darüber hinaus wird, durch die gezielte Instrumentalisierung der Lageberichterstattung, die Einstellung der Interessengruppen der Makroumwelt gegenüber dem jeweiligen Unternehmen beeinflusst.

Das dargestellte Modell des moderaten Holismus von ALBERT bietet eine Erklärungsstruktur, wie Phänomene der Mikro-, Meso- und Makroebene sich gegenseitig beeinflussen. Diese Struktur lässt sich auf die beobachteten Kausalitäten, im Rahmen der freiwilligen Berichterstattung über immaterielle Ressourcen, übertragen. Im Folgenden werden die in Kapitel 4 (S. 105 ff.) entwickelten Hypothesen noch einmal vorgestellt und in die Gesamtlogik des deskriptiv, explikativen Modells eingeordnet.

5.2 Hypothesen

Meso- und Makroebene: In den Interviews konnte beobachtet werden, dass Unternehmen die Lageberichterstattung zur Kommunikation mit ihren Interessengruppen instrumentalisieren. Ausgangspunkt dieses instrumentellen Motivs ist ein umweltorientiertes Unternehmensverständnis, da Unternehmen in vielfältiger Art und Weise in Ressourcenaustauschbeziehungen mit unterschiedlichen Interessengruppen wie zum Beispiel Lieferanten, Kunden, Medien und Mitarbeitern eingebunden sind.

Diese Austauschbeziehungen sind für Unternehmen von Bedeutung, um ihren langfristigen Unternehmenserfolg zu sichern. Einem relationalen Machtkonzept folgend, führt dies dazu, dass bestimmte Interessengruppen Macht gegenüber einem Unternehmen besitzen. Eine Kernaufgabe des Managements ist es daher, das Verhalten dieser relevanten Interessengruppen derart zu beeinflussen, dass der Ressourcenzufluss an das Unternehmen gesichert und gegebenenfalls optimiert wird. Die aus Unternehmenssicht wahrgenommene Macht bestimmter Interessengruppen, den Zufluss an Ressourcen zu beeinflussen, führt zu der Wahrnehmung eines Legitimitätsdrucks. Denn ein Legitimitätsverlust eines Unternehmens würde einen negativen Einfluss auf dessen Ressourcenaustauschbeziehungen haben. Zum Beispiel würde das Image eines schlechten Arbeitgebers zu einem Rekrutierungsproblem für ein Unternehmen führen. Die Fähigkeit Innovationen zu entwickeln wird für viele Unternehmen als Erfolgsmerkmal vorausgesetzt, um die Kapitalzufuhr durch Investoren zu sichern. Unternehmen deren Geschäftsmethoden bei der Mitarbeiterüberwachung als unmoralisch angesehen werden, erfahren Kritik in den Medien. Dadurch sind Unternehmen möglicherweise auch politischem Druck ausgesetzt, wodurch letztlich das Kaufverhalten der Kunden negativ beeinflusst werden kann. In Anknüpfung an die vorgestellten Modellebenen ist also ein Einfluss der Makro- auf die Mesoebene zu beobachten.

Die Interviewpartner beschreiben daher, dass Unternehmen in vielerlei Hinsicht gezwungen sind, den Erwartungen ihrer Unternehmensumwelt zu entsprechen. Da die Einstellung der Interessengruppen gegenüber einem Unternehmen ihr Verhalten beeinflusst, verwenden Unternehmen ihren Lagebericht als Kommunikationsinstrument, um dem wahrgenommenen Legitimitätsdruck zu begegnen. Indem Interessengruppen eines Unternehmens die im Lagebericht platzierten Informationen verarbeiten – ein kognitiver Prozess – wird deren Einstellung gegenüber dem Unternehmen beeinflusst. Es erfolgt demnach ein Einfluss der Meso- auf die Makroebene. Die gebildete Einstellung zum Unternehmenshandeln wirkt wiederum auf das Verhalten der Interessengruppen und dadurch indirekt auf den wahrgenommenen Legitimitätsdruck.

Über das damit abgeleitete instrumentelle Motiv einer freiwilligen Berichterstattung lässt sich erklären, warum Unternehmen unterschiedlich berichten. Freiwillige Berichterstattung, auch über die immateriellen Ressourcen eines Unternehmens, lässt sich dieser Argumentation folgend, als eine Reaktion auf den Legitimitätsdruck interpretieren, den Unternehmen erfahren. Zum Teil wird diesbezüglich eine Priorisierung der Interessengruppen als Adressaten der Berichterstattung vorgenommen. Relevan-

5.2 Hypothesen

te, priorisierte Interessengruppen besitzen eine Machtposition gegenüber dem Unternehmen. Ihre Erwartungen werden als legitim und zeitlich dringend wahrgenommen, so dass ein Legitimitätsdruck von ihnen ausgeht. Wenn ein Potenzial wahrgenommen wird, das Verhalten entsprechender Interessengruppen mit den Lageberichtsinhalten zu beeinflussen, dann wird der Lagebericht gezielt instrumentalisiert. Die Inhalte des Lageberichts werden daher an der Nachfrage relevanter Interessengruppen ausgerichtet. Im Folgenden ist die Argumentationskette auf und zwischen der Meso- und Makroebene in Hypothesen zusammengefasst:

> H 1 (vgl. S. 128): Die Einstellung der Interessengruppen gegenüber einem Unternehmen wird beeinflusst durch die zur Verfügung stehenden Informationen über das Unternehmenshandeln, zum Beispiel durch publizierte Informationen über immaterielle Ressourcen im Lagebericht.

> H 2 (vgl. S. 138): Die Einstellung der Interessengruppen gegenüber einem Unternehmen beeinflussen ihr Verhalten gegenüber diesem und damit ceteris paribus den Ressourcenzufluss an das Unternehmen.

> H 3 (vgl. S. 138): Je höher der Legitimitätsdruck, der aus Unternehmenssicht wahrgenommen wird, desto höher ist die Bereitschaft des Unternehmens, freiwillig Informationen über immaterielle Ressourcen zu veröffentlichen.

> H 4 (vgl. S. 145): Je höher der wahrgenommene Legitimitätsdruck, desto wichtiger ist der Lagebericht als Kommunikationsinstrument für ein Unternehmen.

> H 5 (vgl. S. 145): Je höher der wahrgenommene Legitimitätsdruck, desto gezielter nutzt ein Unternehmen seine Lageberichterstattung zur Kommunikation mit seinen Interessengruppen.

> H 6 (vgl. S. 156): Interessengruppen, die eine wahrgenommene Machtposition gegenüber einem Unternehmen einnehmen und deren Erwartungen als zeitlich dringend und legitim angesehen sind, werden als relevant aus Unternehmenssicht wahrgenommen.

> H 7 (vgl. S. 156): Je höher die wahrgenommene Relevanz einer Interessengruppe aus Unternehmenssicht, und die wahrgenommene Möglichkeit, das Verhalten dieser Interessengruppen über publizierte Informationen im Lagebericht zu beeinflussen, desto stärker wird diese Interessengruppe als Adressat der Lageberichterstattung fokussiert.

In den Interviews wird diese Argumentationskette aufgezeigt, die analog ist zu umweltorientierten Theorieansätzen wie beispielsweise dem Neoinstitutionalismus oder der Stakeholdertheorie. Deutlich wird die Zielorientierung freiwilliger Berichterstattung, deren Ursprung in der Notwendigkeit eines umweltorientierten Managements liegt.

Zu betonen ist noch einmal, dass die wahrgenommene Möglichkeit einer Verhaltensbeeinflussung durch die Berichterstattung, den Aussagen der Interviewpartner entnommen ist. Durch die vorgenommene Untersuchung kann die tatsächliche Existenz dieser Kausalität empirisch nicht belegt werden. Die beschriebenen kognitiven Theorien in Abschnitt 4.3.1 (S. 123 ff.) belegen diese Zusammenhänge jedoch.

Mikroebene: Die dargestellten Hypothesen auf der Meso- und Makroebene zeigen, dass das Publikationsverhalten von Unternehmen von Wahrnehmungsprozessen abhängig ist. Diese und letztlich auch die im Erstellungsprozess vollzogenen Handlungen – nämlich Entscheidungen, bestimmte Informationen über immaterielle Ressourcen zu publizieren – werden von Individuen getragen. Es besteht daher die Notwendigkeit, die dargestellten Hypothesen auf der Meso- und Makroebene, durch Hypothesen über das Verhalten von Individuen zu erweitern. Die übergeordneten Ebenen sind nicht durch die Mikroebene zu ersetzen, vielmehr ergänzen sich die Phänomene untereinander. Zum Beispiel bleibt die Mesoebene erhalten, indem die Handlungen der Akteure auf der Mikroebene durch ihren organisationalen Kontext geprägt werden. Dieser, in der Terminologie des moderaten Holismus als Abwärtsverursachung bezeichneten Kausalität, stehen wiederum Effekte von der Mikro- auf die Mesoebene gegenüber (starke und schwache Emergenz).

Die Effekte ergeben sich aus den Handlungen der Akteure. Bei der Betrachtung des Akteursverhaltens wird auf das Konzept der mentalen Modelle zurückgegriffen (vgl. hierzu ausführlich Abschnitt 4.5.2, S. 163 ff.). Aus einer funktionalen Perspektive können individuelle mentale Modelle als Wissensrepräsentationen verstanden werden, die beeinflussen, wie Akteure ihre Umwelt wahrnehmen und darauf aufbauend ihre Handlungen ausrichten. Wenn Überlappungen der mentalen Modelle vorliegen, zum Beispiel aufgrund des gleichen Ausbildungshintergrunds, dann wird von Team Mental Models gesprochen. Die Interviews zeigen, dass die beteiligten Akteure ihre Handlungsentscheidungen auf Basis unterschiedlicher mentaler Modelle treffen. Als übergeordnete Hypothese der Mikroebene lässt sich daher folgender Zusammenhang festhalten.

5.2 Hypothesen

H 8 (S. 167): In Abhängigkeit von den mentalen Modellen der beteiligten Akteure im Prozess der Lageberichtserstellung variieren die Inhalte des Lageberichts und damit die publizierten Informationen über immaterielle Ressourcen.

Das Verhalten der am Prozess der Lageberichtserstellung beteiligten Akteure wurde mit Hilfe der in Kapitel 4 (S. 105 ff.) dargestellten Rollen skizziert. Akteure, die eine Rolle einnehmen, erfüllen jeweils eine bestimmte Funktion im Prozess der Lageberichtserstellung. Im Folgenden wird dargestellt, welche Faktoren beeinflussen, wie die identifizierten Rollen des Promotors, des Moderators und des Gatekeepers von den Akteuren ausgefüllt werden und wie dies die freiwillige Berichterstattung über immaterielle Ressourcen im Lagebericht beeinflusst.

Promotor: Der Entscheidung eine Information in den Lagebericht aufzunehmen, muss ein entsprechender Vorschlag vorausgehen. Themenvorschläge werden durch Akteure formuliert, welche die Rolle des sogenannten Promotors ausfüllen. In den Interviews zeigte sich, dass unterschiedliche Akteure mit variierenden funktionalen Hintergründen, Themen für den Lagebericht in den Entscheidungsprozess einbringen.

Diese Akteure haben individuelle mentale Modelle eines Unternehmens; sie verfügen über ein variierendes Set an Zielen, das sie mit der Aufnahme von Themen in den Lagebericht verbinden. Grundsätzlich festzuhalten ist demnach eine Zielheterogenität im Unternehmen, die verbunden mit der Annahme intentionaler Handlungen dazu führt, dass Akteure verschiedene Themen für eine Aufnahme in den Bericht vorschlagen. Die Vorschläge, dieser als Promotor handelnden Akteure, sind in unterschiedlicher Form einem Selektionsprozess ausgesetzt. Akteure, die eine hohe Entscheidungskompetenz bei der Platzierung von Themen im Lagebericht besitzen, werden als zentraler Promotor bezeichnet, so zum Beispiel die Mitglieder des Vorstandes. Demgegenüber handeln die Fachbereiche als sogenannter dezentraler Promotor, da ihre Vorschläge einem Selektionsprozess unterliegen.

H 9 (S. 173): Je wichtiger der Lagebericht als Kommunikationsinstrument aus Unternehmenssicht ist, desto stärker ist die Motivation der Akteure, ihre Themen für den Lagebericht vorzuschlagen und damit als dezentraler Promotor zu handeln.

H 10 (S. 173): Je mehr Möglichkeiten Akteure wahrnehmen, ihre Ziele mit einer Platzierung von Themen im Lagebericht zu erreichen, desto größer ist ihre Motivation, ihre Themen für den Lagebericht vorzuschlagen und damit als dezentraler Promotor zu handeln.

H 11 (S. 187): Je größer ein Unternehmen, desto häufiger schlagen die Fachbereiche Themen für den Lagebericht vor und handeln damit als dezentraler Promotor.

H 12 (S. 189): Je wichtiger der Lagebericht als Kommunikationsinstrument aus Unternehmenssicht ist, desto häufiger ist das Handeln des Topmanagements als zentraler Promotor zu beobachten.

H 13 (S. 192): Je stärker ein Thema in den Medien diskutiert wird, desto wahrscheinlicher ist die Aufnahme in den Lagebericht.

H 14 (S. 198): Wenn Themen in dem Manager Magazin Ranking und / oder anderen Geschäftsberichts-Ratgebern hervorgehoben werden, steigt die Wahrscheinlichkeit, dass diese auch im Lagebericht platziert werden.

H 15 (S. 200): Je mehr Informationen über immaterielle Ressourcen das institutionalisierte Controlling erhebt, desto stärker ist es in die externe Berichterstattung dieser Themen involviert.

H 16 (S. 202): Je steuerungsrelevanter Informationen über immaterielle Ressourcen für das Controlling sind, desto geringer ist die Bereitschaft, diese im Lagebericht zu publizieren.

Moderator: Die Funktion des Moderators ist es, Informationen für den Lagebericht im Unternehmen zusammenzutragen. Die Rolle bildet eine Art Informationskanal zwischen dem Promotor, der Themen für den Bericht vorschlägt und dem Gatekeeper, der über die Aufnahme von Themen in den Lagebericht entscheidet. Die Reportingeinheit füllt diese Rolle im Prozess der Lageberichtserstellung aus. Ausführlich diskutiert wird in Abschnitt 4.6.1 (S. 202 ff.), dass die Einheit auch andere Prozessrollen einnimmt, denn die Koordination des Erstellungsprozesses beinhaltet in der Regel auch eine Themenselektion, zum Beispiel in dem nur bestimmte Akteure aufgefordert werden, Themen für den Bericht vorzuschlagen. Gleichzeitig bringt sich die Reportingeinheit auch als zentraler Promotor ein, wenn sie u. a. dem Vorstand ein übergeordnetes inhaltliches Konzept für den Geschäftsbericht vorschlägt. Nichtsdestotrotz bleibt eine Abgrenzung der Moderatorrolle zwingend, da die Berichtseinheit ungleich intensiv Themen für den Bericht vorschlägt und auch die Auswahl von

5.2 Hypothesen

Berichtsthemen unterschiedlich beeinflusst. Zum Teil ist beides sehr stark ausgeprägt, teilweise lassen sich beide Aspekte fast gar nicht beobachten.

Ein zentraler Faktor, der die Ausgestaltung der Moderatorrolle beeinflusst, ist die Institutionalisierung der Funktion und das damit zusammenhängende mentale Modell, das die Handlungen des Moderators leitet. Die Koordination der Lageberichtserstellung obliegt unterschiedlichen Bereichen, wie die betrachteten Fälle zeigen. Auf der einen Seite findet sich eine Verankerung in extern orientierten Einheiten wie zum Beispiel dem Marketing, der Unternehmenskommunikation oder der Presseabteilung. Auf der anderen Seite institutionalisieren Unternehmen ihre Berichterstattung auch in finanzorientierten Einheiten wie dem Rechnungswesen oder dem Controlling. Oft erfolgt auch eine Einordnung in einer auf die Kapitalmarktkommunikation fokussierten Investor Relations-Abteilung. Deutlich wird in den Antworten der Interviewten, dass die Institutionalisierung der Moderatorrolle Auswirkungen auf die Berichtsinhalte hat. Die Akteure verfolgen mit ihrer Zugehörigkeit zu einer organisatorischen Einheit, die neben der Geschäftsberichterstellung auch andere Aufgaben übernimmt, unterschiedliche Ziele. In diesem Zusammenhang fokussiert zum Beispiel eine Presseabteilung andere Zielgruppen als das Rechnungswesen oder eine Abteilung Investor Relations. Dies zeigt sich auch in einer Neugestaltung der Verantwortlichkeit für die Geschäftsberichterstellung. Ein Interviewpartner beschreibt, dass sich mit einem entsprechenden Wechsel die Berichtsinhalte verändert haben.

> H 17 (S. 206): Je fokussierter der Lagebericht als Finanzpublikation betrachtet wird, desto wahrscheinlicher wird die Rolle des Moderators durch eine finanzorientierte Institution im Unternehmen ausgefüllt.

> H 18 (S. 206): Je eher der Lagebericht als ein allgemeines Kommunikationsmedium betrachtet wird, mit dem eine Vielzahl unterschiedlicher Stakeholdergruppen angesprochen wird, desto wahrscheinlicher wird die Rolle des Moderators durch eine institutionalisierte Kommunikationsfunktion im Unternehmen ausgefüllt.

> H 19 (S. 207): In Abhängigkeit des funktionalen Hintergrunds des Moderators, fokussiert dieser spezifische Zielgruppen als Adressaten des Geschäftsberichts.

> H 20 (S. 207): In Abhängigkeit der vom Moderator fokussierten Zielgruppen, variieren die publizierten Inhalte.

> H 21 (S. 218): Je größer das Unternehmen, desto mehr Akteure der Fachbereiche werden durch den Moderator aufgefordert, Themen für den Lagebericht vorzuschlagen.

H 22 (S. 218): Je stärker der Lagebericht für eine gezielte Kommunikation mit relevanten Interessengruppen genutzt wird, desto mehr Akteure werden durch den Moderator aufgefordert, Themen für den Lagebericht vorzuschlagen.

H 23 (S. 218): Je stärker die gezielte Instrumentalisierung der Lageberichterstattung durch einen zentralen Promotor festgelegt wird, desto weniger werden Akteure der Fachbereiche in die Lageberichtserstellung integriert.

Gatekeeper: Der Gatekeeper entscheidet über die Aufnahme der vom Promotor vorgeschlagenen und vom Moderator zusammengetragenen Inhalte über immaterielle Ressourcen in den Lagebericht. Die Rolle des Gatekeepers wird von unterschiedlichen Akteuren im Unternehmen ausgefüllt. Festgestellt wurde, dass in der Regel das Topmanagement, die Reportingeinheit und teilweise auch die Fachabteilungen an der Entscheidungsfindung beteiligt sind. Demgegenüber nehmen der Aufsichtsrat sowie der Wirtschaftsprüfer in diesem Zusammenhang nur wenig Einfluss. Die finale Entscheidungsinstanz ist jedoch der Vorstand, wobei dieser nur teilweise bei der Festlegung der Berichtsinhalte als kollektives Organ handelt. Oft obliegt die Entscheidung letztlich dem Finanzvorstand, da der Geschäftsbericht häufig als Finanzpublikation im Unternehmen verstanden wird. Eine Diskrepanz zwischen den Fällen besteht in Hinblick auf die Beteiligung der Fachbereiche an der Abstimmung der Inhalte des Lageberichts. Zum Teil sind diese involviert, teilweise aber auch völlig von der Entscheidungsfindung ausgeschlossen.

H 24 (S. 227): Je größer ein Unternehmen, desto mehr Akteure sind in die Abstimmung der Lageberichtsinhalte involviert.

H 25 (S. 233): Je fokussierter der Lagebericht als reine Finanzpublikation betrachtet wird, desto weniger werden die Lageberichtsinhalte ressortübergreifend auf der Ebene des Topmanagements abgestimmt.

H 26 (S. 235): Je stärker die gezielte Instrumentalisierung der Lageberichterstattung durch einen zentralen Promotor festgelegt wird, desto weniger werden Akteure der Fachbereiche in die Entscheidungen über die Festlegung der Lageberichtsinhalte als Gatekeeper involviert.

H 27 (S. 237): Je stärker die Entscheidungskompetenz über die Inhalte des Lageberichts beim Finanzvorstand liegt, desto weniger berichtet ein Unternehmen über immaterielle Ressourcen.

6 Schlussbetrachtung

6.1 Zusammenfassung und Diskussion

6.1.1 Verknüpfung der Modellebenen

Diese Arbeit gewährt Einblicke in die Veröffentlichungspraxis von Unternehmen, die helfen, das Black Box-Vorgehen von Makro- und Mesotheorien zu hinterfragen und damit einen realistischen Blick auf die Prozesse der freiwilligen Berichterstattung über immaterielle Ressourcen erlauben. Dabei werden Makro- und Mesotheorien nicht verworfen, sondern vielmehr um die Betrachtung der Mikroprozesse der Lageberichterstattung ergänzt.

Die Komplexität der Mikroebene wird in einem explorativen Modell der freiwilligen Lageberichterstattung über immaterielle Ressourcen erfasst. In diesem werden verschiedene Akteursrollen im Prozess identifiziert, die Prozessstruktur auf diesem Weg strukturiert und Implikationen für die beobachtete heterogene Berichterstattung von Unternehmen aufgezeigt. Die Mikroprozesse werden in dem Modell im Sinne des moderaten Holismus mit den Phänomenen der Meso- und Makroebene in Verbindung gesetzt. Über die Verknüpfung der Modellebenen wird beispielsweise das Konstrukt „gezielte Instrumentalisierung der Lageberichterstattung" auf der Mesoebene erklärt. Denn Unternehmen nutzen ihre Lageberichterstattung als Legitimierungsinstrument (unterschiedlich), um die Einstellung relevanter Interessengruppen gegenüber dem Unternehmen zu beeinflussen und letztlich den Ressourcenzufluss zu sichern.

Damit ist die freiwillige Berichterstattung über immaterielle Ressourcen für ein Unternehmen auf der Mesoebene mit der Frage verbunden, was dieses mit der Berichterstattung erreichen will, also letztlich der Frage nach den verfolgten Zielen. Die verfolgten Ziele als Entscheidungskalküle sind maßgeblich dafür, ob und wie Unternehmen ihre Lageberichterstattung als Kommunikationsinstrument nutzen. Dies hat Erklärungskraft für die beobachtbare heterogene Berichterstattung über immaterielle Ressourcen. Denn in einer Kommunikationsbeziehung ist die Art und Weise wie welche Inhalte kommuniziert werden abhängig davon, wie ein Informationssender den jeweils adressierten Informationsempfänger wahrnimmt. Ceteris paribus ist für den Kommunikationsoutput relevant, wie Unternehmen die Informationsnachfrage ihrer

Interessengruppen der Makroumwelt – zum Beispiel Investoren, Kunden, Zulieferer sowie Mitarbeiter – wahrnehmen und bewerten.

Möglich ist, dass Interessengruppen eines Unternehmens zum Teil die gleichen Ziele verfolgen. Faktisch kollidieren die Zielsetzungen der Interessengruppen jedoch oft miteinander. Welche Konsequenz hat dies für die freiwillige Berichterstattung über immaterielle Ressourcen im Lagebericht und wie werden bestehende Konflikte aufgelöst?

Befragt man diesbezüglich das Framework der IFRS, dessen Zweck u. a. die Unterstützung berichtspflichtiger Unternehmen bei der Auslegung und Anwendung der geltenden Standards ist (F. 1d), erhält man folgende Antwort: In F. 9 werden verschiedene relevante Interessengruppen – zum Beispiel Arbeitnehmer, Kreditgeber, Kunden, Regierungen und die allgemeine Öffentlichkeit – als Adressaten der Berichterstattung genannt und dann (pauschal) argumentiert, dass die Interessen der Investoren von den meisten anderen Gruppen geteilt werden: „Da Investoren dem Unternehmen Risikokapital zur Verfügung stellen, werden die Angaben aus den Abschlüssen, die ihrem Informationsbedarf entsprechen, auch den Informationsbedürfnissen der meisten anderen Adressaten entsprechen, die ein Abschluss erfüllen kann" (F. 10, S. 2). Diese Feststellung erscheint im Vergleich zu anderen Erklärungsansätzen – wie zum Beispiel dem der Stakeholdertheorie – nahezu naiv. Selbst eine nur oberflächliche Betrachtung der Interessen der oben genannten Gruppen muss fordern, dass die Frage nach einer freiwilligen Berichterstattung von Unternehmen mit der Frage der Priorisierung der jeweiligen Interessengruppen aus Unternehmenssicht zu verknüpfen ist. Auch und gerade der beobachtbare heterogene Status quo der Lageberichterstattung über immaterielle Ressourcen plausibilisiert die Vermutung, dass Unternehmen ihre Berichte an den Interessen unterschiedlicher Gruppen ausrichten, was sich letztlich auch in den untersuchten Fällen bestätigt.

Aus diesem Grund stellt das entwickelte Forschungsmodell die Publikation von Informationen über immaterielle Ressourcen als eine stakeholderorientierte Berichterstattung dar. Auch wenn diese theoretische Perspektive mit dem Erklärungsmodell der ökonomischen Theorie kollidiert, negiert es nicht die Existenz ökonomischer Motive. Denn letztlich sind für jedes Unternehmen der Zugang zu Kapital und das damit verbundene Erreichen von Kosten-Nutzen-Zielen – unter Berücksichtigung der jewei-

6.1 Zusammenfassung und Diskussion

ligen Unternehmensspezifika – von Relevanz. Die erweiterte Perspektive einer stakeholderorientierten Berichterstattung kann also nicht die Interessen der Kapitalgeber ausblenden. Offensichtlich ist aber auch, dass Unternehmen mit ihrer Lageberichterstattung weitere, das heißt vor allem unterschiedliche Interessengruppen adressieren. Es zeigen sich deutliche Variationen in der Priorisierung der Interessengruppen und der mit der Lageberichterstattung verfolgten Ziele in den Ausführungen der befragten Interviewpartner.

Entsprechende Unterschiede werden auch in der Stakeholderforschung thematisiert und in der Regel über die Relevanz der Stakeholder für ein Unternehmen erklärt. Vorgestellt wird in diesem Zusammenhang das Framework von MITCHELL ET AL. (1997), das die Dimensionen „power", „legitimacy" und „urgency" zur Priorisierung der Interessengruppen von Unternehmen vorschlägt. Die Relevanz einer Interessengruppe für ein Unternehmen steigt mit der jeweiligen Ausprägung der beschriebenen drei Kriterien. Wie findet jedoch diese Priorisierung im Rahmen der Unternehmensberichterstattung statt, die letztlich zu dem im Modell fokussierten Untersuchungsgegenstand der freiwilligen Berichterstattung über immaterielle Ressourcen führt?

In der Stakeholderforschung, die Aussagen über die Mesoebene der Organisation und die Makroumwelt trifft, wird diese Frage bisher nur vereinzelt thematisiert, obwohl auch MITCHELL ET AL. (1997) argumentieren, dass die Priorisierung der Interessengruppen letztlich ein kognitiver, subjektiver Prozess ist. Ein von AGLE ET AL. (1999) verfolgter Ansatz ist in diesem Zusammenhang die Wertvorstellung des CEOs als moderierende Variable einzuführen. Das heißt, dass zum Beispiel die Beantwortung der von MITCHELL ET AL. (1997) genannten Kriterien für ein Unternehmen auf Basis des mentalen Modells des jeweiligen CEOs zu erfolgen hat. Dies ist ein erster Sprung der Argumentation der Stakeholderforschung auf die Mikroebene der Individuen. Einen ähnlichen Weg impliziert der Management Approach, der gemäß normativer Rechnungslegungsstandards maßgeblich für die Veröffentlichung von Informationen über immaterielle Ressourcen ist. Auch der Management Approach deutet letztlich auf die Verbindung zwischen Mikro- und Mesoebene hin, indem er die Berichterstattung eines Unternehmens an der Sicht des Managements ausrichtet. Obwohl diese Forderung des Management Approach auf den ersten Blick durchaus plausibel und sinnvoll erscheint, stellen sich bei genauerer Analyse zwei zentrale Fragen:

- Handelt es sich bei dem Personenkreis des Managements um eine homogene Gruppe?

- Sollte es sich nicht um eine homogene Gruppe handeln, wie beeinflussen dann unterschiedliche Akteure im Prozess, ihre Motive und Interaktionen, die Veröffentlichung von Informationen über immaterielle Ressourcen in Unternehmensberichten?

Das entwickelte Modell knüpft an derartige Fragen an und erklärt diese über die Betrachtung der Mikroprozesse einer stakeholderorientierten Berichterstattung. Es steht also nicht im Konflikt zur Stakeholdertheorie, sondern kann möglicherweise deren Aussagen – über die Instrumentalisierung freiwilliger Berichterstattung zur gezielten Beeinflussung der Wahrnehmung relevanter Interessengruppen – für den Einzelfall spezifizieren.

Die gezielte Instrumentalisierung der Lageberichterstattung auf der Mesoebene eines Unternehmens hat wiederum einen Einfluss auf die Mikroprozesse (Abwärtsverursachung). Wenn zum Beispiel die Lageberichterstattung und der damit verbundene Erstellungsprozess eine hohe Bedeutung für ein Unternehmen besitzen – zum Beispiel ausgedrückt durch das Involvement des Topmanagements oder ein organisationales Bewusstsein, dass das Unternehmen einem starken Legitimitätsdruck verschiedener Interessengruppen der Makroumwelt ausgesetzt ist – dann beeinflusst dies auch die Handlungen der Individuen.

6.1.2 Beschreibung und Erklärung der Mikroprozesse

Das entwickelte Modell der freiwilligen Berichterstattung umfasst verschiedene, in den Fällen beobachtete Akteursrollen und Interaktionen zwischen diesen, die mit Hilfe der Kodiertechniken der Grounded Theory identifiziert und beschrieben wurden. Der Moderator ist beispielsweise der Projektmanager, der den Lagebericht zu erstellen hat. Dabei ist er gleichzeitig für die Informationsbeschaffung zuständig. Er ist daher die hauptsächliche Anlaufstelle für alle Personen im Unternehmen, die versuchen, Informationen im Lagebericht zu platzieren. Diese als Promotor handelnden Akteure sind jedoch nicht immer mit der formalen Macht ausgestattet, eine Veröffentlichung ihrer Themen zu garantieren. Denn es ist letztlich der Gatekeeper, der ent-

6.1 Zusammenfassung und Diskussion

scheidet, welche vorgeschlagenen Themen im Lagebericht platziert und welche verworfen werden. In der Rolle des Moderators kann sich daher ein großes Konfliktpotenzial – in Form eines Intrarollenkonflikts – bündeln, da er zwischen den Wünschen der verschiedenen Abteilungen und den Anforderungen des Gatekeepers vermitteln muss. Da die involvierten Akteure mehrere Rollen ausfüllen – zum Beispiel handelt der Vorstand oft als Gatekeeper und Promotor –, entstehen darüber hinaus auch Interrollenkonflikte.

Die Rolle des Moderators hat einen zentralen Einfluss auf den Prozessoutput in Form freiwillig berichteter Informationen, denn dieser gestaltet die Prozessstruktur der Lageberichterstattung im Unternehmen, die in den untersuchten Fällen sehr unterschiedlich ist. In der Regel strukturiert der Moderator den Lagebericht inhaltlich – auch vor dem Hintergrund rechtlicher Vorschriften (u. a. DRS 15) – in verschiedene Module, zum Beispiel einen Umweltbericht, einen Überblick der Forschungs- und Entwicklungsleistungen oder wichtige Ereignisse im Personalbereich. Um die relevanten Informationen für die einzelnen Berichtsmodule zusammenzutragen, befragt der Moderator oftmals Experten im Unternehmen. Diese findet er in der Regel in den Fachbereichen, die sich originär mit den jeweiligen Themen beschäftigen. Das Marketing handelt zum Beispiel als Promotor für das Thema Kundenzufriedenheit und die Forschungs- und Entwicklungsabteilung als Promotor für die erreichten Fortschritte in der Innovationspipeline.

Teilweise fehlt jedoch jegliche Interaktion mit den Fachbereichen. Vor allem in kleineren Unternehmen besitzt der Vorstand oder die Reportingeinheit oft einen guten Überblick über die Aktivitäten der Fachbereiche, so dass die Informationen bereits zentral vorliegen und daher nicht speziell für die Lageberichtserstellung erhoben werden müssen. Der Grund für eine fehlende Interaktion zwischen Moderator und Fachbereichen kann jedoch auch darin liegen, dass der Lagebericht für ein Unternehmen keine oder nur eine untergeordnete Bedeutung besitzt, um die Wahrnehmung relevanter Stakeholder zu beeinflussen. In diesen Fällen wird dem Lagebericht als Legitimierungsinstrument nur wenig Aufmerksamkeit geschenkt und daher auch der Erstellungsaufwand gering gehalten. Gerade in großen Unternehmen, die im Fokus verschiedener Stakeholder stehen, und daher einen Legitimitätsdruck dieser Gruppen erfahren, ist jedoch in der Regel eine Vielzahl an Akteuren in den Prozess involviert. Hier zeigt sich die Wirkung des Legitimitätsdrucks, als Einfluss der Makroumwelt, auf die gezielte Instrumentalisierung der Lageberichterstattung eines Unternehmens auf der Mesoebene. Gleichermaßen beeinflusst diese als Phänomen der Mesoebene die Mikroprozesse der Lageberichtserstellung innerhalb des Unternehmens, was einen kausalen Einfluss der Meso- auf die Mikroebene darstellt.

Findet eine Interaktion zwischen Moderator und Fachbereichen statt, so erfolgt die damit verbundene Informationssammlung für den Lagebericht unterschiedlich: Mit Hilfe von Fragebögen oder Interviews erfährt die Reportingeinheit die Vorschläge der Fachbereiche. Zum Teil formulieren die Fachbereiche – in ihrer Expertenfunktion für bestimmte Themen – das jeweilige Lageberichtsmodul auch autark und leiten dieses dann an die Reportingeinheit weiter.

Auch wenn das Controlling in den Erstellungsprozess involviert ist, spiegelt die Mehrheit der Fälle eine eher untergeordnete Rolle des institutionalisierten Controllings als Informationslieferant wider. Zum einen, da in den untersuchten Fällen das Controlling nach wie vor eine primär monetäre Sicht auf das Unternehmen einnimmt und daher Informationen über immaterielle Ressourcen – die oft qualitativer Natur sind – nicht vorhält. Zum anderen, da eine grundsätzliche Ablehnung besteht, interne Steuerungsinformationen zu veröffentlichen. Die Interviewten erklärten, dass dies insbesondere für Informationen über immaterielle Ressourcen gelten würde, da diese nicht selten für die Strategie eines Unternehmens von besonderer Bedeutung sind.

Die Fachbereiche sind jedoch nicht die einzige Informationsquelle, auf welche die Reportingeinheit zurückgreift. In fast allen Fällen wird berichtet, dass im Rahmen der Erstellung des Lageberichts die Berichte von Wettbewerbern ausgewertet werden und man sich an Best Practice-Lösungen orientiert. Von besonderer Bedeutung ist in diesem Rahmen der Wettbewerb „Der beste Geschäftsbericht" der vom manager magazin jährlich ausgerichtet und von mehreren Experten unter der Leitung von JOERG BAETGE durchgeführt wird. Nahezu alle Interviewpartner berichten, dass das Ranking die eigene Lageberichterstattung prägt: zum Beispiel bei der Identifizierung des Best-Practice und indem aus den Bewertungskriterien des Rankings Inhalte für die eigene Berichterstattung übernommen werden. Dabei werden einerseits positiv bewertete Lösungen kopiert, um die Berichterstattungsqualität zu verbessern. Andererseits wird – im Sinne eines mimetischen Prozesses – auf diesem Weg sicherge-

6.1 Zusammenfassung und Diskussion

stellt, dass der eigene Lagebericht im Vergleich zu der Berichterstattungspraxis anderer Unternehmen nicht negativ wahrgenommen wird.

Die Reportingeinheit handelt als Gatekeeper, wenn sie die zusammengetragenen Themen für den Entwurf des Lageberichts selektiert, der dann an das Topmanagement und letztlich an den Vorstand zur finalen Entscheidungsfindung weitergegeben wird. Jedoch nimmt der Gatekeeper oft schon vor der Erstellung des Lageberichtsentwurfs darauf Einfluss, welche Themen des Promotors in den Lagebericht aufgenommen werden. Zum Beispiel indem der Vorstand für ihn relevante Kernthemen für den Lagebericht als Promotor vorschlägt und damit gleichzeitig als Gatekeeper vorgibt, dass die Themen der Fachbereiche mit diesen konsistent sein müssen.

Die Festlegung der Inhalte des Lageberichts, also die Entscheidungen des Gatekeepers, beinhaltet oft einen aufwendigen Prozess, in dem möglicherweise aufgetretene Konflikte über mehrere Hierarchieebenen hinweg deeskaliert werden. Beobachtbar sind auch hier Unterschiede, inwieweit die Entscheidungen aus einer holistischen Perspektive unter Beteiligung der Fachbereiche oder autark durch eine zentrale Perspektive im Unternehmen erfolgen. Beispielsweise findet in einem der untersuchten Unternehmen eine Redaktionskonferenz mit den Fachbereichsleitern statt, in der die Module des erstellten Lageberichts diskutiert und final abgestimmt werden. Demgegenüber haben in anderen Unternehmen die Fachbereiche keine Möglichkeit, auf die Entscheidungsfindung im Rahmen der Lageberichtserstellung Einfluss zu nehmen.

Oftmals liegt dieser zum Teil sehr komplexe Prozess nicht in einer dokumentierten Form vor. Aus den Aussagen der Interviewpartner lässt sich vielmehr schließen, dass die Prozessstruktur den Charakter einer ausgehandelten Ordnung („negotiated order") hat. Die Struktur ist Ausdruck einer vergangenen Aushandlung und setzt den Rahmen für derzeitiges Handeln. Sie ist jedoch nichts Unveränderbares und kann durch neue Aushandlungen zwischen den Prozessbeteiligten an neue situative Bedingungen angepasst werden. Die Struktur ist daher nicht unabhängig vom Handeln der Prozessbeteiligten, sie wird vielmehr durch das Handeln vieler konstituiert.

Festzustellen ist, dass die auf diesem Weg verhandelte Aufbau- und Ablauforganisation der Lageberichtserstellung maßgeblich darüber entscheidet, welches Bild der immateriellen Ressourcen im Lagebericht dargestellt wird. In den Prozess der Lageberichtserstellung involvierte Akteure kommen aus verschiedenen sozialen Welten und haben daher unterschiedliche mentale Modelle der immateriellen Ressourcen eines Unternehmens. Von Bedeutung ist in diesem Zusammenhang die Institutionalisierung der Moderatorrolle, die in den Fällen stark variiert; denn es zeigen sich deutliche Unterschiede zum Beispiel zwischen den mentalen Modellen der Mitglieder einer Finanzabteilung, u. a. Rechnungswesen und Akteuren aus der Marketingfunktion im Unternehmen. Da wie beschrieben die Reportingeinheit als Moderator, Promotor und Gatekeeper handelt, hat die Frage, wo das Projekt im Unternehmen organisatorisch eingeordnet ist, eine zentrale Bedeutung für die publizierten Inhalte über immaterielle Ressourcen im Lagebericht.

Insgesamt ist festzustellen, dass ein einheitliches mentales Modell des Unternehmens und der immateriellen Unternehmensressourcen nicht existiert. Vielmehr spiegeln sich im Veröffentlichungsprozess unterschiedliche mentale Modelle und Machtverhältnisse im Unternehmen wider, die sich im Prozess der Lageberichtserstellung entladen. Da die kausale Ambiguität als ein hervorstechendes Merkmal immaterieller Ressourcen gilt, besteht die Möglichkeit, dass Manager auch innerhalb des Unternehmens kaum erkennen können, worin die spezifischen Fähigkeiten des Unternehmens begründet sind. Ihre unterschiedlichen Sichtweisen reflektieren daher ihre durch den jeweiligen sozialen Hintergrund geprägten mentalen Modelle.

In den untersuchten Fällen wurde dies u. a. dadurch angedeutet, dass Akteure die von ihnen als relevant angesehenen Informationen für den Lagebericht an verschiedene Stakeholder adressieren. Zum Beispiel beschreibt ein Interviewpartner folgende Situation in seinem Unternehmen: Für die Forschungs- und Entwicklungsabteilung ist der Lagebericht primär ein Instrument, mit dem diese gegenüber anderen Unternehmensakteuren die erreichten Fortschritte in der Innovationspipeline kommuniziert und damit ihre Ausgaben rechtfertigt. Da das Unternehmen ein Rekrutierungsproblem hat, wird der Lagebericht gleichzeitig durch die Personalabteilung genutzt, um das Unternehmen als attraktiven Arbeitgeber zu positionieren. Letztlich entscheidet jedoch der Finanzvorstand – und nicht wie in anderen Unternehmen der Vorstand als Gesamtorgan – über die zu platzierenden Inhalte im Lagebericht. Die Person des Finanzvorstandes – so die Beschreibung des Interviewpartners – betrachtet das Unternehmen aus einer rein finanzorientierten Perspektive. Seine priorisierten Adressaten der Lageberichterstattung sind mithin die Investoren. In dieser Konstellation kommt es immer wieder zu Konflikten zwischen der Perspektive des Finanzvorstandes und den Interessen der Fachbereiche.

Dieses Beispiel illustriert, dass die mentalen Modelle der in die Lageberichtserstellung involvierten Akteure zum Teil komplementär sind, oftmals aber auch kollidieren. Auch in anderen Interviews wird beschrieben, dass insbesondere der Karriereweg des Finanzvorstandes darüber bestimmt, inwieweit die Lageberichterstattung über immaterielle Ressourcen als wichtig eingestuft wird. Die Konflikte implizieren mikropolitische Prozesse, in denen eine Entscheidung die Handlungsalternative widerspiegelt, welche durch einen Akteur oder eine Gruppe gegenüber Anderen durchgesetzt wird. An der skizzierten Unternehmenssituation zeigt sich beispielsweise, dass die Machtposition des Finanzvorstandes die Entscheidung über alternative Berichtsinhalte determiniert. Das komplexe Bild des betrachteten Prozesses, das die Fälle aufzeigen, spricht also eindeutig gegen die Annahme, dass es sich beim Management um eine homogene Gruppe handelt, wie etwa durch den Management Approach suggeriert wird.

Die Festlegung der Lageberichtsinhalte ähnelt einem Trichter, durch den die verschiedenen mentalen Modelle immaterieller Ressourcen zu einem im Lagebericht kommunizierten Bild zusammengeführt werden: Das breite Ende des Trichters umfasst sämtliche mentalen Modelle der Akteure im Unternehmen; der schmalere Kreis repräsentiert das Bild, das der Lagebericht letztlich projiziert. In den Lagebericht kann also eine Vielzahl an mentalen Modellen unterschiedlicher Akteure einfließen, jedoch können die Inhalte im Extremfall von einer einzelnen Person festgelegt sein.

6.2 Limitation und Implikation für weitere Forschung

Wesentliches Fazit dieser explorativen Studie ist, dass sich der Prozess der Lageberichtserstellung durch eine hohe Komplexität auf verschiedenen Aussageebenen auszeichnet. Eine Vielzahl sozialer Akteure mit teilweise unterschiedlichen Zielen ist bei einer Analyse zu berücksichtigen ist. Eine einseitige Ausrichtung der Forschung zum einen auf Meso- und Makrophänomene, zum anderen auf vereinfachende Menschenbilder, wie etwa das des Homo oeconomicus, entspricht nicht der Realität. Auch wenn entsprechende Verhaltensannahmen für Manager, wie zum Beispiel einem Finanzvorstand, durchaus zutreffen können, findet sich in dem Prozess der Lageberichtserstellung ein ganzes Bündel unterschiedlicher Ziele, die von verschiedenen Akteuren als kognitiv eingeschränkte Wesen (bounded rationality) verfolgt werden. Wie bei der Vorstellung des entwickelten Forschungsmodells gezeigt wurde, tragen daher verschiedene Theorien zum Verständnis der Veröffentlichungsprozesse bei. Die im Rahmen dieser Arbeit verfolgte Verknüpfung unterschiedlicher Theorien der Mikro-, Meso- und Makroebene wird über die Beobachtungen der Lageberichterstattungsprozesse in der Praxis der 13 untersuchten Fälle – und damit der Realität – gerechtfertigt und erscheint folglich als Vorgehen für die weitere empirische Forschung angebracht. Kern einer Theorie zur Erklärung einer freiwilligen Berichterstattung über immaterielle Ressourcen muss es sein, dass Phänomene der Makro-, Meso- und Mikroebene miteinander verknüpft sind. Diese Erkenntnis lässt sich als Plädoyer auch an zukünftige Forschungsarbeiten adressieren, wenn es darum geht, den Leistungsoutput von Unternehmen zu ergründen.

In dem entwickelten Forschungsmodell werden entlang des Prozesses der Lageberichterstattung verschiedene Einflussvariablen aufgedeckt. Dem formulierten Forschungsziel entsprechend, sollte damit gerade auch ein Beitrag zur Erklärung inhaltlicher Unterschiede in der Berichterstattung über immaterielle Ressourcen geleistet werden. Qualitativ wird erfasst, wie welche Variablen einen Einfluss auf die Platzierung von Informationen im Lagebericht haben. Als Teil des Gesamtmodells ist die Wirkungsweise der identifizierten Variablen nicht unabhängig voneinander. Eine eindeutige Bestimmung der Kausalitäten obliegt einer Überprüfung im Rahmen quantitativer Forschungsdesigns. Das entwickelte Forschungsmodell könnte jedoch für diese weitere Forschung als Bezugsrahmen dienen. Die mit Hilfe der identifizierten Rollen dargestellte Prozessstruktur zeigt an, wann und wie welche Einflussgrößen auf den Erstellungsprozess und damit auf den publizierten Output wirken. Darüber hinaus könnte das entwickelte Modell helfen, bestehende Forschungsergebnisse kritisch zu hinterfragen. So befragen KÖTZLE/GRÜNING (2009) Akteure im Vorstandsressort Finanzen zu der Priorisierung von Stakeholdergruppen für ihre Unternehmensberichterstattung. Insofern ist kaum verwunderlich, dass diese die Berichterstattung über Mitarbeiter und soziale Aktivitäten als weniger bedeutend einstufen, da in den mentalen Modellen der Mitglieder dieses Personenkreises tendenziell die Zielgruppe der Kapitalmarktteilnehmer eine höhere Relevanz besitzt. Sollen hierfür jedoch Implika-

6.2 Forschungslimitation/ -implikation

tionen für die freiwillige Berichterstattung abgeleitet werden, ist zu analysieren, wie diese Akteure in den Prozess eingreifen und mit welchen anderen Akteuren – die wiederum vielleicht abweichende Ziele verfolgen – sie auf welche Weise interagieren.

Das entwickelte Forschungsmodell fokussiert die freiwillige Berichterstattung über immaterielle Ressourcen. Diese erfolgt, wie empirische Ergebnisse zeigen, primär im Lagebericht der Unternehmen. Informationen über immaterielle Ressourcen wurden als Berichtsgegenstand betrachtet, da diese zum einen für unterschiedliche Interessengruppen von Bedeutung sind und zum anderen, da sich aufgrund der Charakteristika immaterieller Ressourcen – die sich auch in den geltenden Rechnungslegungsstandards widerspiegeln – ein hoher Handlungsspielraum für Unternehmen bei der Platzierung entsprechender Informationen im Lagebericht ergibt. Das Forschungsmodell besitzt jedoch auch Implikationen für andere, freiwillig veröffentlichte Berichtsgegenstände, da es die Veröffentlichung von Informationen über immateriellen Ressourcen in die allgemeine Prozessstruktur der Lageberichtserstellung einordnet. Das Modell könnte eine weitergehende Hinterfragung freiwilliger Berichterstattung als Teil einer „Lageberichtspolitik" von Unternehmen – ähnlich einer „Bilanzpolitik" – ermöglichen.

Eine Betrachtung der Modellvariablen könnte auch einen Beitrag für die Berichterstattungspraxis leisten. In den analysierten Fällen zeigte sich, dass die Instrumentalisierung der Lageberichterstattung oft nicht zielgerichtet erfolgt und stark von mikropolitischen Prozessen beeinflusst wird. Es ist zu hinterfragen, welches mentale Modell der Lagebericht über die immateriellen Ressourcen projizieren muss, um die Unternehmensziele zu unterstützen. Das Modell zeigt, dass die gezielte Instrumentalisierung der Lageberichterstattung von dem Erstellungsprozess abhängig ist. Insofern ist die Prozessgestaltung – und damit verbunden die Analyse und Steuerung der stattfindenden mikropolitischen Prozesse im Rahmen der Lageberichtserstellung (vgl. Al-Ani, 2008) – eine Aufgabe der Unternehmensführung.

Wesentliche Limitationen der getroffenen Aussagen ergeben sich aus dem gewählten Forschungsdesign der Modellentwicklung. Die Modellentwicklung folgte einem explorativ, induktiven Vorgehen. Obwohl verschiedene Techniken zur externen Validierung – zum Beispiel ein systematischer Kodierprozess bis zur theoretischen Sättigung und einer Validierung der Ergebnisse mit Hilfe bestehender Theorien – angewendet wurden, ist das entwickelte Forschungsmodell letztlich als explorativ zu klassifizieren. Die getroffenen Aussagen gelten daher bisher nur für die untersuchten Fälle; die Möglichkeit einer Verallgemeinerung setzt einen Test der getroffenen Aussagen an weiteren Fällen voraus.

Darüber hinaus ist auf erhebungsbedingte Fehler systematischer Art hinzuweisen, die im gewählten Forschungsdesign impliziert sind (zur Notwendigkeit einer Methoden-Triangulation im Rahmen qualitativer Forschung vgl. Flick, 2004). Die Wahl und Anzahl der Interviewpartner (Fallauswahl), die Art und Weise der Befragung (Datenerhebung) und die verwendeten Techniken der Modell- und Theoriebildung (Dateninterpretation) können das Bild, welches das entwickelte Forschungsmodell vom Prozess der freiwilligen Berichterstattung über immaterielle Ressourcen im Lagebericht aufzeigt, verzerrt haben.

Ein Beitrag dieser Arbeit liegt aber gerade auch in der Wahl einer für das Forschungsfeld der externen Berichterstattung atypischen methodischen und methodologischen Herangehensweise an die freiwillige Berichterstattung über immaterielle Ressourcen. Die gewonnenen Erkenntnisse zeigen, dass dieses Vorgehen durchaus fruchtbar ist, nicht zuletzt in Ergänzung der in diesem Feld traditionell verwendeten Forschungsdesigns. Die vorliegende Arbeit schließt sich daher dem Plädoyer von MACINTOSH (1990, S. 168) an, der feststellt, dass „[...] accounting as social action is an important arena of investigation."

Anhang 265

Anhang: Interviewleitfaden

A: Allgemeine Aufbau- und Ablauforganisation der Berichterstattung

Als erstes möchten wir Sie bitten uns allgemein die Aufbau- und Ablauforganisation Ihres externen Reporting zu beschreiben. Da wir uns primär für die Kommunikationsstrategien bezüglich immaterieller Ressourcen interessieren, möchten wir hierbei zunächst den Jahresabschluss außen vor lassen und uns auf den Lagebericht beschränken.

- Welche Institution koordiniert bei Ihnen die Erstellung des Geschäfts- und des Lageberichts
- Wie ist diese Institution in die Organisationsstruktur eingebunden?
- Welche Verbindungen bestehen zum Controlling?
- Haben sich diese Verbindungen in den letzten Jahren verändert?
- Bitte skizzieren Sie uns wesentliche Prozeßschritte der Erstellung des Geschäftsberichts?
- Wie wurde dieser Prozess festgelegt?

Wir möchten den Prozess der Informationsgewinnung zur Erstellung des Lageberichts näher betrachten:

- Woher wissen Sie welche Themen für das Unternehmen bzw. die Bereiche relevant sind und insofern für die Berichterstattung?
- Reagiert diesbezüglich das externe Reporting auf unternehmensweite Themen?
- Wie wird das externe Reporting auf Themen aktiv Aufmerksam gemacht?
- Welcher Informationsquellen bedient sich das externe Reporting?
- Wenn die Aufmerksamkeit auf bestimmte Themen gelenkt wird, durch welchen Prozess und durch welche Kriterien wird die Aufnahme in den Bericht festgelegt?

B: Berichterstattung über immaterielle Ressourcen

Zur Vorbereitung des Interviews haben wir einen vergangenen Geschäftsbericht ihres Unternehmens ausgewertet und bestimmte Informationen über immaterielle Ressourcen identifiziert. Wir würden exemplarisch für einige dieser Positionen gerne erfahren, wie und warum sie in den Geschäftsbericht aufgenommen wurden:

- Welches Ziel verfolgen Sie mit der Kommunikation dieser Information?
- An wen richten sich diese Informationen (Adressaten)?

Rolle von Unternehmensexternen:
- Inwieweit werden die Adressaten der Berichterstattung nach Ihren Informationsbedürfnissen gefragt?
- Orientieren Sie sich an Geschäftsberichten der Unternehmen Ihrer Branche?

Informationserhebung/-verwendung:
- Wie bestimmen Sie den Detaillierungsgrad der kommunizierten Informationen?
- Wer übernimmt die Formulierung der Berichtsteile?
- Wer erhebt diese Information im Unternehmen?
- Wird diese Information auch in den übergeordneten Controllingsystemen zur aktiven Steuerung des Unternehmens verwendet?

Interaktion
- Wie gestaltet sich die Interaktion mit den Bereichen bei der Informationssammlung?
- Wird diese Information durch die Berichterstattung aktiv nachgefragt?
- Wird diese Information durch die Berichterstattung oder durch eine andere Institution im Unternehmen vorgeschlagen?

Mögliche Interessenkonflikte:
- Gibt es Interessengruppen im Unternehmen die mit der Kommunikation dieser Information gewisse Ziele verbinden?
- Fördern diese Interessengruppen die Berichterstattung?
- Versuchen diese Interessengruppen die Veröffentlichung von Informationen zu verhindern?
- Warum setzt sich hier eine Interessensgruppe gegen die andere mit ihren Willen durch?
- Wer hat die Entscheidung getroffen, dass diese Information in den Geschäftsbericht aufgenommen wird?

Auch möchten wir Sie fragen warum bestimmte Information in Ihrem Geschäftsbericht nicht gegeben werden. Wir haben hierzu in Geschäftsberichten von Unternehmen Ihrer Branche folgende Informationen gefunden:

- Warum berichten Sie über folgende Positionen nicht?

Literaturverzeichnis

Adams, C. A. (2002): Internal organisational factors influencing corporate social and ethical reporting. Beyond current theorising, in: Accounting, Auditing & Accountability Journal, 15. Jg., Heft 2, S. 223-250.

Adams, C. A./McNicholas, P. (2007): Making a difference. Sustainability reporting, accountability and organisational change, in: Accounting, Auditing & Accountability Journal, 20. Jg., Heft 3, S. 382-402.

Aerts, W./Cormier, D. (2009): Media legitimacy and corporate environmental communication, in: Accounting, Organizations and Society, 34. Jg., Heft 1, S. 1-27.

Agle, B. R./Mitchell, R. K./Sonnenfeld, J. A. (1999): Who matters to CEOs? An investigation of stakeholder attributes and salience, corporate performance, and CEO values, in: Academy of Management Journal, 42. Jg., Heft 5, S. 507-525.

Ahrens, T./Chapman, C. S. (2007): Doing qualitative field research in management accounting: Positioning data to contribute to theory, in: Handbook of management accounting research, hrsg. von C. S. Chapman, A. Hopwood, M. D. Shields, Oxford: Elsevier, S. 299-318.

Al-Ani, A. (2008): Mikropolitik im Management: Ein handlungstheoretischer Ansatz, in: Strategische Managementforschung. Aktuelle Entwicklungen und internationale Perspektiven, hrsg. von T. Wrona, Wiesbaden: Gabler, S. 85-104.

Albach, H. (1999): Eine allgemeine Theorie der Unternehmung, in: Zeitschrift für Betriebswirtschaft, 69. Jg., Heft 4, S. 411-427.

Albert, G. (2005): Moderater methodologischer Holismus. Eine weberianische Interpretation des Makro-Mikro-Makro-Modells, in: Kölner Zeitschrift für Soziologie und Sozialpsychologie, 57. Jg., Heft 3, S. 387-413.

Albert, G. (2007): Keines für Alle! Die moderate holistische Alternative zu Hartmut Essers Modell der soziologischen Erklärung, in: Kölner Zeitschrift für Soziologie und Sozialpsychologie, 59. Jg., Heft 2, S. 340-349.

Albert, G. (2008a): Sachverhalte in der Badewanne. Zu den allgemeinen ontologischen Grundlagen des Makro-Mikro-Makro-Modells der soziologischen Erklärung, in: Das Mikro-Makro-Modell der soziologischen Erklärung. Zur Ontologie, Methodologie und Metatheorie eines Forschungsprogramms, hrsg. von J. Greve, A. Schnabel, R. Schützeichel, Wiesbaden: VS Verlag für Sozialwissenschaften, S. 21-48.

Albert, G. (2008b): Soziologie mittlerer Reichweite. Die methodologischen Konzeptionen Robert K. Mertons und Max Webers im Vergleich, in: Soziale Konstellation und historische Perspektive, hrsg. von S. Sigmund, G. Albert, A. Bienfait, M. Stachura, Wiesbaden: VS Verlag für Sozialwissenschaften, S. 445-467.

Allewell, D. (2004): Arbeitsteilung und Spezialisierung, in: Handwörterbuch Unternehmensführung und Organisation (HWO), Band 2, hrsg. von G. Schreyögg, A. v. Werder, Stuttgart: Schäffer-Poeschel, Sp. 37-45.

Allianz Group (2002): Geschäftsbericht 2002, München: Allianz AG.

Alt, R. (2005): Mikropolitik, in: Moderne Organisationstheorie 1. Handlungsorientierte Ansätze, hrsg. von E. Weick, R. Lang, Wiesbaden: Gabler, S. 296-328.

Ambec, S./Lanoie, P. (2008): Does it pay to be green? A systematic overview, in: Academy of Management Perspectives, 22. Jg., Heft 4, S. 45-62.

American Institute of Certified Public Accountants (1994): Improving business reporting - a customer focus. Meeting the information needs of investors and creditors, New York: American Institute of Certified Public Accountants.

Amernic, J. H. (1992): A case study in corporate financial reporting: Massey-Ferguson's visible accounting decisions 1970–1987, in: Critical Perspectives on Accounting, 3. Jg., Heft 1, S. 1-43.

Andrews, K. R. (1987): The concept of corporate strategy, 3. Aufl., Homewood, Illinois: Richard D. Irwin.

Andriessen, D. (2004): Making sense of intellectual capital: Classifying the state of the art, Amsterdam et al.: Elsevier Butterworth-Heinemann.

Ansoff, H. I. (1966): Managementstrategie, München: Verlag Moderne Industrie.

Arbeitskreis 'Immaterielle Werte im Rechnungswesen' der Schmalenbach Gesellschaft für Betriebswirtschaft (2001): Kategorisierung und bilanzielle Erfassung immaterieller Werte, in: Der Betrieb, 54. Jg., Heft 19, S. 989-995.

Arbeitskreis 'Immaterielle Werte im Rechnungswesen' der Schmalenbach Gesellschaft für Betriebswirtschaft (2005): Corporate reporting on intangibles - a proposal from a German background, in: Schmalenbach Business Review (SBR), 57. Jg., Heft 3, S. 65-100.

Arbeitskreis "Immaterielle Werte im Rechnungswesen" der Schmalenbach-Gesellschaft für Betriebswirtschaft e.V. (2003): Freiwillige externe Berichterstattung über immaterielle Werte, in: Der Betrieb, 56. Jg., Heft 23, S. 1233-1237.

Arbeitskreis "Immaterielle Werte im Rechnungswesen" der Schmalenbach-Gesellschaft für Betriebswirtschaft e.V. (2004): Erfassung immaterieller Werte in der Unternehmensberichterstattung vor dem Hintergrund handelsrechtlicher Rechnungslegungsnormen, in: Intangibles in der Unternehmenssteuerung. Strategien und Instrumente zur Wertsteigerung des immateriellen Kapitals, hrsg. von P. Horváth, K. Möller, München: Vahlen, S. 221-250.

Arbeitskreis „Immaterielle Werte im Rechnungswesen" der Schmalenbach-Gesellschaft für Betriebswirtschaft e.V. (2004): Erfassung immaterieller Werte in der Unternehmensberichterstattung vor dem Hintergrund handelsrechtlicher Rechnungslegungsnormen, in: Intangibles in der Unternehmenssteuerung. Strategien und Instrumente zur Wertsteigerung des immateriellen Kapitals, hrsg. von P. Horváth, K. Möller, München: Vahlen, S. 221-250.

Argyris, C./Schön, D. A. (1996): Organizational learning II: Theory, method, and practice, 2. Aufl., Reading, Massachusetts: Addison-Wesley.

Arvidsson, S. (2003): Demand and supply of information on intangibles, Lund: Lund Business Press.

Ashforth, B. E./Gibbs, B. W. (1976): The double-edge of organizational legitimation, in: Organization Science, 1. Jg., Heft 2, S. 177-194.

Ashforth, B. E./Mael, F. (1989): Social identity theory and the organization, in: Academy of Management Review, 14. Jg., Heft 1, S. 20-39.

Astley, W. G./Van de Ven, A. H. (1983): Central perspectives and debates in organization theory, in: Administrative Science Quarterly, 28. Jg., Heft 2, S. 245-273.

Atkinson, P. (2005): Qualitative research - unity and diversity, in: Forum Qualitative Sozialforschung, 6. Jg., Heft 3, Art. 26.

Bacharach, S. B. (1989): Organizational theories: some criteria for evaluation, in: Academy of Management Journal, 14. Jg., Heft 4, S. 495-515.

Bachrach, P./Baratz, M. S. (1962): Two faces of power, in: The American Political Science Review, 56. Jg., Heft 4, S. 947-952.

Baetge, J./Heumann, R. (2006): Value Reporting in Konzernlageberichten, in: Zeitschrift für internationale Rechnungslegung, 1. Jg., Heft 1, S. 39-47.

Baetge, J./Prigge, C. (2006): Anforderungen an verpflichtende, empfohlene und freiwillige Angaben des Konzernlageberichts, in: Der Betrieb, 18. Jg., Heft 8, S. 401-407.

Baker, C. R./Bettner, M. S. (1997): Interpretive and critical research in accounting: A commentary on its absence from mainstream accounting research, in: Critical Perspectives on Accounting, 8. Jg., Heft 4, S. 293-310.

Bamberger, I./Wrona, T. (2004): Strategische Unternehmensführung. Strategien, Systeme, Prozesse, München: Franz Vahlen.

Bansal, P./Kendall, R. (2000): Why companies go green: A model of ecological responsiveness, in: Academy of Management Journal, 43. Jg., Heft 4, S. 717-736.

Barney, J. (1991): Firm resources and sustained competitive advantage, in: Journal of Management, 17. Jg., Heft 1, S. 99-120.

Barney, J. (2001): Is the resource-based "view" a useful perspective for strategic management research? Yes, in: Academy of Management Review, 26. Jg., Heft 1, S. 41-56.

Barney, J. B./Arikan, A. M. (2005): The resource-based view: Origins and implications, in: The Blackwell Handbook of Strategic Management, hrsg. von M. A. Hitt, R. E. Freeman, J. S. Harrison, 2. Aufl., Oxford: Blackwell, S. 124-188.

Barth, M. E./Kasznik, R./McNichols, M. F. (2001): Analyst coverage and intangible assets, in: Journal of Accounting Research, 39. Jg., Heft 1, S. 1-34.

Bartölke, K./Grieger, J. (2004): Individuum und Organisation, in: Handwörterbuch Unternehmensführung und Organisation (HWO), Band 2, hrsg. von G. Schreyögg, A. v. Werder, Stuttgart: Schäffer-Poeschel, Sp. 464-472.

Bartolomeo, M./Bennett, M./Bouma, J. J./Heydkamp, P./James, P./Wolters, T. (2000): Environmental management accounting in Europe: Current practice and future potential, in: European Accounting Review, 9. Jg., Heft 1, S. 31-52.

Barton, A. H./Lazarsfeld, P. F. (1984): Einige Funktionen von qualitativer Analyse in der Sozialforschung, in: Qualitative Sozialforschung, hrsg. von C. Hopf, E. Weingarten, Stuttgart: Klett-Cotta, S. 41-89.

Bassen, A./Kovács, A. M. (2008): Environmental, social and governance key performance indicators from a capital market perspective, in: Zeitschrift für Wirtschafts- und Unternehmensethik, 9. Jg., Heft 2, S. 182-192.

Baum, A./Oliver, C. (1991): Institutional linkages and organizational morality, in: Administrative Science Quarterly, 36. Jg., Heft 2, S. 187-218.

Becker, A. (2004): Controlling als Praxis: Eine strukturationstheoretische Perspektive auf Controlling, in: Controlling, hrsg. von E. Scherm, G. Pietsch, München: Vahlen, S. 753-777.

Becker, A./Küpper, W./Ortmann, G. (1988): Revisionen der Rationalität, in: Rationalität, Macht und Spiele in Organisationen, hrsg. von W. Küpper, G. Ortmann, Opladen: Westdeutscher Verlag,

Becker, G. S. (1993): Nobel Lecture: The economic way of looking at behavior, in: Journal of Political Economy, 1001. Jg., Heft 3, S. 385-409.

Beiersdorf, K./Buchheim, R. (2006): IASB-Diskussionspapier "Management Commentary" - Export des deutschen Lageberichts als Managementbericht?, in: Betriebs-Berater, 61. Jg., Heft 2, S. 96-100.

Belal, A. R./Owen, D. L. (2007): The views of coporate managers on the current state of, and future prospects for, social reporting in Bangladesh, in: Accounting, Auditing & Accountability Journal, 20. Jg., Heft 3, S. 472-494.

Belz, F. (2001): Integratives Öko-Marketing. Erfolgreiche Vermarktung von ökologischen Produkten und Leistungen, Wiesbaden: Gabler.

Berger, P. L./Luckmann, T. (2003): Die gesellschaftliche Konstruktion der Wirklichkeit. Eine Theorie der Wissenssoziologie, 17. Aufl., Frankfurt am Main: Fischer.

Berry, A. J./Otley, D. T. (2004): Case-based research in accounting, in: The real life guide to accounting research: a behind-the-scenes view of using qualitative research methods, hrsg. von C. Humphrey, B. Lee, Amsterdam: Elsevier, S. 231-255.

Bhaskar, R. (1979): The possibility of naturalism. A philosophical critique of the contemporary human sciences, Brighton: Harvester Press.

Bieg, H./Hossfeld, C./Kußmaul, H./Waschbusch, G. (2009): Handbuch der Rechnungslegung nach IFRS. Grundlagen und praktische Anwendung, Düsseldorf: Institut der Wirtschaftsprüfer.

Birnberg, J. C./Luft, J./Shields, M. D. (2007): Psychology theory in management accounting research, in: Handbook of Management Accounting Research, Band 1, hrsg. von C. S. Chapman, A. G. Hopwood, M. D. Shields, Amsterdam: Elsevier, S. 113-135.

Bischoff, D. (1998): Macht, in: Wörterbuch zur Mikropolitik, hrsg. von P. Heinrich, J. S. zur Wiesch, Opladen: Leske+Budrich, S. 164-166.

Blacconiere, W. G./Patten, D. M. (1994): Environmental disclosures, regulatory costs and changes in firm value, in: Journal of Accounting and Economics, 18. Jg., Heft 3, S. 357-377.

Black, J. A./Boal, K. B. (1994): Strategic resources: Traits, configurations and paths to sustainable competitive advantage, in: Strategic Management Journal, 15. Jg., Heft 5, S. 131-148.

Blickle, G. (1997): Der Aufklärer als Diabolos? Anmerkung zur Mikropolitik-Debatte, in: Organisationsentwicklung, 1. Jg., Heft 16, S. 61-63.

Blumer, H. (1954): What is wrong with social theory?, in: American Sociological Review, 19. Jg., Heft 1, S. 3-10.

Blumer, H. (1956): Sociological analysis and the "variable", in: American Sociological Review, 21. Jg., Heft 6, S. 683-690.

Blumer, H. (1981): Der methodologische Standort des symbolischen Interaktionismus, in: Alltagswissen, Interaktion und gesellschaftliche Wirklichkeit. Teil 1: Symbolischer Interaktionismus und Ethnomethodologie, hrsg. von Arbeitsgruppe Bielefelder Soziologen, Opladen: Westdeutscher Verlag, S. 80-146.

Boesso, G./Kumar, K. (2007): Drivers of corporate voluntary disclosure - A framework and empirical evidence from Italy and the United States, in: Accounting, Auditing & Accountability Journal, 20. Jg., Heft 2, S. 269-296.

Boesso, G./Kumar, K. (2008): Stakeholder prioritization and reporting: Evidence from Italy and the US, in: Accouting Forum. 33. Jg., Heft 2, S. 162-175.

Bogner, A./Littig, B./Menz, W. (Hrsg. - 2002): Das Experteninterview. Theorie, Methode und Anwendung. Opladen: Leske + Budrich.

Bogner, A./Menz, W. (2002): Expertenwissen und Forschungspraxis: Die modernisierungstheoretische und die methodische Debatte um die Experten. Zur Einführung in ein unübersichtliches Feld, in: Das Experteninterview. Theorie Methode und Anwendung, hrsg. von A. Bogner, B. Littig, W. Menz, Opladen: Leske + Budrich, S. 7-30.

Böhm, A. (2005): Theoretisches Codieren: Textanalyse in der Grounded Theory, in: Qualitative Forschung: Ein Handbuch, hrsg. von U. Flick, E. Von Kardorff, I. Steinke, 4. Aufl., Reinbek: Rowohlt, S. 475-485.

Bone-Winkel, M. (1997): Politische Prozesse in der Strategischen Unternehmensplanung, Wiesbaden: Gabler.

Bortz, J./Döring, N. (2006): Forschungsmethoden und Evaluation für Human- und Sozialwissenschaftler, 4. Aufl., Berlin et al.: Springer.

Bosetzky, H. (1979): Macht und die möglichen Reaktionen der Machtunterworfenen, in: Macht in Organisationen, hrsg. von G. Reber, Stuttgart: C.E. Poeschel,

Bosetzky, H. (1988): Mikropolitik, Machiavellismus und Machtkumulation, in: Mikropolitik, hrsg. von W. Küpper, G. Ortmann, Opladen: Westdeutscher Verlag, S. 27-37.

Botosan, C. A. (1997): Disclosure level and the cost of equity capital, in: The Accounting Review, 72. Jg., Heft 3, S. 323-349.

Bouncken, R. B. (2000): Dem Kern des Erfolges auf der Spur? State of the Art zur Identifikation von Kernkompetenzen, in: Zeitschrift für Betriebswirtschaft, 70. Jg., Heft 7/8, S. 865-885.

Brealey, R. A./Myers, S. C./Allen, F. (2008): Principles of corporate finance, 9. Aufl., New York: McGraw-Hill.

Brooking, A. (1997): The management of intellectual capital, in: Long Range Planning, 30. Jg., Heft 3, S. 364-365.

Brouthers, L. E./O'Donnell, E./Hadjimarcou, J. (2005): Generic product strategies for emerging market exports into triad nation markets: A mimetic isomorphism approach, in: Journal of Management Studies, 42. Jg., Heft 1, S. 225-245.

Brown, N./Deegan, C. (1998): The public disclosure of environmental performance information: A dual test of media agenda setting theory and legitimacy theory, in: Accounting & Business Research, 29. Jg., Heft 1, S. 21-41.

Brüggemeier, M./Felsch, A. (1992): Mikropolitik, in: Die Betriebswirtschaft, 52. Jg., Heft 1, S. 133-137.

Brühl, R. (2004a): Controlling. Grundlagen des Erfolgscontrollings, München, Wien: Oldenbourg.

Brühl, R. (2004b): Learning and management accounting - a behavioral perspective, Workingpaper 9, Berlin: ESCP-EAP Europäische Wirtschaftshochschule Berlin.

Brühl, R. (2006): Abduktion und Induktion in wissenschaftlichen Untersuchungen in: Wirtschaftswissenschaftliches Studium, 35. Jg., Heft 4, S. 182-186.

Brühl, R. (2008): Begriffe und Variable in der betriebswirtschaftlichen Theorieentwicklung, in: Wirtschaftswissenschaftliches Studium, 37. Jg., Heft 7, S. 363-368.

Brühl, R./Buch, S. (2005): The construction of mental models in management accounting: How to describe mental models of causal inferences, Workingpaper 15, ESCP-EAP Europäische Wirtschaftshochschule Berlin.

Brühl, R./Buch, S. (2006): Einheitliche Gütekriterien in der empirischen Forschung? Objektivität, Reliabilität und Validität in der Diskussion, Workingpaper 20, ESCP-EAP Europäische Wirtschaftshochschule Berlin.

Brühl, R./Buch, S. (2008): Team Mental Model, in: Die Betriebswirtschaft, 68. Jg., Heft 3, S. 373-375.

Brühl, R./Horch, N./Orth, M. (2008a): Der Resource-based View als Theorie des strategischen Managements - Empirische Befunde und methodologische Anmerkungen, Workingpaper 44, ESCP-EAP Europäische Wirtschaftshochschule Berlin.

Brühl, R./Horch, N./Orth, M. (2008b): Grounded Theory und ihre bisherige Anwendung in der empirischen Controlling- und Rechnungswesenforschung, in: Zeitschrift für Planung, 19. Jg., Heft 3, S. 299-323.

Brühl, R./Orth, M. (2008): Controlling und die Veröffentlichung von Informationen über immaterielle Ressourcen: ein Prozess der Agendabildung, in: Zeitschrift für Controlling & Management, 52. Jg., Sonderheft 1, S. 28-38.

Bruhn, M. (2005): Kommunikationspolitik. Systematischer Einsatz der Kommunikation für Unternehmen, 3. Aufl., Wiesbaden: Gabler.

Bruhn, M. (2006): Integrierte Kommunikation in den deutschsprachigen Ländern. Bestandsaufnahme in Deutschland, Österreich und der Schweiz, Wiesbaden: Gabler, GWV Fachverlage.

Bruhn, M./Ahlers, G. M. (2007): Organisation der Kommunikationsfunktion: Teamarbeit als Erfolgsfaktor, in: Handbuch der Unternehmenskommunikation, hrsg. von M. Piwinger, A. Zerfaß, Wiesbaden: Gabler Verlag, S. 661-676.

Bruns, H.-G./Thuy, M. G./Zeimes, M. (2003): Die Bilanzierung von immateriellen Vermögenswerten des Anlagevermögens und Goodwill im Konzernabschluss. Gemeinsamkeiten und Unterschiede der deutschen, US-amerikanischen und internationalen Rechnungslegung, in: Controlling, 15. Jg., Heft 3/4, S. 137-141.

Brunsson, N. (1989): The organization of hypocrisy. Talk, decisions, and action in organizations, Chichester: Wiley.

Buchheim, R. (2009): ED Management Commentary des IASB - Neues zum Lagebericht aus London, in: Betriebs-Berater, 64. Jg., Heft 32, S. 1685-1687.

Buhr, N. (1998): Environmental performance, legislation and annual report disclosure: The case of acid rain and Falconbridge, in: Accounting, Auditing & Accountability Journal, 11. Jg., Heft 2, S. 163-190.

Bukh, P. N. (2003): Commentary. The relevance of intellectual capital disclosure: A paradox, in: Accounting, Auditing & Accountability Journal, 16. Jg., Heft 1, S. 49-56.

Bukh, P. N./Larsen, H. T./Mouritsen, J. (2001): Constructing intellectual capital statements, in: Scandinavian Journal of Management, 17. Jg., Heft 1, S. 87-108.

Bukh, P. N./Nielsen, C./Gormsen, P./Mouritsen, J. (2005): Disclosure of information on intellectual capital in Danish IPO prospectus, in: Accounting, Auditing & Accountability Journal, 18. Jg., Heft 6, S. 713-732.

Burchell, S./Clubb, C./Hopwood, A./Hughes, J./Nahapiet, J. (1980): The roles of accounting in organizations and society, in: Accounting, Organizations and Society, 5. Jg., Heft 1, S. 5-27.

Burchell, S./Clubb, C./Hopwood, A. G. (1985): Accounting in its social context: Towards a history of value added in the United Kingdom, in: Accounting, Organization and Society, 10. Jg., Heft 4, S. 381-413.

Burgstahler, D./Sundem, G. L. (1989): The evolution of behavioral accounting research in the United States, 1968-1987, in: Behavioral Research in Accounting, 1. Jg., Heft 1, S. 75-108.

Burkart, R./Hömberg, W. (Hrsg. - 2007): Kommunikationstheorien. Ein Textbuch zur Einführung. Wien: Braumüller.

Burns, J. (2000): The dynamics of accounting change. Inter-play between new practices, routines, institutions, power and politics, in: Accounting Auditing & Accountability Journal, 13. Jg., Heft 5, S. 566-596.

Burns, T. (1961): Micropolictics: Mechanisms of institutional change, in: Administrative Science Quarterly, 6. Jg., Heft 3, S. 257-281.

Busse, G. (2003): Leitfadengestützte qualitative Telefoninterviews, in: Praxishandbuch: Empirische Sozialforschung, hrsg. von O. Katenkamp, R. Kopp, A. Schröder, Münster et al.: Lit Verlag, S. 27-36.

Byrne, S./Pierce, B. (2007): Towards a more comprehensive understanding of the roles of management accountants, in: European Accounting Review, 16. Jg., Heft 3, S. 469-498.

Campbell, D. J. (2000): Legitimacy theory or managerial reality construction? Corporate social disclosure in Marks and Spencer Plc corporate reports, 1969-1997, in: Accounting Forum, 24. Jg., Heft 1, S. 80-100.

Canibano, L./Garcia-Ayuso, M./Sánchez, P. (2000): Accounting for intangibles: A literature review, in: Journal of Accounting Literature, 19. Jg., S. 102-130.

Cannon-Bowers, J. A./Salas, E. (2001): Reflections on shared cognition, in: Journal of Organizational Behavior, 22. Jg., Heft 2, S. 195-202.

Carroll, C. E./McCombs, M. (2003): Agenda-setting effects of business news on the public's images and opinions about major corporations, in: Corporate Reputation Review, 6. Jg., Heft 1, S. 36-46.

Castadello, M./Beyer, S. (2009): Steuerung immaterieller Werte, in: Betriebswirtschaftliche Forschung und Praxis, 61. Jg., Heft 2, S. 152-171.

Charmaz, K. (2006): Constructing grounded theory. A practical guide through qualitative analysis, London: Sage.

Charmaz, K./Bryant, A. (Hrsg. - 2007): The Sage handbook of grounded theory. London: Sage.

Chenhall, R. H. (2003): Management control systems design within its organizational context: findings from contingency-based research and directions for the future, in: Accounting, Organizations and Society, 28. Jg., Heft 2-3, S. 127-168.

Cho, C. H. (2009): Legitimation Strategies Used in Response to Environmental Disaster: A French Case Study of Total SA's Erika and AZF Incidents, in: European Accounting Review, 18. Jg., Heft 1, S. 33-62.

Choudhury, N. (1988): The seeking of accounting where it is not: Towards a theory of non-accounting in organizational settings, in: Accounting, Organizations and Society, 13. Jg., Heft 6, S. 549-557.

Clarkson, M. B. E. (1995): A stakeholder framework for analyzing and evaluating corporate social performance, in: Academy of Management Review, 20. Jg., Heft 1, S. 92-117.

Cobb, R. W./Elder, C. D. (1983): Participation in American politics. The dynamics of agenda-building, 2. Aufl., Baltimore, Maryland: The John Hopkins University Press.

Cobb, R. W./Ross, J.-K./Ross, M. H. (1976): Agenda building as a comparative political process, in: The American Political Science Review, 70. Jg., Heft 1, S. 126-138.

Coenenberg, A. G./Haller, A./Schultze, W. (2009): Jahresabschluss und Jahresabschlussanalyse, 21. Aufl., Stuttgart: Schäffer-Poeschel.

Coenenberg, A. G./Schultze, W. (2002): Unternehmensbewertung: Konzeption und Perspektiven, in: Die Betriebswirtschaft, 62. Jg., Heft 6, S. 597-621.

Coffee Jr., J. C. (2006): Gatekeepers: the professions and corporate governance, New York: Oxford University Press.

Coleman, J. S. (1986): Social theory, social research, and a theory of action, in: The American Journal of Sociology, 92. Jg., Heft 6, S. 1309-1335.

Collis, D. J./Montgomery, C. A. (1995): Competing on resources: Strategy in the 1990s, in: Harvard Business Review, 73. Jg., Heft 4, S. 118-128.

Colquitt, J. A./Zapata-Phelan, C. P. (2007): Trends in theory building and theory testing: A five-decade study of the Academy of Management Journal, in: Academy of Management Journal, 50. Jg., Heft 6, S. 1281-1303.

Cool, K./Costa, L. A./Dierickx, I. (2002): Constructing competitive advantage, in: Handbook of strategy & management, hrsg. von A. Pettigrew, H. Thomas, R. Whittington, Thousand Oaks, California: Sage, S. 57-71.

Cooper, D. J./Sherer, M. J. (1984): The value of corporate accounting reports: Arguments for a political economy of accounting, in: Accounting, Organizations and Society, 9. Jg., Heft 3/4, S. 207.

Cooper, S. M./Owen, D. L. (2007): Corporate social reporting and stakeholder accountability: The missing link, in: Accounting, Organizations and Society, 32. Jg., Heft 7/8, S. 649-667.

Corbin, J./Strauss, A., L. (1990): Grounded theory research: Procedures, canons, and evaluative criteria, in: Qualitative Sociology, 13. Jg., Heft 1, S. 3-21.

Corbin, J./Strauss, A. L. (2008): Basics of qualitative research. Techniques and procedures for developing grounded theory, 3. Aufl., Thousand Oaks, California: Sage.

Cormier, D./Magnan, M. (1999): Corporate environmental disclosure strategies. Determinants, costs and benefits, in: Journal of Accounting, Auditing and Finance, 14. Jg., Heft 3, S. 429-451.

Cormier, D./Magnan, M. (2003): Environmental reporting management. A European perspective, in: Journal of Accounting and Public Policy, 22. Jg., Heft 1, S. 43-62.

Cormier, D./Magnan, M./Van Velthoven, B. (2005): Environmental disclosure quality in large German companies: Economic incentives, public pressures or institutional conditions?, in: European Accounting Review, 14. Jg., Heft 1, S. 3-39.

Covaleski, M./Dirsmith, M./Michelman, J. (1993): An institutional theory perspective on the DRG framework, case-mix accounting systems and health care organizations, in: Accounting, Organizations and Society, 18. Jg., Heft 1, S. 65-80.

Covaleski, M. A./Dirsmith, M. W. (1990): Dialectic tension, double reflexivity and the everyday accounting researcher: On using qualitative methods, in: Accounting, Organizations and Society, 15. Jg., Heft 6, S. 543-573.

Crombez, C./Groseclose, T./Krehbiel, K. (2005): Gatekeeping, Workingpaper 1861, Stanford, California: Stanford Graduate School of Business.

Daft, R. L./Sormunen, J./Parks, D. (1988): Chief executive scanning, environmental characteristics, and company performance: An empirical study, in: Strategic Management Journal, 9. Jg., S. 123-139.

Dahl, R. A. (1957): The concept of power, in: Behavioral Science, 2. Jg., Heft 3, S. 201-215.

Dahrendorf, R. (1958): Homo Sociologicus. Ein Versuch zur Geschichte, Bedeutung und Kritik der Kategorie der sozialen Rolle, in: Kölner Zeitschrift für Soziologie und Sozialpsychologie, 10. Jg., Heft 2, S. 178-208.

Daniels, K./Johnson, G./Chernatony, L. d. (1994): Differences in managerial cognitions of competition, in: British Journal of Management, 5. Jg., Special Issue 2, S. S21-S29.

Danner, H. (1979): Methoden geisteswissenschaftlicher Pädagogik. Einführung in die Hermeneutik, Phänomenologie und Dialektik, München et al.: Reinhardt.

Darrough, M. N./Stoughten, N. M. (1990): Financial disclosure policy in an entry game, in: Journal of Accounting & Economics, 12. Jg., Heft 1, S. 219-245.

Daum, J. (2002): Intangible Assets, oder die Kunst Mehrwert zu schaffen, Bonn: Galileo Press.

Day, G. S./Wensley, R. (1988): Assessing advantage: A framework for diagnosing competitive superiority, in: Journal of Marketing, 52. Jg., Heft 2, S. 1-20.

Day, R./Woodward, T. (2004): Disclosure of information about employees in the Director's report of UK published financial statements: Substantive or symbolic?, in: Accounting Forum, 28. Jg., Heft 1, S. 43-59.

Deegan, C. (2002): The legitimising effect of social and environmental disclosures - a theoretical foundation, in: Accounting, Auditing & Accountability Journal, 15. Jg., Heft 3, S. 282-311.

Deegan, C. (2004): Environmental disclosures and share prices - a discussion about efforts to study a relationship, in: Accounting Forum, 28. Jg., Heft 1, S. 87-97.

Deegan, C./Gordon, B. (1996): A study of the environmental disclosure: Practices of Australian Corporations, in: Accounting & Business Research, 26. Jg., Heft 3, S. 187-199.

Deegan, C./Unerman, J. (2006): Financial accounting theory, Maidenhead: McGraw-Hill.

Deephouse, D. L. (1996): Does isomorphism legitimate, in: Academy of Management Journal, 39. Jg., Heft 4, S. 1024-1039.

Deephouse, D. L. (2000): Media reputation as a strategic resource: An integration of mass communication and resource-based theories, in: Journal of Management, 26. Jg., Heft 6, S. 1091-1112.

Deking, I. (2003): Management des Intellectual Capital. Bildung einer strategiefokussierten Wissensorganisation, Wiesbaden: Gabler.

Deming, W. E. (1986): Out of the crisis: Quality, productivity and competitive position, Cambridge: Cambridge University Press.

Demski, J. S. (1988): Positive accounting theory: A review, in: Accounting, Organizations and Society, 13. Jg., Heft 6, S. 623-629.

Denzau, A. T./Mackay, R. J. (1983): Gatekeeping and monopoly power of committees: An analysis of sincere and sophisticated behavior, in: American Journal of Political Science, 27. Jg., Heft 4, S. 740-761.

Denzau, A. T./North, D. C. (1994): Shared mental models: Ideologies and institutions, in: Kyklos – International Review of Social Sciences, 47. Jg., Heft 1, S. 3-175.

Denzin, N. K. (1994): The art and politics of interpretation, in: Handbook of qualitative research, hrsg. von N. K. Denzin, Y. S. Lincoln, Thousand Oaks, California: Sage,

Dermer, J. (1990): The strategic agenda: Accounting for issues and support, in: Accounting, Organizations and Society, 15. Jg., Heft 1/2, S. 67-76.

Deutsche Lufthansa AG (2008): Geschäftsbericht 2007, Köln: Deutsche Lufthansa AG.

Deutscher Investor Relations Verband e.V. (2007): Corporate perception on capital markets. Non financial success factors in capital market communication, Hamburg.

Dey, I. (1993): Qualitative data analysis. A user-friendly guide for social scientists, London: Routledge.

Dey, I. (1999): Grounding grounded theory. Guidelines for qualitative inquiry, San Diego, California: Academic Press.

Dierickx, I./Cool, K. (1989): Asset stock accumulation and sustainability of competitive advantage, in: Management Science, 35. Jg., Heft 12, S. 1504-1511.

Dietz, K./Rädeker, J. (2007): Geschäftsberichte - finest facts & figures, Mainz: Hermann Schmidt.

Diller, H. (2001): Kommunikationspolitik, in: Vahlens Großes Marketinglexikon, hrsg. von H. Diller, 2. Aufl., München: C.H. Beck, Vahlen, Sp. 791-793.

DiMaggio, P. T./Powell, W. W. (1983): The iron cage revisited: institutional isomorphism and collective rationality in organizational fields, in: American Sociological Review, 48. Jg., Heft 2, S. 157-160.

Donaldson, L. (2001): The contingency theory of organizations, Thousand Oaks, California: Sage.

Donaldson, T./Preston, L. E. (1995): The stakeholder theory of the corporation: Concepts, evidence, and implications, in: Academy of Management Review, 20. Jg., Heft 1, S. 65-91.

Dörr, M. (1999): Individualstrategien und die Genese von Unternehmensstrategien, Herrsching: Verlag Barbara Kirsch.

Doty, D. H./Glick, W. H. (1994): Typologies as a unique form of theory building: Toward improved understanding and modeling, in: Academy of Management Review, 19. Jg., Heft 2, S. 230-251.

Dougherty, D. (1992): Interpretive barriers to successful product innovation in large firms, in: Organization Science, 3. Jg., Heft 2, S. 179-202.

Douglas, D. (2003): Grounded Theories of management. A methodological review, in: Management Research News, 5. Jg., Heft 1, S. 44-52.

Dowling, J./Pfeffer, J. (1975): Organizational legitimacy: Social values and organizational behavior, in: The Pacific Sociological Review, 18. Jg., Heft 1, S. 122-136.

Drucker, P. F. (1993): Post-capitalist society, Oxford et al.: Butterworth Heinemann.

Drukarczyk, J./Schüler, A. (2007): Unternehmensbewertung, 5. Aufl., München: Vahlen.

Dutton, J. E. (1986): Understanding strategic agenda building and its implications for managing change, in: Scandinavian Journal of Management, 3. Jg., Heft 1, S. 3-24.

Dutton, J. E. (1988): Understanding strategic agenda building and its implications for managing change, in: Managing ambiguity and change, hrsg. von L. R. Pondy, R. J. Boland, H. Thomas, Chichester: Wiley, S. 127-144.

Dutton, J. E./Ashford, S. J. (1993): Selling issues to top management, in: Academy of Management Review, 18. Jg., Heft 3, S. 397-428.

Dutton, J. E./Ashford, S. J./O'Neill, R. M./Lawrence, K. A. (2001): Moves that matter: Issue selling and organizational change, in: Academy of Management Journal, 44. Jg., Heft 4, S. 716-736.

Dutton, J. E./Dukerich, J. M. (1991): Keeping an eye on the mirror: Image and identity in organizational adaptation, in: Academy of Management Journal, 34. Jg., Heft 3, S. 517-554.

Dyball, M. C. (1998): Corporate annual reports as promotional tools: The case of Australian national industries limited, in: Asian Review of Accounting, 6. Jg., Heft 2, S. 25-53.

Dyllick, T. (1992): Management der Umweltbeziehungen. Öffentliche Auseinandersetzungen als Herausforderungen, Wiesbaden: Gabler.

Ebers, M./Gotsch, W. (2006): Institutionenökonomische Theorien der Organisation, in: Organisationstheorien, Band 6, hrsg. von A. Kieser, M. Ebers, Stuttgart: Kohlhammer, S. 277-305.

Eccles, R. G./Herz, R. H./Keegan, E. M./Phillips, D. M. H. (2001): The ValueReporting revolution: Moving beyond the earnings game, New York: Wiley.

Eckert, S. (2004): Grounded Theory als methodische Konzeption für wirtschaftswissenschaftliche Forschungsprojekte, in: Wirtschaftswissenschaftliches Studium, 33. Jg., Heft 12, S. 694-698.

Edvinsson, L. (1997): Developing intellectual capital at Skandia, in: Long Range Planning, 30. Jg., Heft 3, S. 366-373.

Eisenhardt, K. M. (1997): Strategic decisions and all that jazz, in: Business Strategy Review, 8. Jg., Heft 3, S. 1-3.

Eisenhardt, K. M./Graebner, M. E. (2007): Theory building from cases: Opportunities and challenges, in: Academy of Management Journal, 50. Jg., Heft 1, S. 25-32.

Elbanna, S. (2006): Strategic decision-making: Process perspectives, in: International Journal of Management Reviews, 8. Jg., Heft 1, S. 1-20.

Elbanna, S./Child, J. (2007): Influences on strategic decision effectiveness: Development and test of an integrative model, in: Strategic Management Journal, 28. Jg., S. 431-453.

Elharidy, A. M./Nicholson, B./Scapens, R. W. (2008): Using grounded theory in interpretive management accounting research, in: Qualitative Research in Accounting & Management, 5. Jg., Heft 2, S. 139-155.

Elsbach, K. D./Sutton, R. I. (1992): Acquiring organizational legitimacy through illegitimate actions: A marriage of institutional and impression management theories, in: Academy of Management Journal, 35. Jg., Heft 4, S. 699-738.

Epstein, M. J./Freedman, M. (1994): Social disclosure and the individual investor, in: Accounting, Auditing & Accountability Journal, 7. Jg., Heft 4, S. 94-109.

Epstein, M. J./Young, S. D. (1998): Improving corporate environmental performance through economic value added, in: Environmental Quality Management, 7. Jg., Heft 4, S. 1-7.

Erlei, M./Leschke, M./Sauerland, D. (2007): Neue Institutionenökonomik, 2. Aufl., Stuttgart: Schäffer-Poeschel.

Ernst & Young/KPMG/PriceWaterhouseCoopers/House of Mandag Morgen (1999): The Copenhagen Charter. A management guide to stakeholder reporting, Copenhagen: House of Mandag Morgen.

Ernst, E./Vater, H./Reinhard, H./Poschmann, S. (2008): Veränderungen im Rollenbild des Controllers. Theoretische Grundlagen und Erfahrungen aus der Unternehmenspraxis, in: Die Betriebswirtschaft, 68. Jg., Heft 6, S. 729-742.

Esser, H. (1993): Soziologie. Allgemeine Grundlagen, Frankfurt: Campus.

Essing, N. (2001): Global financial communications management, in: Handbuch der Unternehmenskommunikation, hrsg. von K. Merten, R. Zimmermann, Köln, Neuwied: Deutscher Wirtschaftsdienst, Luchterhand, S. 188-193.

Fama, E. F. (1980): Agency problems and the theory of the firm, in: Journal of Political Economy, 88. Jg., Heft 2, S. 288-307.

Fank, M. (1996): Einführung in das Informationsmanagement, München, Wien: Oldenbourg.

Fearns, H. (2004): Entstehung von Kernkompetenzen. Eine evolutionstheoretische Betrachtung, Wiesbaden: Deutscher Universitäts-Verlag.

Feldhoff, M./Feldhoff, P. (2002): Unternehmensrechnung, Gestaltung und Wirkung, in: Handwörterbuch Unternehmensrechnung und Controlling, hrsg. von H.-U. Küpper, A. Wagenhofer, 4. Aufl., Stuttgart: Schäffer-Poeschel, Sp. 1640-1650.

Financial Accounting Standards Board (2001): Improving business reporting: Insights into enhancing voluntary disclosures, Stanford, California.

Fine, G. A. (1984): Negotiated orders and organizational cultures, in: Annual Review of Sociology, 10. Jg., Heft 1, S. 239-262.

Fink, C. (2006): Management Commentary: Eine Diskussionsgrundlage zur internationalen Lageberichterstattung, in: Zeitschrift für internationale und kapitalmarktorientierte Rechnungslegung (KoR), 6. Jg., Heft 3, S. 141-152.

Fischer, L. (1992): Rollentheorie, in: Handwörterbuch der Organisation, hrsg. von E. Frese, Stuttgart: Poeschel, Sp. 2224-2234.

Fischer, L./Wiswede, G. (2002): Grundlagen der Sozialpsychologie, München, Wien: Oldenbourg.

Fischer, T. M./Becker, S. (2005): Wissensorientierte Unternehmenspublizität - Ergebnisse einer empirischen Studie in deutschen börsennotierten Unternehmen, in: Zeitschrift für Controlling & Management, 49. Jg., Sonderheft 3, S. 121-132.

Fischer, T. M./Becker, S. (2006): Externe wissensorientierte Unternehmensberichterstattung. - Inhaltliche Fundierung und empirische Ergebnisse -, in: Zeitschrift für internationale und kapitalmarktorientierte Rechnungslegung (KoR), 6. Jg., Heft 1, S. 28-42.

Fischer, T. M./Becker, S./Wenzel, J. (2002): Wertorientierte Berichterstattung - ein empirischer Vergleich der internetbasierten Geschäftsberichte von DAX 30- und Nemax 50-Unternehmen, in: Zeitschrift für internationale und kapitalmarktorientierte Rechnungslegung (KoR), 4. Jg., Heft 1, S. 14-25.

Flick, U. (2004): Triangulation. Eine Einführung, Wiesbaden: VS Verlag für Sozialwissenschaften.

Flick, U. (2007): Qualitative Sozialforschung. Eine Einführung, erweiterte Neuausgabe, Reinbek bei Hamburg: Rowohlt.

Flick, U./von Kardorff, E./Steinke, I. (2007): Was ist qualitative Forschung? Einleitung und Überblick, in: Qualitative Forschung. Ein Handbuch, hrsg. von U. Flick, E. von Kardorff, I. Steinke, 5. Aufl., Reinbek bei Hamburg: Rowohlt, S. 13-29.

Foss, N. J. (1998): The resource-based perspective: An assessment and diagnosis of problems, in: Scandinavian Journal of Management, 14. Jg., Heft 3, S. 133-149.

Franz, K.-P./Winkler, C. (2006): Unternehmenssteuerung und IFRS, München: Vahlen.

Freeman, R. E. (1984): Strategic management: A stakeholder approach, Boston, Massachusetts: Pitman.

Freeman, R. E. (1994): The politics of stakeholder theory: Some future directions, in: Business Ethics Quarterly, 4. Jg., Heft 4, S. 409-421.

Freeman, R. E. (1999): Divergent stakeholder theory, in: Academy of Management Review, 24. Jg., Heft 2, S. 233-236.

Freeman, R. E. (2004): The stakeholder approach revisited, in: Zeitschrift für Wirtschafts- und Unternehmensethik, 5. Jg., Heft 3, S. 228-241.

Freeman, R. E./Harrison, J. S./Wicks, A. C. (2007): Managing for stakeholders. Survival, reputation, and success, New Haven, Connecticut: Yale University Press.

Freidank, C.-C./Steinmeyer, V. (2009): Betriebliches Reporting als Basis für die Erstellung und Prüfung des Lageberichts, in: Controlling, 21. Jg., Heft 4/5, S. 249-256.

Freiling, J. (1999): Resource-based view und ökonomische Theorie. Grundlagen und Positionierung des Ressourcenansatzes, Wiesbaden: Deutscher Universitäts-Verlag.

Frese, E. (2005): Grundlagen der Organisation. Entscheidungsorientiertes Konzept der Organisationsgestaltung, 9. Aufl., Wiesbaden: Gabler.

Garcia-Ayuso, M. (2003): Factors explaining the inefficient valuation of intangibles, in: Accounting, Auditing & Accountability Journal, 16. Jg., Heft 1, S. 57-69.

García-Ayuso, M. (2003): Intangibles. Lessons from the past and a look into the future, in: Journal of Intellectual Capital, 4. Jg., Heft 4, S. 597-604.

García-Meca, E./Martínez, I. (2007): The use of intellectual capital inormation in investment decisions. An empirical study using analyst reports, in: The International Journal of Accounting, 42. Jg., Heft 1, S. 57-81.

Gebert, D. (1996): Sprachspiele der Mikropolitik - zwischen Aufklärung und Verwirrung, in: Organisationsentwicklung, 15. Jg., Heft 3, S. 71-73.

Gibbins, M./Richardson, A./Waterhouse, J. (1990): The management of corporate financial disclosures: Opportunism, ritualism, policies and processes, in: Journal of Accounting Research, 28. Jg., Heft 1, S. 121-143.

Giddens, A. (1997): Die Konstitution der Gesellschaft. Grundzüge einer Theorie der Strukturierung, 3. Aufl., Frankfurt am Main: Campus.

Gigerenzer, G. (2002): The adaptive toolbox, in: Bounded rationality: the adaptive toolbox, hrsg. von G. Gigerenzer, R. Selten, Cambridge, Massachusetts: The MIT Press, S. 38-50.

Glaser, B. G. (1978): Theoretical sensivity. Advances in the methodology of grounded theory, Mill Valley, California: Sociology Press.

Glaser, B. G. (1992): Basics of grounded theory analysis. Emergence vs. forcing Mill Valley, California: Sociology Press.

Glaser, B. G. (1998): Doing grounded theory: Issues and dicussions, Mill Valley, California: Sociology Press.

Glaser, B. G./Strauss, A. L. (1967): The discovery of grounded theory, New York: Aldine de Gruyter.

Gläser, J./Laudel, G. (2004): Experteninterviews und qualitative Inhaltsanalyse, Wiesbaden: VS Verlag für Sozialwissenschaften.

Gobo, G. (2004): Sampling, representativeness and generalizability, in: Qualitative research practice, hrsg. von C. Seale, G. Gobo, J. F. Gubrium, D. Silverman, Thousand Oaks, California: Sage, S. 435-456.

Godfrey, P. C./Hill, C. W. L. (1995): The problem of unobservables in strategic management research, in: Strategic Management Journal, 16. Jg., Heft 7, S. 519-533.

Göllert, K. (2009): Problemfelder der Bilanzanalyse: Einflüsse des BilMoG auf die Bilanzanalyse, in: Der Betrieb, 62. Jg., Heft 34, S. 1737-1778.

Goulding, C. (2007): Grounded theory. A practical guide for management, business and market researchers, London: Sage.

Grant, R. M. (2005): Contemporary strategy analysis, 5. Aufl., Oxford: Blackwell.

Gray, B./Ariss, S. S. (1985): Politics and strategic changes, in: Academy of Management Review, 10. Jg., Heft 4, S. 707-723.

Gray, R. (2000): Taking a long view on what we know about social and environmental accountability and reporting, in: Radical Organization Theory, 9. Jg., Heft 1, S. 1-31.

Gray, R. (2002): The social accounting project in Accounting, Organizations and Society. Privileging engagement, imaginings, new accountings and pragmatism over critique, in: Accounting, Organizations and Society, 27. Jg., Heft 7, S. 687-708.

Gray, R./Kouhy, R./Lavers, S. (1995): Methodological themes. Constructing a research database of social and environmental reporting by UK companies, in: Accounting, Auditing & Accountability Journal, 8. Jg., Heft 2, S. 78-101.

Greve, H. R. (1995): Jumping ship: The diffusion of strategy abandonment, in: Administrative Science Quarterly, 40. Jg., Heft 3, S. 444-473.

Greve, H. R. (1998): Managerial cognition and the mimetic adoption of market positions. What you see is what you do, in: Strategic Management Journal, 19. Jg., Heft 10, S. 967-988.

Greve, J./Schnabel, A./Schützeichel, R. (2008): Das Makro-Mikro-Makro-Modell der soziologischen Erklärung - zur Einleitung, in: Das Mikro-Makro-Modell der soziologischen Erklärung. Zur Ontologie, Methodologie und Metatheorie eines Forschungsprogramms, hrsg. von J. Greve, A. Schnabel, R. Schützeichel, Wiesbaden: VS Verlag für Sozialwissenschaften, S. 7-17.

Groeben, N. (2004): (Lese-)Sozialisation als Ko-Konstruktion - Methodisch-methodologische Problem-(Lösungs-)Perspektiven, in: Lesesozialisation in der Mediengesellschaft, hrsg. von N. Groeben, B. Hurrelmann, Weinheim, München: Juventa, S. 145-168.

Grosse, G./Hilger, C./Eicher, M. (2007): Deutsche Standards. Beispielhafte Geschäftsberichte, 7. Aufl., Wiesbaden: Gabler.

Grundei, J. (2004): Top Management (Vorstand), in: Handwörterbuch Unternehmensführung und Organisation (HWO), Band 2, hrsg. von G. Schreyögg, A. v. Werder, Stuttgart: Schäffer-Poeschel, Sp. 1441-1448.

Grunwald, W. (1979): Macht als Persönlichkeitsdisposition: Theoretische, methodologische und emprirische Aspekte, in: Macht in Organisationen, hrsg. von G. Reber, Stuttgart: C.E. Poeschel, S. 91-121.

Gubrium, J. F./Holstein, J. A. (Hrsg. - 2001): Interview research. Context & method. Thousand Oaks, California: Sage.

Gulati, R./Sytch, M. (2007): Dependence asymmetry and joint dependence in interorganizational relationships: effects of embeddedness on a manufacturer's performance in procurement relationships, in: Administrative Science Quarterly, 52. Jg., Heft 1, S. 32-69.

Günther, T. (Hrsg. - 2007): Empirische Controllingforschung, Sonderheft der Zeitschrift für Planung, 18. Jg., Heft 4.

Günther, T./Beyer, D./Menninger, J. (2005): Does relevance influence reporting about environmental and intangible success factors, in: Schmalenbach Business Review, 57. Jg., S. 101-138.

Günther, T./Kirchner-Khairy, S./Zurwehme, A. (2004): Measuring intangible resources for managerial accounting purpose, in: Intangibles in der Unternehmenssteuerung. Strategien und Instrumente zur Wertsteigerung des immateriellen Kapitals, hrsg. von P. Horváth, K. Möller, München: Vahlen, S. 159-185.

Günther, T./Otterbein, S. (1996): Die Gestaltung der Investor Relations am Beispiel führender deutscher Aktiengesellschaften, in: Zeitschrift für Betriebswirtschaft, 66. Jg., Heft 2, S. 389-417.

Gupta, A. K./Govindarajan, V. (2000): Knowledge flows in multinational corporations, in: Strategic Management Journal, 21. Jg., Heft 4, S. 473-496.

Gurd, B. (2008): Remaining consistent with method? An analysis of grounded theory research in accounting, in: Qualitative Research in Accounting & Management, 5. Jg., Heft 2, S. 122-138.

Guthrie, J./Petty, R./Ferriert, F./Wells, R. (1999): There is no accounting for intellectual capital in Australia: A review of annual reporting practices and the internal measurement of intangibles, OECD Symposium on Measuring and Reporting of Intellectual Capital, Amsterdam.

Guthrie, J./Petty, R./Johanson, U. (2001): Sunrise in the knowledge economy. Managing, measuring and reporting intellectual capital, in: Accounting, Auditing & Accountability Journal, 14. Jg., Heft 4, S. 365-382.

Guthrie, J./Petty, R./Yongvanich, K./Ricceri, F. (2004): Using content analysis as a research method to inquire into intellectual capital reporting, in: Journal of Intellectual Capital, 5. Jg., Heft 2, S. 282-293.

Haaker, A. (2007): Grundgedanken zu einer Reform der Bilanzierung immaterieller Vermögenswerte nach IAS 38 und zur zweckadäquaten Ausgestaltung einer "IFRS-Informationsbilanz" (Teil 1), in: Zeitschrift für internationale und kapitalmarktorientierte Rechnungslegung (KoR), 8. Jg., Heft 5, S. 254-262.

Haase, M. (2007): Untersuchungsgegenstand und Informationsbedarf: Zur Relevanz von Erkenntnis- und Wissenschaftstheorie für die Methodenwahl, in: Kritische Reflexionen empirischer Forschungsmethodik. Diskussionsbeiträge des Fachbereichs Wirtschaftswissenschaft (2007/5), hrsg. von M. Haase, Berlin: Freie Universität Berlin, S. 38-64.

Habersam, M./Piber, M. (2003): Controlling Intellektuellen Kapitals - Überlegungen zu einer Theorie des Controlling auf der Basis einer empirischen Untersuchung, in: Zur Zukunft der Controllingforschung, Band 9, hrsg. von J. Weber, B. Hirsch, Wiesbaden: Deutscher Universitäts-Verlag/GWV Fachverlage, S. 185-218.

Hage, J. (2007): The intersection of philosophy and theory construction: The problem of the origin of elements in a theory, in: Handbook of the Philosophy of Science. Philosophy of Anthropology and Sociology, hrsg. von S. P. Turner, M. W. Risjord, Amsterdam: Elsevier, S. 121-156.

Hahn, D. (1979): Konzepte und Beispiele zur Organisation des Controlling in der Industrie, in: Zeitschrift für Organisation, 48. Jg., S. 4-24.

Hahn, T. (2005): Gesellschaftliches Engagement von Unternehmen. Reziproke Stakeholder, ökonomische Anreize, strategische Gestaltungsoptionen, Wiesbaden: Deutscher Universitäts-Verlag.

Hall, R. (1993): A framework linking intangible resources and capabilities to sustainable competitive advantage, in: Strategic Management Journal, 14. Jg., Heft 8, S. 607-618.

Haller, A./Dietrich, R. (2001): Intellectual Capital Bericht als Teil des Lageberichts, in: Der Betrieb, 54. Jg., Heft 20, S. 1045-1052.

Haller, A./Eierle, B. (2004): The adaptation of German accounting rules to IFRS: A legislative balancing act, in: Accounting in Europe, 1. Jg., S. 27-50.

Haller, A./Ernstberger, J./Froschhammer, M. (2009): Die Auswirkungen der verpflichtenden Umstellung der Rechnungslegung von HGB auf IFRS - Eine empirische Analyse, in: Zeitschrift für internationale und kapitalmarktorientierte Rechnungslegung (KoR), 21. Jg., Heft 5, S. 267-278.

Hambrick, D. C./Mason, P. A. (1984): Upper echelons: The organization as a reflection of its top managers, in: Academy of Management Review, 9. Jg., Heft 2, S. 193-206.

Hammer, M./Champy, J. (1993): Reengineering the corporation: A manifesto for business revolution, New York: Harper Business Press.

Hanson, D./Grimmer, M. (2005): The mix of qualitative and quantitative research in major marketing journals, 1993-2002, in: European Journal of Marketing, 41. Jg., Heft 1/2, S. 58-70.

Harcum, E. R./Rosen, E. F. (1993): The gatekeepers of psychology. Evaluation of peer review by case history, Westport, Connecticut: Praeger.

Haring, N./Prantner, R. (2005): Konvergenz des Rechnungswesens. Sate-of-the-Art in Deutschland und Österreich, in: Controlling, 17. Jg., Heft 3, S. 147-154.

Hartmann, H. (Hrsg. - 1967): Moderne amerikanische Soziologie. Stuttgart: Ferdinand Enke Verlag.

Hasnas, J. (1998): The normative theories of business ethics: A guide for the perplexed, in: Business Ethics Quarterly, 8. Jg., Heft 1, S. 19-42.

Hauschildt, J. (2001): Promotoren - Erfolgsfaktoren für das Management von Innovationen, in: Zeitschrift Führung + Organisation, 70. Jg., Heft 6, S. 332-337.

Haussmann, T. (1991): Erklären und Verstehen: Zur Theorie und Pragmatik der Geschichtswissenschaft, Frankfurt am Main: Suhrkamp.

Healy, P. M./Palepu, K. G. (2001): Information asymmetry, corporate disclosure, and the capital market: A review of the empirical disclosure literature, in: Journal of Accounting & Economics, 31. Jg., Heft 1-3, S. 405-440.

Heidemann, J./Hofmann, M. (2009): Wertorientierte Berichterstattung zum Kundenkapital - eine empirische Analyse der DAX 30-Unternehmen, in: Zeitschrift für Planung & Unternehmenssteuerung, 20. Jg., Heft 1, S. 69-88.

Helm, R./Meiler, R. C. (2004): Intangible Ressourcen, Zielsystem und Management interner Wissenspotenziale, in: Intangibles in der Unternehmenssteuerung. Strategien und Instrumente zur Wertsteigerung des immateriellen Kapitals, hrsg. von P. Horváth, K. Möller, München: Vahlen, S. 387-403.

Hempel, C. G. (1977): Aspekte wissenschaftlicher Erklärung, Berlin: Gruyter.

Henderson, D. (2001): The case against 'corporate social responsiblity', in: Policy, 17. Jg., Heft 2, S. 18-32.

Hennrichs, J. (2008): Immaterielle Vermögensgegenstände nach dem Entwurf des Bilanzrechtsmodernisierungsgesetz (BilMoG), in: Der Betrieb. Jg., Heft 11, S. 537-542.

Hepers, L. (2005): Entscheidungsnützlichkeit der Bilanzierung von Intangible Assets in den IFRS. Analyse der Regelungen des IAS 38 unter besonderer Berücksichtigung der ergänzenden Regelungen des IAS 36 sowie des IFRS 3, Lohmar: Eul.

Herzberg, F. (1968): One more time: How do you motivate employees, in: Harvard Business Review, 46. Jg., Heft 1, S. 53-62.

Hesford, J. W./Lee, S.-H./Van der Stede, W. A./Young, S. M. (2007): Management accounting: A bibliographic study, in: The handbook of management accounting research, Band 1, hrsg. von C. S. Chapman, A. Hopwood, M. Shields, Amsterdam: Elsevier, S. 3-26.

Heumann, R. (2006): Möglichkeiten zur praktischen Umsetzung eines Value Reporting in Geschäftsberichten, in: Zeitschrift für internationale und kapitalmarktorientierte Rechnungslegung (KoR), 6. Jg., Heft 4, S. 259-266.

Heyd, R. (2003): Fair Value, in: Controlling, 15. Jg., Heft 3/4, S. 209-210.

Hinz, M. (2005): Rechnungslegung nach IFRS. Konzept, Grundlagen und erste Anwendung, München: Vahlen.

Hirsch, B. (2005): Verhaltensorientiertes Controlling - Könnensprobleme bei der Steuerung mit Kennzahlen, in: Zeitschrift für Controlling & Management, 49. Jg., Heft 4, S. 282-288.

Hirsch, B. (2007): Controlling und Entscheidung. Zur verhaltensorientierten Fundierung des Controllings, Tübingen: Mohr Siebeck.

Hirsch, B./Sorg, M. (2006): Controller und Investor Relations: Konzeptionelle und empirische Untersuchung der Schnittstellen, in: Finanz Betrieb, 8. Jg., Heft 7/8, S. 428-434.

Hitt, M. A./Ireland, R. D./Hoskisson, R. E. (2005): Strategic management. Competitiveness and globalization, Mason, Ohio: South-Western.

Hitzler, R. (2006): Wohin des Wegs? Ein Kommentar zu neueren Entwicklungen in der deutschsprachigen "qualitativen" Sozialforschung, 2. Berliner Methodentreffen, Freie Universität Berlin.

Hodgkinson, G. P./Johnson, G. (1994): Exploring the mental models of competitive strategists: The case for a processual approach, in: Journal of Management Studies, 31. Jg., Heft 4, S. 525-551.

Hodgkinson, G. P./Sparrow, P. R. (2002): The competent organization, Buckingham: Open University Press.

Hofer, C. W./Schendel, D. (1978): Strategy formulation: Analytical concepts, St. Paul, Minnesota: West Publishing.

Hoffmann, C./Meckel, M. (2007): Wahrnehmung und Unternehmensbewertung. Reputationsarbeit der Kommunikation, in: Frankfurter Allgemeine Zeitung, Ausgabe vom: 29.05.2007, S. 22.

Holland, J. H./Miller, J. H. (1991): Artifical adaptive agents in economic theory, in: American Economic Review, 81. Jg., Heft 2, S. 365-370.

Hommel, M./Buhleier, C./Pauly, D. (2007): Bewertung von Marken in der Rechnungslegung - eine kritische Analyse des IDW ES 5, in: Betriebs-Berater, 62. Jg., Heft 7, S. 372-378.

Hommelhoff, P. (2002): § 289 HGB, New York, Berlin: De Gruyter.

Hood, J. C. (2007): Orthodoxy vs. power: The defining traits of grounded theory, in: The Sage Handbook of Grounded Theory, hrsg. von A. Bryant, K. Charmaz, Thousand Oaks, California: Sage, S. 151-164.

Hooks, J./Coy, D./Davey, H. (2002): The information gap in annual reports, in: Accounting, Auditing & Accountability Journal, 15. Jg., Heft 4, S. 501-522.

Hopf, C. (2007): Qualitative Interviews - ein Überblick, in: Qualitative Forschung. Ein Handbuch, hrsg. von U. Flick, E. von Kardorff, I. Steinke, 5. Aufl., Reinbek bei Hamburg: Rowohlt, S. 349-360.

Hopper, T./Otley, D. T./Scapens, R. (2001): British management accounting research: Whence and whither: Opinions and recollections, in: British Accounting Review, 33. Jg., Heft 3, S. 263-291.

Hopwood, A. (1987): The archaeology of accounting systems, in: Accounting, Organizations and Society, 12. Jg., Heft 3, S. 207-234.

Hopwood, A. (1996): Introduction to special issue, in: Accounting, Organization and Society, 21. Jg., Heft 1, S. 55-56.

Hopwood, A. G. (1983): On trying to study accounting in the contexts in which it operates, in: Accounting, Organizations and Society, 8. Jg., Heft 2/3, S. 287-305.

Hoskisson, R. E./Hitt, M. A./Wan, W. P./Yiu, D. (1999): Theory and research in strategic management: Swings of a pendulum, in: Journal of Management, 25. Jg., Heft 3, S. 417-456.

Hunt, S. D. (2000): A general theory of competition. Resources, competences, productivity, economic growth, Thousand Oaks, California: Sage.

Hurst, J. W. (1970): The legitimacy of the business corporation in the law of the United States, 1780-1970, Charlotesville, Virginia: The University Press of Virginia.

Hutchins, H. R. (1994): Annual reports (...who reads them?), in: Communication World, 11. Jg., Heft 9, S. 18-21.

Ineichen, H. (1991): Philosophische Hermeneutik, Freiburg, München: Karl Alber.

Ingram, R. W./Frazier, K. B. (1983): Narrative disclosures in annual reports, in: Journal of Business Research, 11. Jg., Heft 1, S. 49-60.

Jensen, M. C. (2001): Value maximisation, stakeholder theory, and the corporate objective function, in: European Financial Management, 7. Jg., Heft 3, S. 297-317.

Jepperson, R. L. (2002): The development and application of sociological neoinstitutionalism, in: New directions in contemporary sociological theory, hrsg. von J. Berger, M. Zelditch Jr., Lanham, Maryland: Rowman & Littlefield, S. 229-266.

Jick, T. D. (1979): Mixing qualitative and quantitative methods: Triangulation in action, in: Administrative Science Quarterly, 24. Jg., Heft 4, S. 602-611.

Johanson, U. (2003): Why are capital market actors ambivalent to information about certain indicators on intellectual capital?, in: Accounting, Auditing & Accountability Journal, 16. Jg., Heft 1, S. 31-38.

Johanson, U./Martensson, M./Skoog, M. (2001): Measuring to understand intangible performance drivers, in: The European Accounting Review, 10. Jg., Heft 3, S. 407-437.

Johnson, H. T./Kaplan, R. S. (1987): Relevance lost - the rise and fall of management accounting, Boston, Massachusetts: Harvard Business School Press.

Jonen, A./Lingnau, V. (2006): Konvergenz von internen und externen Rechnungswesen - Betriebswirtschaftliche Überlegungen und Umsetzung in der Praxis, Workingpaper 5, Kaiserslautern: Technische Universität Kaiserslautern.

Jones, B. D. (1999): Bounded rationality, in: Annual Review of Political Science, 2. Jg., Heft 1, S. 297-321.

Jones, T. C./Luther, R. (2005): Anticipating the impact of IFRS on the management of German manufactoring companies: Some Observations from a British perspective, in: Accounting in Europe, 2. Jg., Heft 1, S. 165-193.

Kajüter, P. (2004): Der Lagebericht als Instrument einer kapitalmarktorientierten Rechnungslegung, in: Der Betrieb, 57. Jg., Heft 5, S. 197-203.

Kajüter, P./Winkler, C. (2004): Praxis der Risikoberichterstattung deutscher Konzerne, in: Die Wirtschaftsprüfung, 57. Jg., Heft 6, S. 249-261.

Kanodia, C./Sapra, H./Venugoplalan, R. (2002): Should intangibles be measured: What are the economic trade-offs?, in: Journal of Accounting Research, 42. Jg., Heft 1, S. 89-120.

Kaplan, R. S. (1986): The role of empirical research in management accounting, in: Accounting, Organizations and Society, 11. Jg., Heft 4/5, S. 429-452.

Kaplan, R. S./Norton, D. P. (2004a): Measuring the strategic readiness of intangible assets, in: Harvard Business Review, 82. Jg., Heft 2, S. 52-63.

Kaplan, R. S./Norton, D. P. (2004b): Strategy maps. Converting intangible assets into tangible outcomes, Boston, Massachusetts: Harvard Business School Press.

Karmasin, M. (2007): Stakeholder-Management als Grundlage der Unternehmenskommunikation, in: Handbuch Unternehmenskommunikation, hrsg. von M. Piwinger, A. Zerfaß, Wiesbaden: Gabler Verlag, S. 71-87.

Kasperzak, R./Beiersdorf, K. (2007): Diskussionspapier Management Commentary: eine erste Auswertung der Stellungnahmen an das IASB, in: Zeitschrift für internationale und kapitalmarktorientierte Rechnungslegung (KoR), 7. Jg., Heft 3, S. 121-130.

Kasperzak, R./Krag, J./Wiedenhofer, M. (2001): Konzepte zur Erfassung und Abbildung von Intellectual Capital, in: Deutsches Steuerrecht, 39. Jg., Heft 35, S. 1494-1500.

Kassner, K./Wassermann, P. (2002): Nicht überall, wo Methode draufsteht, ist auch Methode drin, in: Das Experteninterview. Theorie Methode und Anwendung, hrsg. von A. Bogner, B. Littig, W. Menz, Opladen: Leske + Budrich, S. 95-112.

Kaufmann, L./Schneider, Y. (2004): Intangibles. A synthesis of current research, in: Journal of Intellectual Capital, 5. Jg., Heft 3, S. 366-388.

Kelle, U. (1994): Empirisch begründete Theoriebildung. Zur Logik und Methodologie interpretativer Sozialforschung, Weinheim: Deutscher Studien Verlag.

Keller, R. (2006): Der Geschäftsbericht: Überzeugende Unternehmenskommunikation durch klare Sprache und gutes Deutsch, Wiesbaden: Gabler.

Kieser, A. (2006): Der situative Ansatz, in: Organisationstheorien, hrsg. von A. Kieser, M. Ebers, Stuttgart: Kohlhammer, S. 215-234.

Kieser, A./Walgenbach, P. (2007): Organisation, 5. Aufl., Stuttgart: Schäffer-Poeschel.

Kirchner-Khairy, S. (2006): Mess- und Bewertungskonzepte immaterieller Ressourcen im kybernetischen Controlling-Kreislauf, Hamburg: Kovač.

Kirsch, H.-J./Scheele, A. (2003): E-DRS 20: Ausweitung der Lageberichterstattung zum Value Reporting?, in: Betriebs-Berater, 58. Jg., Heft 51/52, S. 2733-2739.

Kirsch, W./Ponn, T. (2009): Agendabildung und das Management der Internationalisierung, in: Management der Internationalisierung. Festschrift für Prof. Dr. Michael Kutschker, hrsg. von S. Schmid, Wiesbaden: Gabler, S. 119-141.

Kivikas, M. (2004): Futurizing culture and sustainable earnings capabilities, in: Intangibles in der Unternehmenssteuerung. Strategien und Instrumente zur Wertsteigerung des immateriellen Kapitals, hrsg. von P. Horváth, K. Möller, München: Vahlen, S. 471-482.

Klein, K./Voss, C. (2002): Geschäftsbericht, in: Handwörterbuch der Rechnungslegung und Prüfung, hrsg. von W. Ballwieser, A. Coenenberg, K. von Wysocki, 3. Aufl., Stuttgart: Schäffer-Poeschel, Sp. 899-920.

Klein, K. J./Dansereau, F./Hall, R. J. (1994): Levels issues in theory development, data collection, and analysis, in: Academy of Management Review, 19. Jg., Heft 2, S. 195-229.

Kleining, G. (1982): Umriss zu einer Methodologie qualitativer Sozialforschung, in: Kölner Zeitschrift für Soziologie und Sozialpsychologie, 34. Jg., Heft 2, S. 224-253.

Knoblauch, H. (2005): Zukunft und Perspektiven qualitativer Forschung, in: Qualitative Forschung. Ein Handbuch, hrsg. von U. Flick, E. von Kardorff, I. Steinke, 4. Aufl.: Rowohlt, S. 623-632.

Konrad Group (1990): Den Osynliga Balansräkningen. Nycktel för redovisning, styrning och värdering av kunskapföretag, Stockholm: Affärsvärladen Förlag.

Kötzle, A./Grüning, M. (2009): Unternehmenspublizität aus Sicht der Praxis, in: Zeitschrift für internationale und kapitalmarktorientierte Rechnungslegung (KoR), 9. Jg., Heft 1, S. 33-44.

Kowal, S./O'Connell, D. (2007): Zur Transkription von Gesprächen, in: Qualitative Forschung. Ein Handbuch, hrsg. von U. Flick, E. von Kardorff, I. Steinke, 5. Aufl., Reinbek bei Hamburg: Rowohlt, S. 437-447.

KPMG (2004a): IFRS aktuell - Neuregelungen 2004: IFRS 1 bis 5, Improvement Project, Amendments IAS 32 und 39, Stuttgart: Schäffer-Poeschel.

KPMG (2004b): International Financial Reporting Standards - Einführung in die Rechnungslegung nach den Grundsätzen des IASB, Stuttgart: Schäffer-Poeschel.

KPMG (2008): KPMG international survey of corporate responsibility reporting 2008, Amstelveen.

KPMG (2009): Immaterielle Vermögenswerte und Goodwill in Unternehmenszusammenschlüssen. Analysiert nach Branchen, München.

Kroeber-Riel, W./Weinberg, P./Gröppel-Klein (2009): Konsumentenverhalten, 9. Aufl., München: Vahlen.

Krumbholz, M. (1994): Die Qualität publizierter Lageberichte: ein empirischer Befund zur Unternehmenspublizität, Düsseldorf: Institut der Wirtschaftsprüfer.

Krystek, U./Müller, M. (1993): Investor Relations: Eine neue Disziplin nicht nur für das Finanzmanagement, in: Der Betrieb, 46. Jg., Heft 36, S. 1785-1789.

Kunath, O. (2005): Kaufpreisallokation: Bilanzierung erworbener immaterieller Vermögenswerte nach IFRS 3 (2004)/IAS 38 (rev. 2004) und ED IFRS 3 (amend. 2005), in: Zeitschrift für Controlling & Management, 49. Jg., Sonderheft 3, S. 103-120.

Küpper, H.-U. (2008): Controlling, 5. Aufl., Stuttgart: Schäffer-Poeschel.

Küpper, W. (2004): Mikropolitik, in: Handwörterbuch Unternehmensführung und Organisation, hrsg. von G. Schreyögg, A. v. Werder, Stuttgart: Schäffer-Poeschel,

Küpper, W./Ortmann, G. (1986): Mikropolitik in Organisationen, in: Die Betriebswirtschaft, 46. Jg., Heft 5, S. 590-602.

Kurt, R. (2004): Hermeneutik. Eine sozialwissenschaftliche Einführung, Konstanz: UKV Verlagsgesellschaft.

Kvale, S. (1996): InterViews: An introduction to qualitative research interviewing, Thousand Oaks, California: Sage.

Kvale, S. (2007): Doing interviews, Thousand Oaks, California: Sage.

Labhardt, P. A./Vokart, R. (2001): Value Reporting, in: Internationale Rechnungslegung - Konsequenzen für Unternehmensführung, Rechnungswesen, Standardsetting, Prüfung und Kapitalmarkt. Kongress-Dokument, hrsg. von A. G. Coenenberg, K. Pohle, Stuttgart: Schäffer-Poeschel, S. 115-142.

Lamnek, S. (2002): Qualitative Interviews, in: Qualitative Forschung, hrsg. von E. König, P. Zedler, Weinheim: Beltz,

Lamnek, S. (2005): Qualitative Sozialforschung, 4. Aufl., Weinheim, Basel: Beltz.

Langan-Fox, J./Anglim, J./Wilson, J. R. (2004): Mental models, team mental models, and performance: Process, development and future directions, in: Human Factors and Ergonomics in Manufacturing, 14. Jg., Heft 4, S. 331-352.

Länsisalmi, H./Pieró, J.-M./Kivimäki, M. (2004): Grounded theory in organizational research, in: Essential guide to qualitative methods in organizational research, hrsg. von C. Cassell, G. Symon, Thousand Oaks, California: Sage, S. 242-255.

Laplume, A. O./Sonpar, K./Litz, R. A. (2008): Stakeholder theory: Reviewing a theory that moves us, in: Journal of Management, 34. Jg., Heft 6, S. 1152-1189.

Lasswell, H. D. (1948): The structure and function of communication in society, in: The communication of ideas. A series of addressees, hrsg. von L. Bryson, New York, London: Institute of Religious and Social Studies, S. 37-51.

Laughlin, R. C. (1991): Environmental disturbances and organizational transitions and transformations. Some alternative models, in: Organization Studies, 12. Jg., Heft 2, S. 209-232.

Lawrence, P. R./Lorsch, J. W. (1967): Organization and Environment. Managing Differentiation and Integration, Boston, Massachusetts: Harvard University Press.

Lev, B. (1992): Information disclosure strategy, in: California Management Review, 34. Jg., Heft 4, S. 9-32.

Lev, B. (2001): Intangibles. Management, Measurement, and Reporting, Washington, DC: Brookings Institution Press.

Lewin, K. (1947): Frontiers in group dynamics, in: Human Relations, 1. Jg., Heft 1, S. 143-153.

Lincoln, Y. S./Guba, E. G. (1985): Naturalistic inquiry, Beverly Hills, California: Sage.

Linton, R. (1967): Rolle und Status, in: Moderne amerikanische Soziologie, hrsg. von H. Hartmann, Stuttgart: Enke, S. 251-254.

Locke, K. (2001): Grounded theory in management research, London: Sage.

Low, J./Siesfeld, T. (1998): Measures that matter, in: Strategy & Leadership, 26. Jg., Heft 2, S. 24-30.

Lüdenbach, N./Freiberg, J. (2009): Zweifelsfragen der abstrakten und konkreten Bilanzierungsfähigkeit immaterieller Anlagen, in: Betriebswirtschaftliche Forschung und Praxis, 61. Jg., Heft 2, S. 131-151.

Lüders, C./Reichertz, J. (1986): Wissenschaftliche Praxis ist, wenn alles funktioniert und keiner weiß warum - Bemerkungen zur Entwicklung qualitativer Sozialforschung, in: Sozialwissenschaftliche Literaturrundschau, 12. Jg., S. 90-102.

Lukka, K./Kasanen, E. (1995): The problem of generalizability: Anecdotes and evidence in accounting research, in: Accounting, Auditing & Accountability Journal, 8. Jg., Heft 4, S. 71-90.

Lundholm, R./Van Winkle, M. (2006): Motives for disclosure and non-disclosure: A framework and review of the evidence, in: Accounting & Business Research, 36. Jg., 2006 Special issue, S. 43-48.

Lutz-Ingold, M. (2005): Immaterielle Güter in der externen Rechnungslegung. Grundsätze und Vorschriften zur Bilanzierung nach HGB, DRS und IAS/IFRS, Wiesbaden: Deutscher Universitäts-Verlag.

Lye, J./Perara, H./Rahman, A. (2006): Grounded theory: A theory discovery method for accounting research, in: Methodological issues in accounting research, hrsg. von Z. Hoque, London: Spiramus, S. 129-159.

Machiavelli, N. (1988): The prince, Cambridge: Cambridge University Press.

Macintosh, N. B. (1990): Annual reports in an ideological role: A critical theory analysis, in: Critical accounts, hrsg. von D. J. Cooper, T. M. Hopper, Basingstoke, Hampshire: Macmillan, S. 153-172.

Madison, D. L./Allen, R. W./Porter, L. W./Renwick, P. A./Mayes, B. T. (1980): Organizational Politics: An Exploration of Managers' Perceptions, in: Human Relations, 33. Jg., Heft 2, S. 79-100.

Maletzke, G. (1963): Psychologie der Massenkommunikation. Theorie und Systematik, Hamburg: Hans Bredow-Institut.

Maletzke, G. (1976): Ziele und Wirkungen der Kommunikation. Grundlagen und Probleme einer zielorientierten Mediennutzung, Hamburg: Hans Bredow-Institut.

Malik, F. (1985): Gestalten und Lenken von sozialen Systemen, in: Integriertes Management. Bausteine eines systemorientierten Managements, hrsg. von G. J. B. Probst, H. Siegwart, Bern, Stuttgart: Paul Haupt, S. 205-234.

March, J. G. (1962): The business firm as a political coalition, in: The Journal of Politics, 24. Jg., Heft 4, S. 662-678.

Marr, B./Gray, D. (2004): The three reasons why organizations measure their intellectual capital, in: Intangibles in der Unternehmenssteuerung. Strategien und Instrumente zur Wertsteigerung des immateriellen Kapitals, hrsg. von P. Horváth, K. Möller, München: Vahlen, S. 99-126.

Marschan-Piekkari, R./Welch, C. (2004): Qualitative research methods in international business: The state of the art, in: Handbook of qualitative research methods for international business, hrsg. von R. Marschan-Piekkari, C. Welch, Cheltenham: Edward Elgar, S. 5-24.

Marston, C. L./Shrives, P. J. (1991): The use of disclosure indices in accounting research: A review article, in: The British Accounting Review, 23. Jg., Heft 3, S. 195-210.

Massey, J. E. (2001): Managing organizational legitimacy: Communication strategies for organizations in crisis, in: Journal of Business Communication, 38. Jg., Heft 2, S. 153-183.

Mast, C. (2002): Unternehmenskommunikation: ein Leitfaden, Stuttgart: Lucius & Lucius.

Mast, C. (2004): Kommunikation, in: Handwörterbuch Unternehmensführung und Organisation (HWO), Band 2, hrsg. von G. Schreyögg, A. v. Werder, Stuttgart: Schäffer-Poeschel, Sp. 596-606.

Mathews, M. R. (1993): Socially responsible accounting, London: Chapman and Hall.

Mathews, M. R. (1997): Twenty-five years of social and environmental accounting research. Is there a silver jubilee to celebrate?, in: Accounting, Auditing & Accountability Journal, 10. Jg., Heft 4, S. 481-531.

Maturana, H. R./Varela, F. J. (1987): Der Baum der Erkenntnis: die biologischen Wurzeln der menschlichen Erkenntnis, 3. Aufl., Bern: Scherz.

Maul, K.-H. (2007): Der Jahresabschluss als Medium der Information und Kommunikation, in: Handbuch Unternehmenskommunikation, hrsg. von M. Piwinger, A. Zerfaß, Wiesbaden: Gabler Verlag, S. 599-614.

Maul, K.-H./Menninger, J. (2000): Das "Intellectual Property Statement" - eine notwendige Ergänzung des Jahresabschlusses?[1], in: Der Betrieb, 53. Jg., Heft 11, S. 529-533.

Maxwell, J. A. (1996): Qualitative research design. An interactive approach, Thousand Oaks, California: Sage.

Mayring, P. (2002): Einführung in die qualitative Sozialforschung, 5. Aufl., Weinheim, Basel: Beltz.

McClelland, D. C./Burnham, D. H. (1976): Power is the great motivator, in: Harvard Business Review, 54. Jg., Heft 2, S. 100-110.

McCombs, M. E. (1992): Explorers and surveyors: Expanding strategies for agenda setting research, in: Journalism Quarterly, 69. Jg., Heft 4, S. 813-824.

McCombs, M. E./Shaw, D. L. (1972): The agenda-setting function of mass media, in: Public Opinion Quarterly, 36. Jg., Heft 2, S. 176-187.

Mead, G. H. (1973): Geist, Identität und Gesellschaft aus der Sicht des Sozialbehaviorismus, Frankfurt am Main: Suhrkamp.

Merchant, K. A. (1982): The control function of management, in: Sloan Management Review, 23. Jg., Heft 4, S. 43-55.

Merchant, K. A./Van der Stede, W. A. (2006): Field-based research in accounting: Accomplishments and prospects, in: Behavioral Research in Accounting, 18. Jg., Heft 1, S. 117-134.

Merton, R. K. (1948): Discussion, in: American Sociological Review, 13. Jg., Heft 2, S. 164-168.

Merton, R. K. (1957): The role-set: Problems in social theory, in: The British Journal of Sociology, 8. Jg., Heft 2, S. 106-120.

Merton, R. K. (1968): On sociological theories of the middle range, in: Social theory and social structure, hrsg. von R. K. Merton, New York: Free Press, S. 37-92.

Meuser, M./Nagel, U. (1991): ExpertInneninterviews - vielfach erprobt, wenig bedacht, in: Qualitativ-empirische Sozialforschung, hrsg. von D. Garz, K. Kraimer, Opladen: Westdeutscher Verlag, S. 441-471.

Meuser, M./Nagel, U. (2002): ExpertInneninterviews - vielfach erprobt, wenig bedacht. Ein Beitrag zur qualitativen Methodendiskussion, in: Das Experteninterview. Theorie Methode und Anwendung, hrsg. von A. Bogner, B. Littig, W. Menz, Opladen: Leske + Budrich, S. 71-94.

Mey, G./Mruck, K. (2007): Qualitative Interviews, in: Handbuch Marktforschung, hrsg. von G. Naderer, E. Balzer, Wiesbaden: Gabler,

Meyer, J. W./Rowan, B. (1977): Institutional organizations: Formal structure as myth and ceremony, in: American Journal of Sociology, 83. Jg., Heft 2, S. 340-363.

Meyer, J. W./Scott, W. R. (1992): Preface, in: Organizational environments. Ritual and complexity, hrsg. von J. W. Meyer, W. R. Scott, Newbury Park, California: Sage, S. 7-12.

Meyer, M. W./Brown, M. C. (1977): The process of bureaucratization, in: The American Journal of Sociology, 83. Jg., Heft 2, S. 364-385.

Michalisin, M. D./Smith, R. D./Kline, D. M. (1997): In search of strategic assets, in: The International Journal of Organizational Analysis, 5. Jg., Heft 4, S. 360-387.

Miles, M. B./Huberman, M. A. (1994): Qualitative data analysis. An expanded sourcebook, 2. Aufl., Thousand Oaks, California: Sage.

Miller, P. (2007): Management accounting and sociology, in: Handbook of Management Accounting Research, Band 1, hrsg. von C. S. Chapman, A. Hopwood, M. D. Shields, Amsterdam: Elsevier, S. 285-295.

Mintzberg, H. (1985): The organization as political arena, in: Journal of Management Studies, 22. Jg., Heft 2, S. 133-154.

Mises, L. v. (1940): Nationalökonomie. Theorie des Handelns und Wirtschaftens, Genf: Editions Union.

Mitchell, R. K./Agle, B. R./Wood, D. J. (1997): Toward a theory of stakeholder identification and salience: Defining the principle of who and what really counts, in: Academy of Management Review, 22. Jg., Heft 4, S. 853-886.

Mizruchi, M. S./Fein, L. C. (1999): The social construction of organizational knowledge: A study of the uses of coercive, mimetic, and normative isomorphism, in: Administrative Science Quarterly, 44. Jg., Heft 4, S. 653-683.

Moeller, K.-U. (2007): Baden in der Wellness-Sprache, in: Brand Eins, 9. Jg., Heft 2, S. 48-49.

Möller, K. (2004): Intangibles als Werttreiber, in: Intangibles in der Unternehmenssteuerung. Strategien und Instrumente zur Wertsteigerung des immateriellen Kapitals, hrsg. von P. Horváth, K. Möller, München: Vahlen, S. 483-495.

Mouritsen, J. (2003): Overview - Intellectual capital and the capital market: the circulability of intellectual capital, in: Accounting, Auditing & Accountability Journal, 16. Jg., Heft 1, S. 18-30.

Mouritsen, J./Larsen, H. T./Bukh, P. N. D. (2001): Intellectual capital and the 'capable firm': Narrating, visualising and numbering for managing knowledge, in: Accounting, Organizations and Society, 26. Jg., Heft 7/8, S. 735-762.

Moxter, A. (1979): Immaterielle Anlagewerte im Bilanzrecht, in: Betriebs-Berater, 34. Jg., Heft 22, S. 1102-1109.

Mruck, K. (2000): Qualitative Sozialforschung in Deutschland, in: Forum Qualitative Sozialforschung, 1. Jg., Heft 1, Art. 4.

Narayanan, V. K./Fahey, L. (1982): The micro-politics of strategy formulation, in: Academy of Management Review, 7. Jg., Heft 1, S. 25-34.

Nelson, R. R./Winter, S. G. (1982): An evolutionary theory of economic change, Cambridge, Massachusetts: Belknap Press.

Neu, D./Warsame, H./Pedwell, K. (1998): Managing public impressions: Environmental disclosures in annual reports, in: Accounting, Organizations and Society, 23. Jg., Heft 3, S. 265-282.

Neuberger, O. (1995a): Führen und geführt werden, 5. Aufl., Stuttgart: Ferdinand Enke.

Neuberger, O. (1995b): Mikropolitik, 2. Aufl., Stuttgart: Ferdinand Enke.

Neuberger, O. (2006): Mikropolitik und Moral in Organisationen, Stuttgart: Lucius & Lucius.

Newbert, S. L. (2007): Empirical research on the resource-based view of the firm: An assessment and suggestions for further research, in: Strategic Management Journal, 28. Jg., Heft 2, S. 121-146.

Nickles, T. (1980): Scientific discovery and the future of philosophy of science, in: Scientific discovery, logic, and rationality, hrsg. von T. Nickles, Dordrecht: Reidel, S. 1-59.

Nix, P. (2004): Der Geschäftsbericht - Flagschiff der Unternehmenskommunikation, in: Handbuch Investor Relations, hrsg. von Deutscher Investor Relations Verband e.V., Wiesbaden: Gabler, S. 95-144.

Nöcker, R. (2002): Verlust von Reputation ist das größte Risiko: Schmalenbach-Tagung zum Risikomanagement, in: Frankfurter Allgemeine Zeitung, Ausgabe S. 21.

Noll, D. J./Weygandt, J. J. (1997): Business reporting: What comes next, in: Journal of Accountancy, 183. Jg., Heft 2, S. 59-62.

Nonnenmacher, R./Pohle, K./v. Werder, A. (2007): Aktuelle Anforderungen an Prüfungsausschüsse. Leitfaden für Prüfungsausschüsse (Audit Committees) unter Berücksichtigung der 8. EU-Richtlinie, in: Der Betrieb, 60. Jg., Heft 44, S. 2412-2417.

Nord, W. R./Fox, S. (1999): The individual in organizational studies: The great disappearing act?, in: Handbook of organization studies, hrsg. von S. R. Clegg, C. Hardy, W. R. Nord, London: Sage, S. 148-174.

O'Donovan, G. (2002): Environmental disclosures in the annual report. Extending the acceptability and predictve power of legitimacy theory, in: Accounting, Auditing & Accountability Journal, 15. Jg., Heft 3, S. 344-371.

O'Dwyer, B. (2002): Managerial perceptions of corporate social disclosure. An Irish story, in: Accounting, Auditing & Accountability Journal, 15. Jg., Heft 3, S. 406-436.

Ocasio, W. (1997): Towards an attention-based view of the firm, in: Strategic Management Journal, 18. Jg., Summer Special Issue, S. 187-206.

Oliver, C. (1991): Strategic responses to institutional processes, in: Academy of Management Review, 16. Jg., Heft 1, S. 145-179.

Oliver, D. G./Serovich, J. M./Mason, T. L. (2005): Constraints and opportunities with interview transcription: Towards reflection in qualitative research, in: Social Forces, 84. Jg., Heft 2, S. 1273-1289.

Opp, K.-D. (2002): Methodologie der Sozialwissenschaften, 5. Aufl., Wiesbaden: Westdeutscher.

Ortmann, G. (1988a): Handlung, System, Mikropolitik, in: Mikropolitik, hrsg. von W. Küpper, G. Ortmann, Opladen: Westdeutscher, S. 217-225.

Ortmann, G. (1988b): Macht, Spiel, Konsens, in: Mikropolitik, hrsg. von W. Küpper, G. Ortmann, Opladen: Westdeutscher, S. 13-26.

Ortmann, G./Sydow, J./Türk, K. (Hrsg. - 2000): Theorien der Organisation. Die Rückkehr der Gesellschaft. 2. Aufl., Wiesbaden: Westdeutscher.

Otley, D. T. (1984): Management accounting and organization theory: A review of their relationship, in: Management accounting, organizational theory and capital budgeting, hrsg. von R. W. Scapens, D. T. Otley, R. J. Lister, London: Macmillan, S. 96-164.

Otley, D. T./Berry, A. J. (1994): Case study research in management accounting and control, in: Management Accounting Research, 5. Jg., Heft 1, S. 45-65.

Palazzo, G./Scherer, A. G. (2006): Corporate legitimacy as deliberation: A communicative framework, in: Journal of Business Ethics, 66. Jg., Heft 1, S. 71-88.

Parker, L. D./Roffey, B. H. (1997): Back to the drawing board: Revisiting grounded theory and the everyday accountant's and manager's reality, in: Accounting, Auditing & Accountability Journal, 10. Jg., Heft 2, S. 212-247.

Patten, D. M. (1992): Intra-industry environmental disclosures in response to the Alaskian oil spill: a note on legitimacy theory, in: Accounting, Organization and Society, 17. Jg., Heft 5, S. 62-71.

Peirce, C. S. (1960). Pragmatism and pragmaticism, Band V, Scientific metaphysics, Band VI. In, edited by C. Hartshorne, P. Weiss. Cambridge, Massachusetts: Harvard University Press.

Pellens, B./Fülbier, R. U./Gassen, J. (2004): Internationale Rechnungslegung, 5. Aufl., Stuttgart: Schäffer-Poeschel.

Penrose, E. T. (1959): The theory of the growth of a firm, Oxford: Oxford University Press.

Petersen, K./Zwirner, C./Künkele, K. P. (2009): Umstellung auf das neue Bilanzrecht: Fallstudie zu den Auswirkungen des Übergangs auf die Rechnungslegunsvorschriften nach BilMoG, in: Zeitschrift für internationale und kapitalmarktorientierte Rechnungslegung (KoR). Jg., Beilage Nr. 1 zu Heft 9.

Pettigrew, A. M. (1977): Strategy formulation as a political process, in: International Studies of Management & Organization, 7. Jg., Heft 2, S. 78-87.

Peuckert, R. (2003): Rolle, soziale, in: Grundbegriffe der Sozialpsychologie, hrsg. von B. Schäfers, 289-292. Aufl., Opladen: Leske + Budrich,

Pfeffer, J. (1981): Power in organizations, Marshfield, Massachusets: Pitman.

Pfeffer, J./Salancik, G. R. (1978): The external control of organizations. A resource dependence perspective, New York: Harper & Row.

Piwinger, M. (2003): Ausgezeichnete Geschäftsberichte. Von Profis lernen: Fallbeispiele außergewöhnlicher Präsentationen, Frankfurt am Main: Frankfurter Allgemeine Buch.

Popper, K. (2003): Das Elend des Historizismus, Tübingen: Mohr Siebeck.

Popper, K. (2005). Logik der Forschung, in: Gesammelte Werke Band 3, hrsg. von H. Keuth, Tübingen: Mohr Siebeck.

Porák, V./Achleitner, A.-K./Fieseler, C./Groth, T. (2006): Finanzkommunikation. Die Grundlagen der Investor Relations, in: Unternehmenskommunikation. Kommunikationsmanagement aus Sicht der Unternehmensführung, hrsg. von B. F. Schmid, B. Lyczek, Wiesbaden: Gabler, S. 287-281.

Porák, V./Fieseler, C./Hoffmann, C. (2007): Methoden der Erfolgsmessung von Kommunikation, in: Handbuch Unternehmenskommunikation, hrsg. von M. Piwinger, A. Zerfaß, Wiesbaden: Gabler, S. 535-556.

Porter, M. E. (1985): Competitive advantage, New York: The Free Press.

Poser, H. (2001): Wissenschaftstheorie, Stuttgart: Reclam.

Post, J. E./Preston, L. E./Sachs, S. (2002): Redefining the corporation. Stakeholder management and organizational wealth, Stanford, California: Stanford University Press.

Preston, A. M./Wright, C./Young, J. J. (1996): Imag[in]ing annual reports, in: Accounting, Organizations and Society, 21. Jg., Heft 1, S. 113-137.

Quinn, J. B. (1992): Intelligent enterprise, New York: Free Press.

Ragin, C. C. (1994): Constructing social research. The unity and diversity of method, Thousand Oaks, California: Pine Forge.

Rao, H. (1994): The social construction of reputation: Certification contests, legitimation, and the survival of organizations in the American automobile industry: 1895-1912, in: Strategic Management Journal, 15. Jg., Heft Special Issue Winter, S. 29-44.

Rao, R. S./Chandy, R. K./Prabhu, J. C. (2008): The fruits of legitimacy: Why some new ventures gain more from innovation than others, in: Journal of Marketing, 72. Jg., Heft 4, S. 58-75.

Rappaport, A. (1999): Shareholder value, 2. Aufl., Stuttgart: Schäffer-Poeschel.

Rasche, C./Wolfrum, B. (1994): Ressourcenorientierte Unternehmensführung, in: Die Betriebswirtschaft, 54. Jg., Heft 4, S. 501-517.

Reed, R./DeFilippi, R. J. (1990): Causal ambiguity, barriers to imitation, and sustainable competitive advantage, in: Academy of Management Review, 15. Jg., Heft 1, S. 88-102.

Reger, R. K. (1990): Managerial thought structures and competitive positioning, in: Mapping strategic thought, hrsg. von A. S. Huff, Chichester, England: John Wiley, S. 71-88.

Reichenbach, H. (1938): Experience and prediction. An analysis of the foundations and the structure of knowlegde, Chicago, Illinois: University of Chicago Press.

Reiger, H. (2007): Symbolischer Interaktionismus, in: Qualitative Marktforschung. Konzepte, Methoden, Analysen, hrsg. von R. Buber, H. H. Holzmüller, Wiesbaden: Gabler, S. 139-155.

Reinhardt, F. (1999): Market failure and the environmental policies of firms, in: Journal of Industrial Ecology, 3. Jg., Heft 1, S. 9-21.

Rescher, N. (1987): Induktion, München: Philosophia.

Ricardo, D. (1994): Über die Grundsätze der politischen Ökonomie und der Besteuerung, 3. Aufl., Marburg: Metropolis.

Richardson, A. J. (1987): Accounting as a legitimating institution, in: Accounting, Organizations and Society, 12. Jg., Heft 4, S. 341-355.

Riegler, C. (2006): Immaterielle Werte in Management Commentary und Intellectual Capital Statement. Eine Gegenüberstellung von Berichtskonzepten, in: Zeitschrift für internationale Rechnungslegung, 1. Jg., Heft 2, S. 113-121.

Roberts, R. W. (1992): Determinants of corporate social responibility disclosure: An application of stakeholder theory, in: Accounting, Organizations and Society, 17. Jg., Heft 6, S. 595-612.

Roos, J./Roos, G./Dragonetti, N. C./Edvinsson, L. (1997): Intellectual Capital. Navigating the new business landscape, Houndmills et al.: Macmillan.

Rosenstiel, L. v./Neumann, P. (2002): Marktpsychologie. Ein Handbuch für Studium und Praxis, Darmstadt: Wissenschaftliche Buchgesellschaft.

Rosenthal, G. (2005): Interpretative Sozialforschung, Weinheim, München: Juventa.

Rouse, W. B./Morris, N. M. (1986): On looking into the black box: Prospects and limits in the search for mental models, in: Psychological Bulletin, 100. Jg., Heft 3, S. 349-363.

Rousseau, D. M./House, R. J. (1994): Meso organizational behavior: Avoiding three fundamental biases, in: Trends in Organizational Behavior, 1. Jg., Heft 1, S. 13-30.

Rubin, H. J./Rubin, I. S. (2005): Qualitative interviewing. The art of hearing data, 2. Aufl., Thousand Oaks, California: Sage.

Rudner, R. R. (1966): Philosophy of social science, Englewood Cliffs, New Jersey: Prentice Hall.

Ruhnke, K. (2008): Rechnungslegung nach IFRS und HGB, 2. Aufl., Stuttgart: Schäffer-Poeschel.

Ruhwedel, F./Schultze, W. (2002): Value Reporting: Theoretische Konzeption und Umsetzung bei den DAX 100-Unternehmen, in: Zeitschrift für betriebswirtschaftliche Forschung, 54. Jg., Heft 7, S. 602-632.

Ruhwedel, F./Schultze, W. (2004): Konzeption des Value Reporting und Beitrag zur Konvergenz im Rechnungswesen, in: Controlling, 16. Jg., Heft 8/9, S. 489-495.

Ryan, B./Scapens, R. W./Theobald, M. (2002): Research method and methodology in finance and accounting, 2. Aufl., London: Thomson.

Salancik, G. R./Meindl, J. R. (1984): Corporate attributions as strategic illusions of management control, in: Administrative Science Quarterly, 29. Jg., Heft 2, S. 238-254.

Sandner, K. (1992a): Prozesse der Macht: zur Entstehung, Stabilisierung und Veränderung der Macht von Akteuren in Unternehmen, 2. Aufl., Stuttgart: Physica.

Sandner, K. (1992b): Unternehmenspolitik - Politik im Unternehmen. Zum Begriff des Politischen in der Betriebswirtschaftslehre, in: Politische Prozesse in Unternehmen, hrsg. von K. Sandner, 2. Aufl., Heidelberg: Physica, S. 45-76.

Sandner, K./Meyer, R. (2004): Macht in Organisationen, in: Handwörterbuch Unternehmensführung und Organisation, hrsg. von G. Schreyögg, A. v. Werder, 4. Aufl., Stuttgart: Schäffer-Poeschel, Sp. 757-764.

Scapens, R. (1994): Never mind the gap. Towards an institutional perspective of management accounting practices, in: Management Accounting Research, 5. Jg., Heft 4, S. 301-321.

Scapens, R. W. (1990): Researching management accounting practice: The role of the case study methods, in: British Accounting Review, 22. Jg., Heft 3, S. 259-281.

Schäfer, H./Lindenmayer, P. (2004): Externe Rechnungslegung und Bewertung von Humankapital - Stand der betriebswirtschaftlichen Diskussion, Stuttgart: Universität Stuttgart, Betriebswirtschaftliches Institut.

Schäffer, U./Brettel, T. (2005): Ein Plädoyer für Fallstudien, in: Zeitschrift für Controlling & Management, 49. Jg., Heft 1, S. 43-46.

Schanz, G. (2004): Wissenschaftsprogramme der Betriebswirtschaftslehre, in: Allgemeine Betriebswirtschaftslehre. Band 1: Grundfragen, hrsg. von F. X. Bea, B. Friedl, M. Schweitzer, 9. Aufl., Stuttgart: Lucius & Lucius, S. 83-161.

Scheele, A. (2007): Strategieorientierte Lageberichterstattung. Eine kritische Analyse internationaler Entwicklungen vor dem Hintergrund des Management Commentary des IASB, Lohmar: Eul.

Schein, E. H. (1970): Organizational psychology, Englewood Cliffs, New Jersey: Prentice Hall.

Scheufele, B. (2007): Kommunikation und Medien: Grundbegriffe, Theorien und Konzepte, in: Handbuch Unternehmenskommunikation, hrsg. von M. Piwinger, A. Zerfaß, Wiesbaden: Gabler, Sp. 89-122.

Schindler, R./Jaitner, A. (2003): Intellectual Capital: Measuring knowledge management, in: Knowledge management. Concepts and practices, hrsg. von K. Mertins, P. Heisig, J. Vorbeck, Berlin et al.: Springer, S. 151-175.

Schmid, B. F./Lyczek, B. (2006): Die Rolle der Kommunikation in der Wertschöpfung der Unternehmung, in: Unternehmenskommunikation. Kommunikationsmanagement aus Sicht der Unternehmensführung, hrsg. von B. F. Schmid, B. Lyczek, Wiesbaden: Gabler, S. 3-146.

Schmid, U. (1997): Das Anspruchsgruppen-Konzept, in: Das Wirtschaftsstudium, 26. Jg., Heft 7, S. 633-635.

Schmidt, A./Wulbrand, H. (2007): Umsetzung der Anforderungen an die Lageberichterstattung nach dem BilReG und DRS 15, in: Zeitschrift für internationale und kapitalmarktorientierte Rechnungslegung (KoR), 7. Jg., Heft 7/8, S. 417-426.

Schneider, D. (2004): Theorie der Unternehmung, in: Handwörterbuch Unternehmensführung und Organisation (HWO), Band 2, hrsg. von G. Schreyögg, A. v. Werder, Stuttgart: Schäffer-Poeschel, Sp. 1428–1441.

Schnell, R./Hill, P. B./Esser, E. (2005): Methoden der empirischen Sozialforschung 7. Aufl., München: R. Oldenbourg.

Schreiber, S. (2005): Zur Informationsgewährung durch die Bilanzierung von Intangibles nach IFRS, in: Zeitschrift für Planung & Unternehmenssteuerung, 16. Jg., Heft 4, S. 451-470.

Schultze, W./Steeger, L./Schabert, B. (2009): Wertorientierte Berichterstattung (Value Reporting). Konzeptioneller Rahmen und Anwendung bei deutschen börsennotierten Unternehmen, in: Controlling, 21. Jg., Heft 1, S. 13-22.

Schumpeter, J. A. (1908): Das Wesen und der Hauptinhalt der theoretischen Nationalökonomie, Leipzig: Duncker & Humblot.

Schütz, F. (1998): Managementsysteme und Strategien. State of the Art und neue Perspektiven, Wiesbaden: Deutscher Universitäts-Verlag.

Schützeichel, R. (2004): Soziologische Kommunikationstheorien, Konstanz: UVK.

Scott, T. W. (1994a): Incentives and disincentives for financial disclosure. Voluntary disclosure or defined benefit pension plan information by Canadian firms, in: The Accounting Review, 69. Jg., Heft 1, S. 26-43.

Scott, W. R. (1986): Grundlagen der Organisationstheorie, Frankfurt am Main et al.: Campus.

Scott, W. R. (1994b): Institutional analysis: Variance and process theory approaches, in: Institutional environments and organizations: Structural complexity and individualism, hrsg. von W. R. Scott, J. W. Meyer, Thousand Oaks, California: Sage,

Seale, C. (1999): The quality of qualitative research, London: Sage.

Selden, L. (2005): On grounded theory - with some malice, in: Journal of Documentation, 61. Jg., Heft 1, S. 114-129.

Selten, R. (2002): What is bounded rationality, in: Bounded rationality: the adaptive toolbox, hrsg. von G. Gigerenzer, R. Selten, Cambridge, Massachusetts: The MIT Press, S. 13-36.

Selznick, P. (1996): Institutionalism "old" and "new", in: Administrative Science Quarterly, 41. Jg., Heft 2, S. 270-277.

Servatius, H.-G. (2004): Nachhaltige Wertsteigerung mit immateriellen Vermögen, in: Intangibles in der Unternehmenssteuerung. Strategien und Instrumente zur Wertsteigerung des immateriellen Kapitals, hrsg. von P. Horváth, K. Möller, München: Vahlen, S. 83-95.

Shafir, E./LeBoeuf, R. A. (2002): Rationality, in: Annual Review of Psychology, 53. Jg., S. 491-517.

Shah, S. G./Corley, K. G. (2006): Building better theory by bridging the quantitative-qualitative divide, in: Journal of Management, 43. Jg., Heft 8, S. 1821-1835.

Shields, M. D. (2002): Psychology and Accounting, 4. Aufl., Stuttgart: Schäffer-Poeschel.

Siggelkow, N. (2007): Persuasion with case studies, in: Academy of Management Journal, 50. Jg., Heft 1, S. 20-24.

Simon, H. A. (1955): A behavioral model of rational choice, in: Quarterly Journal of Economics, 69. Jg., Heft 1, S. 99-118.

Simon, H. A. (1976): Administrative behavior. A study of decision-making processes in administrative organization, 3. Aufl., New York: The Free Press.

Simon, H. A. (1979): Rational decision making in business organizations, in: American Economic Review, 69. Jg., Heft 4, S. 493-513.

Simon, H. A. (1986): Rationality in psychology and economics, in: Journal of Business, 59. Jg., Heft 4, S. 209-S224.

Simon, H. A. (1990): Invariants of human behavior, in: Annual Review of Psychology, 41. Jg., S. 1-19.

Skandia (1994): Visualizing intellectual capital, Stockholm.

Skinner, D. J. (1994): Why firms voluntarily disclose bad news, in: Journal of Accounting Research, 32. Jg., Heft 1, S. 38-60.

Smith, J. K./Hodkinson, P. (2005): Relativism, criteria, and politics, in: The Sage handbook of qualitative research, hrsg. von N. Denzin, Y. S. Lincoln, 3. Aufl., Thousand Oaks, California: Sage, S. 915-932.

Snow, D. A./Rochford, E. B./Worden, S. K./Benford, R. D. (1986): Frame alignment processes, micromobilization, and movement participation, in: American Sociological Review, 51. Jg., Heft 4, S. 464-481.

Solomons, D. (1991): Accounting and social change: A neutralist view, in: Accounting, Organizations and Society, 16. Jg., Heft 3, S. 287-295.

Speckbacher, G./Güldenberg, S./Ruthner, R. (2004): Externes Reporting über immaterielle Vermögenswerte, in: Intangibles in der Unternehmenssteuerung. Strategien und Instrumente zur Wertsteigerung des immateriellen Kapitals, hrsg. von P. Horváth, K. Möller, München: Verlag Franz Vahlen München, S. 435-453.

Star, S. L. (1991): The sociology of the invisible: The primacy of work in the writings of Anselm Strauss, in: Social organization and social process: essays in honor of Anselm Strauss, hrsg. von D. R. Maines, New York: Aldine de Gruyter, S. 265-283.

Starbuck, W. H. (1976): Organizations and their environments, in: Handbook of industrial and organizational psychology, hrsg. von M. D. Dunette, New York: Rand McNally, S. 1069-1123.

Steinke, I. (1999): Kriterien qualitativer Forschung, Weinheim, München: Juventa.

Steinke, I. (2007): Gütekriterien qualitativer Forschung, in: Qualitative Forschung. Ein Handbuch, hrsg. von U. Flick, E. von Kardorff, I. Steinke, 5. Aufl., Reinbek bei Hamburg: Rowohlt, S. 319-331.

Stewart, T. A. (1997): Intellectual capital. The new wealth of organizations, New York: Doubleday.

Stivers, B. P./Covin, T. J./Hall, N. G./Smalt, S. W. (1998): How nonfinancial measures are used, in: Management Accounting, 79. Jg., Heft 8, S. 44-49.

Stockinger, P. (1992): Kommunikation und Interaktion. Handlungstheoretische Grundlegung politischer Prozesse dargestellt am Begriff der Macht, in: Politische Prozesse in Unternehmen, hrsg. von K. Sandner, 2. Aufl., Heidelberg: Physica, S. 77-102.

Stoffel, K. (1995): Controllership im internationalen Vergleich, Wiesbaden: Gabler.

Stoi, R. (2004): Management und Controlling von Intangibles auf Basis der immateriellen Werttreiber des Unternehmens, in: Intangibles in der Unternehmenssteuerung. Strategien und Instrumente zur Wertsteigerung des immateriellen Kapitals, hrsg. von P. Horváth, K. Möller, München: Vahlen, S. 187-201.

Stolowy, H./Jeny, A. (2000): Enhancing knowledge of accounting standards on intangibles - A useful step to improve innovation measurement and reporting, in: Classification of intangibles, hrsg. von J.-E. Gröjer, H. Stolowy, Jouy-en-Josas: Groupe HEC,

Strauss, A. L. (1978a): Negotiations: Varieties, contexts, processes and social order, San Francisco, California: Jossey-Bass.

Strauss, A. L. (1978b): A social world perspective, in: Studies in Symbolic Interaction, 1. Jg., Heft 1, S. 119-128.

Strauss, A. L. (1982): Social worlds and legitimation processes, in: Studies in Symbolic Interaction, 4. Jg., Heft 1, S. 171-190.

Strauss, A. L. (1984): Social worlds and their segmentation processes, in: Studies in Symbolic Interaction, 5. Jg., S. 123-139.

Strauss, A. L. (1993): Continual permutations of action, New York: Aldine de Gruyter.

Strauss, A. L./Corbin, J. (1996): Grounded Theory: Grundlagen Qualitativer Sozialforschung, 2. Aufl., Weinheim: Psychologie Verlags Union.

Strauss, A. L./Corbin, J. (1998): Basics of qualitative research. Techniques and procedures for developing grounded theory, 2. Aufl., Thousand Oaks, California: Sage.

Streuer, O. (2004a): Investor Relations - Begriff, Historie und Entwicklungsperspektiven, in: Handbuch Investor Relations, hrsg. von Deutscher Investor Relations Kreis, Wiesbaden: Gabler, S. 3-18.

Streuer, O. (2004b): Organisation der Investor Relations, in: Handbuch Investor Relations, hrsg. von Deutscher Investor Relations Kreis, Wiesbaden: Gabler, S. 65-75.

Streuer, O. (2004c): Ziele der Investor Relations, in: Handbuch Investor Relations, hrsg. von Deutscher Investor Relations Kreis, Wiesbaden: Gabler, S. 19-37.

Striukova, L./Unerman, J./Guthrie, J. (2008): Corporate reporting of intellectual capital: Evidence from UK companies, in: The British Accounting Review, 40. Jg., Heft 4, S. 297-313.

Strube, W. (1985): Analyse des Verstehensbegriffs, in: Zeitschrift für allgemeine Wissenschaftstheorie 16. Jg., Heft 2, S. 315-333.

Strübing, J. (2004): Grounded Theory: Zur sozialtheoretischen und epistomologischen Fundierung des Verfahrens der empirisch begründeten Theoriebildung, Wiesbaden: Verlag für Sozialwissenschaften.

Stryker, S. (1962): Conditions of accurate role-taking: A test of Mead's theory, in: Human behavior and social processes, hrsg. von A. M. Rose, London: Routledge & Kegan Paul, S. 41-62.

Stryker, S./Statham, A. (1985): Symbolic interaction and role theory, in: Handbook of social psychology, Band I, hrsg. von G. Lindzey, E. Aronson, New York: Random House, Sp. 311-378.

Suchman, M. C. (1995): Managing legitimacy: Strategic and institutional approaches, in: Academy of Management Review, 20. Jg., Heft 3, S. 571-610.

Süß, S. (2009): Die Institutionalisierung von Managementkonzepten. Eine strukturationstheoretisch-mikropolitische Perspektive, in: Zeitschrift für Betriebswirtschaft, 79. Jg., Heft 2, S. 187-212.

Sutton, R. I./Staw, B. M. (1995): What theory is not, in: Administrative Science Quarterly, 40. Jg., Heft 3, S. 371-384.

Sveiby, K.-E. (2001): A knowledge-based theory of the firm to guide strategy formulation, in: Journal of Intellectual Capital, 2. Jg., Heft 4, S. 344-358.

Sveiby, K. E. (1997): The new organizational wealth: Managing and measuring knowledge-based assets, San Francisco, California: Berrett-Koehler.

Sydow, J. (1985): Der soziotechnische Ansatz der Arbeits- und Organisationsgestaltung, Frankfurt am Main: Campus.

Tajfel, H. (1975): Soziales Kategorisieren, in: Forschungsgebiete der Sozialpsychologie. Eine Einführung für das Hochschulstudium, hrsg. von S. Moscovici, Frankfurt am Main: Athenäum Fischer Taschenbuch, S. 345-380.

Tajfel, H. (1981): Human groups and social categories. Studies in social psychology, Cambridge: Cambridge University Press.

Tanski, J. S. (2006): Bilanzpolitik und Bilanzanalyse nach IFRS. Instrumentarium, Spielräume, Gestaltung, München: Vahlen.

Tashakkori, A./Teddlie, C. (Hrsg. - 2003): Handbook of mixed methods in social & behavioral research. Thousand Oaks, California: Sage.

Teece, D. J. (2000): Managing intellectual capital, New York: Oxford University Press.

Teuwsen, R. (1988): Familienähnlichkeit und Analogie: zur Semantik genereller Termini bei Wittgenstein und Thomas von Aquin, Freiburg, München: Alber.

Thomas, W. I. (1965): Person und Sozialverhalten, Neuwied: Luchterhand.

Thomas, W. I./Thomas, D. S. (1928): The child in America. Behavior problems and programs, New York: Knopf, Alfred A.

Tiessen, P./Waterhouse, J. H. (1983): Towards a descriptive theory of management accounting, in: Accounting, Organizations and Society, 8. Jg., Heft 2/3, S. 251-267.

Tinker, T./Neimark, M. (1987): The role of annual reports in gender and class contradictions at General Motors: 1917-1976, in: Accounting, Organizations and Society, 12. Jg., Heft 1, S. 71-88.

Tomkins, C./Groves, R. (1983): The everyday accountant and researching his reality, in: Accounting, Organizations and Society, 8. Jg., Heft 4, S. 361-374.

Trommsdorff, V. (2009): Konsumentenverhalten, 7. Aufl., Stuttgart: Kohlhammer.

Tsang, E. W. K. (2001): Annual report disclosure and corporate legitimacy management: A study of Singapore companies' responses to the government's call for venturing abroad, in: Asia Pacific Journal of Management, 18. Jg., Heft 1, S. 27-43.

Türk, K. (1989): Neuere Entwicklungen in der Organisationsforschung, Stuttgart: Ferdinand Enke.

Turner, J. C. (1982): Towards a cognitive redefinition of the social group, in: Social identity and intergroup relations, hrsg. von H. Tajfel, Cambridge: Cambridge University Press, S. 15-40.

Turner, R. H. (1962): Role-taking: Proces versus conformity, in: Human behavior and social processes, hrsg. von A. M. Rose, London: Routledge & Kegan Paul, S. 20-40.

Turner, R. H. (2000): Role theory, in: Encyclopedia of psychology, Band 7, hrsg. von A. E. Kazdin, Washington, D.C., New York: American Psychological Association, Oxford University Press, Sp. 112-113.

Ulrich, H. (1970): Die Unternehmung als produktives soziales System, 2. Aufl., Bern, Stuttgart.

Ulrich, P. (1999): Was ist "gute" Unternehmensführung? Zur normativen Dimension der Shareholder-Stakeholder-Debatte, in: Unternehmensethik und die Transformation des Wettbewerbs. Shareholder Value, Globalisierung, Hyperwettbewerb. Festschrift für Professor Dr. Dr. h.c. Horst Steinmann zum 65. Geburtstag, hrsg. von B. N. Kumar, M. Osterloh, G. Schreyögg, Stuttgart: Schäffer-Poeschel, S. 27-52.

Unerman, J./Bennett, M. (2004): Increased stakeholder dialogue and the internet: towards greater corporate accountability or reinforcing capitalist hegemony?, in: Accounting, Organizations and Society, 29. Jg., Heft 7, S. 685-707.

Universität St. Gallen/Trimedia Communications (2008): Die Zukunft des Geschäftsberichtes, St. Gallen, Institut für Medien- und Kommunikationsmanagement (MCM).

Van de Ven, A. (1989): Nothing is quite so practical as a good theory, in: Academy of Management Review, 14. Jg., Heft 4, S. 486-489.

van der Meer-Kooistra, J./Zijlstra, S. M. (2001): Reporting on intellectual capital, in: Accounting, Auditing & Accountability Journal, 14. Jg., Heft 4, S. 456-476.

Vater, H./Meckel, M./Hoffmann, C./Fieseler, C. (2008): Zur Bedeutung qualitativer Erfolgsfaktoren der Kapitalmarktkommunikation für die Unternehmensbewertung und deren Auswirkungen, in: Der Betrieb, 61. Jg., Heft 48, S. 2605-2611.

Velte, P. (2008): Management Approach, in: Zeitschrift für Planung & Unternehmenssteuerung, 19. Jg., Heft 1, S. 133-138.

Verband Forschender Arzneimittelhersteller (2005): TRIPS und öffentliche Gesundheitsversorgung in Entwicklungsländern, Berlin.

Verrecchia, R. (1990): Endogenous proprietary costs through firm interdependance, in: Journal of Accounting & Economics, 12. Jg., Heft 1, S. 245-250.

Verrecchia, R. E. (2001): Essays on disclosure, in: Journal of Accounting & Economics, 32. Jg., Heft 1-3, S. 97-180.

Völckner, F./Pirchegger, B. (2006): Immaterielle Werte in der internen und externen Berichterstattung, in: Die Betriebswirtschaft, 66. Jg., Heft 2, S. 219-243.

von Bertalanffy, L. (1950): An outline of general system theory, in: The British Journal for the Philosophy of Science, 1. Jg., Heft 2, S. 134-165.

Wagenhofer, A. (2006a): Fair Value-Bewertung im IFRS-Abschluss und Bilanzanalyse, in: Zeitschrift für internationale Rechnungslegung, 1. Jg., Heft 1, S. 31-37.

Wagenhofer, A. (2006b): Management accounting research in German-speaking countries, in: Journal of Management Accounting Research, 18. Jg., Heft 1, S. 1-19.

Wagenhofer, A. (2006c): Zusammenwirken von Controlling und Rechnungslegung nach IFRS, in: Controlling und IFRS-Rechnungslegung. Konzepte, Schnittstellen, Umsetzung, hrsg. von A. Wagenhofer, Berlin: Erich Schmidt, S. 1-19.

Walden, W. D./Schwartz, B. N. (1997): Environmental disclosures and public policy pressure, in: Journal of Accounting & Public Policy, 16. Jg., Heft 2, S. 125-154.

Waldkirch, R. W. (2002): Prolegomena for an economic theory of morals, in: Business Ethics: A European Review, 10. Jg., Heft 1, S. 61-70.

Walgenbach, P. (1998): Zwischen Showbusiness und Galeere. Zum Einsatz der DIN EN ISO 9000er Normen in Unternehmen, in: Industrielle Beziehungen, 5. Jg., Heft 2, S. 135-163.

Walgenbach, P. (2006): Neoinstitutionalistische Ansätze in der Organisationstheorie, in: Organisationstheorien, hrsg. von A. Kieser, M. Ebers, 6. Aufl., Stuttgart: Kohlhammer, S. 353-401.

Walgenbach, P./Meyer, R. (2008): Neoinstitutionalistische Organisationstheorie, Stuttgart: Kohlhammer.

Walter, N. (2008): Mit Wissensbilanzen das strategische Management unterstützen, in: Betriebs-Berater Magazin, 63. Jg., Heft 34, S. M16.

Weber, C.-P. (2001): Risikoberichterstattung nach dem E-DRS 5, in: Betriebs-Berater, 56. Jg., Heft 3, S. 140-144.

Weber, J. (2007): Von Top-Controllern lernen. Controlling in den Dax30-Unternehmen, Weinheim: Wiley.

Weber, J. (2008): Aktuelle Controllingpraxis in Deutschland. Ergebnisse einer Benchmarking-Studie, Weinheim: Wiley.

Weber, J./Grothe, M./Schäffer, U. (2000): Mentale Modelle, in: Zeitschrift für Planung, 11. Jg., S. 239-244.

Weber, J./Hirsch, B./Rambusch, R./Schlüter, H./Sill, F./Spatz, A. (2006): Controlling 2006 - Stand und Perspektiven, Vallendar: ICV/WHU.

Weber, J./Kunz, J. (Hrsg. - 2003): Empirische Controllingforschung. Begründung - Beispiele - Ergebnisse. Wiesbaden: Deutscher Universitäts-Verlag.

Weber, J./Schäffer, U. (2000): Balanced Scorecard & Controlling, 3. Aufl., Wiesbaden: Gabler.

Weber, J./Schäffer, U. (2006): Einführung in das Controlling, 11. Aufl., Stuttgart: Schäffer-Poeschel.

Weber, J./Schäffer, U. (2008): Einführung in das Controlling, 12. Aufl., Stuttgart: Schäffer-Poeschel.

Weber, J./Schäffer, U./Bauer, M. (2000): Controller & Manager im Team. Neue empirische Erkenntnisse, Vallendar: WHU Otto Beisheim Graduate School of Management.

Weber, M. (1920): Gesammelte Aufsätze zur Religionssoziologie, Tübingen: Mohr.

Weber, M. (1947): Politik als Beruf, in: Schriften zur theoretischen Soziologie und zur Soziologie der Politik und Verfassung, hrsg. von M. Weber, Frankfurt: Schauer, S. 145-205.

Weber, M. (1966): The theory of social and economic organization, New York: Free Press.

Wehrheim, M. (2000): Die Bilanzierung immaterieller Vermögensgegenstände ("Intangible Assets") nach IAS 38, in: Deutsches Steuerrecht, 38. Jg., Heft 2, S. 86-88.

Weißenberger, B. E./Maier, M. (2006): Der Management Approach in der IFRS-Rechnungslegung: Fundierung der Finanzberichterstattung durch Informationen aus dem Controlling, in: Der Betrieb, 59. Jg., Heft 3, S. 2077-2083.

Weißenberger, B. E./Stahl, A. B./Vorstius, S. (2004): Changing from German GAAP to IFRS or US GAAP: A survey for German companies, in: Accounting in Europe, 1. Jg., S. 169-189.

Wennerberg, H. (1998): Der Begriff der Familienähnlichkeit in Wittgensteins Spätphilosophie, in: Ludwig Wittgenstein, Philosophische Untersuchungen, hrsg. von E. von Savigny, Berlin: Akademie, S. 41-69.

Wernerfelt, B. (1984): A resource-based view of the firm, in: Strategic Management Journal, 5. Jg., Heft 2, S. 171-180.

Whetten, D. A. (1989): What contributes a theoretical contribution?, in: Academy of Management Review, 14. Jg., Heft 4, S. 490-495.

White, D. M. (1950): The "Gate Keeper": A case study in the selection of news, in: Journalism Quarterly, 27. Jg., Heft 3, S. 383-390.

Wiedemann, P. (1995): Gegenstandsnahe Theoriebildung, in: Handbuch Qualitative Sozialforschung. Grundlagen, Konzepte, Methoden und Anwendungen, hrsg. von U. Flick, E. von Kardorff, H. Keupp, L. von Rosenstiel, S. Wolff, 2. Aufl., Weinheim: Beltz, S. 440-445.

Will, M. (2008): Platitude statt Informationsbereitschaft, in: Frankfurter Allgemeine Zeitung, Ausgabe vom: 13.10.2008, S. 22.

Wilson, T. P. (1970): Conceptions of interaction and forms of sociological explanation, in: American Sociological Review, 35. Jg., Heft 4, S. 697-710.

Witte, E. (1973): Organisation für Innovationsentscheidungen. Das Promotorenmodell, Göttingen: Otto Schwartz

Wittgenstein, L. (1953): Philosophical investigations, Oxford: Blackwell.

Wrona, T. (2005): Die Fallstudienanalyse als wissenschaftliche Forschungsmethode, Berlin: ESCP-EAP Europäische Wirtschaftshochschule Berlin, ESCP-EAP Working Paper Nr. 10.

Wrona, T. (2006): Fortschritts- und Gütekriterien im Rahmen qualitativer Sozialforschung, in: Fortschritt in den Wirtschaftswissenschaften. Wissenschaftstheoretische Grundlagen und exemplarische Anwendungen, hrsg. von S. Zelewski, A. Naciye, Wiesbaden: Deutscher Universitäts-Verlag, S. 189-216.

Yin, R. K. (2003): Case study research, 3. Aufl., Thousand Oaks, California: Sage.

Zelewski, S. (2008): Grundlagen, in: Betriebswirtschaftslehre, Band 1, hrsg. von H. Corsten, M. Reiß, 4. Aufl., München, Wien: R. Oldenbourg, S. 1-97.

Zerfaß, A. (2006): Kommunikations-Controlling. Methoden zur Steuerung und Kontrolle der Unternehmenskommunikation, in: Unternehmenskommunikation. Kommunikationsmanagement aus Sicht der Unternehmensführung, hrsg. von B. F. Schmid, B. Lyczek, Wiesbaden: Gabler, S. 431-465.

Zerfaß, A./Piwinger, M. (2007): Kommunikation als Werttreiber und Erfolgsfaktor, in: Handbuch Unternehmenskommunikation, hrsg. von M. Piwinger, A. Zerfaß, Wiesbaden: Gabler, Sp. 5-16.

Zey-Ferrell, M. (1981): Criticisms of the dominant perspective on organizations, in: The Sociological Quarterly, 22. Jg., Heft 2, S. 181-205.

Zhu, J.-H. (1992): Issue competition and attention distraction: A zero-sum theory of agenda-setting, in: Journalism Quarterly, 69. Jg., Heft 4, S. 825-836.

zu Knyphausen, D. (1993): Why are firms different?, in: Die Betriebswirtschaft, 53. Jg., Heft 6, S. 771-791.

Zucker, L. G. (1977): The role of institutionalization in cultural persistence, in: American Sociological Review, 42. Jg., Heft 5, S. 726-743.

EINZELSCHRIFTEN

Jörn-Axel Meyer
Transparenzmanagement – Grundgedanken, Konzept und betriebliche Umsetzung
Lohmar – Köln 2010 ♦ 100 S. ♦ € 39,- (D) ♦ Hardcover ♦ ISBN 978-3-89936-958-8

Jörn-Axel Meyer
Vertraulichkeit in der mobilen Kommunikation – Leckagen und Schutz vertraulicher Informationen
Lohmar – Köln 2010 ♦ 204 S. ♦ € 49,- (D) ♦ ISBN 978-3-89936-959-5

Kerstin Krüsmann
Verwertung von Unternehmensimmobilien – Verbriefung originärer Zahlungsströme aus Immobilien versus Immobilien-Aktiengesellschaft
Lohmar – Köln 2010 ♦ 364 S. ♦ € 64,- (D) ♦ ISBN 978-3-89936-962-5

Marco Gießmann
Komplexitätsmanagement in der Logistik – Kausalanalytische Untersuchung zum Einfluss der Beschaffungskomplexität auf den Logistikerfolg
Lohmar – Köln 2010 ♦ 432 S. ♦ € 68,- (D) ♦ ISBN 978-3-89936-964-9

Josef Kloock, René Groeneveld und Helmut Maltry
Grundlagen des Rechnungswesens und der Finanzierung
2., überarbeitete Auflage
Lohmar – Köln 2010 ♦ 288 S. ♦ € 29,- (D) ♦ ISBN 978-3-89936-972-4

Gereon Pieper
Bilanzierung von Pensionsrückstellungen nach BilMoG unter Berücksichtigung der eingeräumten Übergangsregelungen
Lohmar – Köln 2010 ♦ 136 S. ♦ € 43,- (D) ♦ ISBN 978-3-89936-973-1

Mathias Osann
Freiwillige Berichterstattung über immaterielle Ressourcen – Ein deskriptiv-explikatives Mehrebenenmodell
Lohmar – Köln 2010 ♦ 332 S. ♦ € 63,- (D) ♦ ISBN 978-3-89936-976-2

JOSEF EUL VERLAG